東京都の
公務員採用試験
（教養試験）

東京都の
消防職Ⅰ類
（過去問題集）

2025

公務員試験研究会　編　協同出版

まえがき

公務員は，国や地方の行政諸機関に勤務し，営利を目的とせず，国民や住民などの幸せのため，政策・諸事務を円滑に実施・進行して，社会の土台作りを行うことを職務としています。昨今では，少子高齢化の進行や公務のDX化，国際競争力の低下などの社会情勢の変化に伴って，行政の果たす役割はますます多岐にわたり，重要さを増しています。行政改革が常に論議されているのは，どのような情勢においても安心した生活が送れるよう，公務員に対して国民や市民が，期待を寄せているからでしょう。

公務員になるためには，基本的には公務員採用試験に合格しなければなりません。公務員採用試験は，公務に携わる広い範囲の職種に就きたい人に対して課される選抜競争試験です。毎年多数の人が受験をして公務員を目指しているため，合格を勝ち取るのは容易ではありません。そんな公務員という狭き門を突破するためには，まずは自分の適性・素養を確かめると同時に，試験内容を十分に研究して対策を講じておく必要があります。

本書ではその必要性に応え，公務員採用試験に関する基本情報や受験自治体情報はもちろん，「教養試験」，「論作文試験」，「面接試験」について，最近の出題傾向を分析した上で，ポイント，問題と解説，対応方法などを掲載しています。これによって短期間に効率よく学習効果が現れ，自信をもって試験に臨むことができると確信しております。なお，本書に掲載の試験概要や自治体情報は，令和5(2023)年に実施された採用試験のものです。最新の試験概要に関しましては，各自治体HPなどをよくご確認ください。

公務員を目指す方々が本書を十分活用され，公務員採用試験の合格を勝ち取っていただくことが，私たちにとって最上の喜びです。

公務員試験研究会

東京都の公務員採用試験対策シリーズ

東京都の消防職Ⅰ類（過去問題集）

◆ 目　次 ◆

第1部

試験の概要

- 公務員試験とは
- [参考資料]
  試験情報と自治体情報

公務員試験とは

◆ 公務員とはどんな職業か

一口でいえば，公務員とは，国家機関や地方公共団体に勤務する職員である。

わが国の憲法では第15条で，「公務員を選定し，及びこれを罷免することは，国民固有の権利である」としたうえで，さらに「すべて公務員は，全体の奉仕者であつて，一部の奉仕者ではない」と定めている。

また，その職務および人事管理などについては「国家公務員法」および「地方公務員法」という公務員に関する総合法規により，詳細に規定されている。たとえば「この法律は，……職員がその職務の遂行に当り，最大の能率を発揮し得るように，民主的な方法で，選択され，且つ，指導さるべきことを定め，以て国民に対し，公務の民主的且つ能率的な運営を保障することを目的とする」（「国家公務員法」第1条）と述べられ，その職務や人事管理についてはっきりと規定されているのである。すなわち，公務は民主的な方法で選択され，また国民に対しては，民主的・能率的な公務の運営が義務づけられているといえよう。

現在の公務員の基本的性格を知るにあたって，戦前の公務員に触れておこう。戦前，すなわち明治憲法の時代には，公務員は「官吏」または「公吏」などと呼ばれ，「天皇の使用人，天皇の奉仕者」ということになっていた。したがって，官吏の立場は庶民の上に位置しており，封建時代の“お役人”とほとんど変わらない性格を帯びていた。つまり，民主主義に根ざしたものではなく，天皇を中心とした戦前の支配体制のなかで，その具体的な担い手になっていたといえるだろう。

戦後，制度が一新されて「官吏」は「公務員」と名を変え，その基本的性格もすっかり変化した。つまり，公務員の「公」の意味が「天皇」から「国民」に変わり，国民によって選定された全体の奉仕者という立場が明確にされたのである。

なお，公務員という職業は，その職務遂行にあたって国民に大きな影響をおよぼすものであるから，労働権・政治行為などの制限や，私企業からの隔離などの諸制限が加えられていることも知っておく必要がある。

◆ 公務員の種類と職務

(1) 公務員の種類

本書は，東京都の消防職Ⅰ類をめざす人のための参考書だが，ここでは公務員の種類の全体像をごく簡単に紹介しておこう。一般に公務員は国家公務員と地方公務員に大別でき，さらに一般職と特別職とに分けられる。

① 国家公務員と地方公務員

国家公務員とは，国家公務員法の適用を受け（＝一般職），国家機関である各省庁やその出先機関などに勤務し，国家から給与を受ける職員をさす。たとえば，各省庁の地方事務局などに勤務する者も，勤務地が地方であっても国家公務員である。

一方，地方公務員は，地方公務員法の適用を受け（＝一般職），各地方公共団体に勤務し，各地方公共団体から給与を受ける職員である。具体的には，都道府県や市町村の職員などを指している。

② 一般職と特別職

国家公務員と地方公務員は，それぞれ一般職と特別職に分けられる。人事院または各地方公共団体の人事委員会（またはそれに準ずるところ）を通じて採用されるのが一般職である。

特別職とは，国家公務員なら内閣総理大臣や国務大臣・国会職員などであり，地方公務員なら知事や収入役などである。それぞれ特別職は国家公務員法および地方公務員法に列記され，その特別職に属さないすべての職を一般職としている。

③ 上級職，中級職，初級職

採用試験の区分であると同時に，採用後の職務内容や給与等の区分でもある。採用試験はこの区分に合わせて実施される。地域によっては，その名称も異なる。

(2) 地方公務員の対象となる職務

地方公務員試験に合格して採用されると，各地方の職員として，事務および調査・研究または技術的業務などに従事することになる。

公務員採用にあたって公開平等に試験を実施し，成績の良い者から順に採用することを徹底していて，民間企業の採用によくみられる「指定校制」などの“制限”は原則としてない。もちろん，出身地・思想・信条などによる差別もない。これは公務員採用試験全般にわたって原則的に貫かれている大きな特徴といえよう。

◆「教養試験」の目的と内容

(1)「教養試験」の目的

教養試験は，国家公務員，地方公務員の，高校卒程度から大学卒程度までのあらゆる採用試験で，職種を問わず必ず行われている。教養試験は，単なる学科試験とは異なり，今後ますます多様化・複雑化していく公務員の業務を遂行していくのに必要な一般的知識と，これまでの学校生活や社会生活の中で自然に修得された知識，専門分野における知識などが幅広く身についているかどうか，そして，それらの知識をうまく消化し，社会生活に役立てる素質・知的能力をもっているかどうかを測定しようとするものである。

このことについては，公務員試験の受験案内には，「公務員として必要な一般的知識および知能」と記されている。このため，教養試験の分野は，大きく一般知識と一般知能の2つの分野に分けられる。

一般知識の分野は，政治，法律，経済，社会，国際関係，労働，時事問題などの社会科学と，日本史，世界史，地理，思想，文学・芸術などの人文科学，物理，化学，生物，地学，数学などの自然科学の3つの分野からなっている。

一般知識の分野の特徴は，出題科目数が非常に多いことや，出題範囲がとても広いことなどであるが，内容としては高校で学習する程度の問題が出題されているので，高校の教科書を丹念に読んでおくことが必要である。

一般知能の分野は，文章理解，数的推理，判断推理，資料解釈の4つの分野からなっている。

一般知能の分野の問題は，身につけた知識をうまく消化し，どれだけ使いこなせるかをみるために出題されているため，応用力や判断力などが試されている。そのため，知能検査に近い問題となっている。

したがって，一般知識の分野の問題は，問題を解くのに必要な基本的な知識が身についていなければ，どんなに頭をひねっても解くことはできないが，一般知能の分野の問題は，問題文を丁寧に読んでいき，じっくり考えるようにすれば，だれにでも解くことができるような問題になっている。

(2)「一般知識分野」の内容

一般知識分野は，さらに大きく3分野に分けて出題される。

社会科学分野	われわれの社会環境，生活環境に密着した分野で，政治，経済，社会，労働，国際，時事などに分かれる。学校で学んだこと，日々の新聞などから知ることができる内容等が中心で，特に専門的な知識というべきものはほぼ必要がない。
人文科学分野	歴史・地理・文化・思想・国語など，人間の文化的側面，内容的要素に関する知識を問うもので，専門的知識よりも幅広いバランスのとれた知識が必要である。
自然科学分野	数学・物理・化学・生物・地学などを通じて，科学的で合理的な側面を調べるための試験で，出題傾向的には，前二者よりもさらに基本的な問題が多い。

以上が「一般知識分野」のあらましである。これらすべてについて偏りのない実力を要求されるのだから大変だが，見方を変えれば，一般人としての常識を問われているのであり，これまでの生活で身につけてきた知識を再確認しておけば，決して理解・解答ができないということはない問題ばかりである。

(3)「一般知能分野」の内容

一般知能分野は，さらに大きく4分野に分けて出題される。

文章理解	言語や文章についての理解力を調べることを目的にしている。現代文や古文，漢文，また英語などから出題され，それぞれの読解力や構成力，鑑賞力などが試される。
判断推理	論理的判断力，共通性の推理力，抽象的判断力，平面・空間把握力などを調べるもので，多くの出題形式があるが，実際には例年ほぼ一定の形式で出題される。
数的推理	統計図表や研究資料を正確に把握，解読・整理する能力をみる問題である。
資料解釈	グラフや統計表を正しく読みとる能力があるかどうかを調べる問題で，かなり複雑な表などが出題されるが，設問の内容そのものはそれほど複雑ではない。

一般知能試験は，落ち着いてよく考えれば，だいたいは解ける問題である点が，知識の有無によって左右される一般知識試験と異なる。

教養試験は，原則として5肢択一式，つまり5つの選択肢のなかから正解を1つ選ぶというスタイルをとっている。難しい問題もやさしい問題も合わせて，1問正解はすべて1点という採点である。5肢択一式出題形式は，採点時に主観的要素が全く入らず，能率的に正確な採点ができ，多数の受験者を扱うことができるために採用されている。

◆「適性試験」「人物試験」の目的と内容

(1)「適性試験」の目的と内容

適性試験は一般知能試験と類似しているが，一般知能試験がその名のとおり，公務員として，あるいは社会人としてふさわしい知能の持ち主であるかどうかをみるのに対し，適性試験では実際の職務を遂行する能力・適性があるかどうかをみるものである。

出題される問題の内容そのものはきわめて簡単なものだが，問題の数が多い。これまでの例では，時間が15分，問題数が120問。3つのパターンが10題ずつ交互にあらわれるスパイラル方式である。したがって，短時間に，できるだけ多くの問題を正確に解答していくことが要求される。

内容的には，分類・照合・計算・置換・空間把握などがあり，単独ではなくこれらの検査が組み合わさった形式の問題が出ることも多い。

(2)「人物試験」の目的と内容

いわゆる面接試験である。個別面接，集団面接などを通じて受験生の人柄，つまり集団の一員として行動できるか，職務に意欲をもっているか，自分の考えを要領よくまとめて簡潔に表現できるか，などを評価・判定しようとするものである。

質問の内容は，受験生それぞれによって異なってくるが，おおよそ次のようなものである。

① 公務員を志望する動機や理由などについて
② 家族や家庭のこと，幼いときの思い出などについて
③ クラブ活動など学校生活や友人などについて
④ 自分の長所や短所，趣味や特技などについて
⑤ 時事問題や最近の風俗などについての感想や意見

あくまでも人物試験であるから，応答の内容そのものより，態度や話し方，表現能力などに評価の重点が置かれている。

◆「論作文試験」の目的と内容

(1)「論作文試験」の目的

「文は人なり」という言葉があるが，その人の人柄や知識・教養，考えなどを知るには，その人の文章を見るのが最良の方法だといわれている。その意味で論作文試験は，第1に「文章による人物試験」だということができよう。

また公務員は，採用後に，さまざまな文章に接したり作成したりする機会が多い。したがって，文章の構成力や表現力，基本的な用字・用語の知識は欠かせないものだ。しかし，教養試験や適性試験は，国家・地方公務員とも，おおむね択一式で行われ解答はコンピュータ処理されるので，これらの試験では受験生のその能力・知識を見ることができない。そこで論作文試験が課せられるわけで，これが第2の目的といえよう。

(2)「論作文試験」の内容

公務員採用試験における論作文試験では，一般的に課題が与えられる。つまり論作文のテーマである。これを決められた字数と時間内にまとめる。国家・地方公務員の別によって多少の違いがあるが，おおよそ1,000～1,200字，60～90分というのが普通だ。

公務員採用試験の場合，テーマは身近なものから出される。これまでの例では，次のようなものだ。

① 自分自身について	「自分を語る」「自分自身のPR」「私の生きがい」「私にとって大切なもの」
② 学校生活・友人について	「学校生活をかえりみて」「高校時代で楽しかったこと」「私の親友」「私の恩師」
③ 自分の趣味など	「写真の魅力」「本の魅力」「私と音楽」「私と絵画」「私の好きな歌」
④ 時事問題や社会風俗	「自然の保護について」「交通問題を考える」「現代の若者」
⑤ 随想，その他	「夢」「夏の１日」「秋の１日」「私の好きな季節」「若さについて」「私と旅」

以上は一例で，地方公務員の場合など，実に多様なテーマが出されている。ただ，最近の一般的な傾向として，どういう切り口でもできるようなテーマ，たとえば「山」「海」などという出題のしかたが多くなっているようだ。この題で，紀行文を書いても，人生論を展開しても，遭難事故を時事問題風に扱ってもよいというわけである。一見，やさしいようだが，実際には逆で，それだけテーマのこなし方が難しくなっているともいえよう。

次に，試験情報と自治体情報を見てみよう。

東京都の試験情報

令和5年度

東京消防庁
TOKYO FIRE DEPT.

01 採用区分、専門区分、主な職務内容及び採用予定者数

採用区分	専門区分	主な職務内容	採用予定者数
専門系	法律 建築 電気 電子・通信 化学 物理 土木 機械	専門系・I類 共通業務 ・災害対応業務 ・火災予防業務 ・防災安全業務 ・広報業務 ・その他業務 ＋ 各区分の専門分野に関する業務において知識・技術を活かしてもらいます。 もっと詳しく知りたい人はHPまで	合計10名
I類			1回目：310名 2回目：140名

02 受験資格

採用区分	受験資格
専門系	1994年4月2日以降に生まれた人で、学校教育法に基づく大学（短期大学を除く。）を卒業している人（2024年3月卒業見込みを含む。）又は同等の資格を有する人
I類	1994年4月2日から2002年4月1日までに生まれた人 ※ 2002年4月2日以降に生まれた人で、次のいずれかに該当する人も含みます。 ① 学校教育法に基づく大学（短期大学を除く。）を卒業している人（2024年3月卒業見込みを含む。） ② ①と同等の資格を有する人
各区分共通	次のいずれにも該当しない人 ① 日本国籍を有しない人　② 地方公務員法第16条の欠格条項に該当する人

03 申込み方法

申込みはこちら 	ホームページアドレス https://www.tfd.metro.tokyo.lg.jp/bsy/index.html

5ページの「07 注意事項」をよく読んでから申込みをしてください。
東京消防庁ホームページの「採用案内」から「採用試験インターネット申込み」へアクセスし、画面の指示に従って申込みをしてください。

04 採用選考・試験スケジュール

試験区分	専門系	I類(1回目)	I類(2回目)
申込み受付期間	[開始日]3月17日(金) [終了日]4月 3日(月)	[開始日]3月17日(金) [終了日]4月 3日(月)	[開始日]8月 3日(木) [終了日]8月18日(金)
	※開始日の午前10時00分から、終了日の午後5時00分まで		
受験票ダウンロード期間	[開始日]4月20日(木) [終了日]4月30日(日)	[開始日]4月20日(木) [終了日]5月14日(日)	[開始日]9月 4日(月) [終了日]9月24日(日)
	※開始日の午前10時00分から、終了日の午前10時00分まで		
第1次選考・試験日・試験地	4月30日(日) 東京	5月14日(日) 東京・大阪・福岡	9月24日(日) 東京
教養試験正答発表日	5月 8日(月)	5月19日(金)	9月27日(水)
第1次選考・試験合格発表日	5月23日(火)	6月15日(木)	10月18日(水)
第1次選考・試験合否通知ダウンロード期間	[開始日]5月23日(火) [終了日]6月 5日(月)	[開始日]6月15日(木) [終了日]6月26日(月)	[開始日]10月18日(水) [終了日]11月 6日(月)
	※開始日の午前10時00分から、終了日の午前10時00分まで		
第2次選考・試験日・試験地	■身体・体力検査・集団討論 6月 5日(月) ■個人面接 6月 6日(火)	■身体・体力検査 6月26日(月)から6月28日(水)までのいずれか指定する日 ■口述試験 6月29日(木)から7月7日(金)までのいずれか指定する日	■身体・体力検査 11月6日(月) ■口述試験 11月10日(金)から11月13日(月)までのいずれか指定する日
	東京		
最終合格発表日	7月27日(木)	7月27日(木)	12月11日(月)
最終合否通知ダウンロード、最終合格者情報入力期間	[開始日]7月27日(木) [終了日]おおむね10日後	[開始日]7月27日(木) [終了日]おおむね10日後	[開始日]12月11日(月) [終了日]おおむね10日後
	※開始日の午前10時00分から、終了日の午後5時00分まで ※詳細な締切は受験者専用ページに掲載		

※ 集合時間、試験会場、持ち物等の詳細は、受験票に記載します。

05 選考・試験方法

専-1 専門系第1次選考

<table>
<tr><th>科目</th><th colspan="3">内容</th></tr>
<tr><td rowspan="3">教養試験</td><td colspan="3">消防官として必要な一般教養について、大学卒業程度の五肢択一式試験を行います。
出題分野の内容はおおむね次のとおりです。</td></tr>
<tr><td>知能分野: 文章理解、英文理解、判断推理、空間概念、
数的処理、資料解釈</td><td>27題</td><td rowspan="2">合計45題
2時間</td></tr>
<tr><td>知識分野: 人文科学(国語、歴史、地理)
社会科学(法学、政治、経済、社会事情)
自然科学(数学、物理、化学、生物)</td><td>18題</td></tr>
<tr><td>専門試験</td><td colspan="3">消防行政事務に必要である専門分野の基礎知識について、記述式専門試験を行います。
各専門区分の出題範囲はおおむね次のとおりです。
<table>
<tr><td>法　律</td><td>憲法、行政法、刑法、民法(親族・相続法を除く)、刑事訴訟法、民事訴訟法</td><td rowspan="8">記述式
6問中4問
選択解答

1時間</td></tr>
<tr><td>建　築</td><td>建築構造、建築材料、建築計画(都市計画を含む)、構造力学、建築史、建築施工、建築法規、建築設備</td></tr>
<tr><td>電　気</td><td>電磁気学、電気回路、電気機器、電気応用、発送配電、電気関係法規</td></tr>
<tr><td>電子・通信</td><td>電磁気学、電子回路、情報処理工学、電子計測、電子機器、電子物性、通信</td></tr>
<tr><td>化　学</td><td>有機化学、無機化学、分析化学、物理化学、工業化学</td></tr>
<tr><td>物　理</td><td>物理数学、電磁気学、力学、熱力学、量子力学、相対論</td></tr>
<tr><td>土　木</td><td>土木施工、土質工学、構造力学、コンクリート工学、測量、都市計画、水理学、土木応用力学、土木材料</td></tr>
<tr><td>機　械</td><td>機械材料、材料力学、流体力学、熱力学(熱機関を含む)、機械工学、機械力学、機械設計</td></tr>
</table></td></tr>
<tr><td>論文試験</td><td>課題式により、論文試験を行います。(800字以上 1,200字程度)</td><td>1題</td><td>1時間30分</td></tr>
<tr><td>資格・
経歴評定</td><td colspan="3">資格経歴については、受験申込み時に申請が必要となります。評定対象となる資格・経歴、
詳しい申請方法やよくある質問は右のQRコードを読み取って確認してください。</td></tr>
<tr><td>適性検査</td><td colspan="3">消防官としての適性について検査します。</td></tr>
</table>

専-2 専門系第2次選考

<table>
<tr><th>科目</th><th>内容</th></tr>
<tr><td>身体・体力
検査</td><td>消防官として職務遂行に必要な身体(四肢関節機能を含む。)、体力及び健康度を検査します。
主な基準・内容は次のとおりです。
<table>
<tr><th>項　目</th><th>内容(目安)</th></tr>
<tr><td>視　力</td><td>視力(矯正視力を含む。)が0.7以上、かつ、一眼でそれぞれ0.3以上。
なお、裸眼視力に制限はありません。</td></tr>
<tr><td>色　覚</td><td>石原式色覚検査を実施します。
※石原式色覚検査で異常があった場合は、赤色、青色及び黄色の色彩識別検査を実施します。
※色彩識別検査で異常があった場合は、後日、眼科医による診断を受けていただきます。</td></tr>
<tr><td>聴　力</td><td>オージオメータを使用し、純音聴力検査を実施します。</td></tr>
<tr><td>体力検査</td><td>1km走、反復横とび、上体起こし、立ち幅とび、長座体前屈、握力、腕立て伏せにより体力を検査します。</td></tr>
<tr><td>その他</td><td>尿検査、胸部X線検査、心電図、血液検査により健康度を検査します。</td></tr>
</table></td></tr>
<tr><td>口述試験</td><td>個人面接及び集団討論を行います。</td></tr>
</table>

Ⅰ-1 Ⅰ類第1次試験

<table>
<tr><th>科目</th><th colspan="3">内容</th></tr>
<tr><td rowspan="3">教養試験</td><td colspan="3">消防官として必要な一般教養について、大学卒業程度の五肢択一式試験を行います。
出題分野の内容はおおむね次のとおりです。</td></tr>
<tr><td>知能分野: 文章理解、英文理解、判断推理、空間概念、
数的処理、資料解釈</td><td>27題</td><td rowspan="2">合計45題
2時間</td></tr>
<tr><td>知識分野: 人文科学(国語、歴史、地理)
社会科学(法学、政治、経済、社会事情)
自然科学(数学、物理、化学、生物)</td><td>18題</td></tr>
<tr><td>論文試験</td><td>課題式により、論文試験を行います。
(800字以上 1,200字程度)</td><td>1題</td><td>1時間30分</td></tr>
<tr><td>資格・経歴評定</td><td colspan="3">資格経歴については、受験申込み時に申請が必要となります。
評定対象となる資格・経歴、詳しい申請方法やよくある質問は右のQRコードを読み取って確認してください。</td></tr>
<tr><td>適性検査</td><td colspan="3">消防官としての適性について検査します。</td></tr>
</table>

Ⅰ-2 Ⅰ類第2次試験

<table>
<tr><th>科目</th><th colspan="2">内容</th></tr>
<tr><td rowspan="7">身体・体力検査</td><td colspan="2">消防官として職務遂行に必要な身体(四肢関節機能を含む。)、体力及び健康度を検査します。
主な基準・内容は次のとおりです。</td></tr>
<tr><th>項　目</th><th>内容(目安)</th></tr>
<tr><td>視　力</td><td>視力(矯正視力を含む。)が0.7以上、かつ、一眼でそれぞれ0.3以上。
なお、裸眼視力に制限はありません。</td></tr>
<tr><td>色　覚</td><td>石原式色覚検査を実施します。
※石原式色覚検査で異常があった場合は、赤色、青色及び黄色の色彩識別検査を実施します。
※色彩識別検査で異常があった場合は、後日、眼科医による診断を受けていただきます。</td></tr>
<tr><td>聴　力</td><td>オージオメータを使用し、純音聴力検査を実施します。</td></tr>
<tr><td>体力検査</td><td>1km走、反復横とび、上体起こし、立ち幅とび、長座体前屈、握力、腕立て伏せにより体力を検査します。</td></tr>
<tr><td>その他</td><td>尿検査、胸部X線検査、心電図、血液検査により健康度を検査します。</td></tr>
<tr><td>口述試験</td><td colspan="2">個人面接を行います。</td></tr>
</table>

06 合格発表及び合否通知

合格発表	東京消防庁ホームページにおおむね1週間掲載
合否通知 （すべての科目を受験した人に限る。）	・受験者専用ページに掲載 ・不合格者のみ以下の内容を掲載

	第1次選考・試験不合格者	第2次選考・試験不合格者
専門系	受験者数、合格者数、第1次選考不合格者の中での選考結果のランク表示	第2次選考の受験者数、最終合格者数、第2次選考不合格者の中での選考結果のランク表示
I類	得点、受験者数、合格者数、順位	第2次試験の受験者数、最終合格者数、順位

07 注意事項

選考・試験全般について		・災害等により選考日・試験日が変更になる場合があります。その場合は、東京消防庁ホームページ等でお知らせします。 ・申込み者側の機器及び通信に関するトラブルについては、一切責任を負いません。また、使用機器に関する問合せには応じていません。 ・選考・試験中に怪我等をした場合、受験者の責任とさせていただきます。 ・選考・試験内容及び合否に関する問合せには応じていません。
申込みについて		・受験資格を満たしていない、または申込み内容に虚偽があると、職員として採用される資格を失う場合があります。 ・複数の区分で申込みをする場合は、それぞれの区分で申込み手続きが必要です。 ・申込み手続きには、東京消防庁から送信するメールを確実に受信できるwebメールアドレス及びPDFファイルを印刷できる環境が必要です。 ・申込み時に登録したメールアドレスは最終合格発表まで変更することができません。 ・申込みの際には、卒業（見込）証明書、住民票、履歴書、写真等の書類は不要です。 ・ユーザーID及びパスワードは入庁するまで使用しますので、忘れないように注意してください。
受験票・合否通知のダウンロード、最終合格者情報入力について		・受験票・合否通知は、ダウンロード期間内に限り、受験者専用ページに掲載します。 ・受験票はダウンロード後印刷してください。 ・最終合格者情報入力は、期間内に限り、受験者専用ページから入力できます。
選考・試験方法について	専門系	・第1次選考では、教養試験の成績が一定点に達しない場合は、専門試験、論文試験の採点及び資格・経歴の評定を行いません。 ・第1次選考の合格者は、全科目の総合成績により決定しますが、いずれかの科目の成績が一定点に達しない場合は、不合格となります。 ・第2次選考は、第1次選考の合格者に対して行い、最終合格については、第1次選考、第2次選考及び受験資格の確認結果を総合的に判定し、東京都人事委員会の書類選考を経て決定します。
	I類	・第1次試験では、教養試験の成績が一定点に達しない場合は、論文の採点及び資格・経歴の評定を行いません。 ・第2次試験は、第1次試験の合格者に対して行い、最終合格については、第1次試験、第2次試験及び受験資格の確認結果を総合的に判定して決定します。

08 職務内容等

業務内容	東京消防庁の消防本部及び各消防署等において、都民の生命、身体及び財産を災害から守るために、主に次の業務を行います。 ・ 火災等の防除・鎮圧、救助、救急等 ※ 女性については、毒劇物等に係る特殊な災害活動業務への従事制限があります。 ・ 建物の安全指導、火災予防のための立入検査、危険物施設の安全対策、防火・防災管理者等への指導、火災原因調査等 ・ 都民生活の安全確保、要配慮者の安全確保、消防広報等 ・ 消防車両・機器の整備等 ・ 震災対策、防災訓練指導、消防水利の整備等 ・ その他消防行政に関する業務
勤務体系	東京消防庁の主な勤務体系については、以下のとおりです。 ・ 毎日勤務 月曜日から金曜日までの5日間(各7時間45分)に38時間45分の勤務時間を割り振ります。 日曜日及び土曜日は週休日となります。 ・ 交替制勤務(三交替) 部別に21日を1周期とする勤務サイクルを定め、当番及び日勤日にそれぞれ勤務時間を割り振り、3週間を平均とした1週間あたりの勤務時間を38時間45分としています。

09 採用及び給与

採用	専門系	最終合格者は意向聴取、受験資格の確認等を行い、その結果に基づき採用者を内定します。原則として令和6年4月1日以降、欠員に応じて採用されます。 最終合格※ → 意向聴取※ → 採用内定 → 採用
	Ⅰ類	最終合格者は、採用候補者名簿に登録されます。 その後、意向聴取、受験資格の確認等を行い、その結果に基づき採用者を内定します。 原則として令和6年4月1日以降、欠員に応じて採用されます。 最終合格※ → 名簿登録 → 意向聴取※ → 採用内定 → 採用
	共通	※ 受験者専用ページにて、合格通知のダウンロードや手続きが必要となります。
給与		初任給 専門系 約266,800円 Ⅰ類 約259,300円 ※ この初任給は、令和5年1月1日現在の給料月額に、地域手当を加えたものです。 なお、給与改定があった場合は、その定めるところによります。 ※ 上記のほか、扶養手当、住居手当、通勤手当、期末・勤勉手当等の制度があります。 ※ 学歴、職歴等に応じて、一定の基準により加算される場合があります。

令和5年度　職員採用選考・試験結果

消防官

(令和6年1月現在)

区分		応募者数	一次受験者数	一次合格者数	二次受験者数	最終合格者数	倍率
専門系		24	15	13	11	9	1.7
Ⅰ類	1回目	3,052	2,473	1,295	1,203	790	3.1
	2回目	1,817	1,254	328	307	163	7.7
Ⅱ類		休止	休止	休止	休止	休止	休止
Ⅲ類		3,052	2,594	817	570	314	8.3
合計		7,945	6,336	2,453	2,091	1,276	5.0

東京都の自治体情報

第１節　火災の現況と近年の傾向

～火災の恐ろしさを知る～

○ 火災件数は 3,953 件（前年比 14 件増加）で昭和 35 年以降 3 番目に少ない件数
○ 火災による死者は 89 人（前年比 3 人増加）で、高齢者の占める割合は高い。
○ 出火原因は、1 位：放火（疑いを含む）、2 位：たばこ、3 位：ガステーブル等

火災の状況

令和 4 年中の東京消防庁管内の火災件数は 3,953 件で、前年と比べ 14 件増加しています。火災件数は減少傾向で推移しており、平成 25 年まで5千件台でしたが、平成 26 年には4千件台となり、平成 27 年から令和２年にかけては4千件前後で推移し、令和 4 年は当庁が消防事務の受託を開始した昭和 35 年以降 3 番目に少ない件数となっています。

焼損床面積は、21,974㎡と前年と比べ 5,526㎡増加しています。

火災による死者は、89 人と前年と比べ 3 人増加しています。

■ 図表1－1－1　最近 10 年間の火災件数及び焼損床面積の推移

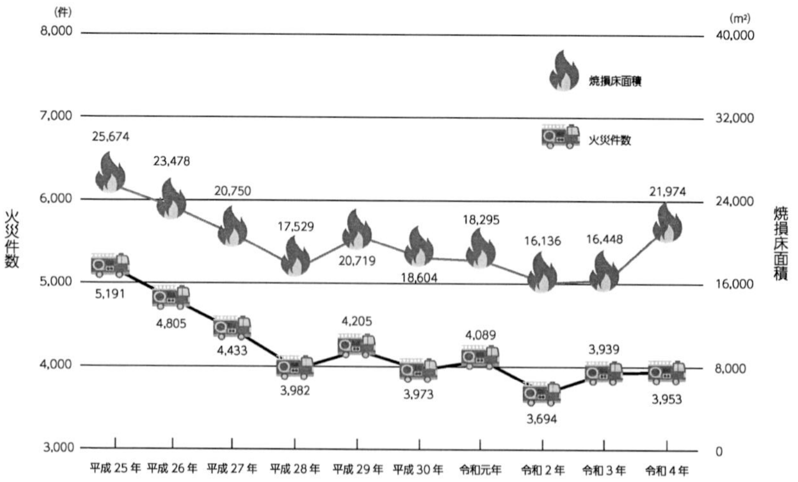

■ 図表1－1－2　最近 10 年間の火災による死者の推移

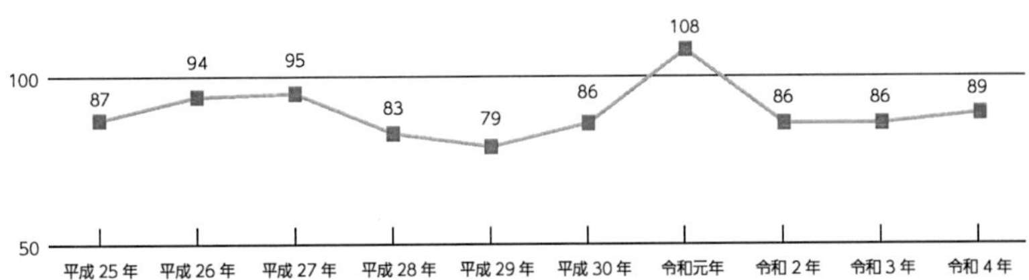

火災種別でみると、「建物火災」※は 2,850 件で前年と比べて 38 件増加し、火災全体の 7 割以上を占めています。次いで、「その他の火災」が 909 件で前年と比べ 8 件増加しています。

※「建物火災」とは、建物またはその収容物が焼損した火災をいいます。

■ 図表1－1－3　火災の状況

		令和 4 年	令和 3 年	前年比
火災件数		3,953 件	3,939 件	14 件
火災種別	建物	2,850 件	2,812 件	38 件
	林野	3 件	6 件	▲ 3 件
	車両	187 件	215 件	▲ 28 件
	船舶	3 件	1 件	2 件
	航空機	0 件	0 件	0 件
	その他	909 件	901 件	8 件
治外法権		1 件	4 件	▲ 3 件
管外からの延焼火災		0 件	0 件	0 件
火災による死者		89 人	86 人	3 人
火災による負傷者		742 人	664 人	78 人
焼損床面積		21,974 m²	16,448 m²	5,526 m²
焼損棟数		3,259 棟	3,228 棟	31 棟
り災世帯数		2,499 世帯	2,382 世帯	117 世帯
損害額		5,466,720,488 円	4,208,012,095 円	1,258,708,393 円

主な出火原因別発生状況

令和４年における主な出火原因別の１位は「放火（疑いを含む）」、２位は「たばこ」、３位は「ガステーブル等」となり、昨年から順位の変動はありません。

１位の「放火（疑いを含む）」は601件発生し、前年より11件増加しています。２位の「たばこ」は569件発生し、前年より14件減少しています。３位の「ガステーブル等」は331件発生し、前年より30件減少しています。

■ 図表1－1－10　火災件数に占める主な出火原因（ワースト５）の状況

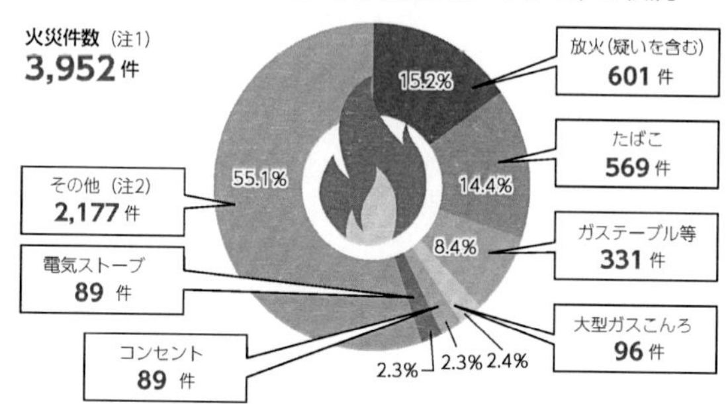

注１：火災件数3,952件は、治外法権火災及び管外からの延焼火災を除いています。
注２：その他の内訳は、「差込みプラグ」、「コード」などとなっています。
注３：グラフの小数点にあっては四捨五入しているため、個々の数値の和が100%とならないことがあります。

４位以下をみると、「大型ガスこんろ」が96件（前年比６件増加）、「コンセント」が89件（同３件増加）、「電気ストーブ」が89件（同４件増加）、「差込みプラグ」が81件（同１件減少）などとなっています。また、火災件数3,952件に占める「放火（疑いを含む）」の割合は、最近10年間減少傾向で推移していましたが、令和４年中は15.2%と前年と比べ0.2ポイント増加しています。「たばこ」については、500～600件台で推移し、割合は14.4%となっています。「ガステーブル等」については300件台で推移し、割合は8.4%となっています。

■ 図表1－1－12　主な出火原因（令和４年中の上位10位）

	年／前年比	25	26	27	28	29	30	元	2	3	4	前年比
1	放火（疑い含む）	1,622	1,381	1,027	881	896	705	641	641	590	601	11
2	たばこ	737	710	664	586	691	651	689	508	583	569	▲14
3	ガステーブル等	418	415	457	363	360	305	347	399	361	331	▲30
4	大型ガスこんろ	102	110	118	110	95	98	110	72	90	96	6
5	コンセント	66	48	53	59	59	56	56	59	86	89	3
6	電気ストーブ	105	104	75	85	100	71	85	69	85	89	4
7	差込みプラグ	69	59	47	64	64	64	85	62	82	81	▲1
8	コード	49	45	57	61	74	57	62	60	53	68	15
9	屋内線	46	41	46	41	40	39	56	28	42	48	6
10	配電線	32	18	36	29	33	36	38	23	29	42	13

救助活動の状況

（1）出場件数（車両数）・出場人員

令和 4 年中の救助出場件数は 27,158 件で前年比 2,154 件増加しました。救助人員・出場隊数についても増加しました。

■ 図表1－2－4　出場件数（車両数）・救助人員・出場人員の状況

	令和 4 年	令和 3 年	前年比
出場件数（車両数）	27,158 件（90,590 台）	25,004 件（81,970 台）	2,154 件（8,620 台）
救助人員	18,358 人	18,567 人	▲ 209 人
出場人員（DMAT※含む）	371,787 人	336,208 人	35,579 人

※専門的なトレーニングを受けた医師や看護師が医療資器材を携えて災害現場へ赴き、その場で救命処置等を行う災害医療派遣チーム。

（2）事故種別状況・救助人員

■ 図表1－2－5　事故種別ごとの出場件数

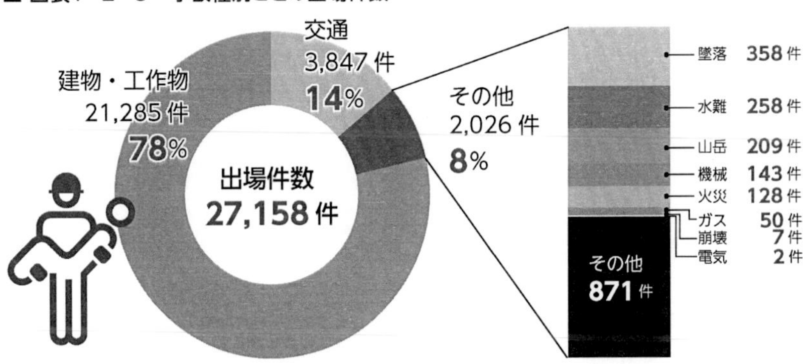

■ 図表1－2－6　事故種別ごとの救助人員

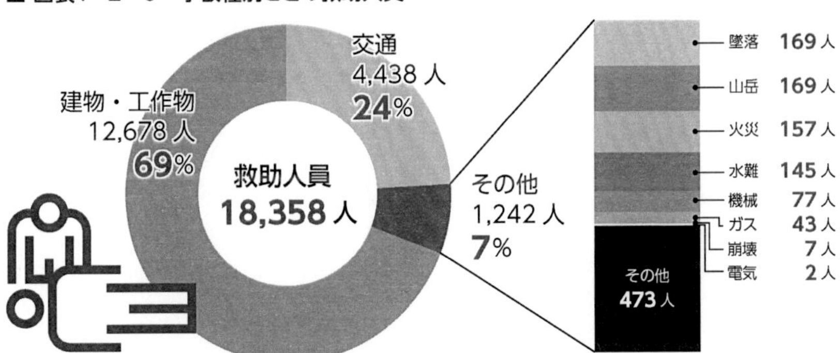

第3節　救急活動の現況

～救急出場の状況と「#7119」の有効活用～

● 事故種別救急活動状況

区　分	総数	交通事故	火災事故	運動競技事故	自然災害事故	水難事故	労働災害事故
出場件数（件）	872,075	41,101	3,354	4,616	8	565	5,241
搬送人員（人）	708,695	36,662	584	4,547	4	261	5,118

● 救急出場件数の事故種別の内訳

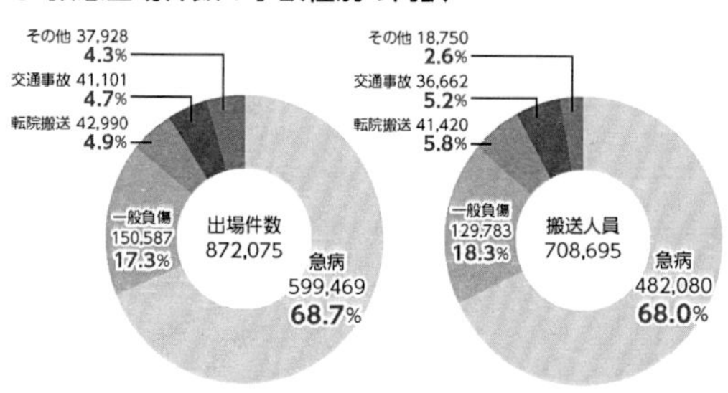

● 隊別出場件数上位 10 隊【件】

救急隊名	件　数	1日平均
大久保救急	4,180	11.5
江戸川第1救急	4,131	11.3
八王子第1救急	3,944	10.8
野方第1救急	3,899	10.7
豊島救急	3,822	10.5
麻布救急	3,805	10.4
世田谷救急	3,803	10.4
葛西第1救急	3,801	10.4
八王子第2救急	3,801	10.4
三田救急	3,791	10.4

● 救護人員　【人】

区　分	救護人員		
	総　数	搬　送	現場処置
令和4年	710,381	708,695	1,686
令和3年	631,407	630,287	1,120
増 減 数	78,974	78,408	566
増 減 率	12.5%	12.4%	50.5%

● 高齢者搬送人員　【人】

	65歳以上計	65歳～74歳	75歳以上
令和4年	376,868	88,116	288,752
令和3年	337,224	82,951	254,273
増 減 数	39,644	5,165	34,479
増 減 率	11.8%	6.2%	13.6%

● 出場件数の前年比較　【件】

区　分	総　数	交通事故	火災事故	運動競技事故	自然災害事故	水難事故	労働災害事故
令和4年	872,075	41,101	3,354	4,616	8	565	5,241
令和3年	743,703	39,614	3,249	3,495	19	583	4,616
増 減 数	128,372	1,487	105	1,121	▲11	▲18	625
増 減 率	17.3%	3.8%	3.2%	32.1%	▲57.9%	▲3.1%	13.5%

● 搬送人員数の前年比較　【人】

区分	総数	交通事故	火災事故	運動競技事故	自然災害事故	水難事故	労働災害事故
令和4年	708695	36662	584	4547	4	261	5118
令和3年	630,287	35,577	565	3,465	10	257	4,501
増 減 数	78,408	1,085	19	1,082	▲6	4	617
増 減 率	12.4%	3.0%	3.4%	31.2%	▲60.0%	1.6%	13.7%

※割合、構成比（率）、増減率等の割合を示す数値及び指数を示す数値については、少数第2位又は3位を四捨五入しています。したがって、

救急出場の状況

（1）救急活動総括表

■ 図表1−3−1　救急活動総括表

一般負傷	自損行為	加害	急病	転院搬送	資器材等輸送	医師搬送	その他
150,587	6,664	5,257	599,469	42,990	712	181	11,330
129,783	4,525	3,711	482,080	41,420	—	—	—

● 程度別搬送人員　【人】

区　分	搬送人員	重症以上	中 等 症	軽　症
総　　数	708,695	53,370	277,104	378,221
	100%	7.5%	39.1%	53.4%
急　　病	482,080	38,968	194,427	248,685
	100%	8.1%	40.3%	51.6%
一　　般	129,783	3,048	41,634	85,101
	100%	2.3%	32.1%	65.6%
転院搬送	41,420	8,312	29,638	3,470
	100%	20.1%	71.6%	8.4%
交通事故	36,662	958	6,552	29,152
	100%	2.6%	17.9%	79.5%
そ の 他	18,750	2,084	4,853	11,813
	100%	11.1%	25.9%	63.0%

● 回転翼航空機による救急活動状況【件】

区　分	件　数
令和４年	306
令和３年	321
増 減 数	▲15

● 救急出場件数が 3,500 件以上の救急隊【隊】

区　分	隊　数
令和４年	42
令和３年	2
増 減 数	40

● 救急活動状況

区　分	救急隊数	１日平均	１隊平均※	１隊１日平均※	出場頻度
令 和 4 年	271 隊	2,389 件	3,218 件	8.8 件	36 秒に１回
令 和 3 年	271 隊	2,038 件	2,744 件	7.5 件	42 秒に１回

※デイタイム救急は、救急隊数に含まない

※令和3年は、三鷹第2を含む隊数（271 隊）

一般負傷	自損行為	加害	急病	転院搬送	資器材等輸送	医師搬送	その他
150,587	6,664	5,257	599,469	42,990	712	181	11,330
130,625	5,865	4,909	497,198	42,345	558	189	10,438
19,962	799	348	102,271	645	154	▲8	892
15.3%	13.6%	7.1%	20.6%	1.5%	27.6%	▲4.2%	8.5%

一般負傷	自損行為	加害	急病	転院搬送
129,783	4,525	3,711	482,080	41,420
114,823	4,051	3,601	421,778	41,659
14,960	474	110	60,302	▲239
13.0%	11.7%	3.1%	14.3%	▲0.6%

内訳の合計は必ずしも総数に一致しません。

・死亡 …… 初診時死亡が確認されたもの
・重篤 …… 生命の危険が切迫しているもの
・重症 …… 生命の危険が強いと認められたもの
・中等症 … 生命の危険はないが入院を要するもの
・軽症 …… 軽易で入院を要しないもの

（2）過去５年間の推移

平成 30 年から令和 4 年まで過去 5 年間の東京消防庁の救急出場件数の推移及び令和 3 年中における全国の出場件数は次のとおりです（令和４年４月１日現在、全国救急隊数5,328隊、救急車台数（非常用含む）6,549 台）。

■ 図表1－3－2　過去５年間の出場件数等の推移

区　分	平成 30 年	令和元年	令和２年	令和３年	令和４年	全国（R3）
出場件数（件）	818,062	825,929	720,965	743,703	872,075	6,193,581
１日平均件数（件）	2,241	2,263	1,970	2,038	2,389	16,969
出場頻度（秒）	39	38	44	42	36	5

「東京の消防白書2023」より抜粋

第2部

教養試験実施問題

- 令和5年度　第1回実施問題
- 令和5年度　第2回実施問題
- 令和4年度　第1回実施問題
- 令和4年度　第2回実施問題
- 令和3年度　実施問題
- 令和2年度　第1回実施問題
- 令和2年度　第2回実施問題

令和5年度 第1回実施問題

1 次の文章を読んで，以下の問に答えなさい。

※本文略（題材は，『新敬語「マジヤバイっす」―社会言語学の視点から』中村桃子 著）

問 この文章の内容に合致するものとして，最も妥当なものはどれか。

1. 日本語の固有の言語現象に地域と結びついた「○○弁」やジェンダーと結びついた「女ことば」がある。
2. 近年，社会言語学では，「○○ことば」の形成過程を研究することが注目されている。
3. 女性という集団の言葉づかいは，単純なプロセスにより自然に「女ことば」として成立している。
4. 「イデオロギー」がなくとも女性は丁寧な言葉づかいをするべきだと考えられ，女ことばは自然に成立した。
5. 言葉づかいと社会のイデオロギーの密接な関係を明らかにすることで，特定の「○○ことば」への差別意識をなくすことができる。

2 次の文章を読んで，以下の問に答えなさい。

※本文略（題材は，『世界のエリートが学んでいる教養としての哲学』小川仁志 著）

問 この文章の内容に合致するものとして，最も妥当なものはどれか。

1. 会社という組織の一員として活動することに人間は生きがいを見つけ，同時に安心を得られ，それが幸せとなる。
2. 人間は本性的にポリス的動物で，共同体における人とのかかわりの中で他者を思いやる気持ちを身につけるものである。
3. 組織に属することで，安心を得られると共に責任を求められ，幸福はルールに従う者のみに与えられる。
4. 強引に幸福を追求しようとすると，共同体の人々から非難され，うまくことを運べなくなるため，妥協することを学ぶようになる。

5. 人間はポリス的動物であるので，人の集団である組織で求めることのできる幸せは，極端ではないほどの幸せである。

3 次の文章を読んで，以下の問に答えなさい。

※本文略（題材は，『論理思考力(ろんりしこうりょく)をきたえる「読(よ)む技術(ぎじゅつ)」』出口汪(でぐちひろし)　著）

問　この文章の要旨として，最も妥当なものはどれか。

1. 私たち日本人は，その言語が日本語であるので，日本語以外の言語で思考することは不可能である。
2. われわれに言葉がなければ，犬や猫などの動物のようにただカオスの世界に生きていくだけである。
3. 私たち人間は論理力を獲得するために，外界のあらゆるものをいったん言葉で置き換え，整理し，思考することを習得した。
4. 私たち人間は，外界を言葉に置き換え，整理し，認識し，思考するもので，その言葉による世界の整理の仕方が論理というものであり，誰でも論理の習得は可能である。
5. 思考力も感覚も，突き詰めればすべて言葉の問題であり，誰でも言語習得は可能である。

4 次の文章を読んで，以下の問に答えなさい。

※本文略（題材は，『芸術(げいじゅつ)は社会(しゃかい)を変(か)えるか？―文化生産の社会学からの接近』吉澤弥生　著）

問　文章の空欄に当てはまる文として，最も妥当なものはどれか。

1. 芸術の中心化が進んでいる。
2. 芸術の社会化が進んでいる。
3. 芸術の形骸化が進んでいる。
4. 美術教育の拡大化が進んでいる。
5. 美術教育の日常化が進んでいる。

5 次の文章を読んで，以下の問に答えなさい。

※本文略（題材は，『すぐれたリーダーに学ぶ言葉の力』齋藤 孝　著）

問　A～Fの文を並べ替えて意味の通る文章にするとき，その順序として最も妥当なものはどれか。

1. A－F－B－C－E－D
2. B－C－F－D－E－A
3. B－A－F－C－E－D
4. F－A―B－C－E－D
5. F－C－D－E－B－A

6 次の英文の内容に関する以下の問の答えとして，最も妥当なものはどれか。

There is a book with 120 pages. On the first day 2 over 5 of the whole book were read, and on the second day 3 over 8 of the remainder were read.

問　At this time, how many unread pages are left?

1. 27 pages　　2. 45 pages　　3. 48 pages　　4. 72 pages
5. 75 pages

7 次の英文の（　　　）に当てはまる語として，最も妥当なものはどれか。

※本文略（題材は，『"Secrets" of England』コリン・ジョイス　著）

1. apologistic　　2. apologize　　3. apology　　4. excusable
5. inexcusable

8 次の英文のうち，文法・語法が正しいものとして，最も妥当なものはどれか。

1. I have seen the movie yesterday.
2. I'm afraid if it will rain.
3. I went to Nagasaki by the train.
4. My father won't let me use his car.
5. She entered into the room quietly.

9 次のＡ～Ｄの英文を，二人の会話として成り立つように並び替えたものとして，最も妥当なものはどれか。

Ａ：Can I see them?
Ｂ：How was your trip?
Ｃ：Why not?
Ｄ：Yosemite was just beautiful. I took a lot of pictures.

1. Ａ－Ｃ－Ｂ－Ｄ
2. Ａ－Ｃ－Ｄ－Ｂ
3. Ｂ－Ｄ－Ｃ－Ａ
4. Ｂ－Ｄ－Ａ－Ｃ
5. Ｃ－Ｂ－Ｄ－Ａ

10 20枚のカードがあり，どのカードも表には１桁の整数が１つずつ書かれ，裏は青または黄のいずれかに塗られている。Ａは20枚の中から４枚のカードを選び，自分にしか見えないように次の図のように机の上に並べた。その後，Ｂに対して机の上のカードを見せ，以下のように述べた。

「私が並べた４枚のカードのうち，表が偶数のカードはすべて裏が青である。」

このＡの発言が正しいかどうかを確かめるために，Ｂが必ずめくって見なければならないカードとして，最も妥当なものはどれか。

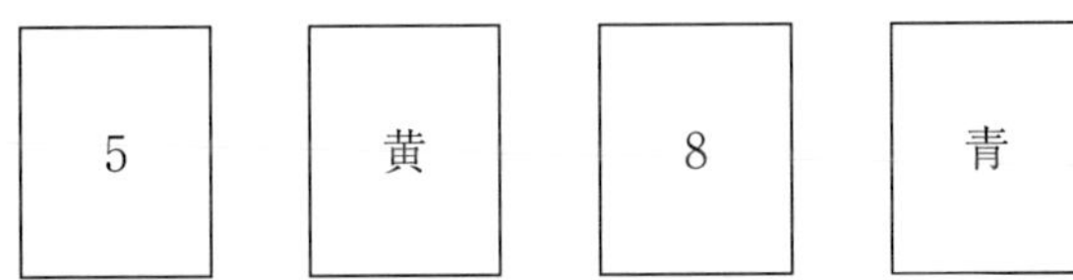

1. 5のカードと黄のカード
2. 5のカードと8のカード
3. 黄のカードと8のカード
4. 黄のカードと青のカード
5. 8のカードと青のカード

11 A～Eの5人に対して，札幌，仙台，横浜，神戸，広島，福岡の6都市へ行ったことがあるか否かを尋ねたところ，次のア～クのことがわかった。このとき，確実にいえることとして，最も妥当なものはどれか。

ア：AとBは広島に行ったことがある。
イ：Aが行ったことのある都市の数は，Dが行ったことのある都市の数より1つ多い。
ウ：Bは横浜と福岡に行ったことがない。
エ：Cは札幌のほかに2都市に行ったことがあるが，仙台と横浜には行ったことがない。
オ：Dは神戸に行ったことがあるが，福岡には行ったことがない。
カ：Eは札幌のほかに1都市に行ったことがあるが，仙台，横浜，福岡には行ったことがない。
キ：AかEのどちらか一方は，神戸に行ったことがある。
ク：札幌と広島に行ったことがあるのはそれぞれ4人，仙台に行ったことがあるのは3人，それ以外の都市に行ったことがあるのはそれぞれ2人である。

1. Aは札幌に行ったことがある。
2. Bは札幌に行ったことがある。
3. Cは広島に行ったことがない。
4. Dは広島に行ったことがある。
5. Eは神戸に行ったことがある。

12 6人が円卓に，互いの顔が見えるように着席している。赤い帽子と白い帽子を1個ずつ，黒い帽子を5個用意し，これらを6人に見せた後，この中から1人に1個ずつ選んで頭に被せた。6人は，それぞれ自分の帽子は見えないが，ほかの5人の帽子は見ることができる。6人に，自分の帽子の色がわかるか否か尋ねたところ，6人は同時に「わからない」と答えた。6人が同時に「わからない」と答えたことにより，自分の帽子の色を正確に把握できる者の人数として，最も妥当なものはどれか。

1. 1人　2. 2人　3. 3人　4. 4人　5. 5人

13 外見からは区別できない３つの箱Ａ，Ｂ，Ｃがある。箱Ａには赤い球が２個と白い球が18個，箱Ｂには赤い球が17個と白い球が３個，箱Ｃには赤い球が10個と白い球が10個入っている。３つある箱のうちどれか１つを選び，中から球を取り出して球の色を調べることによって，その箱がＡ，Ｂ，Ｃのいずれであるかを判断したい。Ａ，Ｂ，Ｃいずれの箱であるか確実に判断するために，取り出さなければならない球の最少個数として，最も妥当なものはどれか。

1. 13個　　2. 14個　　3. 15個　　4. 16個　　5. 17個

14 ある暗号では，「静岡」が「6948693775127260」，「新潟」が「6348754872616660」，「鹿児島」が「7260721369485760」で表される。この暗号法則で「6360726169607248」と表されるものとして，最も妥当なものはどれか。

1. 山形　　2. 神奈川　　3. 石川　　4. 和歌山　　5. 長崎

15 図１の図形Ａ～Ｃと，図２の図形Ｄ～Ｈから２種類を選び，合計５種類を隙間なく敷き詰めて，市松模様（黒と白の正方形を互い違いに碁盤目状に並べた模様）の正方形を作る。このとき，Ｄ～Ｈのうちで使用する２種類の図形の組合せとして，最も妥当なものはどれか。ただし，図形は１回のみ使用するものとし，裏返したり重ね合わせたりしないものとする。

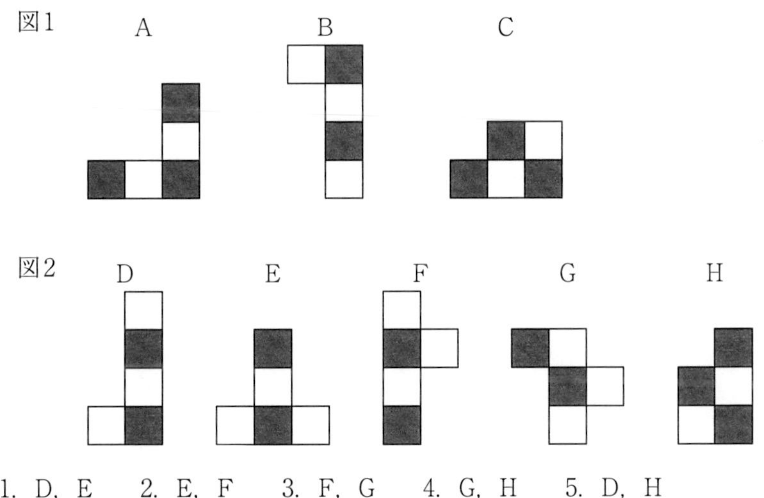

1. D，E　　2. E，F　　3. F，G　　4. G，H　　5. D，H

16 次の図のように，半径9cmの円Oがあり，半径3cmの円Pが円Oの外周に沿って，矢印の向きにAの位置からBの位置まで滑らないように回転して移動する。このとき，円Pの移動に必要な回転数として，最も妥当なものはどれか。

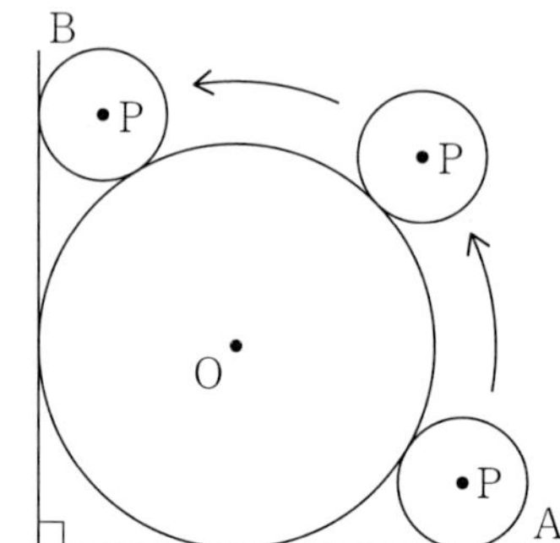

1. $\frac{2}{3}$回転
2. 1回転
3. $\frac{4}{3}$回転
4. $\frac{5}{3}$回転
5. 2回転

17 次の図は，27個の小立方体を積み上げて作った立方体である。この立方体に，黒印のところから反対側まで貫通するように，面に対して垂直な穴をあけた。このとき，6面すべてに穴があいている小立方体の個数と，穴が1つも空いていない小立方体の個数の和として，最も妥当なものはどれか。

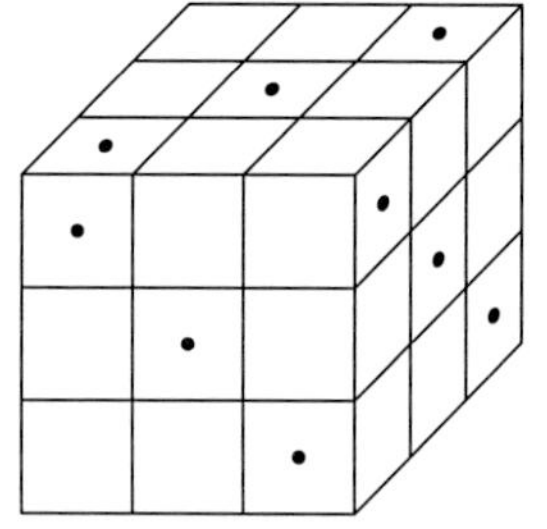

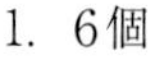

1. 6個
2. 7個
3. 8個
4. 9個
5. 10個

18 $\frac{1}{3}$という分数を小数に変換すると，1÷3＝0.333…となり，小数第1位から3が循環する。これを，$\frac{1}{3}=0.\dot{3}$と表す。同様に，$\frac{4}{33}$は4÷33＝0.121212…より，$\frac{4}{33}=0.\dot{1}\dot{2}$，$\frac{4}{165}$は4÷165＝0.0242424…より，$\frac{4}{165}=0.0\dot{2}\dot{4}$で表される。循環小数0.135135135…$=0.\dot{1}3\dot{5}=\frac{q}{p}$であるとき，$p+q$の値として，最も妥当なものはどれか。ただし，$\frac{q}{p}$は既約分数である。

1. 39　2. 40　3. 41　4. 42　5. 43

19 一定の速さで流れている川の下流にあるＡ地点から，24km上流にあるＢ地点まで，普段は２時間かかる船がある。ある日，途中で船のエンジンが30分間停止してしまい，その間船は下流へ流されていたので，Ａ地点からＢ地点まで２時間40分かかった。この川の流れの速さとして，最も妥当なものはどれか。ただし，船が下流へ流される速さは川の流れの速さに等しく，船の進む速さ，川の流れの速さはそれぞれ一定とする。

1. 時速1km　2. 時速2km　3. 時速3km　4. 時速4km
5. 時速5km

20 ある行政機関の窓口では，午前９時ちょうどに受付を開始する。受付開始までに行列を作って待っている人数は毎朝一定であり，さらに毎分新たに到着して行列に並ぶ人数も一定であることがわかっている。いま，午前９時ちょうどに受付窓口を３つ設けると行列は120分でなくなり，受付窓口を４つ設けると40分で行列がなくなるという。このとき，受付窓口を５つ設けた場合，行列がなくなるまでにかかる時間として，最も妥当なものはどれか。ただし，どの窓口を利用しても一人当たりの受付にかかる時間は一定とする。

1. 16分　2. 18分　3. 20分　4. 22分　5. 24分

21 次の図は，台形ABCDの内部に，頂点Ａ，Ｂ，Ｃを中心とする半径の等しい扇形を入れたものである。AB＝10cm，CD＝8cm，DA＝6cmのとき，図の斜線部分の面積として，最も妥当なものはどれか。

1. $(64-\frac{75}{4}\pi)\text{cm}^2$
2. $(72-18\pi)\text{cm}^2$
3. $(72-\frac{75}{4}\pi)\text{cm}^2$
4. $(76-\frac{75}{4}\pi)\text{cm}^2$
5. $(76-18\pi)\text{cm}^2$

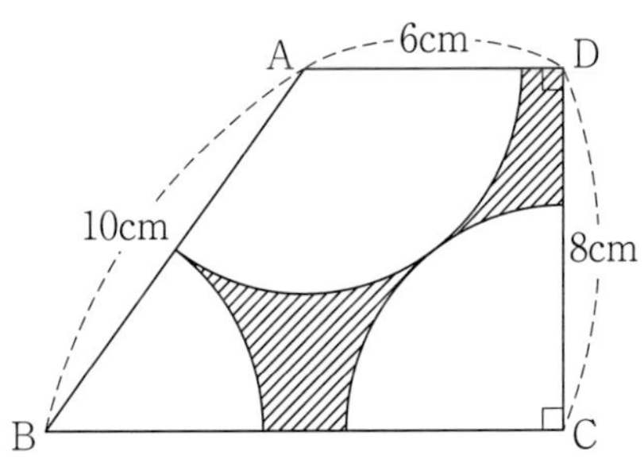

22 A組の候補者6名，B組の候補者6名の計12名の中から，3名の代表を選ぶ。このとき，選ばれた3名の中に，A組の候補者が少なくとも1名含まれる確率として，最も妥当なものはどれか。

1. $\frac{17}{21}$　2. $\frac{19}{22}$　3. $\frac{19}{21}$　4. $\frac{10}{11}$　5. $\frac{11}{12}$

23 次の資料は，5か国の輸入貿易額の推移をまとめたものである。この資料から判断できることとして，最も妥当なものはどれか。

5か国の輸入貿易額の推移

国名	2016年	2017年	2018年	2019年	2020年
アメリカ	2,250,154	2,339,600	2,537,700	2,497,500	2,334,330
中国	1,589,463	1,840,492	2,132,776	2,078,409	2,055,612
ドイツ	1,056,495	1,162,892	1,284,349	1,233,989	1,170,726
日本	607,602	671,921	748,526	721,078	634,431
韓国	406,186	478,478	535,052	503,324	471,115

（単位　百万ドル）

1. 2016年から2020年までの期間で，輸入貿易額の合計を見ると，ドイツと日本の差は約1兆6,000億ドルである。
2. 2016年の韓国の輸入貿易額を100とする指数で表すと，2020年は120を上回っている。
3. 2016年から2020年までの期間で，アメリカと中国の輸入貿易額の差が最も大きいのは，2017年である。
4. 2016年から2020年までのいずれの年においても，アメリカの輸入貿易額は韓国の輸入貿易額の4倍を超えている。
5. 2016年から2020年までの期間で，5か国の輸入貿易額の合計が最も大きいのは，2019年である。

24 **次の資料は，A県とB県の人口及び運転免許保有者の推移をまとめたものである。この資料から判断できることとして，最も妥当なものはどれか。**

人口及び運転免許保有者の推移

	A県			B県		
	人口（人）	男性の運転免許保有者（人）	運転免許保有者に占める女性の割合（%）	人口（人）	男性の運転免許保有者（人）	運転免許保有者に占める女性の割合（%）
2016年	4,426,445	1,593,489	41.23	7,410,797	2,741,995	39.27
2017年	4,432,702	1,595,772	41.35	7,422,079	2,761,014	39.40
2018年	4,439,798	1,602,769	41.67	7,434,427	2,780,476	39.63
2019年	4,447,074	1,609,841	41.75	7,448,636	2,789,514	40.04
2020年	4,517,217	1,648,784	42.28	7,460,572	2,797,714	40.28
2021年	4,576,258	1,688,640	42.64	7,484,031	2,828,953	40.64

1. 2021年の女性の運転免許保有者は，B県の方がA県より80万人以上多い。
2. 2016年から2021年までの期間で，A県の男性人口に占める男性の運転免許保有者割合は毎年増加している。
3. 2016年のA県の運転免許保有者を見ると，男性は女性の1.5倍を超えている。
4. 2016年から2021年までの期間で，B県の女性人口に占める女性の運転免許保有者割合は毎年増加している。
5. 2017年から2021年までの期間で，女性の運転免許保有者はA県，B県のいずれも増加している。

25 次の資料は，単身世帯の消費支出内訳をまとめたものである。この資料から判断できることとして，最も妥当なものはどれか。

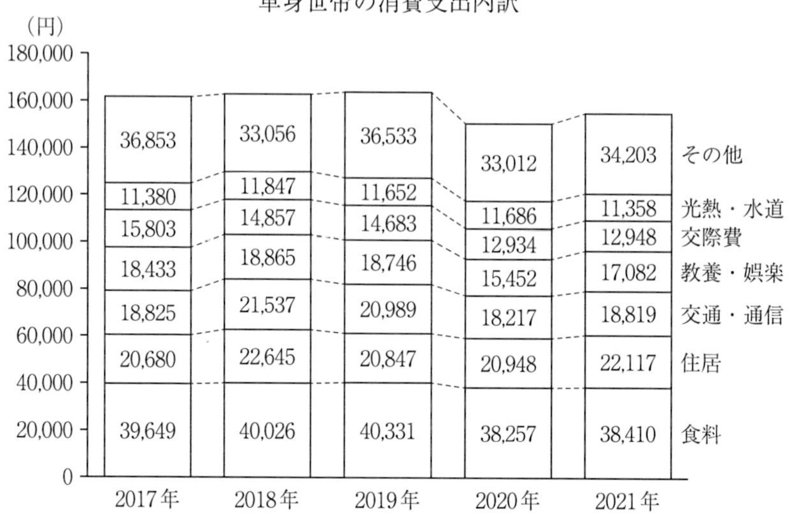

1. 2017年から2021年までの期間で，消費支出全体に占める食料の割合は，いずれの年も30%を超えている。
2. 2017年から2021年までの期間で，交通・通信と教養・娯楽の支出額の差が最も小さいのは，2021年である。
3. 2017年から2021年までの期間で，交際費と光熱・水道の支出額の和が最も大きいのは，2017年である。
4. その他の中で最も支出額が大きいのは，家事用品である。
5. 2017年から2021年までの期間で，住居の支出額が光熱・水道の支出額の2倍を超えている年がある。

26 **次の資料は，６か国のサバ漁獲量及び６か国のサバ漁獲量の合計が世界のサバ漁獲量の合計に占める割合（構成比）の推移をまとめたものである。この資料から判断できることとして，最も妥当なものはどれか。**

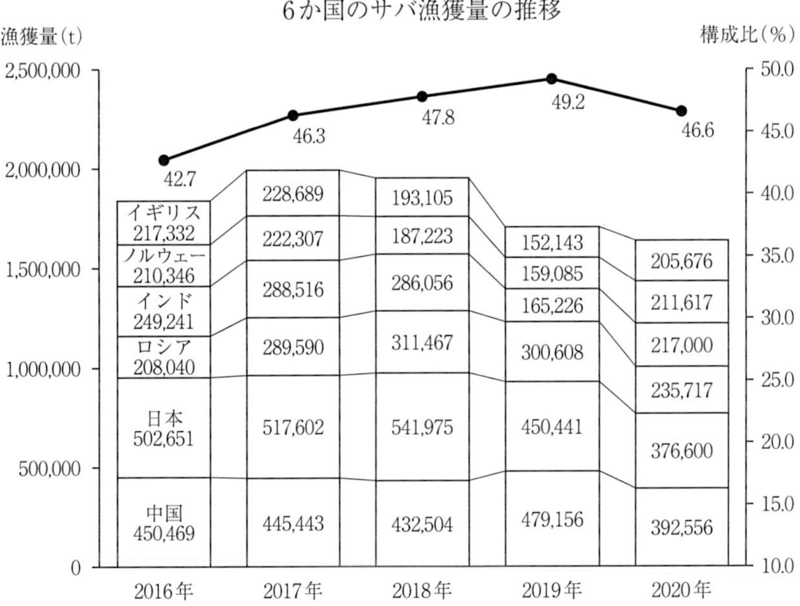

1. 日本の2016年のサバ漁獲量に対する2020年のサバ漁獲量の減少率は，20％を超えている。
2. 2017年の世界のサバ漁獲量の合計は，約3,600,000tである。
3. 2016年のサバ漁獲量に対する2019年のサバ漁獲量の減少率が最も大きいのは，イギリスである。
4. 世界のサバ漁獲量の合計は，2017年から2019年まで，いずれも前年より増加している。
5. 2017年から2020年までの期間で，ロシアのサバ漁獲量が前年より減少している年は，インドのサバ漁獲量も前年より減少している。

27 **次の資料は，A社～H社の従業員の年齢構成割合をまとめたものである。この資料から判断できることとして，最も妥当なものはどれか。**

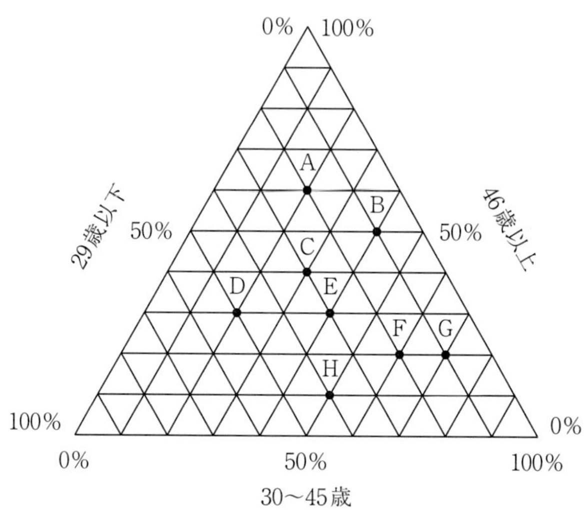

1. F社とG社は，29歳以下の従業員の占める割合が等しい。
2. B社の46歳以上の従業員が占める割合は60%である。
3. 29歳以下の従業員の占める割合が最も大きいのは，H社である。
4. 46歳以上の従業員数が最も多いのは，A社である。
5. E社の30～45歳の従業員が占める割合は40%である。

28 **日本の国会及び内閣に関する記述として，最も妥当なものはどれか。**

1. 内閣は国会の臨時会の召集を決定することができるが，いずれかの議院の総議員の3分の1以上の要求があれば，内閣はその召集を決定しなければならない。
2. 衆議院で可決し，参議院でこれと異なった議決をした法律案は，衆議院で出席議員の過半数で再び可決したときは法律となる。
3. 予算について，参議院が衆議院の可決した予算を受け取った後，国会休会中の期間を除いて60日以内に議決しないときは，衆議院の議決を国会の議決とする。

4. 内閣は衆議院で不信任の決議案を可決し，または信任の決議案を否決したときは，10日以内に衆議院が解散されない限り，総辞職をしなければならない。
5. 衆議院が解散されたときは，参議院は同時に閉会となるが，国に緊急の必要があるときは，参議院は自ら緊急集会を開くことができる。

29 日本の選挙における各種原則と制度に関する記述として，最も妥当なものはどれか。

1. 普通選挙とは，個人は平等であるのだから，1票の価値はすべて等しいとする原則である。
2. 平等選挙とは，一定の年齢に達しさえすれば，すべての国民が選挙権を持つとする原則である。
3. 小選挙区制は，狭い選挙区から1名の当選者を選出する制度であり，選挙費用がかからない，死票が少ないという長所がある。
4. 大選挙区制は，広い選挙区から複数の当選者を選出する制度であり，選挙費用がかさむ，ゲリマンダーの危険性が高いという短所がある。
5. 比例代表制は，得票数に比例して議席数を配分する制度であり，死票が少ないという長所がある。

30 日本の55年体制に関する記述として，最も妥当なものはどれか。

1. 1955年以来，自由民主党と日本社会党の二大政党による政権交代が交互に行われてきた政治体制のことを55年体制という。
2. 1955年に日本社会党が統一されたのに続いて自由民主党が成立。以後40年近く，保守と革新の二大勢力が対立してきた政治体制のことを55年体制という。
3. 日本の政治史上，最も多くの政党が誕生した年が1955年であり，それ以来さまざまな政党の再編が行われてきたことを55年体制という。
4. 1955年に日本社会党が分裂したことを発端として，以降，政党の統合と分離が繰り返されてきたことを55年体制という。
5. 自由民主党が，結党以来55年間にわたり，与党として政治を動かしてきたことを55年体制という。

31 国民経済全体の活動水準を表す指標に関する記述として，最も妥当なものはどれか。

1. 国内総生産（GDP）はフローの指標のひとつであり，国内の各企業の生産総額として計算される。
2. 国民総生産（GNP）に海外からの純所得を加えたものが，国内総生産（GDP）である。
3. 国民総生産（GNP）から中間生産物の額を差し引いたものが，国民純生産（NNP）である。
4. 国民純生産（NNP）から「間接税－補助金」を差し引いた額が，国民所得（NI）である。
5. 国民所得（NI）を生産，分配，支出の3つの面からとらえたとき，生産国民所得と支出国民所得の合計は，分配国民所得に等しい。

32 令和2年国勢調査の結果に関する記述として，最も妥当なものはどれか。

1. 都道府県別の人口増加率が最も高いのは東京都で，最も低いのは沖縄県であった。
2. 総人口に占める65歳以上人口の割合は28.6％で，世界で最も高い水準にある。
3. 日本人人口が調査開始以来初めて1億人を下回る一方，外国人人口は増加を続けている。
4. 女性の労働力率がすべての年齢階級で上昇し，M字型曲線の谷間が消失した。
5. 産業別就業者割合をみると，医療・福祉に従事する者の割合が減少を続けている。

33 2022年7月10日に実施された第26回参議院議員通常選挙に関する記述として，最も妥当なものはどれか。

1. 自由民主党は単独で改選定数の過半数を確保した。
2. 立憲民主党は議席を増やし，野党第一党の地位を守った。
3. 新たに議席を獲得する政党は現れなかった。
4. 女性候補者が35人当選したが，過去最多を更新することはできなかった。
5. 投票率（選挙区選）は前回よりも低下し，史上初めて50％を下回った。

34 犯罪・非行関連の法律に関する記述のうち，下線部の正誤の組合せとして，最も妥当なものはどれか。

2022年に刑法が改正され，(a) 懲役刑と禁固刑に加えて，新たに拘禁刑が設けられることとなった。拘禁刑では，受刑者の年齢や特性に合わせて，刑務作業と指導を柔軟に組み合わせた処遇を行えるようになる。また，(b) 人を侮辱した行為に適用される侮辱罪が新設され，インターネット上での誹謗中傷についても適用されることとなった。2022年には少年法も改正され，(c) 18・19歳は特定少年と位置づけて，検察が起訴すれば氏名や顔写真などの報道も解禁されることとなった。また，強盗や放火などの罪に問われた特定少年については，原則として成人と同じく刑事裁判の対象とされることとなった。

	a	b	c
1.	正	正	誤
2.	正	誤	正
3.	正	誤	誤
4.	誤	正	正
5.	誤	誤	正

35 中国の元朝に関するア～オの記述のうち，正しいもののみを選んだ組合せとして，最も妥当なものはどれか。

ア：モンゴル帝国第5代皇帝のフビライ（クビライ）が，都をカラコルムから大都（現在の北京）に移し，国号を元と定めた。南宋を滅ぼして中国全土を支配し，高麗・日本・東南アジアにも遠征軍を派遣した。

イ：元は懐柔策と威圧策とを併用して漢人支配を行った。官吏登用のための科挙を実施し儒教を尊重する姿勢をとる一方，漢人に辮髪を強制し，また，文字の獄で思想を弾圧した。

ウ：チンギス＝ハンが導入したジャムチ（駅伝制）をさらに整備し，また，大運河・海上交通路の整備を行った。これら陸上・海上のネットワークを生かしてウイグル商人とムスリム商人が遠距離商業に活躍し，交鈔とよばれる紙幣も発行され広く流通した。

エ：東西交通路の整備により人や文化の交流が活発化した。ヴェネツィアの商人マゼランは13世紀後半に元を訪れフビライ（クビライ）に仕えた。帰国後獄中で口述した『世界の記述（東方見聞録）』は西洋人の東洋への関心を誘い，大航海時代到来の要因の一つとなった。

オ：14世紀半ばに起こった安史の乱以降，節度使が各地で独立化して割拠し，さらに塩の密売商人の挙兵から始まった黄巣の乱がおきると元の勢力は急速に衰え，モンゴル高原に後退した。

1. ア，ウ　2. ア，エ　3. イ，ウ　4. イ，オ　5. エ，オ

36 明治時代の出来事について，A～Eが起きた順に並べ替えたものとして，最も妥当なものはどれか。

A：明治十四年の政変
B：民撰議院設立建白書の提出
C：神風連の乱
D：大日本帝国憲法の発布
E：加波山事件

1. A→B→C→E→D　2. B→C→A→E→D
3. B→C→D→A→E　4. E→A→B→C→D
5. E→C→B→D→A

37 変動帯の地形と日本列島に関する記述について，最も妥当なものはどれか。

1. 地球の表層はプレートと呼ばれる十数枚の硬い層に分かれ，それぞれのプレートは長い時間をかけて水平方向に動いている。プレートの境界にあたる地域は変動帯と呼ばれ，つねに不安定で，地震や火山が多い。
2. 変動帯の地形は，各プレートの動く向きによって，浮き上がる境界，沈み込む境界，ずれる境界の三つに分けられる。
3. 日本列島は，プレート運動によって南北方向からの圧縮力を受けているため，隆起地域が広く，国土の約3割が山地である。
4. 日本付近は，北アメリカプレートとユーラシアプレートがぶつかり合う衝突帯となっており，地震や火山が多い。日本列島は二つのプレートの衝突により，地層が徐々に押し曲げられて形成された弧状列島である。
5. 日本列島はフォッサマグナと呼ばれる大断層帯によって東北日本と西南日本に分けられる。さらに，西南日本は中央構造線（メディアンライン）と呼ばれる大断層によって，太平洋側のなだらかな山地が広がる内帯と，日本海側の険しい山地が連なる外帯に分けられる。

38 **四字熟語の読みとその意味の組合せとして，最も妥当なものはどれか。**

1. 画竜点睛（がりゅうてんせい）— 不必要な付け足しを行うこと
2. 臥薪嘗胆（がしんしょうたん）— 何事も控えめにして出しゃばらないこと
3. 傍若無人（ぼうじゃくむじん）— 人前を憚らず勝手気ままにふるまうこと
4. 乾坤一擲（かんこんいってき）— 運命を賭け天下を取るか失うかの大勝負をすること
5. 天衣無縫（てんいむほう）— 人柄などが無邪気で素直なさま

39 **下線部の漢字の使い方がすべて正しいものとして，最も妥当なものはどれか。**

1. 成功の秘決は忍耐力だ。
2. 万難を廃して，成功に導く。
3. 準備万端整えて，面接に望む。
4. 柔軟な発想が肝要だ。
5. 大病を煩ったが全怪した。

40 **対義語の組合せとして，最も妥当なものはどれか。**

1. 秩序 —— 興奮
2. 失点 —— 加点
3. 特殊 —— 凡庸
4. 実践 —— 理論
5. 真実 —— 空虚

41 $a=\dfrac{\sqrt{5}+\sqrt{2}}{\sqrt{5}-\sqrt{2}}$，$b=\dfrac{\sqrt{5}-\sqrt{2}}{\sqrt{5}+\sqrt{2}}$ **のとき，**$\dfrac{1}{a}+\dfrac{1}{b}$**の値として，最も妥当なものはどれか。**

1. $\dfrac{11}{3}$　2. 4　3. $\dfrac{13}{3}$　4. $\dfrac{14}{3}$　5. 5

42 関数$y=-2x^2+3x+4$（$-1 \leqq x \leqq 1$）の最大値をM，最小値をmとするとき，$M-m$の値として，最も妥当なものはどれか。

1. $\frac{49}{8}$　　2. 6　　3. $\frac{47}{8}$　　4. $\frac{23}{4}$　　5. $\frac{45}{8}$

43 次の図のように，一様な棒をなめらかな壁（接点A）と水平なあらい床（接点B）に対して立てかけたところ，棒は床と角度θをなして静止した。このとき，棒が床に対してすべらないための静止摩擦係数の最小値として，最も妥当なものはどれか。

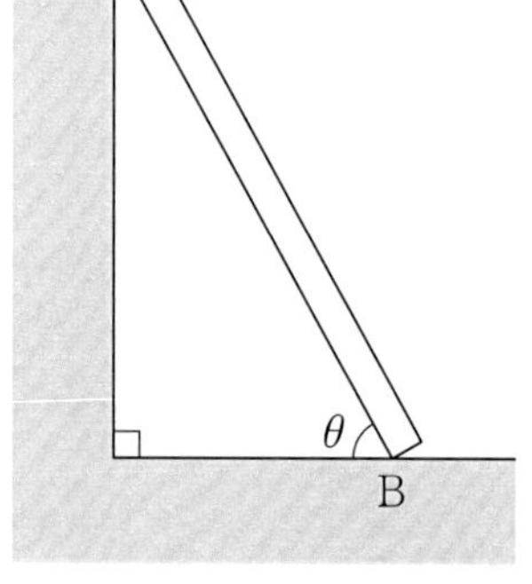

1. $2\tan\theta$
2. $\frac{1}{2\tan\theta}$
3. $\frac{2}{\tan\theta}$
4. $\tan\theta$
5. $\frac{1}{\tan\theta}$

44 コロイドに関する記述として，最も妥当なものはどれか。

1. 川の濁水には，粘土などのコロイドが存在している。濁水の濁りを凝析により除去するには，同じ物質量であれば，ミョウバンより塩化ナトリウムの方が効果的である。
2. 電気泳動によって電源のプラス（＋）極につながった電極に引き寄せられるコロイドを正コロイドといい，水酸化鉄（Ⅲ）コロイドが代表的である。
3. コロイドを透析によって精製するには，ポリエチレンの袋にコロイド溶液を入れて流水に浸す方法がとられ，血液の人工透析も原理的には似通ったものである。
4. チンダル現象は光の吸収によって引き起こされ，それを限外顕微鏡で観察すると熱運動している分子が直接観察される。
5. 親水コロイドに多量の食塩水を加えると塩析が起こるのは，親水コロイドに水和している水分子が奪われることが主な理由である。

45 適応免疫に関する記述として，最も妥当なものはどれか。

1. 適応免疫では，Ｂ細胞とＴ細胞という２種類のリンパ球が重要なはたらきをしている。これらのリンパ球は，リンパ球１個につき多数の異物を非自己として認識することができる。
2. 体内にウイルスなどの病原体が侵入すると，白血球の一種である樹状細胞が食作用によってこれを取り込み，分解する。この際，樹状細胞は，取り込んだ異物を断片化し，その一部を細胞表面に提示するが，これを抗原提示という。
3. キラーＴ細胞は，増殖すると病原体に感染した感染細胞を攻撃して，感染細胞ごと病原体を排除する。自身の成分と反応するキラーＴ細胞や抗体が原因となる疾患を，後天性免疫不全症候群という。
4. Ｂ細胞は，異物を取り込み，ヘルパーＴ細胞に対して抗原提示を行う。Ｂ細胞から抗原提示を受けたヘルパーＴ細胞は増殖し，やがてその多くはNK細胞となる。
5. マクロファージや好中球の一部は記憶細胞として残り，再び同じ抗原が侵入した場合，すばやく活性化してはたらくことができる。この現象を免疫記憶という。

解答・解説

1　2

解説　出典は中村桃子著『新敬語「マジヤバイっす」―社会言語学の視点から』。本文の内容と合致するものを選ぶ選択問題である。正解以外の選択肢には，本文と食い違うところや大げさに書かれているところなどが必ずある。本文を通読して内容を正しく理解することが大切である。

2　2

解説　出典は小川仁志著『世界のエリートが学んでいる教養としての哲学』。本文の内容と合致するものを選ぶ選択問題である。「会社」「人間」「組織」といったキーワードに注目し，本文の内容に合致するものを選ぼう。

3 4

解説 出典は出口汪著『論理思考力をきたえる「読む技術」』。要旨把握問題である。自分で本文の要旨をまとめるならどのように書くかを考えて，選択肢と照らし合わせてみてもよい。

4 2

解説 出典は吉澤弥生著『芸術は社会を変えるか？—文化生産の社会学からの接近』。空欄補充問題である。一つ一つの選択肢を本文とを照らし合わせて，空欄の内容として最も適切なものを選ぼう。

5 3

解説 出典は齋藤孝著『すぐれたリーダーに学ぶ言葉の力』。文整序問題である。最後の選択肢がAD，その手前の選択肢がBEの二択になっていることがヒントになる。

6 2

解説 英文は「120ページの本がある。初日に本全体の5分の2が読まれ，2日目に残りの8分の3が読まれた」。問いは「このとき，読まれていないページが残っているか」。読まれていないページを問われているので，120×5分の3×8分の5を計算した45ページとなる。

7 1

解説 出典はコリン・ジョイス著『"Secrets" of England』。空欄補充問題である。選択肢は品詞が様々なので，意味を考えるのと同時に，当てはまる品詞を考える。ちなみに，apologistic，apologize，apologyはそれぞれ形容詞，動詞，名詞。-ticは形容詞の語尾に多い。-izeは動詞の語尾に多い。excusableは「(過ちなどが) 許される，申し訳の立つ」。接頭語のinは「否定」を意味するので，inexcusableは「許されない」。接尾語や接頭語を覚えることは効率的に単語を覚えるのに役立つ。

8 4

解説 1：完了形と過去を表すyesterdayは共起しない。 2：「私は雨が降るのではないかと思う」はI'm afraid that it will rain.となる。 3：「電車で」はby train。 4：「父は私に彼の車を使わせようとしない」。正しい。
5：enterは他動詞で「部屋に入る」はenter the room。

9 4

解説 「旅行はどうでしたか？」→「ヨセミテは実に美しかったです。私は多くの写真を撮りました」→「それらを見てもいいですか」→「いいですよ」。Why not?には，賛同を表す意味がある。

10 3

解説 Aの発言「私が並べた4枚のカードのうち，表が偶数のカードはすべて裏が青である」を確かめるためには，次の2つが証明できなければならない。
・表の数字が示されていてそのカードが偶数の場合，裏の色が青かどうか
・裏の色が示されていてそのカードが黄色の場合，表の数字が偶数でないかどうか（条件の待遇）
この2つに当てはまるカードは，「黄のカード」と「8のカード」である。

11 2

解説 行ったことのある都市を○，行ったことのない都市を×，不明の場合は空欄として与えられた条件アウエオカを反映すると右のような表に整理できる。

	札幌	仙台	横浜	神戸	広島	福岡
A					○	
B			×		○	×
C	○	×	×			
D				○		×
E	○	×	×			×

さらに条件イクを反映し，行ったことのある都市数と都市に行ったことのある人数を反映すると次の表のようになる。

	札幌	仙台	横浜	神戸	広島	福岡	都市数
A		○	○		○	○	A＝D＋1
B		○	×		○	×	
C	○	×	×			○	3
D		○	○	○		×	A＝D＋1
E	○	×	×			×	2
人数	4	3	2	2	4	2	

ここで，人数と都市数の確定するEについて場合分けをして考えていく。

（ i ）Eの神戸が○の場合

神戸を訪れた人は2人なので，そのほかの神戸は×，Eの広島は×となる。またCは4人訪れているため，CとDの広島は○となる。ここで，条件イよりAとDの訪れた都市数はAの方が1都市多かったので，Aの札幌が○，Dの札幌が×，残ったBの札幌が○とわかる。以上をまとめると次の表のようになる。

	札幌	仙台	横浜	神戸	広島	福岡	都市数
A	○	○	○	×	○	○	A＝D＋1
B	○	○	×	×	○	×	
C	○	×	×	×	○	○	3
D	×	○	○	○	○	×	A＝D＋1
E	○	×	×	○	×	×	2
人数	4	3	2	2	4	2	

（ ii ）Eの神戸が×の場合

Eは2都市訪れているためEの広島が○となる。ここでさらにCとDのどちらが広島を訪れたかで場合分けをする。

（ii-1）Cの広島が○の場合

Dの広島は×，Cの神戸が×とわかる。さらに，条件キより，Aの神戸は○，残ったBの神戸は×とわかる。ここで，条件イより，条件イよりAとDの訪れた都市数はAの方が1都市多かったので，Aの札幌は×，BとDの札幌が○とわかる。以上をまとめると次の表のようになる。

	札幌	仙台	横浜	神戸	広島	福岡	都市数
A	×	○	○	○	○	○	A＝D＋1
B	○	○	×	×	○	×	
C	○	×	×	×	○	○	3
D	○	○	○	○	×	×	A＝D＋1
E	○	×	×	×	○	×	2
人数	4	3	2	2	4	2	

（ⅱ-2）Ｄの広島が○の場合

Ｃの広島が×，神戸が○とわかる。しかしこれは，神戸を訪れた人数が2人であるためＣとＤに確定したが，条件キと矛盾する。よってこの場合は不適。以上より，（ｉ）（ⅱ-1）の場合のどちらも満たすのは，選択肢2「Ｂは札幌に行ったことがある」となる。

12　5

解説 仮に6人のうち2人が赤と白の帽子をそれぞれ被っていたとすると，残りの人は自分が黒の帽子だと判断できる。しかし，実際は全員がわからないと答えたため，この場合は不適となる。よって，5人が黒の帽子，1人が赤か白の帽子を被っていたことが分かる。

次にこの場合，黒以外の帽子を被っている人の立場に立つと，他の5人の帽子が黒のため自分は赤か白の帽子とわかるが，全員が分からないと答えてもこれ以上自分の帽子を把握することはできない。また，黒の帽子を被っている人の立場に立つと，目に見えている1人が黒以外の帽子，残りの4人が黒の帽子を被っているため，自分の帽子は黒か，赤と白の残っている方だと推測できる。ここで全員が分からないと発言したことにより，他の人も2色の帽子が見えていないと分かるため，自分の帽子は黒だと把握することが出来る。したがって，自分の帽子の色を把握することが出来るのは，黒色の帽子を被っている5人となる。

13　2

解説 取り出した球が13個で，その内訳が例えば，赤い球10個，白い球3個のとき，箱がＢであるのかＣであるのか判断できない。取り出した球が14個のとき，その内訳とその場合に判断できる箱を（赤い球の個数，白い球の個数，判断できる箱）のように表すと，(0，14，A)，(1，13，A)，(2，12，A)，(3，11，該当する箱はない)，(4，10，C)，(5，9，C)，(6，8，C)，(7，7，C)，(8，6，C)，(9，5，C)，(10，4，C)，(11，3，B)，(12，2，B)，(13，1，B)，(14，0，B) となる。いずれも，A，B，Cいずれの箱であるか確実に判断できる。

14 5

解説 それぞれの県をひらがなに直して16桁の数字に当てはめると，次のような1文字が4つの数字によって構成されていることが分かる。
「し」→「6948」，「ず」→「6937」，「お」→「7512」，「か」→「7260」，「に」→「6348」，「い」→「7548」，「が」→「7261」，「た」→「6660」，「か」→「7260」，「ご」→「7213」，「し」→「6948」，「ま」→「5760」
ここで最初2つの数字に着目するとア行の数字は全て「75」，サ行の数字は全て「69」，カ行の数字は全て「72」を表しているより，最初2つの数字は「行」を表していることが分かる。また，後半2つの数字に着目するとの1段目の数字は全て「60」，2段目の数字はすべて「48」を表しているより，後半2つの数字は「段」を表していることが分かる。すると，行はア行を75として行が進むたびに3ずつ小さくなっていく，段は1段目を60として段が進むたびに12ずつ小さくなっていく規則性が分かる。また，濁音は後半の数字に1を足したものであると分かる。以上をまとめると，50音表は次の行と列を組み合わせた数字をようになる（濁音は段の数字に1を足した61，49，37，25，13で表す）。

54	57	60	63	66	69	72	75	
や	ま	は	な	た	さ	か	あ	60
	み	ひ	に	ち	し	き	い	48
ゆ	む	ふ	ぬ	つ	す	く	う	36
	め	へ	ね	て	せ	け	え	24
よ	も	ほ	の	と	そ	こ	お	12

したがって，「6360726169607248」は，「6360」→「な」，「7261」→「が」，「6960」→「さ」，「7248」→「き」で「長崎」となる。

15 4

解説 図aのような5×5マスの正方形を考える。Aを図bのように正方形の角である①に黒部分が当てはまる形で配置する場合，奇数のマスは黒色となる。Aの中央の黒部分が①に当てはまる場合，他の図形が入る隙間を確保しながら，Ｂが配置できる位置はＡの対角線上である㉕に黒部分が来る場合もしく形Ａに隣接する形の㉑に黒部分が来る場合の２種類のみになる。Ｂを対角線上に配置したとき⑤に黒が配置できる図形はないため不適。隣接する形のとき，㉕に黒を配置できる図形はＨもしくはＧである。Ｈが入るとき⑤を埋める図形がないため，不適である。Ｇが入るとき⑤にＨが入る。残った空間にはＣが当てはまるため，Ａ～Ｃと，Ｇ，Ｈを隙間なく敷き詰めて，図ｃのような市松模様の正方形を作ることができる。

図ａ

①	⑥	⑪	⑯	㉑
②	⑦	⑫	⑰	㉒
③	⑧	⑬	⑱	㉓
④	⑨	⑭	⑲	㉔
⑤	⑩	⑮	⑳	㉕

図ｂ

図ｃ

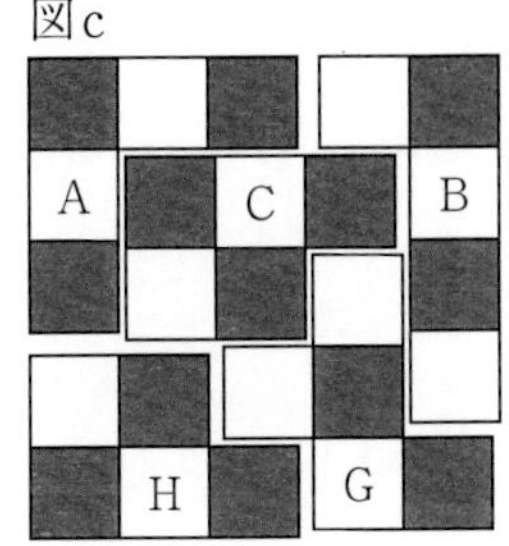

図ｄのようにして，Ａの端の黒部分が①に当てはまる配置の時，隣接する②，⑦の色を合わせることができる図形は，ＢもしくはＣであるが，どちらを選んでも残った空間を隙間なく埋めることができなくなるため，不適。

図ｄ

図形Ａが角に当てはまらない場合，図形Ｂと図形Ｃ及び，選択する２つの図形は必ず角に黒部分が当てはまるがこの条件に当たる図形の配置はないため，不適。

また，①が白である場合，奇数のマスはすべて白色となり，図形Ｂ，図形Ｃと選択する２つの図形の白部分は，①，⑤，㉑，㉕のどこかに当てはまる必要がある。よって，図形Ｃは必ず図ｅのような配置になるが，図形Ｂの白部分を残りの①，⑤，㉑のどこに配置しても他の図形で隙間が埋められなくなるため，この場合は不適。

図ｅ

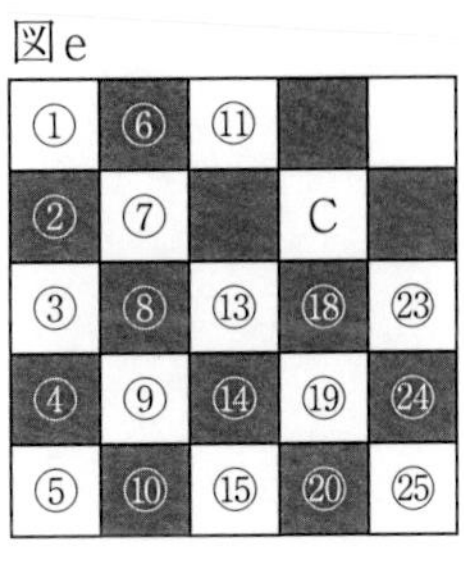

よって，この条件で市松模様の正方形を作るために必要な図形の組合せはＧとＨである。

16 4

解説 円Pが円Oの外周に沿って，Aの位置からBの位置まで回転して移動するとき，円Pの移動に必要な回転数は，（円Pの中心が動いた長さ）÷（円Pの円周の長さ）で求められる。直角三角形OPEについて，OP：OE＝(9＋3)：(9－3)＝2：1だから，3つの内角はそれぞれ30°，60°，90°である。これより，問題図の対称性も考慮すると，∠COD＝270°－60°×2＝150°

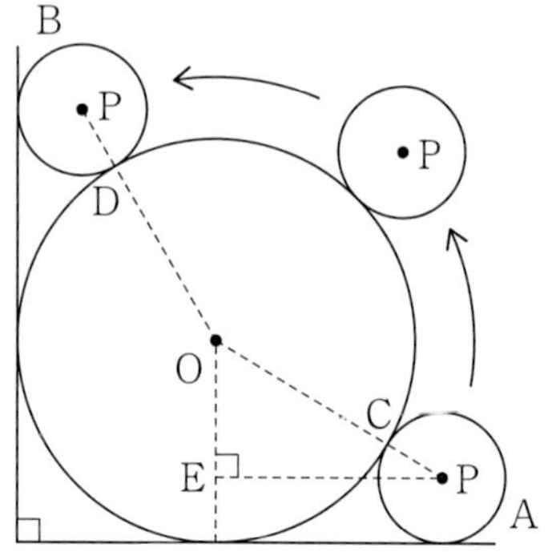

よって，円Pの移動に必要な回転数は$\left\{2\pi\times(\mathrm{OC}+\mathrm{PC})\times\frac{150°}{360°}\right\}\div(2\pi\times\mathrm{PC})$

$=\left\{2\pi\times(9+3)\times\frac{150°}{360°}\right\}\div(2\pi\times3)=\frac{5}{3}$回転である。

17 4

解説 左からℓ個目，前からm個目，下からn個目の小立方体を（ℓ，m，n）と表すことにすると，6面すべてに穴があいている小立方体は（1，1，3），（2，2，2），（3，3，1）の3個であり，穴が1つもあいていない小立方体は（1，2，1），（1，3，2），（2，1，1），（2，3，3），（3，1，2），（3，2，3）の6個だから，求める和は3＋6＝9個である。

18 4

解説 循環小数$0.135135135\cdots=0.\dot{1}3\dot{5}=\frac{q}{p}$ …①とする。

①を1000倍すると$135.135135135\cdots=\frac{1000q}{p}$ …②

②－①より，$135=\frac{999q}{p}$

整理すると，$\frac{q}{p}=\frac{5}{37}$

よって，$p+q=42$

19 4

解説 下流から上流に向かう時の船の速さは$24 \div 2 = 12$〔km/時〕である。ある日の船は途中で30分停止し，その間下流へ流されたためＡ地点からＢ地点まで2時間40分かかったより，船の移動していた時間は2時間40分－30分＝2時間10分，移動した距離は$12 \times 2\frac{10}{60} = 26$〔km〕であった。よって，船は30分の間に2km流されたので，川の流れの速さは，$2 \div \frac{1}{2} = 4$〔km/時〕である。

20 5

解説 毎分新たに行列に並ぶ人数をa人，窓口1つが毎分対応する人数をb人，もともと9時ちょうどまでに列に並んでいた人数をc人とすると，次の2式が成り立つ。

$c + 120a = 3y \times 120$　…①

$c + 40a = 4y \times 40$　…②

①－②より，$80a = 200y$　　整理すると，$a = \frac{5}{2}y$　…③

③を①に代入より，$c = 60b$　…④

ここで，窓口を5つにしたときに行列がなくなるまでの時間をx分とすると，

$c + xa = 5bx$

③④を代入すると，$60b + \frac{5}{2}bx = 5bx$

これを解いて，$x = 24$となる。

21 3

解説 扇形は全て半径が等しいより，扇形の半径は$10 \div 2 = 5$とわかる。また，四角形の内角の和は360°より，$\angle A + \angle B = 180°$となる。

よって，3つの扇形の面積の和は，$5 \times 5 \times \frac{\angle A}{360} \times \pi + 5 \times 5 \times \frac{\angle B}{360} \times \pi + 5 \times 5 \times \frac{90}{360} \times \pi = 5 \times 5 \times \frac{180}{360} \times \pi + 5 \times 5 \times \frac{90}{360} \times \pi = \frac{75}{4}\pi$

一方，ACを線で結ぶと，三角形ACDは辺の比が3：4：5の直角三角形より，$AC = 10$

点ＡからBCに垂線を引き，その交点をＥとすると，$AE = 8$なので，三角形

ABE，ACEはともに辺の比が3：4：5の直角三角形より，BE = CE = 6

よって，台形ABCDの面積は，$(6+12)\times 8\times\frac{1}{2}=72$

したがって，求めたい斜線部分の面積は $(72-\frac{75}{4}\pi)$〔cm^2〕となる。

22 4

解説 余事象を考える。

A組の候補者が少なくとも1名含まれる確率は，全体からA組の候補者が1名も含まれない確率，つまり3名ともB組から選ぶ確率を引いたものであるから，求めたい確率は$1-\frac{{}_6C_3}{{}_{12}C_3}=1-\frac{1}{11}=\frac{10}{11}$

23 4

解説 1：誤り。ドイツと日本の差はおよそ(11 + 12 + 13 + 12 + 12)〔千億ドル〕−(6 + 7 + 7 + 7 + 6)〔千億ドル〕= 2兆7,000億ドルである。 2：誤り。多めに見積もっても2020年の指数は$100\times\frac{472〔十億ドル〕}{406〔十億ドル〕}=116.\cdots$である。3：誤り。アメリカと中国の輸入貿易額の差は2016年が2,250,154 − 1,589,463 = 660,691〔百万ドル〕，2017年が2,339,600 − 1,840,492 = 499,108〔百万ドル〕で，2016年の方が大きい。妥当ではない。 4：正しい。アメリカの輸入貿易額は韓国の輸入貿易額に対して少なめに見積もっても2016年が$\frac{225〔百億ドル〕}{41〔百億ドル〕}\fallingdotseq$ 5.4〔倍〕，2017年が$\frac{233〔百億ドル〕}{48〔百億ドル〕}\fallingdotseq 4.8$〔倍〕，2018年が$\frac{253〔百億ドル〕}{54〔百億ドル〕}\fallingdotseq 4.6$倍，2019年が$\frac{249〔百億ドル〕}{51〔百億ドル〕}\fallingdotseq 4.8$〔倍〕，2020年が$\frac{233〔百億ドル〕}{48〔百億ドル〕}\fallingdotseq 4.8$〔倍〕で，いずれの年も4倍を超えている。 5：誤り。5か国の輸入貿易額の合計は2018年が2,537,700 + 2,132,776 + 1,284,349 + 748,526 + 535,052 = 7,238,403〔百万ドル〕，2019年が2,497,500 + 2,078,409 + 1,233,989 + 721,078 + 503,324 = 7,034,300〔百万ドル〕で，2018年の方が大きい。

24 5

解説 1：誤り。多めに見積もっても2021年の女性の運転免許保有者は，B県の方がA県より2,829,000人×41÷(100－41)－1,688,000人×42÷(100－42)≒750,000〔人〕多い。　2：誤り。問題の資料からはA県の男性人口がわからないから，男性人口に占める男性の運転免許保有者割合はわからない。　3：誤り。多めに見積もっても2016年のA県の男性運転免許保有者は女性運転免許保有者の(100－41)÷41≒1.44〔倍〕である。　4：誤り。問題の資料からはB県の女性人口がわからないから，女性人口に占める女性の運転免許保有者割合はわからない。　5：正しい。2016年のA県の女性の運転免許保有者は1,593,489×41.23÷(100－41.23)≒1,117,910〔人〕である。同様に計算すると，2017年から2021年のA県の女性の運転免許保有者はそれぞれ1,125,067人，1,144,992人，1,153,835人，1,207,737人，1,255,293人であり，2016年から2021年のB県の女性の運転免許保有者はそれぞれ1,773,063人，1,795,115人，1,825,249人，1,862,778人，1,887,005人，1,936,803人である。これより，2017年から2021年までの期間で，女性の運転免許保有者はA県，B県のいずれも増加している。

25 3

解説 1：誤り。例えば，2017年の消費支出全体に占める食料の割合は，39,649÷(36,853＋11,380＋15,803＋18,433＋18,825＋20,680＋39,649)×100≒25〔％〕である。　2：誤り。交通・通信と教養・娯楽の支出額の差は，2021年の18,819－17,082＝1,737〔円〕に対して，2017年は18,825－18,433＝392〔円〕で，2017年の方が小さい。　3：正しい。交際費と光熱・水道の支出額の和は，2018年の11,847＋14,857＝26,704〔円〕に対して，2017年は11,380＋15,803＝27,183〔円〕で，2017年の方が大きい。また，2019年から2021年までの期間で，交際費と光熱・水道の支出額はそれぞれ2018年の交際費と光熱・水道の支出額より小さい。以上より，2017年から2021年までの期間で，交際費と光熱・水道の支出額の和が最も大きいのは，2017年である。

4：誤り。問題の資料だけでは，その他の内訳がわからないから，その他の中で最も支出額が大きいのが，家事用品であるかどうかは判断できない。

5：誤り。住居の支出額が最も大きいのは2018年の22,645円，光熱・水道の支出額の最も小さいのは2021年の11,358円で，22,645÷11,358＝1.99…より，

2倍より小さいから，2017年から2021年までの期間で，住居の支出額が光熱・水道の支出額の2倍を超えている年はない。

26 1

解説 1：正しい。日本の2016年のサバ漁獲量に対する2020年のサバ漁獲量の減少率は，(502,651 − 376,600) ÷ 502,651 × 100 ≒ 25〔%〕である。
2：誤り。2017年の世界のサバ漁獲量の合計は，(228,689 + 222,307 + 288,516 + 289,590 + 517,602 + 445,443) ÷ 0.463 ≒ 4,300,000…①　である。　3：誤り。2016年のサバ漁獲量に対する2019年のサバ漁獲量の減少率は，イギリスの(217,332 − 152,143) ÷ 217,332 × 100 ≒ 30〔%〕に対して，インドは(249,241 − 165,226) ÷ 249,241 × 100 ≒ 34〔%〕で，インドの方が大きい。　4：誤り。①より，2017年の世界のサバ漁獲量の合計は，約4,300,000である。これに対して，2018年の世界のサバ漁獲量の合計は，(193,105 + 187,223 + 286,056 + 311,467 + 541,975 + 432,504) ÷ 0.478 ≒ 4,100,000で，前年より減少している。
5：誤り。2020年は，ロシアのサバ漁獲量は前年より減少しているが，インドのサバ漁獲量は前年より増加している。

27 5

解説 1：誤り。29歳以下の従業員の占める割合は，F社が20%でG社が10%である。　2：誤り。B社の46歳以上の従業員の占める割合は，50%である。　3：誤り。29歳以下の従業員の占める割合が最も大きいのは，D社の50%である。　4：誤り。問題の資料だけでは，具体的な従業員数はわからない。　5：正しい。E社の30～45歳の従業員の占める割合は40%である。

28 4

解説 1：「総議員の3分の1」は誤りである。「総議員の4分の1」が妥当である。　2：「参議院で出席議員の過半数」が誤りである。「参議院で出席議員の3分の2以上の多数」が妥当である。　3：「60日」が誤りである。「30日」が妥当である。　4：正しい。　5：「参議院は自ら緊急集会を開くことができる」は誤りである。「内閣は参議院の緊急集会を求めることができる」が妥当である。

29 5

解説 1：1の記述は，普通選挙ではなく平等選挙に関するものである。 2：2の記述は，平等選挙ではなく普通選挙に関するものである。 3：小選挙区制の短所は，死票が多いことである。 4：ゲリマンダー（自分の政党に有利な選挙区の区割りを決めること）は，大選挙区制ではなく小選挙区制の短所である。 5：正しい。

30 2

解説 1：1955年に日本社会党と自由民主党が結成され二大政党ができたが，政権交代が交互に行われることはなく，自民党の一党優位が続いた。 2：正しい。 3：自社2党による保守と革新の対立のもとでの保守一党優位の政治構造を55年体制という。「1955年に最も多くの政党が誕生した」と「さまざまな政党の再編が行われた」は誤りである。 4：日本社会党は1955年に分裂したのではなく，右派と左派が統一されて誕生した。 5：自民党が政権を担い続けたのは1993年までであり，55年間にわたるわけではない。

31 4

解説 1：国内総生産（GDP）は，一国内で通常一年間に新たに生産された生産物（財，サービス）の総額である。 2：国民総生産（GNP）から海外からの純所得を引いたものが国内総生産（GDP）である。 3：国民総生産（GNP）から減価償却費を引いたものが国民純生産（NNP）である。 4：正しい。 5：生産国民所得，分配国民所得，支出国民所得は等しい。これを三面等価という。

32 2

解説 1：都道府県別の人口増加率が最も高いのは東京都で，沖縄県は2位である。人口増加率が高いのは，東京都，沖縄県，神奈川県，埼玉県，千葉県，愛知県，福岡県，滋賀県の順となっている。逆に，人口減少率が最も高いのは，秋田県である。 2：正しい。 3：日本人人口は1億2339万9千人，外国人人口は274万7千人であった。日本人人口が減り，外国人人口は増えているが，日本人人口が1億人を切ったことはない。 4：女性の労働力率は上昇しているが，M字の谷間はだんだん浅くなってはいるものの消失はしていない。 5：医療・福祉に従事する者の割合は1.0ポイントの上昇で，最も上昇している。

33 1

解説 1：正しい。 2：立憲民主党は，野党第一党の地位を守ったが，2019年の27議席から2022年は17議席と議席を減らした。 3：参政党が新たに議席を獲得した。 4：女性候補者の当選数は，2016年・2019年の28人から2022年は36人となり，過去最多を更新した。 5：投票率は52.05％となり，前回の48.8％を上回った。

34 5

解説 (a)：刑法の改正で，懲役刑と禁固刑を一体化した拘禁刑が設けられることとなった。 (b)：侮辱罪が新設されたのではない。SNS上の誹謗中傷対策を強化するため，公然と人を侮辱した行為に適用される侮辱罪に懲役刑が導入された。 (c)：正しい。 よって，正誤の組合せとして最も妥当なのは5である。

35 1

解説 ア：正しい。 イ：元ではなく清に関する記述である。元はモンゴル第一主義をとり，科挙は一時中止した。 ウ：正しい。 エ：フビライに仕えたヴェネツィアの商人は，マゼランではなくマルコ＝ポーロである。 オ：元ではなく唐に関する記述である。安史の乱は，14世紀半ばではなく8世紀半ばに起こった。元が衰えたきっかけは，黄巣の乱ではなく紅巾の乱である。よって，正しいもののみを選んだ組合せとして妥当なものは1である。

36 2

解説 Aは1881年，Bは1874年，Cは1876年，Dは1889年，Eは1884年の出来事である。年代順に並べると，B→C→A→E→Dとなる。よって，妥当なのは2である。

37 1

解説 1：正しい。 2：変動帯の地形は，広がる境界，狭まる境界，ずれる境界の三つに分けられる。 3：日本列島は，プレート運動によって北西－南東方向からの圧縮力を受けているため，隆起地域が広く，国土の約8割が山地である。 4：日本付近は，北アメリカプレート，太平洋プレート，ユーラシアプレート，フィリピン海プレートの四つのプレートがぶつかり合っている。日本列島は，海洋プレートが大陸プレートの下に沈み込む部分に形成された弧状列島である。　5：中央構造線の北側，つまり日本海側でなだらかな山地が広がるのが内帯であり，中央構造線の南側，つまり太平洋側で険しい山地が連なるのが外帯である。

38　5

解説　それぞれの選択肢の正しい読みと意味は次の通り。　1：「画竜点睛」は，物事を完成させるために加える最後の仕上げ。読みは「がりょうてんせい」が正しい。　2：「臥薪嘗胆」は，目的を達成するため辛抱すること。3：「傍若無人」の読みは「ぼうじゃくぶじん」が正しい。　4：「乾坤一擲」の読みは「けんこんいってき」が正しい。

39　4

解説　それぞれの選択肢の漢字の正しい使い方は次の通り。　1：「秘訣」が正しい。　2：「万難を排して」が正しい。　3：「臨む」が正しい。　5：「患った」「全快」が正しい。

40　4

解説　それぞれの選択肢の正しい対義語の組み合わせは次の通り。　1：「秩序」の対義語は「混沌」，「興奮」の対義語は「鎮静」。　2：「失点」の対義語は「得点」，「加点」の対義語は「減点」。　3：「特殊」の対義語は「一般」「普遍」「普通」，「凡庸」の対義語は「非凡」「稀有」「天才」。　5：「真実」の対義語は「虚偽」，「空虚」の対義語は「充実」。

41　4

解説　$\frac{1}{a}+\frac{1}{b}=\frac{1}{\frac{\sqrt{5}+\sqrt{2}}{\sqrt{5}-\sqrt{2}}}+\frac{1}{\frac{\sqrt{5}-\sqrt{2}}{\sqrt{5}+\sqrt{2}}}=\frac{\sqrt{5}-\sqrt{2}}{\sqrt{5}+\sqrt{2}}+\frac{\sqrt{5}+\sqrt{2}}{\sqrt{5}-\sqrt{2}}=$

$$\frac{(\sqrt{5}-\sqrt{2})^2+(\sqrt{5}+\sqrt{2})^2}{(\sqrt{5}+\sqrt{2})(\sqrt{5}-\sqrt{2})}=\frac{5-2\sqrt{10}+2+5+2\sqrt{10}+2}{5-2}=\frac{14}{3}$$

42 1

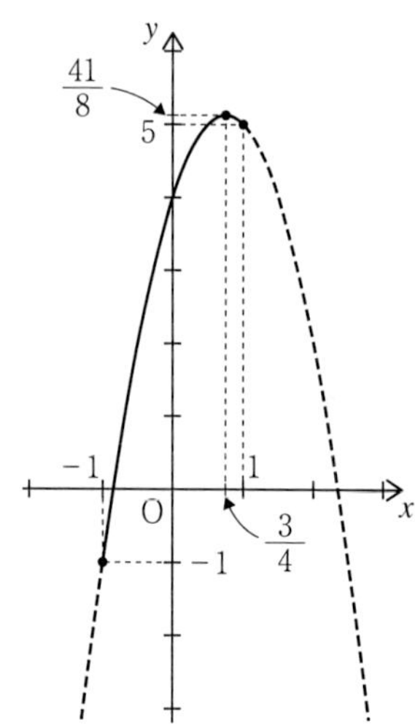

解説 与えられた関数を平方完成すると，

$y = -2x^2 + 3x + 4 = -2\left(x - \frac{3}{4}\right)^2 + \frac{41}{8}$

$-1 \leqq x \leqq 1$の範囲でグラフを書くと，図のようになる。

よって，最大値Mは$x = \frac{3}{4}$のとき$\frac{41}{8}$，最小値mは$x = -1$のとき-1

したがって，$M - m = \frac{41}{8} - (-1) = \frac{49}{8}$

43 2

解説 棒の長さをL，接点A，接点Bからの垂直抗力をそれぞれN_A，N_B，棒の重さをW，床の静止摩擦係数をμとすると，$N_A = \mu N_B$ …①，$N_B = W$ …②，$N_A L\sin\theta - W \times L\frac{1}{2}\cos\theta = 0$ …③が成り立つ。

①，②より$N_A = \mu W$となりこれを③に代入すると，$\mu = \frac{\cos\theta}{2\sin\theta} = \frac{1}{2\tan\theta}$となる。

44 5

解説 1：誤り。粘土のコロイドは負コロイドなので，価数の大きい陽イオンを含んだミョウバン（Al^{3+}が含まれる）の方が凝析の効果は高い。　2：誤り。正コロイドは陰極（電源の－極につながった電極）に引き寄せられる。　3：誤り。コロイドの透析にはセロハン膜等の半透膜を用いる。ポリエチレンの袋は半透膜の役割をしない。　4：誤り。チンダル現象は光の散乱によって起こる。　5：正しい。

45 2

解説 1：誤り。リンパ球1つが非自己として認識する異物は一つである。　2：正しい。　3：誤り。自身の成分と反応するキラーT細胞や抗体が原因となる疾患を自己免疫疾患という。　4：誤り。抗原提示を行うのは樹状細胞である。　5：誤り。記憶細胞として残るのは一部のT細胞やB細胞である。

令和５年度　第２回実施問題

1 次の文章を読んで，以下の問に答えなさい。

※本文略（題材は，『なぜ脳はアートがわかるのか―現代美術史から学ぶ脳科学入門』エリック・R・カンデル著，高橋洋　訳）

問　この文章の内容に合致するものとして，最も妥当なものはどれか。

1. 過去の経験や仮説の検証による学習を通して，知識を脳の発達プログラムに組み込んでいくことで，脳は知覚することができる。
2. 抽象芸術を鑑賞するときには過去の経験ではなく，かつて目にした他の芸術作品の記憶とその芸術作品を関連づけることで，知覚できる。
3. 芸術作品を見るためには，どんな種類のイメージが絵に描かれていると予想されるかについての知識を，あらかじめ持っていなければならない。
4. 私たちは物理世界に直接アクセスする手段を持たないため，芸術作品を通じて現実世界に間接的にアクセスするしかない。
5. ゴッホやスーラのようなアーティストのモデリングは現実の世界から離れすぎてしまい，もはや幻想でしかない。

2 次の文章を読んで，以下の問に答えなさい。

※本文略（題材は，『江戸モードの誕生―文様の流行とスター絵師』丸山伸彦　著）

問　この文章の内容に合致するものとして，最も妥当なものはどれか。

1. 江戸時代のリサイクル文化が注目されていることにより，ドラマや小説で江戸時代を舞台とした作品が多くなっている。
2. 江戸のリサイクル文化は今日の生活にただちに応用できそうな生活の知恵がいっぱい詰まっており，特に近年注目されている。
3. 江戸時代の生活様式はテレビの時代劇などで目にすることが多く，桃山時代の生活よりも容易に想像できる。
4. 今日では，あらゆる場所で昼夜を問わず人工の光を利用しているので，人びとは常に光の下にいる。
5. 江戸時代は人工的な光も加工物もなかったため，自然の光の下でありとあらゆる色とかたちがひしめき合い，人びとを刺激していた。

3 次の文章を読んで，以下の問に答えなさい。

※本文略（題材は，『現代思想の教科書（世界を考える知の地平15章）』石田英敬　著）

問　この文章の要旨として，最も妥当なものはどれか。

1. 近代の始まりは，ひとつの言葉，ひとつの国民，ひとつの国家という前提のもとに成立していた。
2. 日本の近代は，ヨーロッパが作り出した世界のシステムを積極的に取り入れ発展したことから，ポスト・ナショナル期と呼ばれる。
3. 近代の世界のシステムに組み込まれた結果，法律や社会制度は整備されたが，「日本語」など日本固有の文化は失われてしまった。
4. 「ポスト・ナショナル期」に生きる私たちは，国民国家モジュールに代わる新たなモジュールを作り出す必要がある。
5. 国民国家を一つの基準にするような世界が支配する体制が自明ではなくなった「ポスト・ナショナル」の状況に，今私たちが生きていることを意識する必要がある。

4 次の文章を読んで，以下の問に答えなさい。

※本文略（題材は，『身体知性―医師が見つけた身体と感情の深いつながり』佐藤友亮　著）

問　文章の空欄A～Fに入る語句の組合せとして，最も妥当なものはどれか。

	A	B	C	D	E	F
1.	感情	情動	情動	感情	感情	感情
2.	感情	情動	情動	感情	感情	情動
3.	感情	情動	感情	情動	情動	感情
4.	情動	感情	情動	感情	情動	情動
5.	情動	感情	感情	情動	情動	感情

5 次の文章を読んで，以下の問に答えなさい。

※本文略（題材は，『人工知能はどのようにして「名人」を超えたのか？――最強の将棋AIポナンザの開発者が教える機械学習・深層学習・強化学習の本質』山本一成　著）

問　A～Fの文を並べ替えて意味の通る文章にするとき，その順序として最も妥当なものはどれか。

1. F－A－C－B－D－E　　2. F－A－D－B－C－E
3. E－A－C－B－D－F　　4. E－B－D－A－C－F
5. E－B－C－A－D－F

6 次の英文を読んで，以下の問に答えなさい。

※本文略（題材は，Mainichi Weekly 2015. 6. 20）

問　この英文の内容に合致するものとして，最も妥当なものはどれか。

1. 筆者は語学教室で，先生の質問に，思い出せないと答えた。
2. 筆者は語学教室で，先生の質問に，先週末見た夕日と答えた。
3. 筆者は語学教室で，先生の質問に，ドイツと答えた。
4. 筆者は語学教室で，先生の質問に，特別なプレゼントと答えた。
5. 筆者は語学教室で，先生の質問に，見た映画と答えた。

7 次の英文の（　　　）に当てはまる語として，最も妥当なものはどれか。

"People watching" is one of the most interesting things that you can do that doesn't cost money. I enjoy (　　　) people: looking for their individual quirks* but also trying to spot which habits are common in which countries.

quirks* 癖

1. greeting　　2. imitating　　3. observing
4. teaching　　5. touching

8 次の英文の（　　　）に当てはまる語として，最も妥当なものはどれか。

(　　　) is a scientist who focuses primarily on the study of space, which includes the stars, the planets and the galaxies above us.

1. An archaeologist　　2. An artist　　3. An astronomer
4. An chemist　　5. An musician

9 次のA，B，C，Dの英文を，二人の会話として成り立つように並べ替えたものとして，最も妥当なものはどれか。

A：I'll pick you up at eight, okay?

B：Okay. I can hardly wait until the day after tomorrow.

C：Shall we go the beach the day after tomorrow?

D：Yes, let's!

1. B－A－D－C　　2. B－A－C－D
3. C－B－D－A　　4. C－D－A－B
5. C－D－B－A

10 あるクラスで，野球，サッカー，テニス，バスケットボールの4種類の球技について，好きであるか，あるいは好きではないかのアンケートを実施したところ，アとイのことがわかった。このとき確実にいえることとして，最も妥当なものはどれか。

ア：野球が好きな者は，サッカーもテニスも好きではない。

イ：バスケットボールが好きな者は，サッカーも好きである。

1. サッカーもテニスも好きではない者は，野球が好きである。
2. バスケットボールが好きではない者は，サッカーも好きではない。
3. 野球が好きではない者は，サッカーが好きか，またはテニスが好きである。
4. テニスが好きな者は，バスケットボールも好きである。
5. バスケットボールが好きな者は，野球が好きではない。

11 ある中学校において，月曜日から金曜日までの5日間に，国語，数学，英語，理科，社会の5科目で，毎日3時間ずつ夏季特別講習が実施された。各科目は1時間単位で行われ，同じ科目が1日に2時間以上実施されることはなかった。次のように時間割の一部とア～オのことがわかっているとき，確実にいえることとして，最も妥当なものはどれか。

	月	火	水	木	金
1時間目					
2時間目	社会		社会	国語	
3時間目					数学

ア：3日連続で実施された科目は2科目だけであり，4日以上連続で行われた科目はなかった。

イ：国語は4時間，社会は3時間実施された。

ウ：実施された時間数を比較すると，英語は数学よりも多く，数学は理科よりも多かった。

エ：英語は常に同じ時間に実施された。

オ：火曜日の2時間目と水曜日の1時間目は同じ科目であった。

1. 月曜日の1時間目は数学である。
2. 火曜日の3時間目は数学である。
3. 水曜日の1時間目は国語である。
4. 木曜日の3時間目は理科である。
5. 金曜日の2時間目は理科である。

12　A～Dの４校が参加して球技大会が行われ，表のとおり，バレーボールから順に５種類の球技を実施した。それぞれの順位に応じて各校に得点が与えられ，また，同時に複数の球技が行われることはなかった。各校の結果について以下のことがわかっているとき，確実にいえることとして，最も妥当なものはどれか。ただし，いずれの球技も同順位はなかった。

実施順	球　技	1位	2位	3位	4位
1	バレーボール	16	12	8	4
2	バスケットボール	16	12	8	4
3	ラグビー	20	15	10	5
4	ハンドボール	16	12	8	4
5	サッカー	25	18	10	4

A校：3球技目のラグビーが終了した時点で40点を獲得して1位だった。その後のハンドボールとサッカーで合計12点しか獲得できず，最終的に4位となった。

B校：バレーボールは1位であったが，ラグビーが終了した時点では33点で2位，全球技が終了した時点で3位であった。

C校：ラグビーが終了した時点で1位とは14点の差があったが，最終的に1位となった。

D校：全球技が終了した時点で，2位であった。

1. A校はハンドボールで4位となった。
2. B校はサッカーで2位となった。
3. C校はハンドボールで1位となった。
4. D校はサッカーで1位となった。
5. B校とC校との最終的な得点差は，9点であった。

13 A～Gの7人が，1回戦総当たりで将棋のリーグ戦を行った。対局終了後に確認すると，A，B，Cの3人の間では，AはBに勝ち，BはCに勝ち，CはAに勝ち，という「三すくみ」の状態になっていた。また，A～Gが図のように円状に並ぶと，いずれの隣り合った3人の間でも「三すくみ」の状態となっていた。AとBが2人とも4勝2敗であったとき，Eの結果として，最も妥当なものはどれか。

1. C，Gに勝って，2勝4敗
2. A，C，Fに勝って，3勝3敗
3. D，Fに勝って，2勝4敗
4. B，D，Gに勝って，3勝3敗
5. C，Fに勝って，2勝4敗

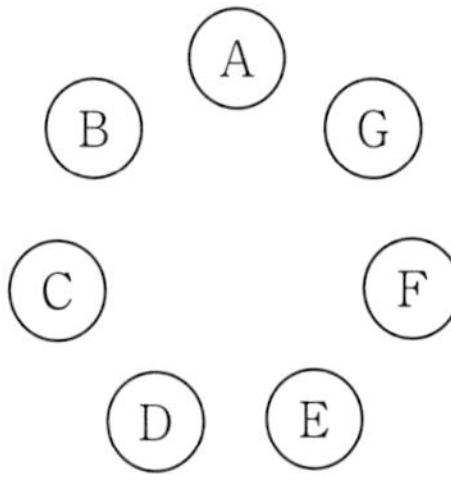

14 ある暗号では，「アワビ」が「12：10，3：10，7：21」，「モズク」が「6：50，10：31，11：30」というように，時刻表示を利用して表される。この暗号法則で，「10：31，3：10，12：20，11：11，8：20」と表されるものとして，最も妥当なものはどれか。

1.「ギンギツネ」　2.「ガスコンロ」　3.「ズワイガニ」
4.「ブンカザイ」　5.「ドビンムシ」

15 縦の長さが6m，横の長さが8mの床に，1辺の長さが10cmの正方形のタイルを隙間なく敷き詰めた。タイルを敷き詰めた床に，1本の対角線を引いた場合，対角線が通過するタイルの枚数として，最も妥当なものはどれか。ただし，引いた対角線の幅は条件として考えないものとする。

1. 100枚　2. 120枚　3. 140枚　4. 160枚　5. 180枚

16 正方形の折り紙が１枚あり，これを途中で開くことなく連続して5回折ってから開いたところ，次の図のような破線の折り目ができた。このとき，3回目に折ったときにできた折り目として，最も妥当なものはどれか。

1. A
2. B
3. C
4. D
5. E

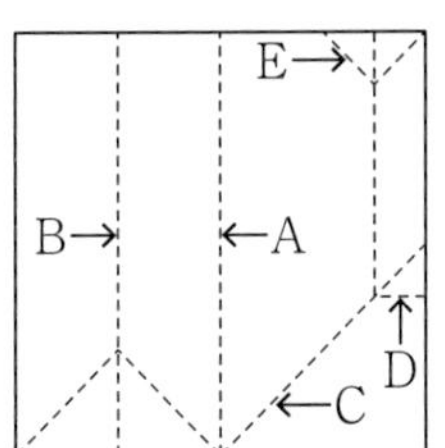

17 次の図のように，小立方体64個を積み重ねて作った立方体がある。この立方体を３点A，B，Cを通る平面で切断した。このとき，切断される小立方体の個数として，最も妥当なものはどれか。

1. 12個
2. 16個
3. 20個
4. 24個
5. 28個

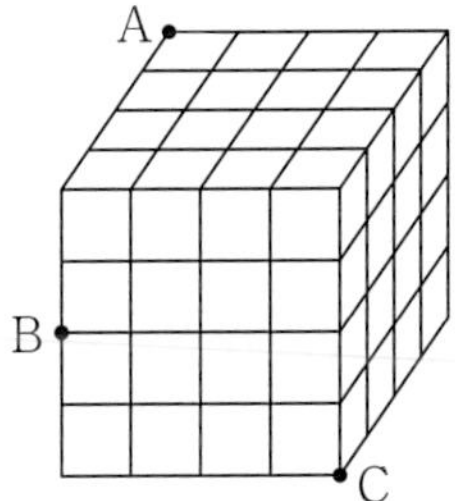

18 ある2つの自然数の積は1000以下で，それぞれの2乗の差が319であった。この2つの自然数のうち，大きい方の数として，最も妥当なものはどれか。

1. 14　　2. 16　　3. 18　　4. 20　　5. 22

19 Aは，午前8時50分にＰ山の麓から頂上に向かって時速3.6kmで登山道を登り始め，頂上までの距離の中間地点から先は時速3kmで登って頂上に着いた。頂上で1時間休憩してから，登りと同じ登山道を時速5kmで下り，午後3時54分に麓へ戻った。Aが登りにかかった時間として，最も妥当なものはどれか。ただし，動いている時の速さはそれぞれ一定とする。

1. 3時間30分　　2. 3時間40分　　3. 3時間50分
4. 4時間00分　　5. 4時間10分

20 ある商品を400個仕入れ，原価の2割の利益を見込んだ定価を付けて販売した。しかし，全部を販売することはできなかったので，売れ残った商品は定価の半額で販売し，全部売り切った。このときの利益が仕入れ総額の5%であったとすると，定価の半額で販売した商品の個数として，最も妥当なものはどれか。

1. 80個　2. 100個　3. 120個　4. 140個　5. 160個

21 次の図のような台形を，直線lを軸として1回転させたときにできる立体の体積として，最も妥当なものはどれか。

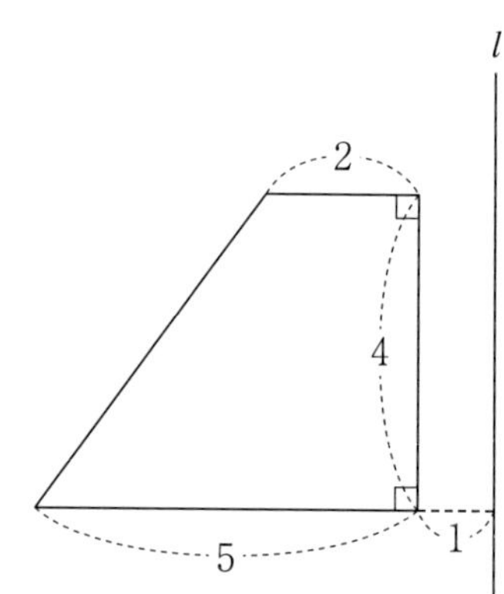

1. 76π
2. 77π
3. 78π
4. 79π
5. 80π

22 10本の中に3本の当たりが含まれているくじを，10人が順番に1本ずつ引くことになった。3本目の当たりくじが引かれた時点でくじ引きは終了するものとすると，5番目の者がくじを引くことができる確率として，最も妥当なものはどれか。ただし，引いたくじは元に戻さないものとする。

1. $\frac{19}{20}$　2. $\frac{23}{24}$　3. $\frac{24}{25}$　4. $\frac{29}{30}$　5. $\frac{35}{36}$

23 次の資料は，アジア各国の人口の推移をまとめたものである。この資料から判断できることとして，最も妥当なものはどれか。

アジア各国の人口の推移

	2016年	2017年	2018年	2019年	2020年	2021年
中国	1,382,323	1,409,517	1,415,056	1,421,864	1,424,930	1,425,893
インド	1,326,802	1,339,180	1,354,052	1,383,112	1,396,387	1,407,564
インドネシア	260,581	263,991	266,795	269,583	271,858	273,753
パキスタン	192,827	197,016	212,228	223,293	227,197	231,402
バングラデシュ	157,977	159,685	161,377	163,046	164,689	166,303
フィリピン	102,250	104,918	106,512	110,381	112,191	113,880
世界総計	7,432,663	7,550,260	7,632,820	7,713,470	7,794,800	7,909,300

（千人）

1. 2016年のパキスタンの人口を100とする指数で表すと，2021年のパキスタンの人口の指数は125を超えている。
2. 2020年の人口の対前年増加率が最も大きいのはバングラデシュである。
3. 2016年から2021年までの期間で，パキスタンの人口がフィリピンの人口の2.5倍を超えている年がある。
4. 2017年から2021年までの期間で，インドネシアの平均人口増加数は約300万人である。
5. 2016年から2021年までの期間で，中国とインドの人口の合計が世界総計の40％を超えた年はない。

24 次の資料は，日本における主な石炭輸入先の推移をまとめたものである。この資料から判断できることとして，最も妥当なものはどれか。

日本における主な石炭輸入先の推移

		2016年	2017年	2018年	2019年	2020年	2021年
総輸入量（千t）		189,732	192,839	189,320	186,178	173,730	182,604
構成比（%）	オーストラリア	64.0	61.8	61.3	58.7	59.6	65.4
	インドネシア	17.1	16.6	15.2	15.1	15.9	12.4
	ロシア	9.5	9.4	9.9	10.8	12.5	10.8
	カナダ	4.4	4.4	4.6	5.5	5.2	4.2
	アメリカ	2.5	4.2	6.1	7.1	5.4	5.3
	中国	1.3	1.3	1.0	1.0	0.5	0.4

1. 2017年から2021年までのいずれの年も，オーストラリアからの石炭輸入量は，前年を下回っている。
2. 2016年から2021年までの期間で，カナダからの石炭輸入量は，年平均で6,500千t未満である。
3. 2016年から2021年までの期間で，オーストラリアからの石炭輸入量がアメリカからの石炭輸入量の30倍を超えている年がある。
4. 2016年から2021年までの期間で，インドネシアからの石炭輸入額が最も大きいのは2016年である。
5. 2016年から2021年までのいずれの年も，ロシアと中国からの石炭輸入量の合計は，総輸入量の10%を超えている。

25 次の資料は，５か国における海外旅行収入額の推移をまとめたものである。この資料から判断できることとして，最も妥当なものはどれか。

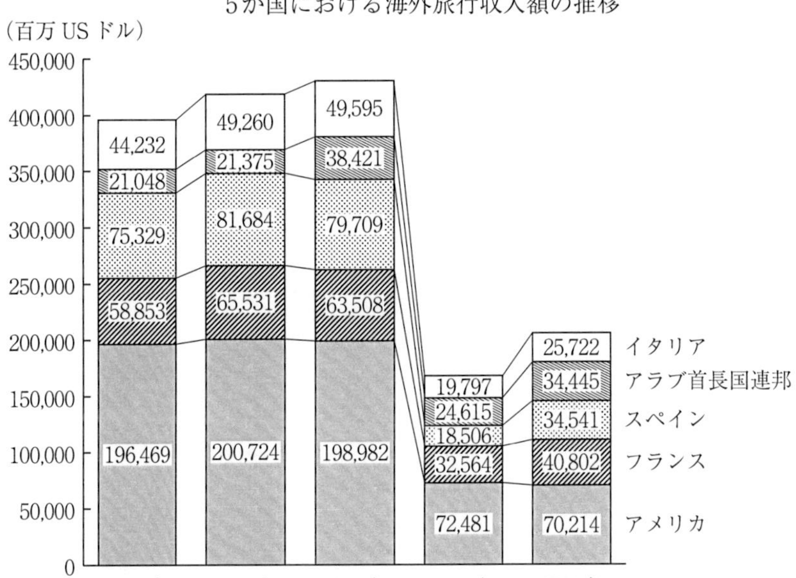

1. 2017年から2021年までのいずれの年も，海外旅行収入額合計に占めるアメリカの割合は，50％を超えている。
2. 2017年の海外旅行収入額に対する2019年の海外旅行収入額の増加率が最も大きいのは，イタリアである。
3. 2017年から2021年までの期間で，フランスとスペインの海外旅行収入額の合計が，最も大きいのは2019年である。
4. 2020年のアメリカの海外旅行収入額は，2019年と比べると60％を超える減少となっている。
5. 2017年から2021年までの期間で，アラブ首長国連邦の１年当たり平均海外旅行収入額は，27,000百万USドルを下回っている。

26 **次の資料は，業態別小売業の単位当たりの年間販売額をまとめたものである。この資料から判断できることとして，最も妥当なものはどれか。**

業態別小売業の単位当たりの年間販売額

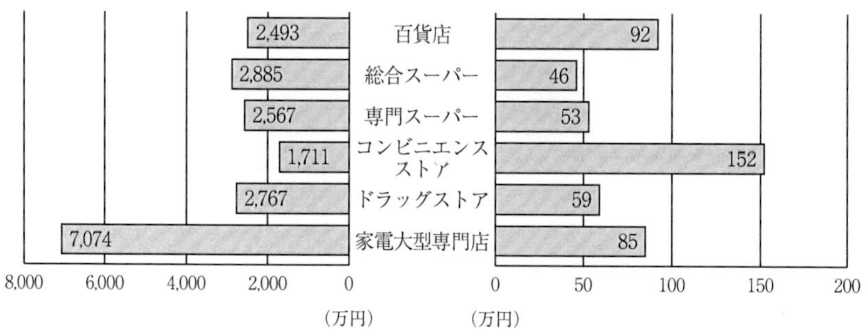

1. 就業者1人当たりの売場面積が最も広い業態は，家電大型専門店である。
2. 年間販売額が最も多い業態は，コンビニエンスストアである。
3. 就業者数が最も多い業態は，総合スーパーである。
4. 売場面積 1m² 当たりの就業者数が最も多い業態は，専門スーパーである。
5. 1店舗当たりの就業者数が最も多い業態は，百貨店である。

27 次の資料は，主要国における人口１万人当たりの医師数及び病床数をまとめたものである。この資料から判断できることとして，最も妥当なものはどれか。

主要国における人口１万人当たりの医師数及び病床数

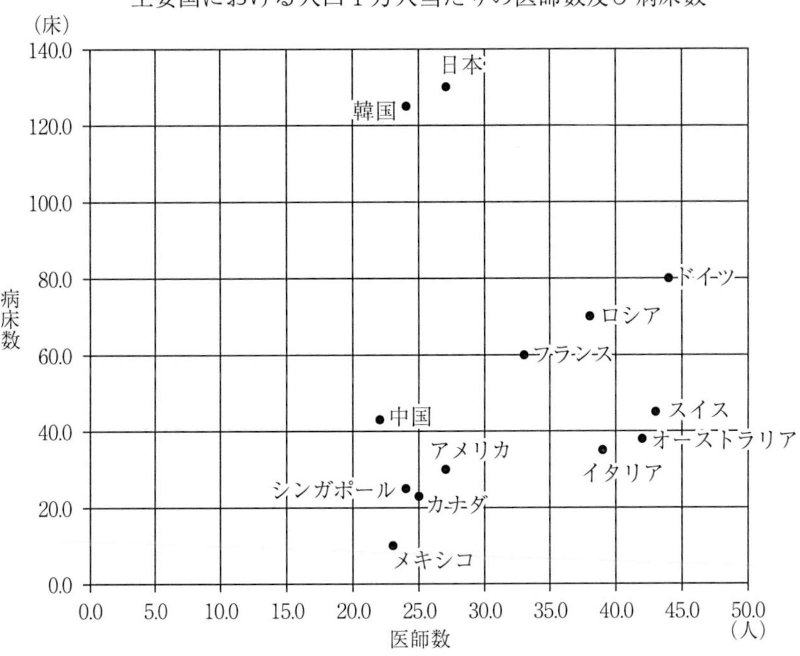

1. 1病床当たりの医師数が最も多いのは韓国である。
2. フランスの医師1人当たりの病床数は，イタリアの医師1人当たりの病床数より多い。
3. 医師数が最も多いのはアメリカである。
4. メキシコの医師1人当たりの病床数は，約2.5床である。
5. スイスの医師1人当たりの病床数は，中国の医師1人当たりの病床数の約2倍である。

28 **日本の裁判所及び裁判官に関する記述として，最も妥当なものはどれか。**

1. 裁判所が裁判官の全員一致で公の秩序又は善良の風俗を害するおそれがあると決した場合には，対審及び判決を公開しないで行うことができる。
2. 最高裁判所は訴訟に関する手続，裁判所の内部規律及び司法事務処理に関する事項について規則を定める権限を有し，最高裁判所は下級裁判所に関する規則を定める権限を，下級裁判所に委任することはできない。
3. 裁判官は裁判により心身の故障のために職務を執ることができないと決定された場合以外に，罷免されることはない。
4. 最高裁判所の裁判官の任命は，その任命後初めて行われる衆議院議員総選挙または参議院議員通常選挙の際に国民の審査に付される。
5. 最高裁判所は一切の法律，命令，規則又は処分が憲法に適合するかしないかを決定する権限を有する終審裁判所である。

29 **日本国憲法の自由権に関する記述として，最も妥当なものはどれか。**

1. いかなる宗教団体も国から特権を受け，又は政治上の権力を行使してはならず，国及びその機関は宗教教育をしてはならないが，その他の宗教的活動をすることは許される。
2. 何人も公共の福祉に反しない限り，居住，移転及び職業選択の自由を有し，また，何人も外国に移住し，又は国籍を離脱する自由を侵されない。
3. 何人も権限を有する司法官憲が発し，かつ理由となっている犯罪を明示する令状によらなければ，現行犯であっても逮捕される余地はない。
4. 何人もその住居，書類及び所持品について，侵入，捜索及び押収を受けることのない権利は，正当な理由に基づいて発せられ，かつ捜索する場所及び押収する物を明示する令状の有無にかかわらず，いかなる場合も侵されることはない。
5. 実行の時に適法であった行為又は既に無罪とされた行為については，刑事上の責任を問われないが，同一の犯罪について重ねて刑事上の責任を問われることはある。

30 **日本の国会に関する記述として，最も妥当なものはどれか。**

1. 大日本帝国憲法下において，帝国議会は天皇の立法権を「補弼（ほひつ）」するものとされ，制度としては枢密院と衆議院の二院制が採用されていた。
2. 国会では衆議院の優越が認められており，衆議院で可決した法律案を参議院が否決した場合，衆議院が4分の3以上の多数で再可決すれば，法律になる。

3. 衆議院は予算先議権をもつが，参議院が衆議院と異なった議決をした場合に，両院協議会を開いても意見が一致しないときや30日以内に参議院が議決しないときは，衆議院の議決が国会の議決となる。

4. 国会の両議院は国政調査権をもち，証人喚問などを行うことができるが，証人喚問で偽証した場合でも罰則が与えられることはない。

5. 国会議員は，任期中には逮捕されない不逮捕特権や，院外での発言や表決について院内で責任を問われない免責特権をもつ。

31 **日本経済史に関する記述として，最も妥当なものはどれか。**

1. 第二次世界大戦によって生産基盤が崩壊したことから，戦後の日本では資材，資金，労働力を幅広い産業分野に投下し，経済の同時かつ全面的復興を目指すこととなった。

2. 1955年から第一次石油危機の起こった1973年までの間，日本の実質経済成長率は平均30％超の水準で推移したが，その背景には日本国民の低い貯蓄性向があった。

3. 佐藤栄作内閣は10年間で国民所得を2倍にするという国民所得倍増計画を立てたが，その目標は当初の計画よりも早く達成された。

4. 1985年のプラザ合意によって円安が急速に進むと，原材料の輸入に依存した日本経済は大きな打撃を受けることとなり，工場を海外に移す企業も多く現れた。

5. バブル崩壊後の沈滞した日本経済を再生しようとしたのが小泉内閣の構造改革であり，郵政三事業の民営化や構造改革特区の設置などが行われた。

32 **近年の経済関連の問題に関する記述として，最も妥当なものはどれか。**

1. 日本では経済安全保障推進法が成立し，半導体などの重要物資についてサプライチェーンを強化することや，特許の非公開を原則禁止することなどが定められた。

2. バイデン米大統領が提唱したIPEFとは，アメリカ，日本，オーストラリア，インドの4か国による協力の枠組みのことである。

3. Web3とは，ブロックチェーン技術をベースに構築されるインターネットの新たな形を表す概念である。

4. 日本銀行はデジタル円の実証実験に着手し，2030年までにこれを実用化するとしているが，価値の急激な変化を伴う通貨の発行には批判もある。
5. 日本を含む136の国と地域が国際課税の新ルールに合意し，法人税の最低税率を世界共通で15%としてきた制限を撤廃することとなった。

33 日本の子ども・子育てに関する記述として，最も妥当なものはどれか。

1. 2022年にこども家庭庁設置法が成立し，こども家庭庁が厚生労働省の外局として設けられるとともに，同庁が幼稚園と保育所を一元的に管轄することになった。
2. 2021年に生まれた日本人の子ども（出生数）は約115万人で，データがある1899年以降で最少となった。
3. ヤングケアラーとは重度の障害児や長期入院している病児など，なんらかの手厚いケアを必要としている子どものことであり，近年ではその増加が問題となっている。
4. 子育てに必要な最低限度の収入をベーシックインカムと言うが，全世帯員の総所得がこれに満たない子育て世帯に対しては，国が児童手当を支給している。
5. 全国の児童相談所が2021年度に児童虐待として対応した件数（速報値）は約20万件に達しており，1990年度の統計開始以来，31年連続で最多を更新した。

34 生命に関する記述として，最も妥当なものはどれか。

1. 2022年6月，アメリカの連邦最高裁判所は人工妊娠中絶を憲法上の権利として認める初めての判決を下し，その後の中間選挙でも争点の一つとなった。
2. 日本は死刑廃止条約を批准しているが，国内の法改正が進んでおらず，経済協力開発機構（OECD）加盟国の中で唯一，現在も死刑制度を維持している。
3. 人工授精や体外受精・顕微授精は疾病の治療には該当しないため，日本では医療保険の適用対象外とされている。
4. iPS細胞とは受精卵を壊して作成する万能細胞のことであり，2023年中には初の臨床実験の実施が計画されている。

5. はやぶさ2が小惑星リュウグウから持ち帰った試料の解析が進み，生命に欠かせない物質である水とアミノ酸が発見された。

35 フランス革命に関する事項として，妥当でないものはどれか。

1. 旧制度（アンシャン＝レジーム）の廃棄
2. 権利の請願
3. 国民公会
4. メートル法の採用
5. テルミドール9日のクーデタ

36 GHQ（連合国軍最高司令官総司令部）占領管理下の日本に関するア～ウの記述の正誤の組合せとして，最も妥当なものはどれか。

ア：経済の民主化政策の一つとして農地改革が行われ，不在地主の農地所有は不可とされた。しかし在村地主がもつ小作地の制限は緩かったため，国が地主から買収する土地は少なく，自作農となった小作人は少数だった。在村地主たちは従来の経済力と権威を保ったままで寄生地主制はそのまま残され，その後の経済発展の足かせとなった。

イ：GHQに憲法改正を指示された幣原内閣は，憲法問題調査委員会を設けて憲法改正要綱をGHQに提出した。しかし，GHQは旧憲法の部分的修正に過ぎなかった改正要綱を拒否し，GHQ草案を示した。GHQ草案をもとに改めて作成した憲法改正草案は，帝国議会の審議を経て，1946年11月3日に日本国憲法として公布された。

ウ：冷戦の進展によりアメリカは対日占領政策を転換し，日本に経済的自立を求めるようになった。来日したGHQの経済顧問ドッジは，超均衡予算，1ドル＝360円の単一為替レートの設定など，ドッジ＝ラインといわれる施策を行い，その結果，インフレは収束し，経済再建の土台ができたが，一方で倒産企業や失業者の増加もみられた。

	ア	イ	ウ
1.	正	誤	正
2.	正	誤	誤
3.	誤	正	正
4.	誤	正	誤
5.	誤	誤	正

37 イスラーム教に関するア～オの記述のうち，正しいもののみをすべて選んだ組合せとして，最も妥当なものはどれか。

ア：イスラーム教は，預言者ムハンマド（マホメット）によってアラビア半島において成立した，世界の三大宗教の中ではもっとも新しい宗教である。アッラーを唯一神とし，聖地はメッカなどである。

イ：ムスリム（イスラーム教徒）は，唯一神アッラーを信じ，信仰告白・礼拝・断食・喜捨・巡礼の五行とよばれる義務を守ることが求められる。聖典のコーラン（クルアーン）は，人々の日常生活と社会全般の規範となっている。

ウ：バラモン・クシャトリア・ヴァイシャ・シュードラの4つの身分階層を基本とするカースト制度はイスラーム教の教えに基づくもので，ムスリム（イスラーム教徒）の生活全体を規定している。

エ：イスラーム教では動物，山，川，太陽など自然界のさまざまなものが崇拝の対象となる。たとえば，インドでは牛は神の化身であり，特別の存在である。

オ：イスラーム教は西アジア，中央アジア，東南アジア，北アフリカなどに広がり，サウジアラビア，イラク，イラン，イスラエル，インド，フィリピンなどはムスリム（イスラーム教徒）の人口に占める割合が9割を超える国々である。

1. ア，イ　2. ア，ウ，エ　3. イ，オ　4. ウ，エ，オ
5. オ

38 四字熟語の漢字とその読みの組合せとして，最も妥当なものはどれか。

1. 荒唐無敬（こうとうむけい）
2. 信賞必罰（しんしょうひつばつ）
3. 明境止水（めいきょうしすい）
4. 有職故実（ゆうしょくこじつ）
5. 棒若無人（ぼうじゃくぶじん）

39 ことわざ・慣用句の［　　］に入る漢字のうち4つは同じ漢字を入れることができる。このとき違う漢字が入るものとして，最も妥当なものはどれか。

1. ［　　］がすわる
2. ［　　］が低い

3. ［　　］が太い
4. ［　　］を冷やす
5. ［　　］に銘じる

40 「止めるに止められない，猛烈な勢い」の意味で用いられることわざとして，最も妥当なものはどれか。

1. 立て板に水　2. 行雲流水　3. 火蓋を切る
4. 破竹の勢い　5. 抜き差しならない

41 4で割ったときの余りが1，7で割ったときの余りが3であるような3桁の自然数の個数として，最も妥当なものはどれか。

1. 32個　2. 33個　3. 34個　4. 35個　5. 36個

42 p，qは，$10^p=2$，$10^q=3$の式を満たしている実数とする。このとき，$5^x=12$を満たす実数xをp，qの式で表したものとして，最も妥当なものはどれか。

1. $\dfrac{2p+q}{1+p}$　2. $\dfrac{p-2q}{1+p}$　3. $\dfrac{p-2q}{1-p}$　4. $\dfrac{2p+q}{1-p}$　5. $\dfrac{2p-q}{1-p}$

43 次の図のように長さ50cmの2枚のガラス板の一端に紙をはさみ，波長6.0×10^{-7}〔m〕の光を垂直に入射させると，干渉縞の暗帯の間隔が1.0mmとなった。紙の厚みD〔m〕として，最も妥当なものはどれか。

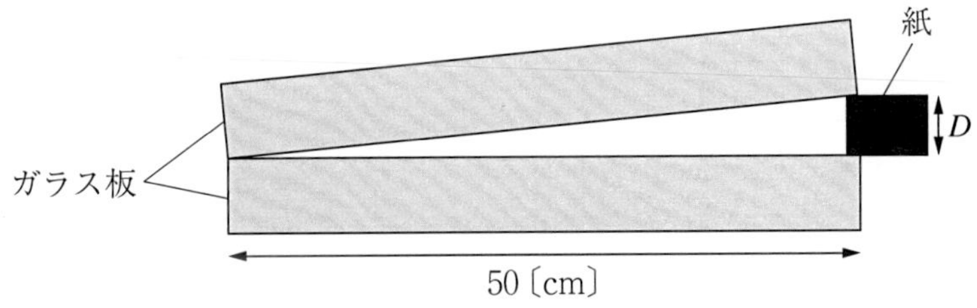

1. 3.0×10^{-5}〔m〕　2. 6.0×10^{-5}〔m〕　3. 9.0×10^{-5}〔m〕
4. 1.5×10^{-4}〔m〕　5. 4.5×10^{-4}〔m〕

44 高分子化合物に関する次の記述のうち，最も妥当なものはどれか。

1. ビニロンを得るには，まずアセチレンに水銀触媒のもとで酢酸を付加させて酢酸ビニルを得る。次に，酢酸ビニルを付加重合させてポリ酢酸ビニルをつくる。このポリ酢酸ビニルを加水分解するとビニロンが得られる。
2. 縮合重合は，単量体どうしの間から水などの簡単な分子が取れる反応が次々に起こり，高分子化合物となる。縮合重合によって合成される高分子化合物は，鎖状構造や立体網目状構造をもつ。前者は熱可塑性，後者は熱硬化性である。
3. ヘキサメチレンジアミンとアジピン酸を付加重合させると，歴史上初めて得られた合成繊維であるナイロン66（6,6−ナイロン）が得られる。ナイロン66は靴下やロープのような繊維ばかりでなく，合成樹脂としても広く使われている。
4. 陰イオン交換樹脂は，スチレンとp−ジビニルベンゼンを共重合させた合成樹脂の表面に塩基性の基をもたせたもので，ガラス管に詰めて電解質水溶液を上から流すと，陰イオンを吸着し，イオンを全く含まない水が得られる。
5. フェノール樹脂・尿素樹脂・メラミン樹脂は，フェノール，尿素，メラミンのそれぞれにホルムアルデヒドを加えて重合させたもので，いずれも熱可塑性の合成樹脂である。フェノール樹脂は最初に得られた合成樹脂として有名である。

45 遺伝に関する記述として，最も妥当なものはどれか。

1. 対立遺伝子をもつ純系を交配して得られるF_1に，片方の形質のみ現れる場合，現れた形質を優性形質，現れない形質を劣性形質という。また，対立形質をもつ両親から生じるF_1に優性形質だけが現れることを，優性の法則という。
2. 2組の対立形質が相互に影響し合うことなく無関係に遺伝することを独立の法則という。ただし，この法則が成立するのは，2組の対立遺伝子が同じ染色体にある場合のみである。
3. 1組の相同染色体で2か所で乗換えが起こることを二重乗換えという。着目する2つの遺伝子の間で二重乗換えが起こる場合は，着目する遺伝子間での組換えが確実に生じる。
4. ヒトの伴性遺伝の例として，色の見え方が一般とは異なる形質が知られているが，この原因となる遺伝子はＹ染色体上にある劣性遺伝子である。この形質をもつヒトは男性より女性に多い。

5. 遺伝子型を推定するための優性ホモ接合体との交配を検定交雑という。検定交雑では，遺伝子型を調べたい個体がつくる配偶子の種類や割合が，子の表現型に現れる。

解答・解説

1 3

解説 出典はエリック・R・カンデル著，高橋洋訳『なぜ脳はアートがわかるのか―現代美術史から学ぶ脳科学入門』。内容一致問題である。「芸術作品」「現実世界」といったキーワードに注目し，本文の内容に合致するものを探そう。

2 2

解説 出典は丸山伸彦著『江戸モードの誕生―文様の流行とスター絵師』。内容一致問題である。誤答には本文と合致しない部分や誇張した部分が必ずあるので，消去法も用いて絞り込むとよい。

3 5

解説 出典は石田英敬著『現代思想の教科書（世界を考える知の地平15章)』。要旨把握問題である。要旨とは文章全体の中で筆者が言いたいことをまとめたものであり，部分的に合致していても要旨とはいえない。一つ一つの選択肢を本文と照らし合わせて，最も適切なものを選ぶようにしたい。

4 5

解説 出典は佐藤友亮著『身体知性―医師が見つけた身体と感情の深いつながり』。空所補充問題である。本文中での「感情」と「情動」の意味の違いや使い分けを整理するようにしたい。

5 1

解説 出典は山本一成著『人工知能はどのようにして「名人」を超えたのか？―最強の将棋AIポナンザの開発者が教える機械学習・深層学習・強化学習の本質』。文章並べ替え問題である。論理や話題の転換に注目し，自然な文章になる流れを考える。特に最初と最後となるＥとＦの位置づけに注意したい。

6 1

解説 出典は『Mainichi Weekly 2015. 6. 20』。内容一致問題である。まず，共通して書かれている「先生の質問」が何であるかを正確に読み取る必要がある。そのうえで，筆者の答えにあたる部分「思い出せない」，「先週末見た夕日」等の正誤判断をすすめるようにしたい。

7 3

解説 全文訳は，「『人間観察』は，お金をかけずにできる最も面白いことのひとつだ。私は人々を観察することを楽しんでいる。それぞれの人の癖を探すだけでなく，どの習慣がどの国で一般的なのかを見極めようとしている」。トピックがpeople watching「人間観察，人間を見ること」で，選択肢のobserveが「観察する」と分かれば解答できる。1文目のthat you canとthat doesn't costはともに関係詞節で，the most interesting thingsを修飾している。2文目のコロンの持つ意味は「つまり」，コロンの前のI enjoy observingに説明を加える働きをしている。

8 3

解説 全文訳は，「天文学者は主に宇宙研究に力を入れている科学者で，その中には私たちの頭上にある星や惑星，銀河などが含まれる」。文頭の“(　　　) is a scientist”「(　　　)は科学者である」までで，選択肢を絞ることができる。選択肢の意味は，archeologist「考古学者」，artist「芸術家」，astronomer「天文学者」，chemist「化学者」，musician「音楽家」。

9 4

解説 会話の流れは次のようになる。C「明後日，ビーチに行こうか？」→D「そうしよう」→A「8時に迎えに行くよ，いい？」→B「いいよ，明後日が待ち遠しいな」。Shall we ～？は，Let's ～．とほぼ同意。Shall we ～？で誘われた場合，Yes, let's. やNo, let's not. で答える。よって，CのあとDが来ることがわかる。

10 5

解説 例えば，野球に関して，好きであることを「野球」と表し，好きではないことを「$\overline{\text{野球}}$」と表すことにする。
分かったことアより，野球→$\overline{\text{サッカー}}$…①　野球→$\overline{\text{テニス}}$…②
分かったことイより，バスケットボール→サッカー…③
また，命題の真偽とその対偶の真偽は一致するから，①より，サッカー→$\overline{\text{野球}}$…④　③，④の順に組み合わせると，バスケットボール→サッカー→$\overline{\text{野球}}$
これより，バスケットボール→$\overline{\text{野球}}$であり，「バスケットボールが好きな者は，野球が好きではない」ことが確実にいえる。

11 4

解説 わかっていることア，イより，表1のように，国語について，4時間の内の3時間の時間割が決まる。次に，わかっていることオより，火曜日の2時間目と水曜日の1時間目は数学に決まる（国語と考えると，時間数が5時間になってしまう。英語と考えると，わかっていることエに反する。理科と考えると，わかっていることウより，最少でも時間数が英語4時間，数学3時間，理科2時間となり，合計時間数の15時間を超えてしまう。社会と考えると，水曜日に社会を2時間やる

表1

	月	火	水	木	金	
1時間目						
2時間目	社会		社会	国語		
3時間目					数学	時間数
国語	○			○	○	4
数学					○	
英語						
理科						
社会	○		○			3
時間数	3	3	3	3	3	15

ことになり，問題の条件に反する）。さらに，わかっていることウを考慮すると，数学3時間，英語4時間，理科1時間に決まる。次に，わかっていることア，エを考慮すると，英語の時間割が決まる。最後に，3日連続で実施された科目が2科目だけであることから，表2のように決まる。以上より，「木曜日の3時間目は理科である」ことが確実にいえる。

表2

	月	火	水	木	金	
1時間目	英語	英語	数学	英語	英語	
2時間目	社会	数学	社会	国語	国語	
3時間目	国語	社会	国語	理科	数学	時間数
国語	○		○	○	○	4
数学		○	○		○	3
英語	○	○		○	○	4
理科				○		1
社会	○	○	○			3
時間数	3	3	3	3	3	15

12 2

解説 わかっている各校の結果から，表1のことがわかる。
ここで，獲得した得点欄の中の①～④は，その時点での球技が終了した時の各校の順位を表す。
続いて，B校，C校，D校に関して，ラグビーが終了した時点での順位（B校2位，C校4位，D校3位）から，全球技が終了した時点での順位（B校3位，C校1位，D校2位）の変化に着目することで，表2のことがわかる。

表1

実施順	球技	1位	2位	3位	4位	獲得した得点			
						A校	B校	C校	D校
1	バレーボール	16(B校)	12	8	4		16①		
2	バスケットボール	16	12(B校)	8	4		28		
3	ラグビー	20	15	10	5(B校)	40①	33②	26④	31③
4	ハンドボール	16	12	8(A校)	4	48			
5	サッカー	25	18	10	4(A校)	52④	③	①	②

表2

実施順	球技	1位	2位	3位	4位	獲得した得点			
						A校	B校	C校	D校
1	バレーボール	16(B校)	12	8	4		16①		
2	バスケットボール	16	12(B校)	8	4		28		
3	ラグビー	20	15	10	5(B校)	40①	33②	26④	31③
4	ハンドボール	16(D校)	12(C校)	8(A校)	4(B校)	48①	37④	38③	47②
5	サッカー	25(C校)	18(B校)	10(D校)	4(A校)	52④	55③	63①	57②

以上より，「B校はサッカーで2位となった」ことが確実にいえる。

13 5

解説 問題の条件より，右表のことがわかる。これより，Eの結果として，「C，Fに勝って，2勝4敗」であることが確実にいえる。

	対局相手							勝敗	
	A	B	C	D	E	F	G	○	×
A	＼	○	×	○	○	○	×	4	2
B	×	＼	○	×	○	○	○	4	2
C	○	×	＼	○	×				
D	×	○	×	＼	○	×			
E	×	×	○	×	＼	○	×	2	4
F		×		○	×	＼	○		
G	○	×			○	×	＼		

14 3

解説 本問の暗号法則は，カタカナの50音表と時刻を右表のように対応させている。また，濁音は，分を表す数字の一の位を1として表している。これより，この暗号法則で，「10：31，3：10，12：20，11：11，8：20」と表されるものは，「ズ，ワ，イ，ガ，ニ」である。

時＼分	10	20	30	40	50
12	ア	イ	ウ	エ	オ
11	カ	キ	ク	ケ	コ
10	サ	シ	ス	セ	ソ
9	タ	チ	ツ	テ	ト
8	ナ	ニ	ヌ	ネ	ノ
7	ハ	ヒ	フ	ヘ	ホ
6	マ	ミ	ム	メ	モ
5	ヤ		ユ		ヨ
4	ラ	リ	ル	レ	ロ
3	ワ				ヲ
2	ン				

15 2

解説 図のような12枚のタイルを使った縦の長さが30cm，横の長さが40cmの長方形のタイル群を考え，これをタイル群Aとする。縦の長さが6m = 600cm，横の長さが8m = 800cmの床に，1辺の長さが10cmの正方形のタイルを隙間なく敷き詰めたとき，これはタイル群Aを縦方向に600 ÷ 30 = 20個，横方向に800 ÷ 40 = 20個敷き詰めたことになる。そして，タイルを敷き詰めた床に，1本の対角線を引いた場合，対角線上にはタイル群Aが20個ある。対角線が通過するタイルの枚数は，図のように，1個のタイル群A当たり6枚あるから，対角線が通過するすべてのタイルの枚数は6枚× 20個 = 120枚である。

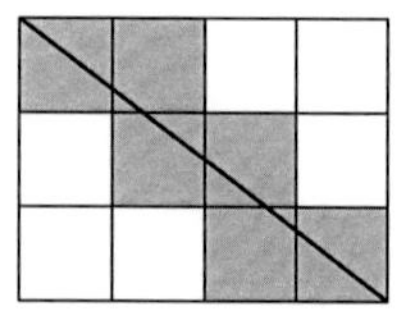

16 3

解説 1回目に折ったときにできた折り目がA，2回目に折ったときにできた折り目がB，3回目に折ったときにできた折り目がCとFとG，4回目に折ったときにできた折り目がDとH，5回目に折ったときにできた折り目がEとIである。

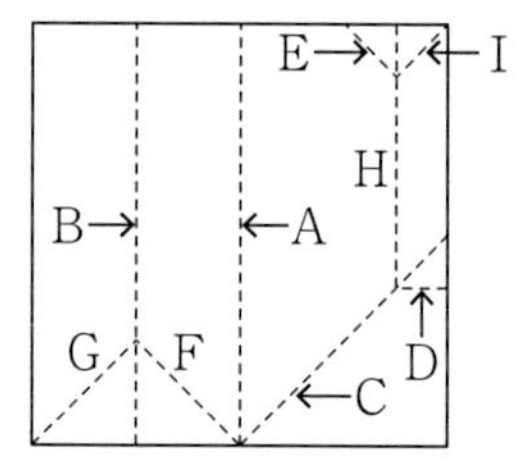

17 4

解説 小立方体64個を積み重ねて作った問題の立方体に関して，点B，Cを含む面を正面から見たとき，最も手前の16個の小立方体を①，次の16個の小立方体を②，その次の16個の小立方体を③，最も後ろの16個の小立方体を④とすると，右図のようになる。ここで，実線は前面の切断線を，破線は後面の切断線を表し，斜線を付けた小立方体は，切断される小立方体を表す。

以上より，すべての切断される小立方体の個数は6 + 6 + 6 + 6 = 24〔個〕である。

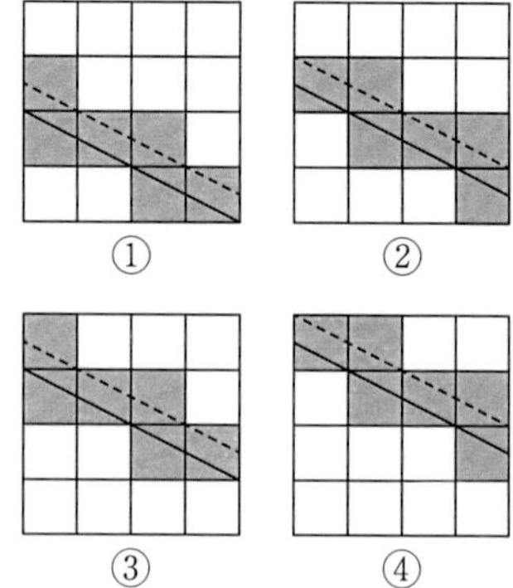

18 4

解説 ある2つの自然数をm，n（$m>n$）とすると，それぞれの2乗の差が319であったより，$m^2-n^2=319 \iff (m-n)(m+n)=319$ …①

ここで，319を素因数分解すると，$319=11\times29$だから，

①より，$\begin{cases} m-n=1 \\ m+n=319 \end{cases}$ …②　と，$\begin{cases} m-n=11 \\ m+n=29 \end{cases}$ …③　の2つの場合が考えられる。

②より，$(m, n)=(160, 159)$　これは，2つの自然数の積が$160\times159=25440$で，1000以下であることに反する。

③より，$(m, n)=(20, 9)$　これは，2つの自然数の積が$20\times9=180$で，1000以下であることを満たす。

よって，求める大きい方の自然数は20である。

19 2

解説 P山の麓から頂上までの道のりを$x$kmとする。往復に午後3時54分－午前8時50分＝7時間4分＝$7\frac{4}{60}$時間かかったから，（登りにかかった時間）＋（休憩した時間）＋（下りにかかった時間）＝$7\frac{4}{60}$時間より，

$\left(\dfrac{\frac{x}{2}}{3.6}+\dfrac{\frac{x}{2}}{3}\right)+1+\dfrac{x}{5}=7\dfrac{4}{60}$　これを解いて，$x=12$

よって，登りにかかった時間は，$7\dfrac{4}{60}-1-\dfrac{12}{5}=3\dfrac{2}{3}$時間＝3時間40分である。

20 2

解説 ある商品の原価をx円，この商品を原価の2割の利益を見込んだ定価を付けて販売した個数をy個とする。売り上げ総額は$x\times\left(1+\dfrac{2}{10}\right)\times y+x\times\left(1+\dfrac{2}{10}\right)\times\dfrac{1}{2}\times(400-y)$〔円〕だから，このときの利益は$x\times\left(1+\dfrac{2}{10}\right)\times y+x\times\left(1+\dfrac{2}{10}\right)\times\dfrac{1}{2}\times(400-y)-400x$〔円〕

これが仕入れ総額400x円の5％であったから，$x \times \left(1 + \frac{2}{10}\right) \times y + x \times \left(1 + \frac{2}{10}\right) \times \frac{1}{2} \times (400 - y) - 400x = 400x \times \frac{5}{100}$が成り立つ。両辺を$x$で割って整理すると$1.2y + 0.6(400 - y) - 400 = 20$　これを解いて，$y = 300$
よって，定価の半額で販売した商品の個数は$400 - y = 400 - 300 = 100$〔個〕である。

21 5

解説 右図のように考えると，求める立体の体積は，底面の半径がCD = 5 + 1 = 6，高さがOD = 4 × 2 = 8の円錐の体積から，底面の半径がAB = 2 + 1 = 3，高さがOB = 4の円錐の体積と，底面の半径がFD = 1，高さがBD = 4の円柱の体積を取り除いたものに等しい。

よって，求める体積は，$\frac{1}{3}\pi \times CD^2 \times OD - \frac{1}{3}\pi \times AB^2 \times OB - \pi \times FD^2 \times BD = \frac{1}{3}\pi \times 6^2 \times 8 - \frac{1}{3}\pi \times 3^2 \times 4 - \pi \times 1^2 \times 4 = 80\pi$である。

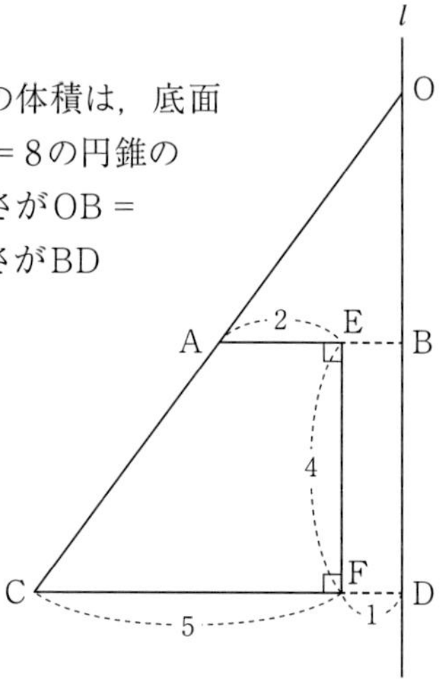

22 4

解説 5番目の者がくじを引くことができないのは，1番目から4番目の者のうちのいずれか3人が当たりを引く場合であるから，その確率は
$_4C_3 \times \frac{3 \times 2 \times 1 \times 7}{10 \times 9 \times 8 \times 7} = \frac{1}{30}$
よって，求める確率は，1 −(5番目の者がくじを引くことができない確率) = $1 - \frac{1}{30} = \frac{29}{30}$である。

23 5

解説 1：誤り。2016年のパキスタンの人口を100とする指数で表すと，2021年のパキスタンの人口の指数は$100 \times \frac{231,402}{192,827} = 120.\cdots$で，125より小さい。　2：誤り。2020年の人口の対前年増加率は，パキスタンが $\frac{227,197 - 223,293}{223,293} \times 100 = 1.7\cdots$〔%〕，バングラデシュが $\frac{164,689 - 163,046}{163,046} \times 100 = 1.0\cdots$〔%〕で，パキスタンの方が大きい。　3：誤り。2016年から2021年までの期間で，フィリピンの人口に対するパキスタンの人口の割合が最も大きいのは，2021年の $\frac{231,402}{113,880} = 2.03\cdots$〔倍〕である。　4：誤り。2017年から2021年までの期間で，インドネシアの平均人口増加数は $\frac{273,753 - 260,581}{5} = 2,634.4$ で，約260万人である。　5：正しい。2016年から2021年までの期間で，世界総計に対する中国とインドの人口の合計の割合が最も大きいのは，2016年の $\frac{1,382,323 + 1,326,802}{7,432,663} \times 100 = 36.\cdots$〔%〕である。

24　5

解説　1：誤り。2021年に関しては，総輸入量もオーストラリアの構成比も前年に対して増加しているから，オーストラリアからの石炭輸入量は，前年を上回っている。　2：誤り。2016年から2021年までの期間で，カナダからの石炭輸入量が最も少ないのは，2021年の $182,604 \times \frac{4.2}{100} = 7,669.\cdots$〔千t〕だから，年平均は6,500千tを超えている。　3：誤り。2016年から2021年までの期間で，アメリカからの石炭輸入量に対するオーストラリアからの石炭輸入量の割合が最も大きいのは，2016年の $\frac{64.0}{2.5} = 25.6$〔倍〕である。　4：誤り。2016年から2021年までのいずれの年も，総輸入額が分からないため，インドネシアからの石炭輸入額が最も大きいのが2016年であるかどうかは，判断できない。　5：正しい。2016年から2021年までの期間で，総輸入量に対するロシアと中国からの石炭輸入量の合計の割合が最も小さいのは2017年の $9.4 + 1.3 = 10.7$〔%〕で，いずれの年も10%を超えている。

25　4

解説　1：誤り。2021年の海外旅行収入額合計に占めるアメリカの割合は，$\frac{70,214}{25,722 + 34,445 + 34,541 + 40,802 + 70,214} \times 100 = 34.\cdots$〔%〕で，50%より小さい。　2：誤り。2017年の海外旅行収入額に対する2019年の海外旅行収

入額の増加率は，イタリアが$\frac{49{,}595-44{,}232}{44{,}232}\times 100=12.\cdots$〔%〕，アラブ首長国連邦が$\frac{38{,}421-21{,}048}{21{,}048}\times 100=82.\cdots$〔%〕で，アラブ首長国連邦の方が大きい。　3：誤り。2017年から2021年までの期間で，フランスとスペインの海外旅行収入額の合計は，2018年が65,531＋81,684＝147,215〔百万USドル〕，2019年が63,508＋79,709＝143,217〔百万USドル〕で，2018年の方が大きい。　4：正しい。2020年のアメリカの海外旅行収入額は，2019年と比べると，$\frac{198{,}982-72{,}481}{198{,}982}\times 100=63.\cdots$〔%〕の減少となっている。　5：誤り。2017年から2021年までの期間で，アラブ首長国連邦の1年当たりの平均海外旅行収入額は，$\frac{21{,}048+21{,}375+38{,}421+24{,}615+34{,}445}{5}=27{,}980.8$〔百万USドル〕で，27,000百万USドルを上回っている。

26 1

解説 1：正しい。就業者1人当たりの売場面積が最も広い業態は，$\frac{7{,}074}{85}=83.\cdots$〔$m^2$〕の家電大型専門店である。　2：誤り。各業態それぞれの就業者数や総売場面積が分からないため，年間販売額を計算できず，年間販売額が最も多い業態は，判断できない。　3：誤り。問題の資料からは各業態それぞれの就業者数は分からないため，就業者数が最も多い業態は，判断できない。
4：誤り。売場面積1m^2当たりの就業者数は，専門スーパーが$\frac{53}{2{,}567}=0.02\cdots$〔人〕，コンビニエンスストアが$\frac{152}{1{,}711}=0.08\cdots$〔人〕で，コンビニエンスストアの方が多い。　5：誤り。各業態それぞれの1店舗当たりの年間販売額が分からないため，1店舗当たりの就業者数を計算できず，1店舗当たりの就業者数が最も多い業態は判断できない。

27 2

解説 1：誤り。原点を通る直線の傾きが小さい直線上にある国ほど，1病床当たりの医師数が多いから，1病床当たりの医師数が最も多いのはメキシコである。　2：正しい。原点を通る直線の傾きが大きい直線上にある国ほど，医師1人当たりの病床数が多い。よって，(原点とフランスを通る直線の傾き)＞(原点とイタリアを通る直線の傾き）より，フランスの医師1人当たりの病床数は，イタリアの医師1人当たりの病床数より多い。　3：誤り。問題の資料からは，各主要国それぞれの総人口が分からないため，各主要国それぞれの医師数は，判断できない。　4：誤り。メキシコの医師1人当たりの病床数は，$\frac{10}{23}=0.4\cdots$〔床〕である。　5：誤り。スイスの医師1人当たりの病床数は，中国の医師1人当たりの病床数の$\frac{45}{43}\div\frac{43}{22}=0.5\cdots$〔倍〕である。

28　5

解説　1：「対審及び判決を公開しないで行うことができる」が誤り。「対審は公開しないでこれを行うことができる」と憲法第82条第2項に記されている。ただし，政治犯罪・出版に関する犯罪・憲法第3章で保障する国民の権利が問題となっている事件の対審は，常に公開しなければならない。　2：最高裁判所は，下級裁判所に関する規則を定める権限を下級裁判所に委任することができる。　3：裁判官は裁判により心身の故障のために職務を執ることができないと決定された場合と公の弾劾によらなければ，罷免されることはない。　4：任命後初めて行われる衆議院議員総選挙の際に国民の審査に付される。　5：正しい。

29　2

解説　1：憲法第20条第3項には，「国及びその機関は宗教教育その他いかなる宗教的活動もしてはならない」とある。　2：正しい。　3：憲法第33条には，「何人も現行犯として逮捕される場合を除いては」とあり，「現行犯であっても逮捕される余地はない」は誤り。　4：「令状の有無にかかわらず，いかなる場合も侵されることはない」は誤りで，憲法第35条第1項に「令状がなければ侵されない」とある。　5：憲法第39条の「一事不再理」のことで，「同一の犯罪について重ねて刑事上の責任を問われない」が正しい。

30　3

解説　1：大日本帝国憲法下において，帝国議会は天皇の立法権を「協賛」するものとされ，貴族院と衆議院の二院制がとられた。　2：衆議院の4分の3以上ではなく，衆議院の出席議員の3分の2以上である。　3：正しい。　4：証人喚問で偽証をした場合，罰則が与えられることはないは誤りで，偽証罪に問われる。 5：国会議員は任期中ではなく，会期中は逮捕されない不逮捕特権を持つ。また，議院で行った演説，討論又は表決について院外では責任を問われない。

31 5

解説 1：戦後の日本では，資材，資金，労働力を基幹産業に重点的に投入する傾斜生産方式がとられた。 2：1955年から1973年まで，日本の実質経済成長率は平均10％超の高い水準で推移した。その背景には，国民の高い貯蓄性向があった。 3：国民所得倍増計画を立てたのは，佐藤栄作内閣ではなく池田勇人内閣である。 4：1985年のプラザ合意により円高が急速に進むと，輸出産業は大打撃を受け円高不況となった。 5：正しい。

32 3

解説 1：経済安全保障推進法では，特許出願の非公開が定められた。 2：バイデン大統領が提唱したIPEF（インド太平洋経済枠組）には，オーストラリア・ブルネイ・フィジー・インド・インドネシア・日本・マレーシア・ニュージーランド・フィリピン・韓国・シンガポール・タイ・アメリカ・ベトナムの14か国が参加している。アメリカ・日本・オーストラリア・インドの4か国の枠組はクワッドである。 3：正しい。Web3とは，特定の管理者がいないブロックチェーン技術によって実現した分散型のインターネットである。 4：デジタル円について，現時点では発行・導入する具体的な計画はない。 5：国際課税の新ルールで，法人税の最低税率が15％に定められた。

33 5

解説 1：こども家庭庁は，厚生労働省ではなく内閣府の外局である。幼稚園と保育園の一元化はまだ完了していない。 2：2021年の出生数は81万1604人であり，1899年以来で最少となった。 3：ヤングケアラーとは，本来大人が担うと想定されている家事や家族の世話などを日常的に行っている子どものことである。 4：ベーシックインカムとは，最低所得保障といわれ，生きていくのに必要なお金を無条件でみんなに配ることである。児童手当は，現在所得制限があり，0～2歳のこどもには15000円，3歳～小学生が1万円（第3子以降は15000円），中学生は1万円が毎月支給されている。なお，2024年10月より所得制限が撤廃され，すべての家庭に支給がされる。 5：正しい。

34 5

解説 1：アメリカの連邦最高裁判所は，1973年に人工妊娠中絶を憲法上の権利として認めたが，2022年6月にこれを覆した。　2：日本は死刑廃止条約に未署名，未締約である。OECD加盟国中，現在も死刑制度を維持しているのは，日本・アメリカ・韓国（実際には執行されていない）である。　3：2022年4月から，人工授精や体外受精などの不妊治療に保険適用が拡大された。4：iPS細胞とは，体細胞から人工的に作られた細胞である。受精卵から作るのは，ES細胞である。iPS細胞の臨床実験は，すでに行われている。　5：正しい。

35 2

解説 1：旧制度（アンシャン＝レジーム）は，革命前のフランスの政治・社会体制である。　2：権利の請願は，1628年にイギリス議会が国王チャールズ1世に提出したものである。　3：国民公会はフランス革命下，1789年6月17日に成立した。　4：メートル法は，1793年に国民公会が制定した。5：テルミドール9日のクーデタは，1794年7月27日に国民公会の反ロベスピエール派が決行したクーデタである。よって，フランス革命に関する事項として正しくないものは2である。

36 3

解説 ア：誤り。不在地主のすべての土地は小作人に売却，在村地主の土地保有は1町歩（北海道は4町歩）以内として，小作人に安価で売却した。この結果，自作農が大幅に増えた。　イ：正しい。　ウ：正しい。

37 1

解説 ア：正しい。　イ：正しい。　ウ：カースト制度は，前10～前7世紀にかけて形成されたインドの階層的身分制度であり，イスラーム教とは無関係である。ムスリムの生活全体を規定しているのは，教典のクルアーンである。　エ：イスラーム教の信仰の対象は，唯一神アッラーであり，偶像崇拝は厳しく禁止されている。自然界のさまざまなものが崇拝の対象になることはない。　オ：サウジアラビアは人口の94％，イラクは96％，イランは98.2％がムスリムであるが，イスラエルではユダヤ教徒が7割を超えムスリムは17％，インドでもヒンドゥー教徒が8割弱でムスリムは14.2％，フィリピンはキリスト教徒が92.7％でムスリムは5％である。

38 2

解説 誤りの選択肢の正しい漢字，読み方は次の通り。 1：「荒唐無稽」 3：「明鏡止水」 4：「ゆうそくこじつ」 5：「傍若無人」。

39 2

解説 1，3，4，5に共通して入るのは「肝」。2には「腰」を入れるのが適切。

40 4

解説 1：「立て板に水」は，よどみなくすらすら話すこと。 2：「行雲流水」は自然の成り行きに身を任せること，とどまることなく自然に移り変わっていくこと。 3：「火蓋を切る」は，戦いや競争を開始すること。 5：「抜き差しならない」は，身動きがとれないこと。

41 2

解説 4で割ったときの余りが1であるような整数は，整数kを用いて$4k+1$ …① と表せる。同様に，7で割ったときの余りが3であるような整数は，整数lを用いて$7l+3$ …② と表せる。
①と②が等しいとき，$4k+1=7l+3 \Leftrightarrow 4k-7l=2$ …③ また，$4\cdot 4-7\cdot 2=2$ …④
③－④より，$4(k-4)-7(l-2)=0 \Leftrightarrow 4(k-4)=7(l-2)$ …⑤
4と7は互いに素であるから，⑤より，整数mを用いて，$k-4=7m \Leftrightarrow k=7m+4$ と表せる。これを①に代入して，$4k+1=4(7m+4)+1=28m+17$
これが3桁の自然数となるのは，$100 \leqq 28m+17 \leqq 999 \Leftrightarrow 2\frac{27}{28} \leqq m \leqq 35\frac{1}{14}$であるから，その個数は$35-3+1=33$〔個〕である。

42 4

解説 $10^p=2$，$10^q=3$に関して，それぞれの両辺の常用対数をとると，
$\log_{10}10^p=\log_{10}2 \Leftrightarrow p=\log_{10}2$ $\log_{10}10^q=\log_{10}3 \Leftrightarrow q=\log_{10}3$

このとき，$5^x = 12$に関して，両辺の常用対数をとると，$\log_{10}5^x = \log_{10}12$ ⇔ $x\log_{10}5 = \log_{10}12$ ⇔ $x = \dfrac{\log_{10}12}{\log_{10}5} = \dfrac{\log_{10}(2^2 \times 3)}{\log_{10}\dfrac{10}{2}} = \dfrac{2\log_{10}2 + \log_{10}3}{\log_{10}10 - \log_{10}2} = \dfrac{2p+q}{1-p}$

43 4

解説 干渉縞が見られたのがガラス板の左端からx〔m〕の位置で，その位置での2枚のガラス板のすき間の間隔がd〔m〕であるとすると，$d = \dfrac{Dx}{0.5}$となる。暗帯となる条件は$2 \times \dfrac{Dx}{0.5} = 6.0 \times 10^{-7}$〔m〕より，$x = \dfrac{1.5 \times 10^{-7}}{D}$〔m〕となる。暗帯の間隔が1.0〔mm〕（$1.0 \times 10^{-3}$〔m〕）であることから，$\dfrac{1.5 \times 10^{-7}}{D} = 1.0 \times 10^{-3}$より，$D = 1.5 \times 10^{-4}$〔m〕となる。

44 2

解説 ポリ酢酸ビニルの加水分解で得られるのは，ポリビニルアルコールである。これをホルムアルデヒドでアセタール化してヒドロキシ基を減らし，水に不溶の繊維としたものがビニロンであるので1は誤り。ナイロン66（6,6-ナイロン）はヘキサメチレンジアミンとアジピン酸を縮合重合して得られるので3は誤り。イオン交換樹脂を用いて，イオンを含まない水を得るには，陰イオン交換樹脂と陽イオン交換樹脂の両方に通さないといけないので4は誤り。フェノール樹脂，尿素樹脂，メラミン樹脂はいずれも熱硬化性樹脂であるので5は誤り。

45 1

解説 独立の法則が成り立つのは，二組の対立遺伝子が別々の染色体にあるときに成り立つので2は誤り。二重乗換えが起こると結果的には組換えが起こらない状態になるため3は誤り。色の見え方が異なる形質の遺伝子はX染色体上にあり，この形質を持つヒトは男性の方が多いので4は誤り。検定交雑は劣性（潜性）ホモ接合体との交配であるので5は誤り。

令和４年度　第１回実施問題

1　次の文章を読んで，以下の問に答えなさい。

※本文略（題材は，『キレイゴトぬきの農業論』久松達央　著）

問　この文章の要旨として，最も妥当なのはどれか。

1. 単純な弱肉強食の力関係だけではなく，無数の生き物が相互に助け合っているのが自然の摂理である。
2. 有機農業とは，それぞれの生き物の機能と，生き物が相互に作用しあうネットワークを利用する農業である。
3. 生態系は大変複雑で脆いシステムでもあるので，有機農業でそれを使う際には十分に注意しなくてはならない。
4. 有機農業は「生き物の仕組みを生かす農業」であるから，農薬や化学肥料を使うことは決してない。
5. これからの日本には，自然の仕組みにできるだけ逆らわず，生物の力を生かすことを重視した有機農業が必要になる。

2　次の文章を読んで，以下の問に答えなさい。

※本文略（題材は，『だまされない＜議論力＞』吉岡友治　著）

問　この文章の要旨として，最も妥当なのはどれか。

1. 議論とは自分の意見を相手に強制するシビアなゲームであるから，議論に負けて悔しいのは当然である。
2. 議論に参加する者は，「真理の探求」という共通の目標を持ち，「真理への献身」を共有しなければならない。
3. 議論を単なる勝ち負けにしないためには，人それぞれ違う考えがあってよい，という「やさしさ」がなくてはならない。
4. 議論において「やさしさ」は不要であり，真理の探求のためには自分の意見の正しさを一方的に押しつける強さが必要である。
5. 真理の探求こそ議論の目的であり，議論中に相手を人間的に傷つけるような意見は決して述べてはならない。

3 次の文章を読んで，以下の問に答えなさい。

※本文略（題材は，『デザインのめざめ』原研哉　著）

問　この文章の要旨として，最も妥当なのはどれか。

1.　エジプトのミイラがリサイクル資源として使われていたように，あらゆるものをリサイクルするような仕組みをつくることが重要である。

2.　超繊細な製品である紙をリサイクルの対象とするのは，逆に自然や文化を破壊することになるので，望ましくない。

3.　リサイクルは重要ではあるが，その最適なバランスを考えなくては逆効果になることもあるので注意しなくてはならない。

4.「ミイラとりがミイラになる」のミイラとりとは，実はリサイクル資源としてミイラを調達する者たちのことである。

5.　リサイクルにコストをかけるのは本末転倒であり，ミイラとりがミイラになるとはこのことである。

4 次の文章を読んで，以下の問に答えなさい。

※本文略（題材は，『読書と日本人』津野海太郎　著）

問　この文章の要旨として，最も妥当なのはどれか。

1.〈紙の本〉以前にも，〈木の葉の本〉や〈パピルスの本〉，〈竹の本〉などさまざまな形態の本が存在していた。

2.　二十一世紀の冒頭にとつぜんすがたをあらわした電子本により，紙の本が消滅してしまうかもしれないという岐路に，私たちは立たされている。

3.〈物質ではない本＝電子の本〉は，表示するだけで情報を定着できない頼りないものであるが，読みやすさという点で〈物質の本＝紙の本〉より優れている。

4.　人類にとっての本とは，テキストや画像を長期にわたって，ちょっとやそっとでは消せないものとして保存しつづけることができるものである。

5.　私たちはいま，本というメディアが，物質の本，物質ではない本というふたつの方向に分岐しはじめるという歴史的な場に立ち合っている。

5 **次の文章を読んで，以下の間に答えなさい。**

※本文略（題材は，『やぶにらみ科学論』池田清彦　著）

問　この文章の要旨として，最も妥当なのはどれか。

1. 「カラスは黒い」という命題を科学的に証明するには，できるだけたくさんのカラスを観察し，すべてのカラスが黒かったということを示さなくてはならない。
2. 我々が黒い鳥を見た時にそれがカラスであると認識するのは，個別から一般を抽象するというヒトの脳が持つ固有のクセが反映されるからである。
3. ヒトの脳は，たとえばいろいろなカラスを観察した際，これらはすべてカラスであると認めるというような，固有のクセを持っている。
4. カール・ポパーは，「カラスは黒い」という一般命題は証明可能であると述べたが，白いカラスがいる可能性がある限り，それは不可能である。
5. ヒトの脳には，百羽のカラスの中から個別の一羽のカラスを見つけ出すことができるといった，独特の能力がある。

6 **次の会話文のうち，[　　　]に当てはまる正しい英文のみを，すべて選んだものとして，最も妥当なのはどれか。**

A：I had a quarrel with Tom. Will you telephone Tom for me? I need you to tell him I'm sorry.

B：When you ask someone to do something for you, you should ask politely.

A：All right. Would you mind telephoning Tom for me?

B：[　　　] You are such a nuisance, you know, Ann.

A：That's kind of you.

ア：Certainly not.

イ：Yes, I do mind.

ウ：I'd rather you didn't.

エ：Not at all.

1. ア　　2. イ　　3. ア，エ　　4. イ，ウ　　5. ウ，エ

7 次の会話文のうち，［　　　］に当てはまる正しい英文のみを，すべて選んだものとして，最も妥当なのはどれか。

A：You look tired. Are you all right?
B：I have a bad cold.
A：That's too bad. ［　　　］
B：Thank you.
A：Take care.

ア：Can I see doctor?
イ：What's wrong?
ウ：I'm feeling much better.
エ：Get well soon.

1. ウ　　2. エ　　3. ア，イ　　4. ア，エ　　5. イ，ウ

8 「ボブは歌手というよりはむしろ俳優である」という意味を表す正しい英文として，最も妥当なのはどれか。

1. Bob is more a singer than an actor.
2. Bob is not only an actor but also a singer.
3. Bob is a singer rather than an actor.
4. Bob is less an actor than a singer.
5. Bob is not so much a singer as an actor.

9 語学の検定試験を受験したＡ～Ｄの４人の結果について，次のア～エのことがわかっているとき，確実にいえることとして，最も妥当なのはどれか。

ア　Ａ～Ｄのうち，少なくとも２人が合格している。
イ　ＡとＢが合格していたら，Ｄも合格している。
ウ　ＡとＣは同じ結果だった。
エ　Ｃが合格していたら，ＢとＤの少なくとも一方は合格している。

1. ３人が合格している。
2. Ａは合格している。
3. Ｂは合格している。
4. Ｃは合格している。
5. Ｄは合格している。

10 **ある日，A～Dの4人が，借りていた本を返却するために徒歩，自転車，自動車，バスのいずれか異なる手段を使って図書館を訪れた。次のア～キのことがわかっているとき，確実にいえることとして，最も妥当なのはどれか。**

ア　4人は絵本，小説，参考書，詩集のいずれか異なる本を1人1冊ずつ借りていた。

イ　同じ時間帯に訪れた人はおらず，4番目に訪れた人が返却した本は絵本ではなかった。

ウ　絵本を返却した人は自転車を使わなかった。

エ　Cより先に小説を返却した人がいる。

オ　参考書を返却した人は自動車を使わなかった。

カ　詩集が返却されたすぐ後に，自転車で訪れた人が本を返却し，そのすぐ後にAが訪れた。

キ　Dは1番目ではなく，また，Dのすぐ後にバスで訪れた人が返却した本は参考書ではなかった。

1. Aは，3番目にバスで訪れ，小説を返却した。
2. Bは，1番目に自動車で訪れ，詩集を返却した。
3. Cは，2番目に自動車で訪れ，詩集を返却した。
4. Dは，2番目に自転車で訪れ，参考書を返却した。
5. Dは，3番目に自転車で訪れ，詩集を返却した。

11 **大きさ，形，色が全く同じコインが90枚ある。その中の89枚は本物で重さはすべて同じだが，1枚だけ偽物が混じっており，偽物は本物のコインよりも軽い。天秤ばかり1台を使ってこの偽物1枚を確実に見つけ出すとき，天秤ばかりを使用する最少の回数として，最も妥当なのはどれか。ただし，偶然わかった場合は最少の回数としないものとする。**

1. 3回　2. 4回　3. 5回　4. 6回　5. 7回

12 **公園にいる親子連れ120人に，夏と冬が好きか嫌いかについてアンケートをとったところ，夏が好きと答えた人が80人，冬が好きと答えた人が48人だった。また，夏が好きで冬が好きでないと答えた人数は，夏と冬の両方が好きと答えた人数の3倍だった。このとき，夏も冬も好きでない**

と答えた人の人数として，最も妥当なのはどれか。ただし，アンケートの回答は好きか嫌いかだけで，どちらでもないという回答は無かったものとする。

1. 10人　2. 12人　3. 18人　4. 20人　5. 22人

13 次の図は，球に直円錐が内接したものである。この立体を平面で切断したときの断面として，最も妥当なのはどれか。

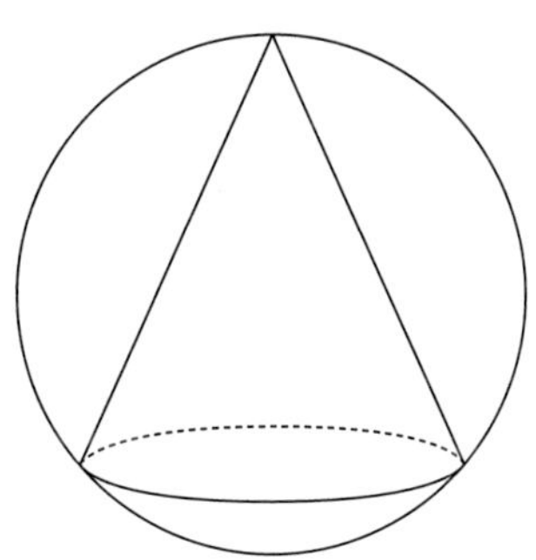

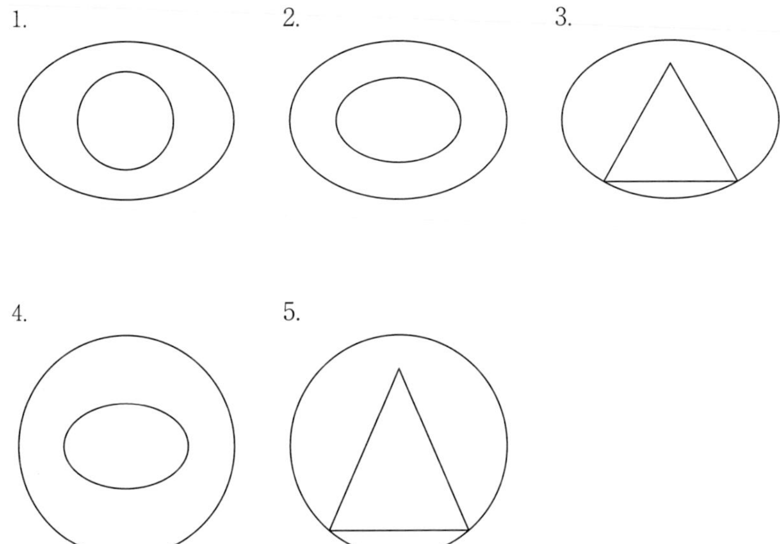

14 点Pからすべての交点を1回ずつ通って再び点Pに戻る経路が存在しないものとして，最も妥当なのはどれか。

1. 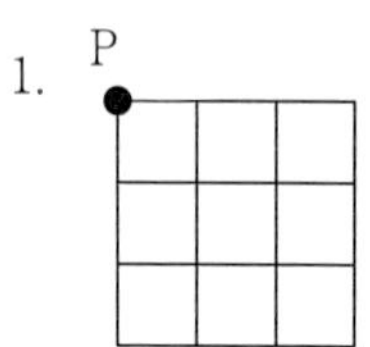

2. 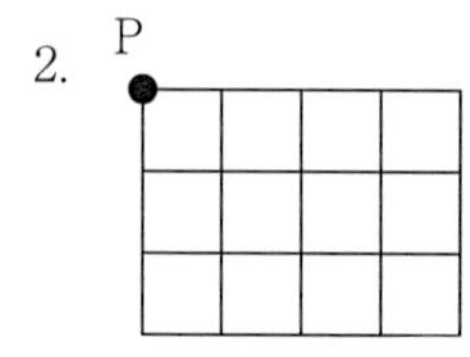

3. 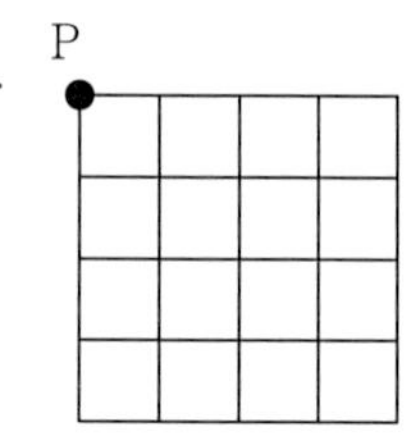

4. 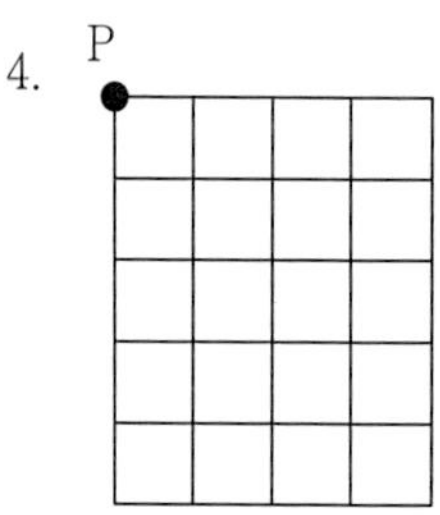

5. 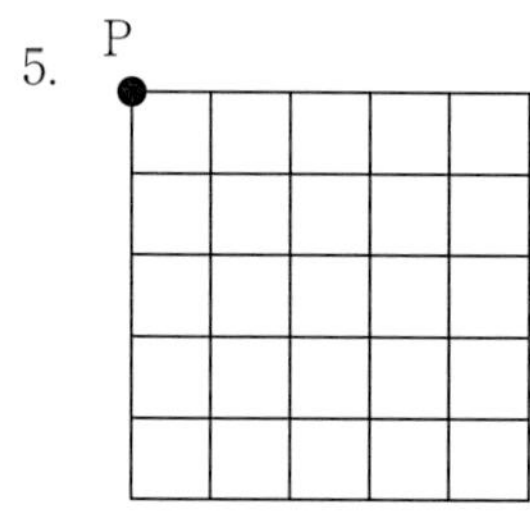

15 一周が1,400mの池の周りをAとBが同じ地点から，Aは時計回りに分速80mで歩き始め，Bは反時計回りに分速120mの自転車で出発した。二人がすれ違うたびにBだけがその場で5分休むものとすると，AとBが最初の出発点を同時に出発して3回目のすれ違いが起こるまでに要する時間として，最も妥当なのはどれか。ただし，AとBが動いているときの速さは一定とする。

1. 17分　2. 22分　3. 27分　4. 32分　5. 37分

16 5進法で表すと4abとなる数は6進法で表すとb5aとなる。この数を8進法で表したものとして，最も妥当なのはどれか。

1. 124　2. 126　3. 144　4. 146　5. 164

17 1から300までの整数のうち，3で割ると1余り，4で割ると割り切れ，5で割ると2余る整数をすべて足し合わせた値として，最も妥当なのはどれか。

1. 800　2. 820　3. 840　4. 860　5. 880

18 ある広場の草刈りをするのに大人4人では3時間，子供6人では8時間がかかる。大人3人と子供4人でこの広場の草刈りをしたとき，すべての作業が終了するまでに要する時間として，最も妥当なのはどれか。

1. 3時間　2. 4時間　3. 5時間　4. 6時間　5. 7時間

19 次の資料は，2010年～2020年の世界各国の人口及び人口増加率をまとめたものである。この資料から判断できることとして，最も妥当なのはどれか。ただし，資料中の2010年～2015年の人口増加率は，2010年の人口に対する2015年の人口の増加率を表し，2015年～2020年の人口増加率は，2015年の人口に対する2020年の人口の増加率を表している。

	人口（百万人）	人口増加率（%）	
	2010年	2010年～2015年	2015年～2020年
中国	1,369	2.8	2.3
インド	1,234	6.1	5.3
アメリカ	309	3.8	3.2
インドネシア	242	6.8	5.9
ブラジル	196	4.5	4.0
パキスタン	179	11.1	10.8
ナイジェリア	159	14.3	13.8
バングラデシュ	148	5.9	5.4
ロシア	143	1.0	0.7
メキシコ	114	6.8	5.8
世界	6,957	6.1	5.6

1. 世界の人口は，2015年時点で75億人を超え，2020年時点では80億人を超えている。
2. 2010年に比べて2020年の世界の人口に占める中国の人口割合は，増加している。
3. 2010年に比べて2020年の人口が最も増えた国はインドである。
4. 2015年の世界の人口に占める中国とインドの2か国を合わせた人口割合は，45%を超えている。
5. 2010年のブラジルの人口を100としたとき，2015年のブラジルの人口は104.5，2020年のブラジルの人口は104で，2010年のアメリカの人口は150を超えていない。

20 次の資料は，消防団員数及び女性消防団員の割合の推移と消防団員の年齢構成比率の推移をまとめたものである。この資料から判断できることとして，最も妥当なのはどれか。ただし，資料中の数値は小数点以下第2位を四捨五入しているため，100%とならない場合がある。

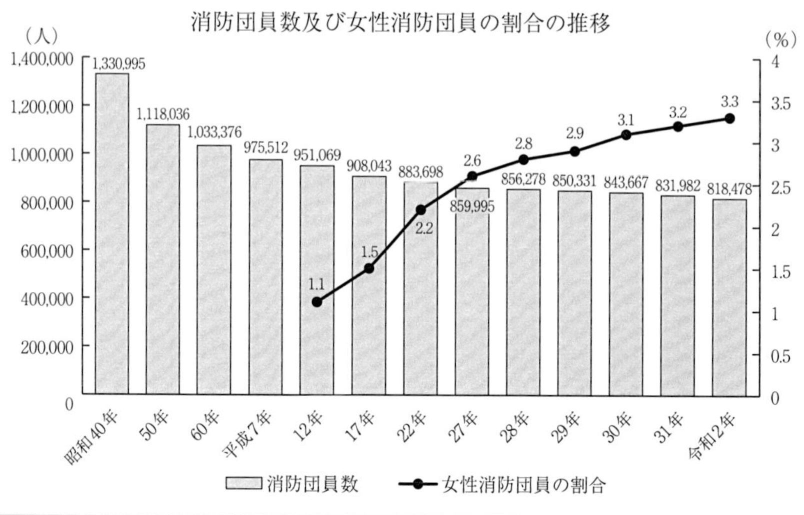

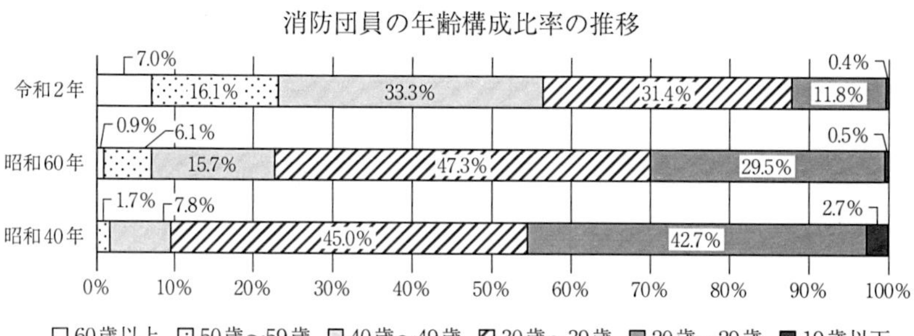

1. 消防団員数は年々減り続け，令和2年は昭和40年の半分以下の人数になった。
2. 女性消防団員数は年々増え続け，令和2年は平成12年より20,000人以上増えた。
3. 昭和40年に比べて昭和60年の消防団員数が最も減った年齢は20～29歳であり，昭和60年と令和2年を比べても消防団員数が最も減った年齢は同じである。

4.　令和2年の30～49歳の女性消防団員数は，15,000人を超えている。

5.　令和2年の29歳以下の消防団員数は，昭和40年の29歳以下の消防団員数に比べると450,000人以上減った。

21　次の資料は，ある地域における，昭和60年から平成27年までの人口及び世帯数の推移を５年ごとに調査した資料である。この資料から判断できるア～ウの記述の正誤の組合せとして，最も妥当なのはどれか。

人口の推移

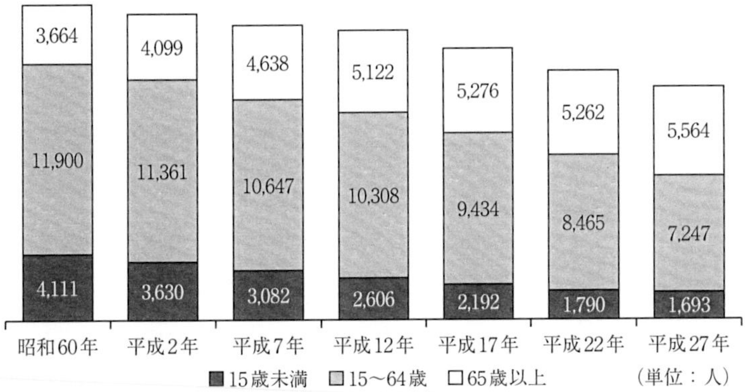

	昭和60年	平成2年	平成7年	平成12年	平成17年	平成22年	平成27年
□65歳以上	3,664	4,099	4,638	5,122	5,276	5,262	5,564
▨15～64歳	11,900	11,361	10,647	10,308	9,434	8,465	7,247
■15歳未満	4,111	3,630	3,082	2,606	2,192	1,790	1,693

（単位：人）

世帯数の推移

	昭和60年	平成2年	平成7年	平成12年	平成17年	平成22年	平成27年
世帯数	6,551	6,608	6,717	6,935	6,784	6,468	6,250

（単位：世帯）

ア　世帯人数（1世帯当たりの人数）は，平成17年以降ずっと2人を下回っている。

イ　総人口に占める65歳以上の割合は，調査年のたびに増加している。

ウ　総人口に占める15歳未満の割合は，調査年のたびに減少している。

	ア	イ	ウ
1.	正	正	誤
2.	正	誤	正
3.	誤	誤	正
4.	誤	正	正
5.	誤	正	誤

22 **次の資料は，勤労者世帯の収支の推移をまとめたものである。この資料から判断できることとして，最も妥当なのはどれか。**

勤労者世帯の収支の推移（月平均）

	世帯人員（人）	実収入（千円）	可処分所得（千円）	消費支出（千円）	金融資産純増（千円）
2013年	3.4	523.6	426.1	319.2	74.8
2014年	3.4	519.8	423.5	318.8	78.1
2015年	3.4	525.7	427.3	315.4	85.1
2016年	3.4	527.0	428.7	309.6	92.4
2017年	3.4	533.8	434.4	313.1	97.9
2018年	3.3	558.7	455.1	315.3	123.0

1. 可処分所得を100としたときの金融資産純増の値では，2013年の方が2014年より小さい。
2. 2018年の世帯一人当たりの可処分所得は，14万円を上回っている。
3. 2013年から2018年までの期間で，黒字額（可処分所得－消費支出）が最も小さいのは2017年である。
4. 2013年から2018年までの期間における金融資産純増の平均額は，9万円を下回っている。
5. 2013年から2018年までの期間で，実収入から可処分所得を引いた値は，毎年増加している。

23 **次の資料は，全国の野生鳥獣による本年度の農作物の被害状況をまとめたものである。この資料から判断できることとして，最も妥当なのはどれか。**

全国の野生鳥獣による農作物の被害状況

	被害面積（千ha）	対前年度比	被害量（千t）	対前年度比	被害金額（百万円）	対前年度比
カラス	2.3	88.5%	16.9	80.5%	1,329	93.3%
カモ	0.4	80.0%	1.8	138.5%	450	116.6%
ヒヨドリ	0.8	80.0%	3.4	188.9%	602	196.6%
シカ	33.8	106.0%	360.7	92.0%	5,304	98.0%
イノシシ	5.5	91.7%	31.6	100.3%	4,619	97.6%
サル	1.0	100.0%	4.9	106.5%	860	104.5%
クマ	0.8	114.3%	20.1	100.5%	404	105.6%

1. カモの前年度の被害金額は，ヒヨドリの前年度の被害金額より小さい。
2. 本年度のシカの被害量あたりの被害金額は，前年度より減少している。
3. 本年度の被害面積あたりの被害金額が最も大きいのは，カモである。
4. 本年度の被害量の合計は，前年度より増大している。
5. 前年度の被害量あたりの被害金額は，カラスがカモを上回っている。

24 日本国憲法が定める基本的人権の保障に関する記述として，最も妥当なのはどれか。

1. 思想・良心の自由も他の人権と同様に，内心にとどまる場合であっても，公共の福祉による制限を受ける。
2. 憲法は政教分離原則を採用していることから，国家と宗教は完全に分離しなければならず，一切のかかわりを排除している。
3. 学問の自由の内容は，学問研究の自由，研究発表の自由，義務教育の無償であり，学問的活動や成果の発表などが公権力から干渉されないように保障されている。
4. 憲法は，国籍離脱の自由を認めているが，無国籍者になる自由までは認めておらず，国籍法は，外国籍の取得を日本国籍離脱の要件としている。
5. 選挙権の基本原則のうち，普通選挙の原則は，財力を選挙権の要件としないことであり，平等選挙の原則は，性別を選挙権の要件としないことである。

25 日本の国会に関する記述として，最も妥当なのはどれか。

1. 国会の権限として，法律の議決権や条約の締結，憲法改正の発議権などを有する。
2. 衆議院が解散中に緊急の事態が生じた場合，参議院は緊急集会の開催を請求できる。
3. 会期には，毎年1回召集される常会，臨時の必要に応じて召集される特別会などがある。
4. 予算の審議は衆議院が先議であり，内閣不信任決議権は衆議院のみ認められる。
5. 国会議員には，国会の会期中に逮捕されないという免責特権が認められている。

26 基本的人権の保障に関する記述として，最も妥当なのはどれか。

1. 19世紀以前は，労働者の権利の保障や貧困などの救済を国家に求める社会権が中心であったが，20世紀に入り，個人の自由，平等を保障する自由権が保障されるようになった。
2. アメリカの独立宣言には，「権力の分立が規定されないすべての社会は，憲法をもつものではない」とする記述があり，アメリカの政治体制が厳格な三権分立になる基礎となった。
3. フランス人権宣言には，「すべての人は平等に造られ，造物主によって，一定の奪いがたい天賦の権利を付与され」とする記述があり，世界ではじめて自然権思想を明記した。
4. 人間たるに値する生活を保障する生存権や労働者の団結権などの社会権に分類される権利は，ドイツのワイマール憲法において世界ではじめて規定された。
5. 国連において採択された国際人権規約は，国連のすべての加盟国に対して法的拘束力を持つものであるため，我が国も規約のすべてを批准している。

27 日本の租税に関する記述として，最も妥当なのはどれか。

1. 課税に関しては，国民を代表する国会のみがその権限を持ち，法律の定めが必要である租税法律主義をとっている。
2. 租税は，納税者と税負担者が同一である直接税と，両者が異なる間接税に分類され，所得税や法人税は間接税に分類される。
3. 第二次世界大戦前の日本は直接税の比重が高かったが，戦後のシャウプ勧告を受けて税制を改革し，間接税中心主義に改められた。
4. 経済成長率が低下し税収が伸び悩むとともに，少子高齢化が進行し始めたために安定的な福祉財源を確保する目的として，2000年代に消費税が導入された。
5. 租税の基本原則として，中立であること，公平であること，簡素であることがあげられるが，中立の原則とは，所得が同じであれば租税負担も同じでなければならないということである。

28 2021年に改正された災害対策基本法に関する記述として，最も妥当なのはどれか。

1. 逃げ遅れを防ぐため，「避難勧告・指示」が一本化され，従来の「避難指示」の段階から「避難勧告」を行うこととした。
2. 警戒レベル2は気象庁が発表する「大雨・洪水・高潮注意報」に該当し，避難に時間のかかる高齢者等の要配慮者は立退き避難しなければならない。
3. 警戒レベル1は気象庁が発表する「早期注意情報」であり，居住者は防災気象情報等の最新情報に注意するなどして，災害への心構えを高めなければならない。
4. 「緊急安全確保」になっている警戒レベル5の発令と同時に，危険な場所から全員退避しなければならない。
5. 警戒レベル3は「災害のおそれあり」という状況で発令され，居住者は自らの避難行動を確認しなければならない。

29 主要7か国首脳会議（G7サミット）に関する次の記述で，［　A　］～［　D　］に当てはまる語句の組合せとして，最も妥当なのはどれか。

2021年，新型コロナウイルス感染症の世界的拡大以後，初めて対面で主要7か国首脳会議（G7サミット）がイギリスの［　A　］で開催された。同国［　B　］首相を議長とし，新型コロナウイルス感染症対策，気候変動・自然，開かれた社会などについて議論が行われた。一部には，オーストラリア，南アフリカ共和国，［　C　］が招待国として対面で参加した。また，首脳宣言の中で「［　D　］」を初めて明記し，中国の覇権主義的な行動をけん制した。

	A	B	C	D
1.	コーンウォール	ジョンソン	韓国	台湾
2.	ビアリッツ	ジョンソン	インド	香港
3.	ビアリッツ	メルケル	韓国	香港
4.	コーンウォール	ジョンソン	インド	台湾
5.	ビアリッツ	メルケル	インド	香港

30 2021年に発生した政変に関する記述と国名の組合せとして，最も妥当なのはどれか。

A　2021年2月に軍事クーデターが発生し，政権を率いていたアウン・サン・スー・チー国家顧問兼外務大臣などが拘束された。

B　2021年7月，首都ポルトープランスでジョブネル・モイーズ大統領が暗殺されると，国全土に戒厳令が発令された。

C　2021年8月，駐留していた米軍が撤収を進める中でイスラム原理主義勢力タリバンが支配を拡大し，首都カブールを制圧した。

	A	B	C
1.	ミャンマー	キューバ	アフガニスタン
2.	タイ	キューバ	パキスタン
3.	ミャンマー	ハイチ	アフガニスタン
4.	ミャンマー	キューバ	パキスタン
5.	タイ	ハイチ	アフガニスタン

31 漢の時代に関する記述として，最も妥当なのはどれか。

1. 官吏の登用法として，地方での評判をもとに地方長官に官吏候補者を推薦させる科挙が用いられ，勢力をのばした豪族が科挙を通じて国の政治にも参加するようになった。
2. 武帝は，困窮した国家財政を立て直すために，塩・鉄・酒の専売や，物価を調整しながら利益を得る均輸・平準などの諸政策を実施した。
3. 高祖は，郡県制と封建制を併用する郡国制を採用したが，前154年におきた黄巾の乱鎮圧後は，実質的に郡県制と変わらない中央集権体制を成立させた。
4. 武帝の治世では，大規模な対外戦争が行われ，東方では衛氏朝鮮を滅ぼして朝鮮北部に南越などの4郡をおき，南方では楽浪を滅ぼしてベトナムの一部まで勢力下においた。
5. 秦の滅亡後，楚の名門の出である劉邦と庶民の出である項羽が激しく争い，項羽が劉邦に勝利して中国を統一し，漢王朝をたてた。

32 太平洋戦争後の日本に関する記述として，最も妥当なのはどれか。

1. 1945年12月，労働者の団結権・団体交渉権・争議権を保障する労働基準法が制定され，翌年には，労働委員会による調停などを定めた労働関係調整法が制定された。

2. 敗戦後の日本の統治は，トルーマンを最高司令官とする連合国軍最高司令官総司令部が，日本政府に指令・勧告する間接統治の方法がとられた。
3. GHQは，軍国主義の経済的基盤となった三井・三菱・住友・安田などの財閥の解体を命じ，1947年に独占禁止法や過度経済力集中排除法を制定した。
4. 朝鮮戦争の勃発により，在日アメリカ軍が国連軍の主力として朝鮮に出動した。在日アメリカ軍が朝鮮へ出動すると，治安維持のために自衛隊が創設された。
5. 1946年4月に戦後初の総選挙が行われ，日本自由党が第一党となったが，吉田茂が公職追放で組閣できず，かわりに同党の鳩山一郎が5月に第1次鳩山内閣を組閣した。

33 世界の民族問題に関する記述として，最も妥当なのはどれか。

1. カナダのケベック州では，イタリア語を話す住民が多数を占め，分離独立を求める運動が起きた。
2. イギリスの北アイルランドでは，カトリック系住民とプロテスタント系住民の対立が起きた。
3. コソボでは，セルビア人とクロアチア人，ムスリム人の三者間の対立から内戦がおこり，数多くの犠牲者を出した。
4. ロシア連邦のカレリア共和国では，イスラーム教徒による独立運動が起き，政府軍との間に激しい抗争が起きた。
5. スペインのクルド地方は，民族や言語の相違などからスペイン政府との対立が起きた。

34 次の三字熟語とその意味の組合せとして，最も妥当なのはどれか。

1. 一隻眼　—　偽りのないありのままの状態
2. 不如意　—　思い通りにならないこと
3. 射幸心　—　物事の本当のおもしろさ
4. 下馬評　—　本格的な活動の前にする手始めの行動
5. 半可通　—　物事の筋道を通さないこと

35 「人の実力や権威を疑って軽視すること」の意味を表す故事成語として，最も妥当なのはどれか。

1. 中原に鹿を逐う
2. 杯中の蛇影
3. 愚公山を移す
4. 李下に冠を正さず
5. 鼎の軽重を問う

36 $A = x^2 - 2x + 3$，$B = x^2 + x + 1$ のとき，$2A - 3B$ の計算結果として，最も妥当なのはどれか。

1. $-x^2 - 7x + 7$
2. $-x^2 - 7x + 3$
3. $-x^2 - 7x + 1$
4. $-x^2 - 3x + 7$
5. $-x^2 - 3x + 3$

37 放物線 $y = ax^2 + bx + c\ (a \neq 0)$ の頂点の y 座標として，最も妥当なのはどれか。

1. $\dfrac{b^2 - 4ac}{a}$　2. $\dfrac{b^2 + 4ac}{2a}$　3. $\dfrac{b^2 - 4ac}{4a}$

4. $-\dfrac{b^2 + 4ac}{2a}$　5. $-\dfrac{b^2 - 4ac}{4a}$

38 $0° \leqq \theta \leqq 180°$ とする。$\cos\theta = -\dfrac{1}{3}$ のとき，$\sin\theta$，$\tan\theta$ の値として，最も妥当なのはどれか。

1. $\sin\theta = -\dfrac{2}{3}$，$\tan\theta = -2$
2. $\sin\theta = -\dfrac{2\sqrt{2}}{3}$，$\tan\theta = -2\sqrt{2}$
3. $\sin\theta = \dfrac{2}{3}$，$\tan\theta = 2\sqrt{2}$
4. $\sin\theta = \dfrac{2\sqrt{2}}{3}$，$\tan\theta = -2\sqrt{2}$
5. $\sin\theta = \dfrac{2\sqrt{6}}{3}$，$\tan\theta = 2\sqrt{6}$

39 対象の100人に，２つの提案a，bへの賛否を調べたところ，aに賛成の人は61人，bに賛成の人は54人，aにもbにも賛成の人は49人いた。aにもbにも賛成でない人の数として，最も妥当なのはどれか。

1. 30人　2. 32人　3. 34人　4. 36人　5. 38人

40 滑らかな平面上を東向きに速さ５〔m/s〕で進む質量６〔kg〕の物体がある。この物体に西向きに力を加えたところ，物体の運動は西向きに速さ７〔m/s〕進む運動になった。加えた力積の大きさとして，最も妥当なのはどれか。

1. 64〔N・s〕　2. 68〔N・s〕　3. 72〔N・s〕
4. 76〔N・s〕　5. 80〔N・s〕

41 次の図のように，xy平面上の２点O，Aにそれぞれ$+5.0\times10^{-9}$〔C〕，-5.0×10^{-9}〔C〕の電荷を置いた。OA間の距離は0.60〔m〕である。図の点Bにおける電場の強さとして，最も妥当なのはどれか。ただし，クーロンの法則の比例定数kを9.0×10^{9}〔N・m²/C²〕，$\sqrt{2}=1.41$とする。

1. 3.2×10^{2}〔N/C〕
2. 3.5×10^{2}〔N/C〕
3. 3.8×10^{2}〔N/C〕
4. 4.1×10^{2}〔N/C〕
5. 4.4×10^{2}〔N/C〕

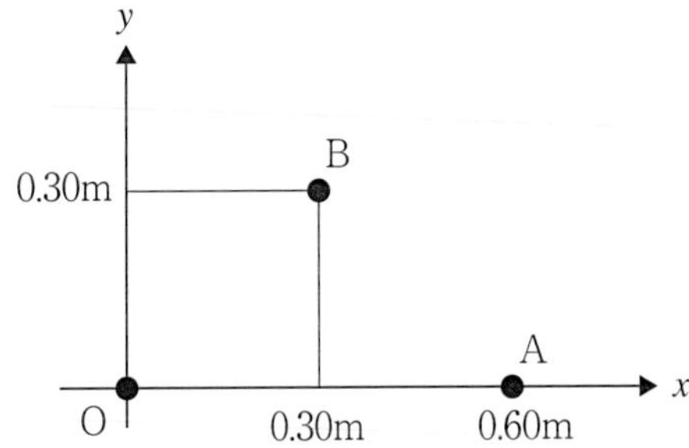

42 27〔℃〕で容積5.0〔L〕の容器に窒素N_2 0.30〔mol〕と酸素O_2 0.10〔mol〕を入れた。混合気体中の窒素の分圧P_{N_2}と酸素の分圧P_{O_2}として，最も妥当なのはどれか。ただし，気体定数を$R = 8.3 \times 10^3$〔Pa・L/(K・mol)〕とする。

1. $P_{N_2} = 3.0 \times 10^4$〔Pa〕，$P_{O_2} = 1.0 \times 10^4$〔Pa〕
2. $P_{N_2} = 6.0 \times 10^4$〔Pa〕，$P_{O_2} = 2.0 \times 10^4$〔Pa〕
3. $P_{N_2} = 9.0 \times 10^4$〔Pa〕，$P_{O_2} = 3.0 \times 10^4$〔Pa〕
4. $P_{N_2} = 1.2 \times 10^5$〔Pa〕，$P_{O_2} = 4.0 \times 10^4$〔Pa〕
5. $P_{N_2} = 1.5 \times 10^5$〔Pa〕，$P_{O_2} = 5.0 \times 10^4$〔Pa〕

43 アルミニウムの単体は面心立方格子（単位格子の頂点と各面に1つずつ原子が存在する）の結晶構造をとる。アルミニウムの結晶の密度として，最も妥当なのはどれか。ただし，単位格子の1辺の長さは4.06×10^{-8}〔cm〕，アルミニウムの原子量は27，アボガドロ定数は6.0×10^{23}/mol，$4.06^3 = 66.8$とする。

1. 2.3〔g/cm³〕　2. 2.5〔g/cm³〕　3. 2.7〔g/cm³〕
4. 2.9〔g/cm³〕　5. 3.1〔g/cm³〕

44 生体膜と物質の出入りに関する記述として，最も妥当なのはどれか。

1. 細胞膜はリン脂質の二重層からなり，リン脂質分子は親水性部分を層の内側に，疎水性部分を層の外側に向けるようにして並んでいる。
2. 細胞膜にモザイク状に存在する膜タンパク質は，その位置を予め固定されているため，膜上を自由に動くことはできない。
3. 隣接した細胞間には，中空の膜貫通タンパク質によって密着結合が形成され，この孔を通って低分子の物質や無機イオンが直接移動できる。
4. アクアポリンは，腎臓の集合管上皮などの細胞の細胞膜に存在する，水分子を通すチャネルである。
5. 動物の細胞内は，Na^+濃度が高く，K^+濃度が低く維持されているが，このイオン濃度の調整を担っているのはナトリウム-カリウムATPアーゼである。

45 刺激を受けていないニューロンの部位（静止部位）で膜の内外に生じる電位差を静止電位という。膜外を基準（0〔mV〕）とするとき，静止電位の値として，最も妥当なのはどれか。

1. －500～－900〔mV〕
2. －50～－90〔mV〕
3. 0〔mV〕
4. 50～90〔mV〕
5. 500～900〔mV〕

解答・解説

1 2

解説 出典は久松達央著『キレイゴトぬきの農業論』。要旨把握問題。「要旨」とは文章全体の中で筆者が言いたいことをまとめたものであり，文章の内容と部分的に合致していても要旨とはいえないので注意すること。

2 2

解説 出典は吉岡友治著『だまされない＜議論力＞』。要旨把握問題。接続詞や指示語に着目し，本文の論理展開を追うことが大切である。具体例や一般論と，筆者の主張を峻別することが必要である。

3 3

解説 出典は原研哉著『デザインのめざめ』。要旨把握問題。一つ一つの選択肢を本文と照らし合わせて，要旨として最も適切なものを選ぶこと。

4 5

解説 出典は津野海太郎著『読書と日本人』。要旨把握問題。「紙の本」「パピルスの本」などのキーワードの本文中での位置づけに注意して，要旨を把握するようにしたい。

5 3

解説 出典は池田清彦著『やぶにらみ科学論』。「カラスは黒い」というメインテーマについて，的確にまとめている選択肢が要旨である。

6 3

解説 会話文の文意は以下の通り。
A「トムと口喧嘩をしたの。私の代わりにトムに電話をしてくれない？私が悪かったと伝えて欲しいの」→B「誰かに何かを頼むときは，礼儀正しく頼むべきだ」→A「わかった。トムに電話をかけてくれませんか？」→B「かまわないよ。きみは厄介な人だな，アン」→A「ご親切に」。
Would you mind～ingは，直訳すると「～していただけませんか？」。その返答として，Certainly notとNot at all「全然気にしません（＝かまいません）」が正しい。

7 2

解説 空所前の文意は，A「疲れているようね。大丈夫？」→B「ひどい風邪をひいているんだ」→A「それはいけないわね」。空所後に「ありがとう」とあることから，空所には，エ「すぐによくなって」が当てはまる。アは「医者にかかってもいいですか？」。イは「どうしたの？」。ウは「はるかに気分がよくなりました」の文意。

8 5

解説 「AというよりはむしろB」は，not so much A as B。1，3，4は，「俳優というよりはむしろ歌手だ」という逆の内容を表す。2は，「俳優というだけでなく，歌手でもある」の意味。

9 5

解説 条件ウ「AとCは同じ結果だった」に着目し，2人の合否で場合分けして考えていく。
（ｉ）AとCが不合格の場合
　条件アより，少なくとも2人が合格しているため，BとDは合格であることが分かる。

以上をまとめると，右のようになる。

A	B	C	D
不	合	不	合

（ⅱ）ＡとＣが合格の場合

条件エより，ＢとＤの少なくとも一方は合格をしているが，どちらが合格しているかは判断できないため，さらにＢとＤの合否に関して場合分けをして考える。

（ⅱ-1）Ｂが合格の場合

条件イより，Ｄも合格していることが分かる。

以上をまとめると，右のようになる。

A	B	C	D
合	合	合	合

（ⅱ-2）Ｄが合格の場合

Ｂは合格，不合格のどちらの場合も考えられる。

以上をまとめると，次の2通りが考えられる。

A	B	C	D
合	合	合	合

A	B	C	D
合	不	合	合

これらより，各選択肢に関して吟味をしていく。

1：誤り。合格者は，２人～４人の場合が考えられるので，確実にはいえない。

2：誤り。（ⅰ）より，Ａは不合格の場合もあるので，確実にはいえない。

3：誤り。（ⅱ-2）より，Ｂは不合格の場合もあるので，確実にはいえない。

4：誤り。（ⅰ）より，Ｃは不合格の場合もあるので確実にはいえない。

5：正しい。いずれの場合であってもＤは合格しているので，確実にいえる。

10　2

解説　与えられた条件を，右の表のように図式化して考えていく。

	1番	2番	3番	4番
人物				
本の種類				
交通手段				

条件カより，Ａは3番目または4番目であることが分かるので，それぞれについて場合分けして考えていく。

（ⅰ）Ａが4番目の場合

条件カより，２番目は詩集，３番目は自転車，４番目はＡとなる。また，条件キより，Ｄは1番目ではなく，次（3番目）の交通手段がバスではないので2番目でもなく，3番目となる。すると，4番目はバスとなる。さらに，条件イ，キより，4番目は絵本でも参考書でもないので，小説となる。ここまでをまとめると右のようになる。

	1番	2番	3番	4番
人物			D	A
本の種類		詩集		小説
交通手段			自転車	バス

ここで，条件エより，「Cより先に小説を返却した人がいる」はずだが，小説は4番目となっているので矛盾する。よって，この場合は不適。

（ii）Aが3番目の場合

条件カより，1番目は詩集，2番目は自転車，3番目はAとなる。また，条件キより，Dは1番目，4番目ではないので2番目となる。すると，3番目はバスとなる。ここまでをまとめると，右のようになる。

	1番	2番	3番	4番
人物		D	A	
本の種類	詩集			
交通手段		自転車	バス	

さらに，条件イより絵本は4番目ではなく，条件ウより2番目でもないので，3番目となる。加えて，条件エより小説は4番目ではないので残った2番目となり，残った参考書は4番目となる。すると，条件エより，Cは1番目ではないので4番目，残りのBが1番目となる。最後に，条件オより，1番目が自動車，4番目が徒歩となる。以上より，右のような表が完成する。

	1番	2番	3番	4番
人物	B	D	A	C
本の種類	詩集	小説	絵本	参考書
交通手段	自動車	自転車	バス	徒歩

したがって，各選択肢の中で確実にいえるのは2.「Bは，1番目に自動車で訪れ，詩集を返却した」である。

11 3

解説 （1回目）コイン90枚を3等分（30枚×3）し，そのうちの2つを天秤ばかりにのせる。天秤ばかりが傾いたときは，上に上がった方の束に偽物が，平行のときは天秤ばかりに乗せなかった束に偽物があることが分かる。よって，偽物はいずれかの束に含まれる30枚に絞られる。

（2回目）1回目に絞り込んだ偽物を含むコイン30枚をさらに3等分（10枚×3）し，1回目と同様の作業をすると，偽物は10枚に絞られる。

（3回目）2回目に絞り込んだ偽物を含むコイン10枚を（3枚，3枚，4枚）と分け，3枚の束どうしを天秤にのせる。天秤ばかりが傾いたときは上に上がった方の束に偽物があることが分かり，平行のときは天秤ばかりに乗せなかった4枚の束に偽物があることが分かる。このような場合は，偶然が作用して少ない回数で偽物が見つかる可能性を排除するため，最も偽物が多く残る場合を考え，4枚に絞ったことにする。

(4回目）3回目に絞り込んだ偽物を含むコイン4枚を（2枚，1枚，1枚）に分け，1枚どうしを天秤ばかりにのせる。天秤ばかりが傾いたときは，上に上がった方のコインが偽物と分かるが，これも偶然が作用して少ない回数で偽物が見つかる可能性を排除するため，天秤は平行になり，残った2枚の中に偽物があると考える。

(5回目）残ったコイン2枚を（1枚，1枚）に分け，上に上がった方が偽物のコインであることが確実にわかる。

別解　上記より，毎回コインを3グループに分け，そのうち2グループを比較することで，偽物を含む1グループに絞っていく操作を繰り返している。これは，コインの総数xを3で割り，その商をさらに3で割る計算を，商が1になるまで繰り返していることに相当する（本問の5回目のように，商が2の場合は2で割る）。したがって，最少の回数をnとすると，$3^{n-1} < x \leqq 3^n$という不等式を満たすnを求めればよい，と考えると便利である。本問の場合，$x = 90$より，$3^{n-1} < 90 \leqq 3^n$となり，$3^4 = 81$，$3^5 = 243$より，$n = 5$と求まる。

12　2

解説　夏，冬が好きな人，および好きでない人について，次のようなベン図を用いて考える。ただし，それぞれの領域は以下の集合を表している。

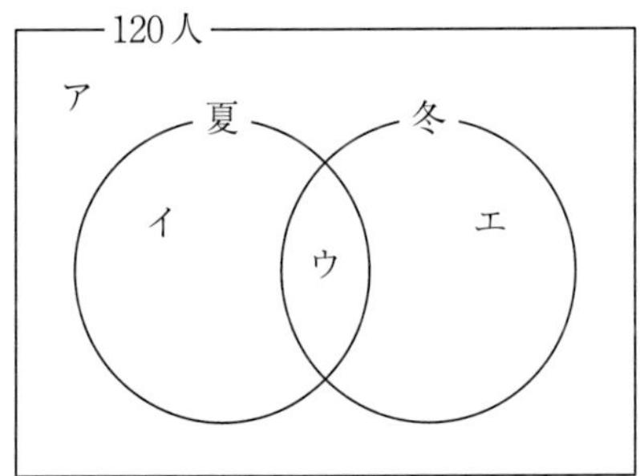

ア　夏も冬も好きでない人
イ　夏が好きで冬が好きでない人
ウ　夏と冬の両方が好きな人
エ　夏が好きでなくて冬が好きな人

与えられた条件より，イ＋ウ＝80…①，ウ＋エ＝48…②，イ＝ウ×3…③
ここで，③を①に代入して整理すると，ウ＝20
これを①，②に代入して整理すると，イ＝60，エ＝28
ア＋イ＋ウ＋エ＝120より，（ア）夏も冬も好きでない人の人数は，
ア＝120－（イ＋ウ＋エ）＝120－(60＋20＋28)＝12〔人〕

13 4

解説 球を切断する場合，どのように切断しても切断面は円となるので，選択肢1〜3は不適である。また直円錐を切断する場合，下図①のように底面を含まない平面で切断すると楕円ができ，下図②のように底面を含む平面で切断すると放物線ができる。

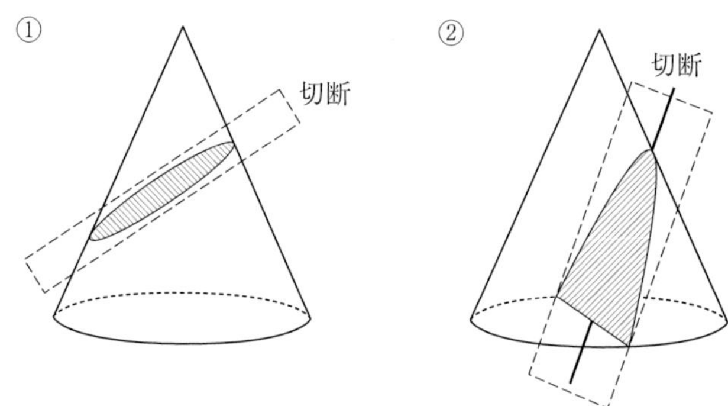

よって，考えられる切断面は選択肢4だけである。

14 3

解説 例えば，最も交点の数が少ない選択肢1について検討する。すべての交点を●で記すと，右図のように点Pからすべての交点を1回ずつ通って再び点Pに戻る経路が存在する。その経路は，点Pからいったん1番下の道まで下がり，次に右端まで進み，次に下から2番目の道へ上がり，次に左から2番目の交点まで進み，次に下から3番目の道へ上がり，次に右端まで進み，次に1番上の道へ上がり，最後に左端まで進む，というものである。

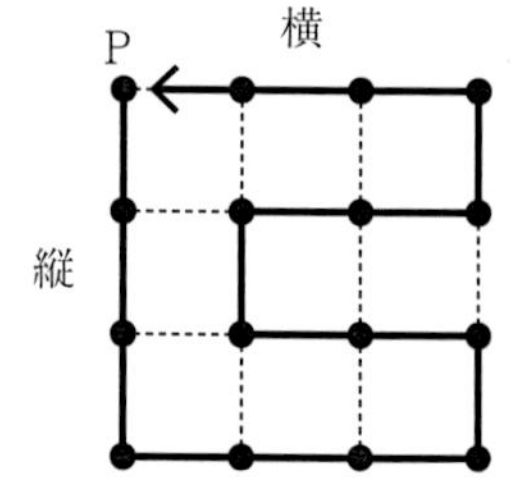

これと同じパターンで題意を満たす経路が存在するか，それぞれの選択肢で検討すると，横方向の交点の数は，決まりがないと考えられる。一方，縦方向の交点の数は，例えば3個では点Pまで戻れないが，上図のように4個であれば点Pまで戻ることができる。つまり，縦方向の交点の数は偶数個でなければならないと考えられる。

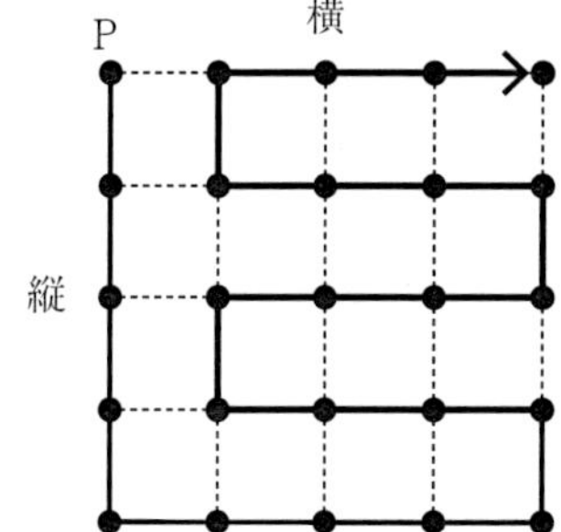

それぞれの選択肢の道について，縦方向の交点の数を調べると，選択肢2は4個，選択肢3は5個，選択肢4と5は6個である。よって，題意を満たす経路が存在しないのは，選択肢3となる。

15　3

解説

（ⅰ）1回目にすれ違う時間

2人の速さを足した速さで池を一周すると考えると，2人が1回目にすれ違うのは，$1400 \div (120 + 80) = 7$〔分後〕

（ⅱ）2回目にすれ違う時間

2人が2回目にすれ違うのを，2人が1回目にすれ違ってからx分後とすると，Aはx分間移動したが，Bは5分休むため$x - 5$〔分間〕移動するので，$80x + 120(x - 5) = 1400$より，$x = 10$〔分後〕

（ⅲ）3回目にすれ違う時間

2人が3回目にすれ違うのは，2回目と同様に考えればよいので，2人が2回目に出会ってから，10分後

（ⅰ）～（ⅲ）より，3回目のすれ違いが起こるのは，出発してから$7 + 10 + 10 = 27$〔分後〕である。

16　4

解説　5進法で表された$4ab$を10進法で表すと

$4ab_{(5)} = 4 \times 5^2 + a \times 5^1 + b \times 5^0 = 100 + 5a + b$　…①

6進法で表された$b5a$を10進法で表すと

$b5a_{(6)} = b \times 6^2 + 5 \times 6^1 + a \times 6^0 = 30 + a + 36b$　…②

ただし，それぞれの範囲は$0 \leqq a \leqq 9$，$1 \leqq b \leqq 9$　…③である。
①，②は同じ数値を表すので，

$100 + 5a + b = 30 + a + 36b$

整理して$4a = 35(b - 2)$　…④
ここで，③の範囲で④を満たすa，bの値の組合せは，$a = 0$，$b = 2$だけである。
よって，これらを①の10進法の式に代入すると，

$100 + 5 \times 0 + 2 = 102_{(10)}$

これを8進法で表すと，

$102_{(10)} = 1 \times 8^2 + 4 \times 8 + 6$より，$146_{(8)}$

17 4

解説「3で割ると1余る数」は，

1, 4, 7, 10, 13, 16, 19, 22, 25, 28, 31, 34, 37, 40, 43, 46, 49, 52, 55, 58, 61, 64…

「4で割り切れる数」は，

4, 8, 12, 16, 20, 24, 28, 32, 36, 40, 44, 48, 52, 56, 60, 64…

「5で割ると2余る数」は，

2, 7, 12, 17, 22, 27, 32, 37, 42, 47, 52, 57, 62…

よって，これらをすべて満たす最小の数は，52である。

ここで，これらの条件を満たす数値は，3と4と5の最小公倍数60ごとに52以降は増加していくので，1から300までの整数には「52, 112, 172, 232, 292」がある。

したがって，これらをすべて足し合わせた値は，$52 + 112 + 172 + 232 + 292 = 860$である。

18 1

解説大人1人の1時間の作業量をa〔/人・時間〕とすると，
全体の作業量は$4 \times a \times 3 = 12a$　…①と表せる。
また，子供1人の1時間の作業量をb〔/人・時間〕とすると，
全体の作業量は$6 \times b \times 8 = 48b$　…②と表せる。
全体の仕事量は等しいので，①＝②が成り立つ。
よって，$12a = 48b$より，$a = 4b$　…③
したがって，大人3人，子ども4人で草刈りをしたとき，すべての作業が終了

するまでの時間をx〔時間〕とすると，全体の作業量は②を用いて，

$(3 \times a \times x) + (4 \times b \times x) = 48b$

これに③を代入すると，

$(3 \times 4b \times x) + (4 \times b \times x) = 48b$

$12bx + 4bx = 48b$

$x = 3$〔時間〕となる。

19　**3**

解説　1：誤り。$\begin{pmatrix}\text{2010年～2015年}\\\text{の人口増加率}\end{pmatrix} = \dfrac{(\text{2015年の人口}) - (\text{2010年の人口})}{(\text{2010年の人口})} \times 100 = \left\{\dfrac{(\text{2015年の人口})}{(\text{2010年の人口})} - 1\right\} \times 100$より，$(\text{2015年の人口}) = (\text{2010年の人口}) \times \dfrac{\begin{pmatrix}\text{2010年～2015年}\\\text{の人口増加率}\end{pmatrix} + 100}{100}$と表せる。したがって，2015年の世界人口は，$6{,}957 \times \dfrac{106.1}{100} \fallingdotseq 7{,}381$〔百万人〕$\fallingdotseq 74$〔億人〕なので，75億人を超えていない。なお，$(\text{2020年の人口}) = (\text{2015年の人口}) \times \dfrac{\begin{pmatrix}\text{2010年～2015年}\\\text{の人口増加率}\end{pmatrix} + 100}{100}$と表せるので，2020年の世界人口は，$7381 \times \dfrac{105.6}{100} \fallingdotseq 7794$〔百万人〕$\fallingdotseq 78$〔億人〕なので，80億人を超えていない。　2：誤り。$(\text{2020年の人口}) = (\text{2010年の人口}) \times \dfrac{\begin{pmatrix}\text{2010年～2015年}\\\text{の人口増加率}\end{pmatrix} + 100}{100} \times \dfrac{\begin{pmatrix}\text{2015年～2020年}\\\text{の人口増加率}\end{pmatrix} + 100}{100}$と表せるので，2020年の中国の人口は，$1{,}369 \times \dfrac{102.8}{100} \times \dfrac{102.3}{100} \fallingdotseq 1{,}439.7$〔百万人〕である。よって，2010年の世界の人口に占める中国の人口割合が，$\dfrac{1{,}369}{6{,}957} \times 100 \fallingdotseq 19.7$〔%〕に対し，2020年の世界の人口に占める中国の人口割合は，$\dfrac{1{,}439.7}{7{,}794} \times 100 \fallingdotseq 18.5$〔%〕なので，2010年度に比べて2020年の世界の人口に占める中国の人口割合は減少している。　3：正しい。中国とインド以外の国は，これらの２か国に比べて2010年の人口が圧倒的に少ないため，人口増加数がこれらの２か国を超えることはあり得ない。よって，中国とインドだけを比較していけばよい。中国の2010年から2020年の人口増加数は，$1{,}439.7 - 1{,}369 = 70.7$〔百万人〕で

ある。一方，インドの2010年から2020年の人口増加数は，$1{,}234 \times \frac{106.1}{100} \times \frac{105.3}{100} - 1{,}234 \fallingdotseq 144.7$〔百万人〕である。よって，2010年に比べて2020年の人口が最も増えた国はインドである。　4：誤り。2015年の世界の人口に占める中国とインドの2か国を合わせた人口割合は，$\frac{1{,}369 \times \frac{102.8}{100} + 1{,}234 \times \frac{106.1}{100}}{7{,}381} \times 100 \fallingdotseq 36.8$〔%〕より，45%を超えていない。　5：誤り。2010年のブラジルの人口を100とすると，2015年のブラジルの人口は，$100 \times \frac{104.5}{100} = 104.5$，2020年のブラジルの人口は，$104.5 \times \frac{104.0}{100} = 108.7$である。なお，2010年のアメリカの人口は，$100 \times \frac{309}{196} \fallingdotseq 157.7$より，150を超えている。

20 5

解説 1：誤り。消防団員数は年々減っているが，$1{,}330{,}995 \div 2 = 665{,}497.5$より，令和2年は昭和40年の半分以下にはなっていない。　2：誤り。平成12年の女性消防団員数は，$951{,}069 \times \frac{1.1}{100} \fallingdotseq 10{,}462$〔人〕，令和2年の女性消防団員数は，$818{,}478 \times \frac{3.3}{100} \fallingdotseq 27{,}010$〔人〕なので，$27{,}010 - 10{,}462 = 16{,}548$〔人〕より，20000人も増えていない。　3：誤り。20～29歳の消防団員数は，昭和40年が$1{,}330{,}995 \times \frac{42.7}{100} \fallingdotseq 568{,}335$〔人〕，昭和60年が$1{,}033{,}376 \times \frac{29.5}{100} \fallingdotseq 304{,}846$〔人〕，令和2年が$818{,}478 \times \frac{11.8}{100} \fallingdotseq 96{,}580$〔人〕なので，昭和40年から昭和60年にかけて減った人数は$568{,}335 - 304{,}846 = 263{,}489$〔人〕，昭和60年から令和2年にかけて減った人数は$304{,}846 - 96{,}580 = 208{,}266$〔人〕である。一方，30～39歳の消防団員数は，昭和60年が$1{,}033{,}376 \times \frac{47.3}{100} \fallingdotseq 488{,}787$〔人〕，令和2年が$818{,}478 \times \frac{31.4}{100} \fallingdotseq 257{,}002$〔人〕なので，昭和60年から令和2年にかけて減った人数は$488{,}787 - 257{,}002 = 231{,}785$〔人〕であり，これは20～29歳を上回っている。　4：誤り。令和2年の女性比率，年齢構成比率は示されているが，30～49歳の女性消防団員の比率はこの表からは読み取れない。　5：正しい。令和2年の29歳以下の消防団員数は，$818{,}478 \times$

$\frac{11.8+0.4}{100}$ ≒ 99,854〔人〕であり，昭和40年の29歳以下の消防団員数は，$1{,}330{,}995 \times \frac{42.7+2.7}{100}$ ≒ 604,272〔人〕なので，604,272 − 99,854 = 504,418〔人〕より，450,000人以上減っている。

21 5

解説 ア　誤り。平成17の世帯人数は $\frac{5{,}276+9{,}434+2{,}192}{6{,}784}$ ≒ 2.5〔人〕，平成22の世帯人数は $\frac{5{,}262+8{,}465+1{,}790}{6{,}468}$ ≒ 2.4〔人〕，平成27の世帯人数は $\frac{5{,}564+7{,}247+1{,}693}{6{,}250}$ ≒ 2.3〔人〕より，2人を下回った年はない。　イ　正しい。総人口は年々減少しているのに対して，65歳以上の割合は平成22年を除き年々増加しているので，その他の年の総人口に占める65歳以上の割合は増加している。また，平成22年の総人口に占める65歳以上の割合は $\frac{5{,}262}{5{,}262+8{,}465+1{,}790} \times 100$ ≒ 33.9〔%〕，平成17年は $\frac{5{,}276}{5{,}276+9{,}434+2{,}192} \times 100$ ≒ 31.2〔%〕なので，平成22年も増加している。よって，総人口に占める65歳以上の割合は，調査年のたびに増加している。　ウ　誤り。各年の総人口に占める15歳未満の割合を見ていくと，昭和60年は $\frac{4{,}111}{3{,}664+11{,}900+4{,}111} \times 100$ ≒ 20.9〔%〕，平成2年は $\frac{3{,}630}{4{,}099+11{,}361+3{,}630} \times 100$ ≒ 19〔%〕，平成7年は $\frac{3{,}082}{4{,}638+10{,}647+3{,}082} \times 100$ ≒ 16.8〔%〕，平成12年は $\frac{2{,}606}{5{,}122+10{,}308+2{,}606} \times 100$ ≒ 14.4〔%〕，平成17年は $\frac{2{,}192}{5{,}276+9{,}434+2{,}192} \times 100$ ≒ 13.0〔%〕，平成22年は $\frac{1{,}790}{5{,}262+8{,}465+1{,}790} \times 100$ ≒ 11.5〔%〕，平成27年は $\frac{1{,}693}{5{,}564+7{,}247+1{,}693} \times 100$ ≒ 11.7〔%〕となる。したがって，平成22年から平成27年では増加している。

22 1

解説 1：正しい。可処分所得を100としたときの2013年の金融資産純増の値は，$\frac{74.8}{426.1} \times 100$ ≒ 17.6，2014年の金融資産純増の値は，$\frac{78.1}{423.5} \times 100$ ≒ 18.4より，2013年の方が2014年より小さい。　2：誤り。2018年の世帯一人当たりの可処分所得は，455.1 ÷ 3.3 ≒ 138〔千円〕= 13.8〔万円〕なので，14万円を下回っている。　3：誤り。それぞれの年の黒字額は，2013年は426.1 − 319.2 = 106.9〔千円〕，2014年は423.5 − 318.8 = 104.7〔千円〕，2015年は427.3 − 315.4 = 111.9〔千円〕，2016年は428.7 − 309.6 = 119.1〔千円〕，2017年は434.4 − 313.1 = 121.3〔千円〕，2018年は455.1 − 315.3 = 139.8〔千円〕 より，黒字額が最も小さいのは2014年である。　4：誤り。2013年から2018年までの期間における金融資産純増の平均額は，$\frac{74.8 + 78.1 + 85.1 + 92.4 + 97.9 + 123.0}{6}$ ≒ 91.9〔千円〕= 9.19〔万円〕より，9万円を上回っている。　5：誤り。各年の実収入から可処分所得を引いた値は，2013年は523.6 − 426.1 = 97.5〔千円〕，2014年は519.8 − 423.5 = 96.3〔千円〕，2015年は525.7 − 427.3 = 98.4〔千円〕，2016年は527.0 − 428.7 = 98.3〔千円〕，2017年は533.8 − 434.4 = 99.4〔千円〕，2018年は558.7 − 455.1 = 103.6〔千円〕 より，2013年から2014年，2015年から2016年は減少しているので，毎年増加しているわけではない。

23　3

解説　1：誤り。(対前年度比) = $\frac{本年度の値}{前年度の値}$ × 100より，(前年度の値) = (本年度の値) × $\frac{100}{対前年度比}$ と表せる。したがって，カモの前年度の被害金額は，450 × $\frac{100}{116.6}$ ≒ 385.9〔百万円〕，ヒヨドリの前年度の被害金額は，602 × $\frac{100}{196.6}$ ≒ 306.2〔百万円〕 よって，カモの前年度の被害金額は，ヒヨドリの前年度の被害金額より大きい。　2：誤り。本年度のシカの被害量あたりの被害金額は，5,304 ÷ 360.7 ≒ 14.7〔百万円〕，前年度のシカの被害量あたりの被害金額は，$\left(5{,}304 \times \frac{100}{98.0}\right) \div \left(360.7 \times \frac{100}{92.0}\right)$ ≒ 13.8〔百万円〕 よって，本年度の被害量あたりの被害金額は，前年度より増加している。　3：正しい。各野生鳥獣の本年度の被害面積あたりの被害金額は，カラスは1,329 ÷ 2.3 ≒ 577.8〔百万円〕，カモは450 ÷ 0.4 = 1,125〔百万円〕，ヒヨドリは602 ÷ 0.8 = 752.5〔百万円〕，シカは5,304 ÷ 33.8 ≒ 156.9〔百万円〕，イノシシは4,619 ÷ 5.5 ≒ 839.8〔百万円〕，サルは860 ÷ 1.0 ≒ 860.0〔百万円〕，クマは404 ÷ 0.8 = 505〔百万円〕 よって，本年度の被害面積あたりの被害金額は，カモが最も大きい。　4：誤り。野生鳥獣ごとに被害量を見てみると，シカの被害量が他の野生鳥獣に比べて圧倒的に多い。このシカの被害量が前年度比で減少しているため，被害量の合計も前年度より減少しているといえる。　5：誤り。カラスの前年度の被害量あたりの被害金額は，$\left(1{,}329 \times \frac{100}{93.3}\right) \div \left(16.9 \times \frac{100}{80.5}\right) \fallingdotseq 67.9$〔百万円〕，カモの前年度の被害量あたりの被害金額は，$\left(450 \times \frac{100}{116.6}\right) \div \left(1.8 \times \frac{100}{138.5}\right) \fallingdotseq 297.0$〔百万円〕　よって，前年度の被害量あたりの被害金額は，カラスはカモを下回っている。

24　4

解説　1：「内心にとどまる場合であっても，公共の福祉による制限を受ける」という部分が誤りである。　2：「一切のかかわりを排除している」という部分が誤りである。　3：「義務教育の無償」については，26条第2項に明記されている。　4：正しい。　5：「普通選挙」は，財産や性別などに関係がなく，一定の年齢に達した人全員に選挙権を認める制度である。「平等選挙」は，投票の価値をすべて平等に取扱う制度のことである。

25　4

解説　1：条約の締結は内閣の仕事である。国会はその条約を承認するかどうかを決める。　2：憲法54条第2項に「内閣は，国に緊急の必要があるときは，参議院の緊急集会を求めることができる」と明記されている。　3：「臨時会」の説明である。特別会（特別国会）は衆議院の総選挙の後に開催され，主な議題は内閣総理大臣の指名である。　4：正しい。　5：免責特権ではなく，「不逮捕特権」である。

26　4

解説　1：社会権と自由権の説明が反対である。王などの支配からの解放を求めて自由権の獲得に動き，その後，保障などの社会権を求めたのである。2：フランス人権宣言に明記されている内容である。　3：アメリカ独立宣言に明記されている内容である。　4：正しい。　5：「すべて」という部分が誤り。確かに批准はしているが，一部保留にしている部分もある。

27 1

解説 1：正しい。　2：間接税の代表的なものは消費税である。所得税や法人税は直接税に分類される。　3：「間接税中心主義」ではなく「直接税中心主義」である。　4：「2000年代」が誤りである。消費税は1989年から開始され，最初は3％であった。　5：公平の原則についての説明である。「中立の原則」は，税制が個人や企業の経済活動における選択を歪めないようにする原則である。

28 3

解説 1：「避難勧告」に一本化されたのではなく，「避難指示」に一本化された。　2：高齢者等の立退き避難はレベル3である。　3：正しい。　4：「同時に」という言い回しが誤りである。退避については，レベル4までに必ずしなければならない。　5：警戒レベル3は避難の準備をしなければならない段階であり，高齢者以外であっても，危険を感じたら自主的に非難をしなければならない。

29 1

解説 時事問題である。日々新聞や時事関連の雑誌などを手がかりにして，近年どのような出来事が起こったのかを確認しておくとよい。　A：イギリスの都市を確認しておくこと。　B：首相や大統領については，試験を受けている時とは異なる人物である可能性もあるので，当時の人物を確認しておくことが重要である。　C：招待国は重要な国である証明であるので，確認しておきたい。　D：直後の「中国の覇権主義的な行動をけん制した」が手がかりとなる。

30 3

解説 時事問題である。「いつ・どこで・だれが・どうした」という四要素を意識しながら確認していくとよい。　A：「アウン・サン・スー・チー国家顧問兼外務大臣」が手がかりとなる。　B：「首都」と「大統領が暗殺」という出来事が手がかりとなる。　C：「駐留していた米軍」，「支配を拡大」，「首都制圧」が手がかりである。

31 2

解説 1：科挙は隋の時代から開始された制度である。また，郷挙里選は，前漢の武帝のときに制定されたものである。後漢にも継承された。　2：正しい。　3：黄巾の乱ではなく，呉楚七国の乱である。　4：南越と楽浪が反対である。朝鮮に置いたのが楽浪であり，南方で滅ぼしたのが南越である。　5：「項羽が劉邦に勝利」が誤り。「劉邦が項羽に勝利した」のである。

32 3

解説 1：労働組合法についての説明である。労働基準法は1947年に公布・施行された。労働関係調整法は1946年に公布された。　2：最高司令官はマッカーサーである。トルーマンはアメリカ大統領である。　3：正しい。　4：自衛隊ではなく警察予備隊である。警察予備隊→保安隊→自衛隊という流れである。　5：鳩山一郎が公職追放となり，吉田茂が組閣した。

33 2

解説 1：「イタリア語」ではなく「フランス語」である。ケベックは，1608年にフランス人植民者建設した場所である。　2：正しい。　3：セルビア人とアルバニア人である。　4：カレリア共和国は1991年より共和国として存在している。　5：カタルーニャ州である。言語や風習に関して，フランス文化の影響が強い。

34 2

解説 1：「一隻眼」は，ものを見抜く独特の批評眼。　3：「射幸心」は，思いがけない利益や幸運を望む心。　4：「下馬評」は，噂や評判。　5：「半可通」は，よく知らないのに知ったふりをすること。

35 5

解説 1：「中元に鹿を逐う」は，重要なものを得るために競争することのたとえ。　2：「杯中の蛇影」は，疑えば何でもないことまで神経を悩ます種になることのたとえ。　3：「愚公山を移す」は，努力を続ければ，やがて成功することのたとえ。　4：「李下に冠を正さず」は，自分の行動は常に用心深くし，疑われるようなことをしてはならないことのたとえ。

36 2

解説

$$2A-3B=2(x^2-2x+3)-3(x^2+x+1)$$
$$=2x^2-4x+6-3x^2-3x-3$$
$$=-x^2-7x+3$$

37 5

解説 与式を平方完成すると，

$$y=ax^2+bx+c=a\left(x^2+\frac{b}{a}x\right)+c=a\left(x+\frac{b}{2a}\right)^2-\frac{b^2}{4a}+c=a\left(x+\frac{b}{2a}\right)^2-\frac{b^2-4ac}{4a}$$

したがって，頂点のy座標は，$-\frac{b^2-4ac}{4a}$である。

38 4

解説 $\cos\theta=-\frac{1}{3}$より，θの範囲は$90°\leqq\theta\leqq180°$ …①であることが分かる。

ここで，三角比の相互関係より，$\sin^2\theta+\cos^2\theta=1$が成り立つので，$\cos\theta=-\frac{1}{3}$を代入すると，$\sin^2\theta+\frac{1}{9}=1$　整理すると$\sin^2\theta=\frac{8}{9}$

ここで①より，$\sin\theta\geqq0$なので，$\sin\theta=\frac{2\sqrt{2}}{3}$

また，①より$\tan\theta\leqq0$なので，$\tan\theta=\frac{\sin\theta}{\cos\theta}=\frac{\frac{2\sqrt{2}}{3}}{-\frac{1}{3}}=-2\sqrt{2}$

39 3

解説 提案a，bへの賛否について，「aに賛成」，「bに賛成」という2つの集合について，右のベン図を作成して考える。なおそれぞれの領域を①～④とし，①は「aにもbにも賛成でない人」，②は「aに賛成で，bに賛成でない人」，③は「aにもbにも賛成な

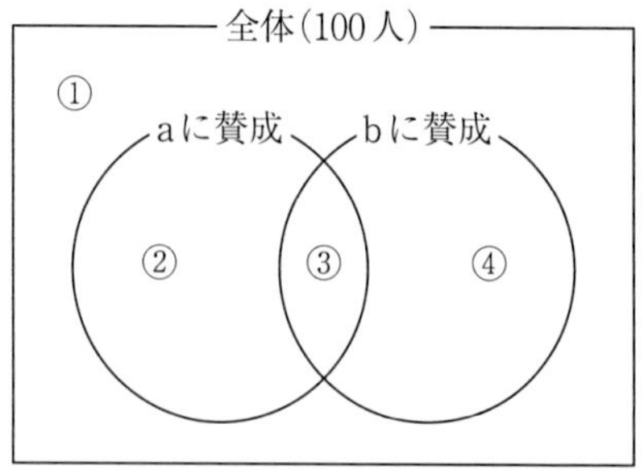

人」，④は「aに賛成でなく，bに賛成な人」を表している。
ここで題意より，①＋②＋③＋④＝100，②＋③＝61，③＋④＝54，③＝49
よって，④＝54－49＝5，②＝61－49＝12
以上より，求める「aにもbにも賛成でない人（①）」の数は，100－12－49－5＝34〔人〕

40　3

解説 物体の勢いを表す運動量p〔N･s〕は，物体の質量をm〔kg〕，速度をv〔m/s〕とすると，$p=mv$で与えられる。
東向きを正の方向とすると，東向きに速さ5m/sで進む質量6kgの物体の運動量p_1は，速度が5km/sなので$p_1=6\times5=30$〔N･s〕となる。次に，この物体に西向きに力を加えた後，物体は西向きに速さ7m/sで進むようになったので，このときの運動量p_2は，質量は変わらず速度が－7km/sなので，$p_2=6\times(-7)=-42$〔N･s〕となる。
ここで，運動量と力積の関係より，物体が受けた力積の大きさは，その物体の運動量の変化に等しいので，この物体に加えた力積は，$p_2-p_1=-42-30=-72$〔N･s〕となる。考えているのは力積の大きさであり，向きは考慮しないので，求める力積の大きさは72〔N･s〕となる。

41　2

解説 ある点電荷の電気量の大きさをQ〔C〕，距離をr〔m〕，クーロンの比例定数をk〔N･m²/C²〕，点電荷がつくる電場の強さをEとすると，$E=k\dfrac{|Q|}{r^2}$〔N/C〕の関係が成り立つ。電場とは，ある＋1Cの正電荷を置いたとき，これが受ける静電気力の大きさのことである。

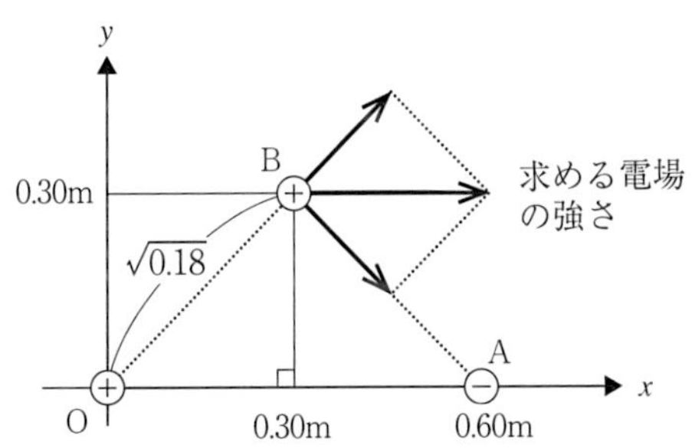

右図のように，点Bに＋1Cの正電荷を置き，これが受ける電場の強さを考える。まず，点Oには$Q_O=+5.0\times10^{-9}$〔C〕の正電荷があるが，どちらも正電荷なので斥力がはたらき，電場の向きは右上方向となる。また，三平方の定理より，OB間の距

離r_{OB}は$r_{OB} = \sqrt{0.30^2 + 0.30^2} = \sqrt{0.18}$〔m〕となるので，電場の強さEOBは EOB $= k\dfrac{|Q_O|}{r_{OB}^2} = 9.0 \times 109 \times \dfrac{|+5.0 \times 10^{-9}|}{(\sqrt{0.18})^2} = \dfrac{45}{0.18} = 250$〔N/C〕 …①となる。同様に，点Aには$Q_A = -5.0 \times 10^{-9}$〔C〕の負電荷があるが，これは点Bにある＋1Cの正電荷とは反対符号なので引力がはたらき，電場の向きは右下方向となる。また，AB間の距離r_{AB}はOB間と等しく$r_{AB} = \sqrt{0.18}$〔m〕となるので，電場の強さE_{AB}は$E_{AB} = k\dfrac{|Q_A|}{r_{AB}^2} = 9.0 \times 10^9 \times \dfrac{|-5.0 \times 10^{-9}|}{(\sqrt{0.18})^2} = \dfrac{45}{0.18} = 250$〔N/C〕 …②となる。

求める電場の強さは，①②の2つを合成した右方向の電場となるので，その強さは$\sqrt{E_{OB}{}^2 + E_{AB}{}^2} = \sqrt{250^2 + 250^2} = \sqrt{62500 + 62500} = \sqrt{125000} = 250\sqrt{2} = 250 \times 1.41 = 352.5 \fallingdotseq 3.5 \times 102$〔N/C〕となる。

42 5

解説 気体の圧力（分圧）をP〔Pa〕，体積をV〔L〕，物質量をn〔mol〕，気体定数をR〔Pa・L/(K・mol)〕，絶対温度をT〔K〕とすると，気体の状態方程式より，$PV = nRT$の関係が成り立つ。これを用いて，混合気体中の窒素の分圧P_{N_2}を求めると，$T = 273 + 27 = 300$〔K〕，$V = 5.0$〔L〕，$n_{N_2} = 0.30$〔mol〕，気体定数は8.3×10^3〔Pa・L/(K・mol)〕なので，$P_{N_2} = \dfrac{n_{N_2}RT}{V} = \dfrac{0.30 \times (8.3 \times 10^3) \times 300}{5.0} = 149400 \fallingdotseq 1.5 \times 10^5$〔Pa〕となる。同様に，窒素の分圧$P_{O_2}$を求めると，条件が異なるのは物質量$n_{O_2} = 0.10$〔mol〕であり，これは窒素の$\dfrac{1}{3}$倍なので，$P_{O_2} = \dfrac{1}{3}P_{N_2} = \dfrac{1}{3} \times 149400 = 49800 \fallingdotseq 5.0 \times 10^4$〔Pa〕となる。

43 3

解説 アルミニウムAlの原子量27に単位g/molをつけたものが，モル質量27〔g/mol〕となる。これは，Al原子がアボガドロ定数6.0×10^{23}〔/mol〕だけ集まったときの質量を表すので，Al原子1個の質量mは，$m = \dfrac{27}{6.0 \times 10^{23}}$〔g〕 …①と表せる。

また，Alの単体がつくる面心立方格子の単位格子は，題意より「頂点と各面に1つずつ原子が存在する」ので，下図のように立方体の8つの頂点に1個ずつ，6つの面に1個ずつ位置する。ここで，立方体の頂点に位置するAl原子は8つの立方体に含まれ，それぞれ$\frac{1}{8}$個と数えるので，頂点に位置するAl原子の数は$\frac{1}{8}\times 8 = 1$〔個〕となる。また，立方体の面上に位置するAl原子は2つの立方体に含まれ，それぞれ$\frac{1}{2}$個と数えるので，面上に位置するAl原子の数は$\frac{1}{2}\times 6 = 3$〔個〕となる。したがって，単位格子1つあたりに含まれるAl原子の数は$1 + 3 = 4$〔個〕となる。よって，Al原子1個の質量mを4倍すると，単位格子1つあたりの質量となる。

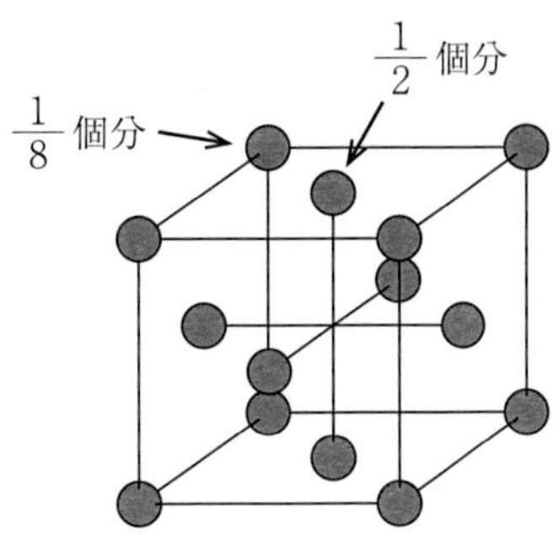

さらに，単位格子の1辺の長さは4.06×10^{-8}〔cm〕なので，体積は$(4.06\times 10^{-8})^3$〔cm〕より，単位格子の密度は，$\dfrac{m\times 4}{(4.06\times 10^{-8})^3}$　…②となる。Alの結晶は単位格子が規則正しく並んだものなので，これらの密度は等しい。よって，求める密度は②に①を代入して，

$$\frac{\frac{27}{6.0\times 10^{23}}\times 4}{(4.06\times 10^{-8})^3} = \frac{27\times 4}{(6.0\times 10^{23})\times 66.8\times 10^{-24}} \fallingdotseq 2.7\ 〔\mathrm{g/cm^3}〕$$となる。

44　4

解説　1：誤り。脂質二重膜を構成するリン脂質分子は，親水性部分を層の外側に，疎水性部分を層の内側に向けている。　2：誤り。膜タンパク質は膜上を自由に動くことができる。　3：誤り。消化管の内腔などで密着結合を形成している細胞同士は，低分子の物質も通過できないほど強く結合している。　4：正しい。　5：誤り。動物の細胞内では，通常はNa^+濃度が低く，K^+濃度が高く維持されている。

45　2

解説　一般に，静止電位は膜外を0mVとすると，－50～－90mVになっている。ニューロンは，膜内のK^+の一部が細胞外にもれているため，膜内が負に帯電している。一方，刺激を受けたニューロンでは，膜内外での電位が逆転する。

令和4年度　第2回実施問題

1　次の文章を読んで，以下の問に答えなさい。

※本文略（題材は，『感情の正体—発達心理学で気持ちをマネジメントする』渡辺弥生　著）

問　この文章の要旨として，最も妥当なのはどれか。

1. 道徳的な感情が社会において重視されているのは，この感情が認識や行動に大きな影響を及ぼすからである。
2. いじめがなくならない原因は，本来人間が持っていなくてはならない他人への感謝や慈悲といった気持ちが失われてしまったからである。
3. たとえば優先座席の前に立っている高齢者がいれば，速やかに座席を譲ることができるような人間を育てることが，道徳教育の本来の目的である。
4. 今までの道徳教育では，とにかく高齢者に席を譲るという行動ばかりを推奨していたが，これからは同情や共感の気持ちを優先して教える必要がある。
5. 規範意識を強く持つことができるようになれば，実際の認識や行動も良い方向に変えることができるようになる。

2　次の文章を読んで，以下の問に答えなさい。

※本文略（題材は，『好循環のまちづくり！』枝廣淳子　著）

問　この文章の要旨として，最も妥当なのはどれか。

1. 目の前に問題や課題がある場合には，「とりあえずできそうなこと」から順番に取り組む必要がある。
2. 問題が起きてから対策を練るのではなく，先に「だから，どうしよう，こうしよう」といった対策を考えてから，問題にとりかかるのが大切である。
3. 課題や問題に直面した時は，すぐに対策に取り組むのではなく，まずは全体像をじっくりと考えるのがよい。
4. 問題を解決するためには，その問題の根本を速やかに見つけ出し，取り除くようにしなくてはならない。
5. 「目の前の問題」は「問題の症状」であることが多いので，対処療法で一つずつ解決するのが重要である。

3 **次の文章を読んで，以下の問に答えなさい。**

※本文略（題材は，『正(ただ)しい本(ほん)の読(よ)み方(かた)』橋爪大三郎　著）

問　この文章の要旨として，最も妥当なのはどれか。

1. 著者が本を書くのは，この作品ではこういうことを言いたいのだ，と説明したいと考えたからである。
2. 本の中にある著者の主張や価値観は説明されてはいないので，ていねいに読み解いて理解する必要がある。
3. 文学作品の主人公や登場人物には，著者によって生命が込められているのだから，生身の人間と同じように付き合わなくてはならない。
4. 情報とは異なり，本は生命をもっているのだから，人間と付き合うのと同じように，本と付き合うのがよい。
5. かつての本は情報に還元できない生命をもっていたが，いまでは本と情報は分かちがたく絡みあってしまい，生命は失われてしまった。

4 **次の文章を読んで，以下の問に答えなさい。**

※本文略（題材は，『生きる意味』上田紀行　著）

問　この文章の要旨として，最も妥当なのはどれか。

1. 自分自身の人生にオリジナリティーがあり，「生きる意味」の創造者であれば，それは私が唯一無二の存在であるということである。
2. 他の人の真似をせず，常に他の人とは違うことを考えるのが真のオリジナリティーであり，それが「生きる意味」につながっていく。
3. 「お年寄りを大切にしよう」という発言自体にオリジナリティーはなく，実際にボランティアに参加するなど行動が伴わなければオリジナリティーとは言えない。
4. 自分自身で自らの「生きる意味」を創造していくことで，他の人とは違うオリジナリティーのある人間になることができる。
5. 自分自身を「かけがえのない」「交換可能」な存在であると感じるためには，「生きる意味」の創造者としてのオリジナリティーを持たなくてはならない。

5 次の文章を読んで，以下の問に答えなさい。

※本文略（題材は，『歴史（れきし）とはなにか』岡田英弘　著）

問　この文章の要旨として，最も妥当なのはどれか。

1. 「よい歴史」か「悪い歴史」かを判断するのは，歴史家ではなく，歴史を学ぶ我々ひとりひとりである。
2. 歴史家は神にはなれないので普遍的な歴史を書くことはできないが，「よりよい歴史」なら書くことはできる。
3. 歴史家には，「よい歴史」ばかりだけでなく，戦争などの「悪い歴史」であっても目を背けずに説明する義務がある。
4. 歴史とはそれを書く歴史家個人の人格の産物であるから，誰もが納得できる一貫した論理で解釈することはできず，真実とは言えないものである。
5. 歴史をつくるのは個人としての歴史家であり，その歴史家は豊かな個性を持っていなくてはならない。

6 次の会話文のうち，［　　］に当てはまる正しい英文のみを，すべて選んだものとして，最も妥当なのはどれか。

A：I'm looking for a white T-shirt.

B：How about this one?

A：It's very nice. How much is it?

B：Three thousand yen.

A：Good. ［　　］

ア：That's a little expensive.

イ：I'll take it.

ウ：Here's your change.

エ：I think I'll leave it.

1. ア　　2. イ　　3. エ　　4. ア，ウ　　5. イ，エ

7 **次の英文の文法・語法として，最も妥当なのはどれか。**

1. Mary is used to make her own breakfast.
2. I'm looking forward to hear from her.
3. What do you say to go out for dinner today?
4. We failed to solve the problem.
5. You must be very careful when it comes to buy a computer.

8 **次の英文の（　　　）に当てはまる正しい語句として，最も妥当なのはどれか。**

The novel is worth (　　　).

1. reading　2. to be read　3. to read　4. read
5. to reading

9 **A～Eの５人が，それぞれ１個から５個の異なる個数のビー玉を持っている。A～Eの５人は次のように発言したが，その内容はすべて誤りであることがわかった。このとき，確実にいえることとして，最も妥当なのはどれか。**

A「私のビー玉は，Bより少ない。」
B「私のビー玉は，Cより少ない。」
C「Dのビー玉が一番少ない。」
D「私のビー玉とEのビー玉との差は１個である。」
E「５人の中で，私のビー玉が一番多い。」

1. Aはビー玉を５個持っている。
2. Bはビー玉を３個持っている。
3. Cのビー玉はDより少ない。
4. Dのビー玉はEより多い。
5. Eのビー玉はCより少ない。

10 以下の図のような契約駐車場の 1 ～ 6 の6区画のうち，5区画についてはA～Eが1区画ずつ契約していて，1区画だけが空いている。A～Eはそれぞれ3人の個人と2社の法人のいずれかであり，さらに次のア～エのことがわかっているとき，確実にいえることとして，最も妥当なのはどれか。

ア　個人Aが契約している区画の，通路を挟んだ正面の区画は空いていて，空いている区画の隣の区画はEが契約している。

イ　Bが契約している区画の隣の区画はEが契約していて，Eの区画の，通路を挟んだ正面の区画は個人Cが契約している。

ウ　Bの区画の通路を挟んだ正面の区画は法人が契約している。

エ　区画 1 は，法人が契約している。

1. Aは区画 3 を契約している。
2. Bは法人である。
3. Cは区画 2 を契約している。
4. Dは法人である。
5. Eは個人である。

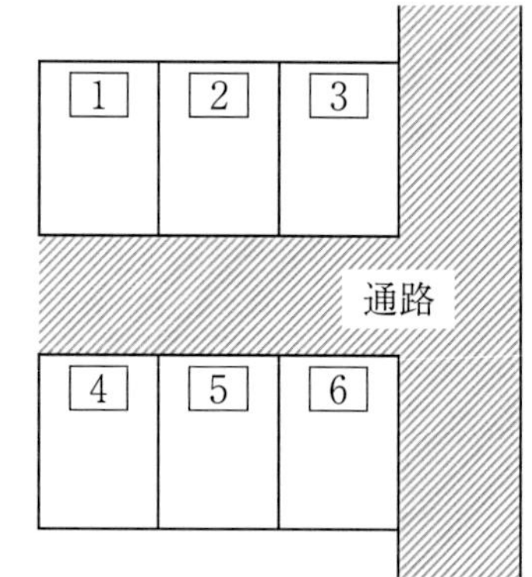

11 ある宅配ピザ店での，ナゲット，サラダ，ポテト，スープの4種のサイドメニューの注文状況を調べたところ，次のア～エのことがわかった。このとき，確実にいえることとして，最も妥当なのはどれか。ただし，4種のサイドメニューのいずれも1つ以上の注文があったものとする。

ア　4種のサイドメニューの中では，スープを注文した客の数が最も少なかった。

イ　ナゲットとサラダの両方を注文した客はいなかった。

ウ　サラダかスープの少なくとも一方を注文した客は，一緒にポテトを注文した。

エ　ポテトとナゲットの両方を注文した客はスープを注文しなかった。

1. ナゲットとスープの両方を注文した客はいなかった。
2. ポテトだけを注文した客はいなかった。
3. ポテトかサラダの少なくとも一方を注文した客は，ナゲットを注文しなかった。
4. サラダだけを注文した客がいた。
5. サラダを注文した客の数は，ナゲットを注文した客の数より少なかった。

12 Ａ組～Ｇ組の７組のペアによるバドミントンダブルスのトーナメント戦を，次の図のような組合せで開催した。対戦の結果として以下のア～エのことがわかっているとき，確実にいえることとして，最も妥当なのはどれか。

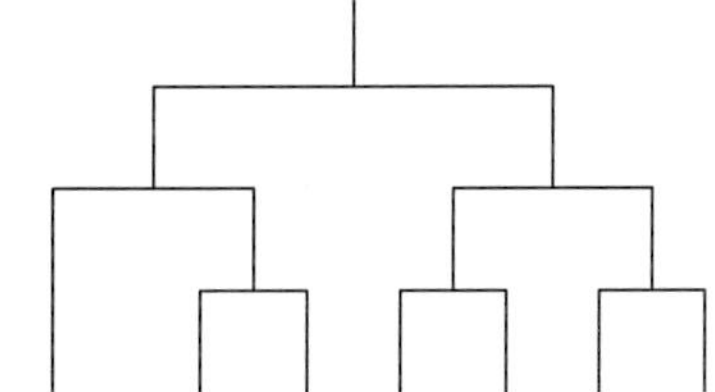

ア　Ａ組はＢ組に勝った。
イ　Ｃ組はＦ組に勝った。
ウ　Ｄ組はＣ組に勝ち，合計2勝した。
エ　Ｅ組は合計2勝した。

1. Ａ組とＥ組の対戦はなかった。
2. Ｃ組に勝ったペアが優勝した。
3. Ｄ組が優勝した。
4. Ｅ組はＧ組に勝った。
5. Ｇ組に勝ったペアは決勝で敗れた。

13 Aの文字が書かれた長方形の紙を次の図のように順に3回折りたたむ。この紙を広げたときの折り目の様子として，最も妥当なのはどれか。ただし，破線を谷折り，実線を山折りとする。

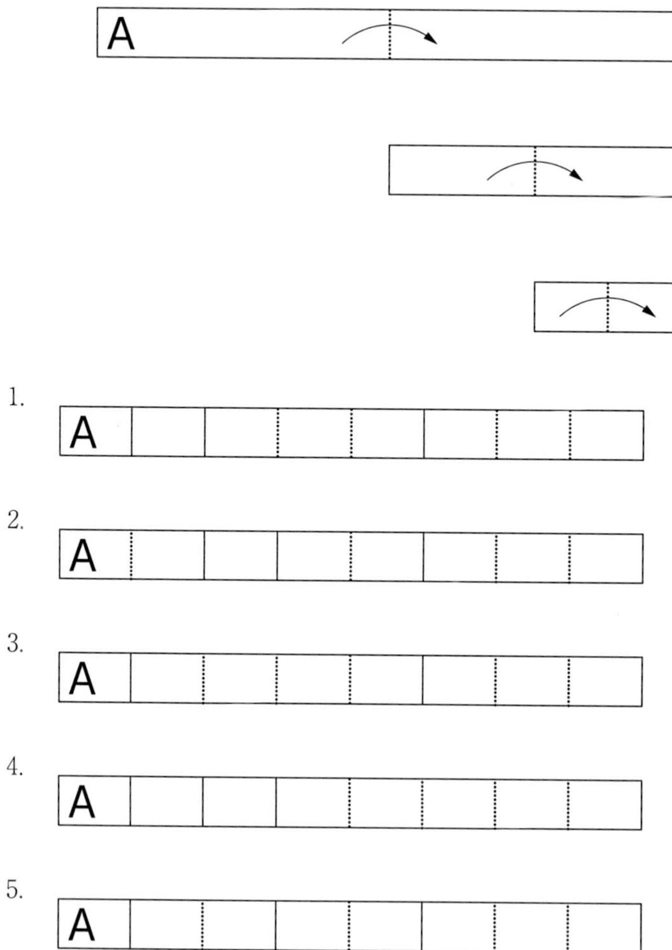

14 次の図のような１辺の長さaの正方形の辺上を，動点ＰとＱが２点間の距離aを保ちながら動くとき，線分ＰＱの中点のすべての軌跡として，最も妥当なのはどれか。

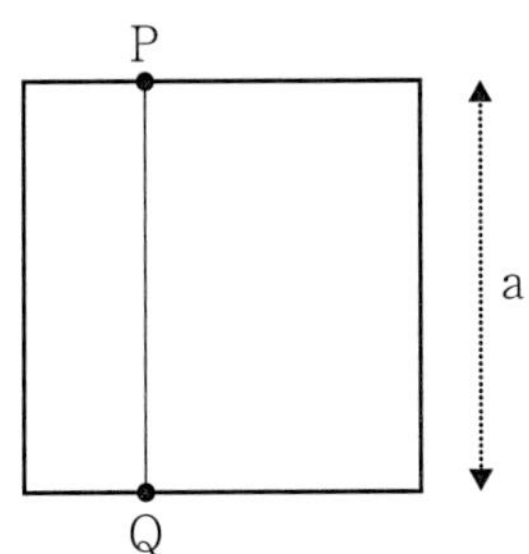

1.

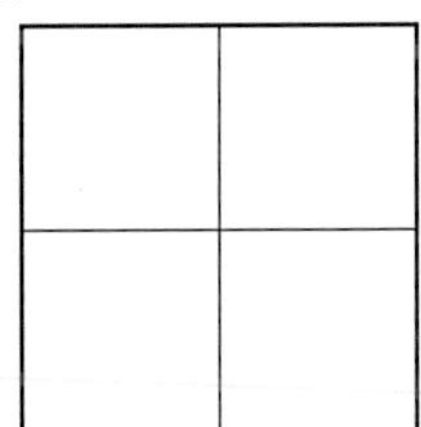

2.

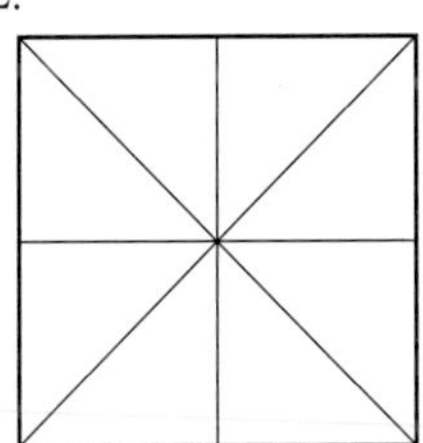

3.

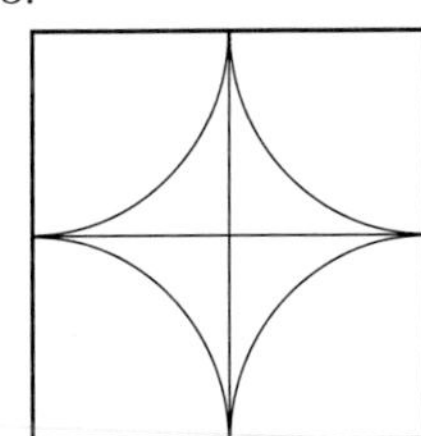

4.

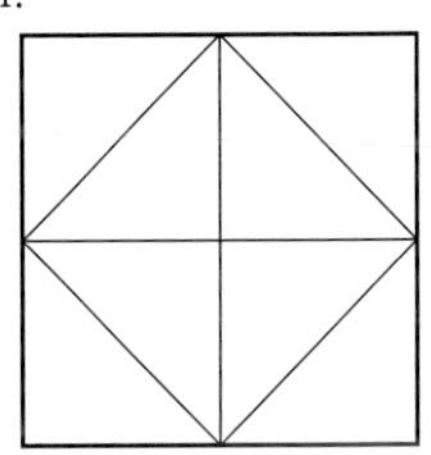

5.

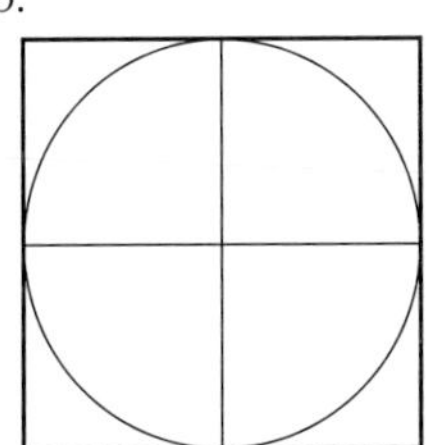

15 濃度の差が4％である食塩水Ａ300gと食塩水Ｂ500gを混ぜ合わせると濃度が9.5％になるとき，食塩水Ａの濃度として，最も妥当なのはどれか。

1. 6％　　2. 8％　　3. 10％　　4. 12％　　5. 14％

16 次の図のような立方体ABCD－EFGHがある。この立方体から各面の対角線を辺とする正四面体BDGEをとりだす。このとき，立方体ABCD－EFGHの体積を1としたときの正四面体BDEGの体積の値として，最も妥当なのはどれか。

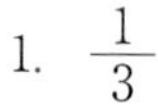

1. $\frac{1}{3}$
2. $\frac{1}{4}$
3. $\frac{1}{5}$
4. $\frac{1}{6}$
5. $\frac{1}{8}$

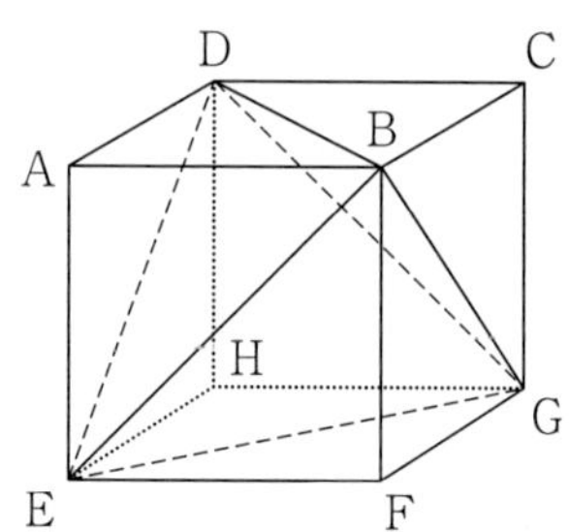

17 あるインターネットサイトの会員登録のパスワードは0～9のうち異なる4つの数を組み合わせてできる4桁の数でなければならない。このサイトの会員であるAさんは，現在使用しているパスワードを変更することにした。新しいパスワードには現在使用している4つの数のうち少なくとも1つは同じ数を使いたい。このとき考えられる新しいパスワードの場合の数として，最も妥当なのはどれか。ただし，パスワードの千の位にも0を使えるものとする。

1. 4678通り　2. 4679通り　3. 4680通り　4. 4681通り
5. 4682通り

18 次のような数列がある。

1，2，4，7，11，16，…，

この数列において，第100項の数として，最も妥当なのはどれか。

1. 4949　2. 4950　3. 4951　4. 5050　5. 5051

19 次の資料は，ある都市の企業に対して，テレワークの導入状況に関するアンケート調査を行った結果で，帯グラフは，企業の従業員規模別の割合をまとめたものである。この資料から判断できることとして，最も妥当なのはどれか。ただし，資料中の数値は小数点以下第2位を四捨五入しているため，100%とならない場合がある。

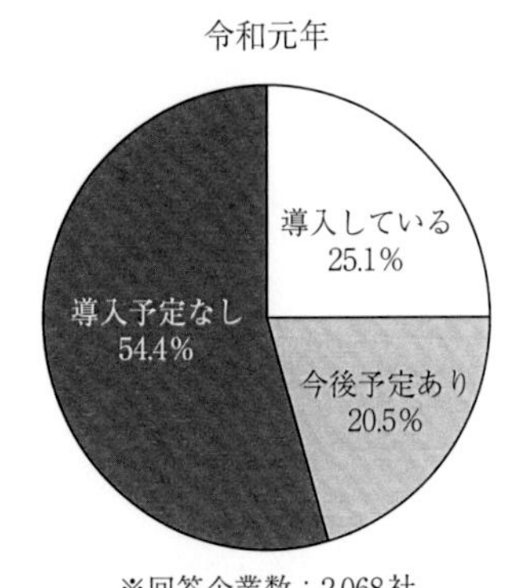

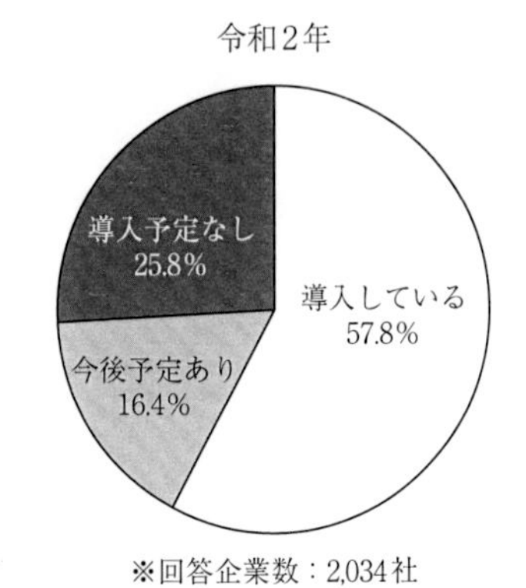

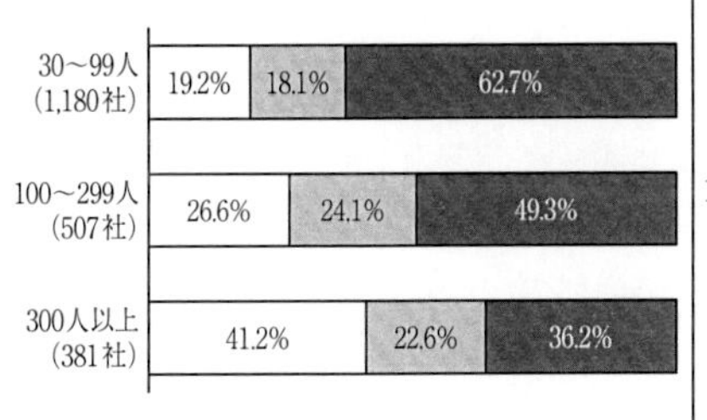

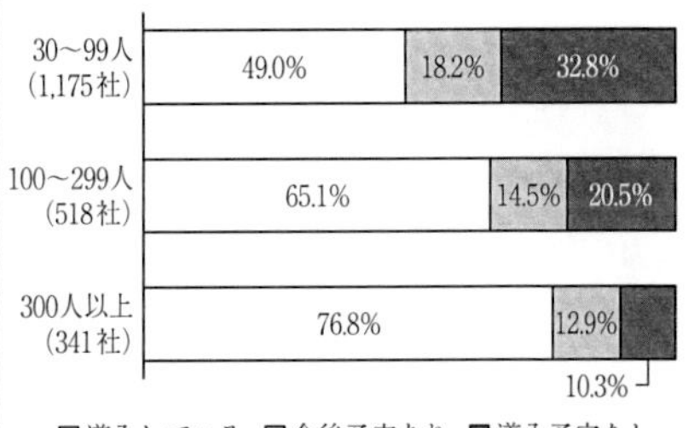

1. 令和元年の30～99人規模のテレワークを導入している企業数は，300人以上規模のテレワークを導入している企業数より少ない。
2. 令和2年の100～299人規模の企業において，テレワークを導入していない企業数は，100社以上150社未満である。
3. 300人以上規模の企業において，テレワークを導入している企業数は，令和元年から令和2年にかけて150社以上増えた。
4. 令和2年のテレワークを導入している全体の企業数は，令和元年のテレワークを導入予定なしの全体の企業数を上回っている。
5. 令和元年のテレワークを導入していない企業は75％未満であったが，令和2年のテレワークを導入していない企業は50％未満であり，企業の従業員規模別に見ても50％未満である。

20 **次の資料は，ある県の農業生産額を品目別にまとめたものである。この資料から判断できることとして，最も妥当なのはどれか。**

品　目	生産額
野　菜	453
肉用牛	254
果　実	146
豚	127
米	116
いも類	105
花　き	74
ブロイラー	70
生　乳	50
鶏　卵	44
工芸農作物	40
その他	33

（単位：億円）

1. 果実の生産額は，農業生産額全体の10％を超えている。
2. 工芸農作物の生産額は，農業生産額全体の3％を超えている。
3. 野菜と肉用牛の生産額の合計は，農業生産額全体の50％を超えていない。
4. 食肉（肉用牛・豚・ブロイラー）の生産額の中に占める豚の生産額の割合は，30％を超えている。
5. 食肉（肉用牛・豚・ブロイラー）の生産額の合計は，農業生産額全体の30％を超えている。

21 次の資料は，日本の家庭部門におけるエネルギー源別消費の推移をまとめたものである。
この資料から判断できることとして，最も妥当なのはどれか。

	電　気	都市ガス	ＬＰガス	灯　油	石　炭	太陽熱他	計
1965年 17,545 （MJ/世帯）	22.8	14.8	12.0	15.1	35.3	0.0	100.0
1973年 30,266 （MJ/世帯）	28.2	17.0	17.4	31.3	6.1	0.0	100.0
2018年 31,600 （MJ/世帯）	51.2	21.9	10.2	16.1	0.0	0.6	100.0

（単位：%）

1. 世帯当たりのエネルギー源別消費の電気についてみると，2018年は1965年の5倍を上回っている。
2. 1965年と1973年を比較したとき，世帯当たりのエネルギー源別消費の増加率が2番目に大きいのは都市ガスである。
3. 1973年と2018年を比較したとき，都市ガスの世帯当たりのエネルギー源別消費は，2,000MJ以上増加している。
4. 1965年における石炭の世帯当たりのエネルギー源別消費は，2018年における灯油の世帯当たりのエネルギー源別消費を上回っている。
5. 1965年と2018年を比較したとき，灯油の世帯当たりのエネルギー源別消費の増加率は100%を上回っている。

22 次の資料は，日本における，令和元年～令和2年に起こった火災についてまとめたものである。この資料から判断できることとして，最も妥当なのはどれか。

	令和元年	令和2年
総出火件数	37,683	34,691
建物火災	21,003	19,365
うち住宅火災	10,784	10,564
林野火災	1,391	1,239
車両火災	3,585	3,466
船舶火災	69	78
航空機火災	1	0
その他火災	11,634	10,543
原因別出火件数		
放火・放火疑い合計	4,567	4,052
うち放火	2,757	2,497
うち放火疑い	1,810	1,555
たばこ	3,581	3,104
たき火	2,930	2,824
こんろ	2,918	2,792

（単位：件）

1. 総出火件数において，令和2年は令和元年と比べて10％以上減少している。
2. 建物火災における住宅火災の割合は令和元年，令和2年ともに50％を超えている。
3. 林野火災と車両火災において，令和元年に対する令和2年の減少率が大きいのは車両火災である。
4. 原因別出火件数において，令和元年に対する令和2年の減少率は，放火疑いよりも放火の方が大きい。
5. 原因別出火件数において，たばこ，たき火及びこんろのうち，令和元年に対する令和2年の減少率が最も大きいのはこんろである。

23 次の資料は，A大学と全国の留学生の出身地の推移をまとめたものである。この資料から判断できることとして，最も妥当なのはどれか。

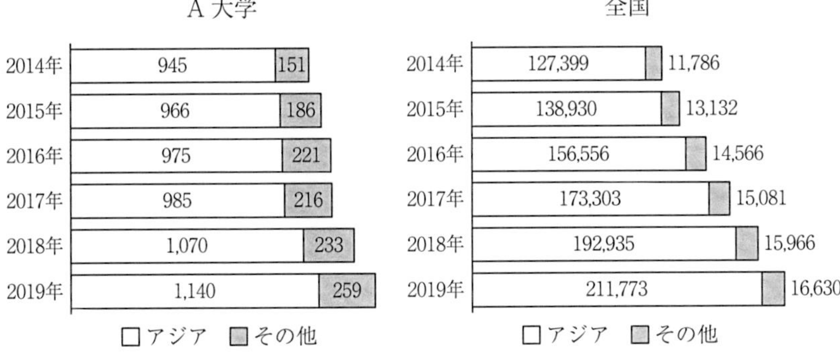

1. 2014年から2019年までの期間で，A大学の留学生のうちアジア出身の留学生が占める割合が最も高いのは，2019年である。
2. 2014年から2019年までの期間で，全国の留学生のうちアジア出身の留学生が占める割合は90％を超えている。
3. 全国のアジア出身の留学生に対するA大学のアジア出身の留学生の割合は，2019年の方が2014年より高い。
4. 2014年から2019年までの期間で，A大学の留学生のうちアジア出身の留学生の対前年増加率が最も高いのは，2019年である。
5. 全国の留学生のうちアジア出身の留学生の割合は，2017年から2019年にかけて減少し続けている。

24 日本の裁判所に関する記述として，最も妥当なのはどれか。

1. 違憲審査権は最高裁判所のみが行使できるとするのが判例である。
2. 裁判官が罷免されるのは，国民審査と弾劾裁判による場合に限定されている。
3. 下級裁判所の裁判官は，任期はないが，定年は70歳である。
4. 最高裁判所長官は，内閣が指名し，天皇が任命する。
5. 最高裁判所が法令の違憲判決を下した場合，当該法令は直ちに改廃されると日本国憲法で明記されている。

25 日本の地方自治に関する記述として，最も妥当なのはどれか。

1. 地方自治の本旨は，住民自治と団体自治の2つの要素から成り，団体自治とは，地方政治がその地域の住民の意思に基づいて行われることをいう。
2. 地方自治の本旨である住民自治には自由主義的要素があり，団体自治には民主主義的要素があるといわれる。
3. 地方公共団体は条例を定めることができるが，財産権は日本国憲法で保障されていることから，条例で財産権の内容を規制することは許されない。
4. 地方公共団体は，自治権の1つとして課税権を有し，条例による地方税の賦課徴収は許されている。
5. 日本国憲法第31条が法律の定める手続きによらなければ刑罰を科せないと規定していることから，条例違反の者に対して罰則を定めることは許されない。

26 日本の選挙における諸問題に関する記述として，最も妥当なのはどれか。

1. 選挙区の間に議員定数の不均衡問題が生じる，いわゆる一票の格差問題については，多くの訴訟が起こされているが，最高裁判所が違憲判決を出したことはこれまで一度もない。
2. 若年層を中心に政治に無関心な人々が増え，2000年以降の衆議院議員選挙及び参議院議員選挙の投票率は，前回の同選挙よりも減少の一途をたどっている。
3. 候補者と一定の関係にある者が公職選挙法に反する行為をして有罪となった場合に，その候補者の当選を無効とする制度を，連座制という。
4. 表現の自由の観点から，選挙運動の規制を見直すべきとの声を受け公職選挙法が改正され，インターネットを利用した選挙運動，戸別訪問や署名運動などが解禁された。
5. 政治資金規正法は，選挙活動における政治資金の透明化をはかるために，企業や個人による政治家個人，政党，政治資金団体への献金を禁止している。

27 社会保障に関する記述として，最も妥当なのはどれか。

1. 19世紀後半にイギリスで，疾病，労働，災害，老廃などに関する初の社会保険制度である救貧法が制定された。
2. アメリカのルーズベルト大統領は，ニューディール政策の一環として，

1935年に社会保障法を制定した。

3. 第二次世界大戦後，イギリスにおいて，国家がすべての国民に対して「ゆりかごから墓場まで」一生を通じて生活保障の責任を持つというベビッシュ報告が提唱された。

4. 各国の社会保障制度のうち，ヨーロッパ大陸型は，均一的な給付金が中心で，社会保障の財源の中では租税などによる公費の負担が大きい制度である。

5. 各国の社会保障制度のうち，イギリス・北欧型は，所得に比例した年金給付で，雇用主と被用者（従業員）が拠出した保険料を主な財源としている制度である。

28 日本のプラスチックごみ問題とその対策に関する次のア～ウの記述のうち，正しいもののみをすべて選んだものとして，最も妥当なのはどれか。

ア　2021年の参議院決算委員会において，小泉環境大臣（当時）は，2020年7月のレジ袋有料化以降，コンビニエンスストアでレジ袋の受け取りを辞退する人の割合が約75％に増加したことを明らかにした。

イ　2021年6月に成立したプラスチック資源循環促進法により，プラスチックごみを削減するため，小売店などで無料提供される使い捨てスプーンやストローなど12種類が削減の対象となったが，ホテルが提供するヘアブラシや歯ブラシは対象外となった。

ウ　2021年6月に成立したプラスチック資源循環促進法により，プラスチック製品の使用量が年間5トン以上の事業者については，対策を義務化するが，命令に違反しても罰金などが科されることはない。

1. ア　2. イ　3. ウ　4. ア，イ　5. イ，ウ

29 2021年に開催された東京オリンピック・パラリンピックに関する次の記述で，[A]～[D]に当てはまる語句の組合せとして，最も妥当なのはどれか。

東京オリンピックの日本選手団は，金メダル27個を含む計58個のメダルを獲得した。金メダル数・メダル総数ともに，過去[A]多い数となった。国別の金メダル獲得数では[B]が最多となり，日本は3番目の獲得数であった。

国際パラリンピック委員会によると，今回の東京パラリンピックに参加した選手の人数は，過去[C]多い4,403人であった。次回の夏季オリンピック・パラリンピックは[D]で開催される。

	A	B	C	D
1.	最も	アメリカ合衆国	最も	パリ
2.	2番目に	中国	最も	ロサンゼルス
3.	2番目に	アメリカ合衆国	2番目に	ロサンゼルス
4.	最も	中国	2番目に	パリ
5.	2番目に	アメリカ合衆国	最も	パリ

30 2020年国勢調査に関する次の記述で，[A]～[D]に当てはまる語句の組合せとして，最も妥当なのはどれか。

総務省が発表した2020年国勢調査の速報値によると，日本の総人口は前回調査と比べて約86万8千人減少した。これは，調査開始以来[A]の減少となる。都道府県別では9都府県で人口が増加し，なかでも[B]の増加数が最多となった。

一方，市町村では全体の82.4%にあたる1,416市町村で人口が減少した。人口が5%以上減少した市町村は，全体の半数を[C]。

世帯数は全国で約5,572万世帯と，前回調査に比べ約227万世帯[D]した。

	A	B	C	D
1.	初	大阪府	超えた	減少
2.	初	東京都	超えなかった	減少
3.	2回目	大阪府	超えなかった	増加
4.	初	東京都	超えた	減少
5.	2回目	東京都	超えた	増加

31 19世紀のヨーロッパに関する記述として，最も妥当なのはどれか。

1. イギリスでは，1832年の第1回選挙法改正で選挙権を得られなかった労働者たちが，男性普通選挙などの6か条からなる人民憲章を掲げてチャーティスト運動を展開した。
2. フランスでは，1830年7月にパリで民衆が蜂起して七月革命がおこると，国王ルイ＝フィリップは亡命し，自由主義者であるシャルル10世が王に迎えられ，七月王政が成立した。
3. 1814年に行われたウィーン会議により，フランス革命以降，ヨーロッパ各地に広まった正統主義とナショナリズムは抑えられ，政治的現状維持を目指す保守主義が優位になった。

4. パクス＝ロマーナとは，圧倒的な経済力と軍事力を背景に，イギリスが19世紀の世界で強大な影響力を持ち，そのもとで比較的平和が保たれた時代のことである。
5. 1821年，ギリシアがロシアから独立するために戦争をおこすと，イギリス・フランス・オスマン帝国はギリシアを支援し，1830年には国際的にギリシアの独立が承認された。

32 享保の改革に関する記述として，最も妥当なのはどれか。

1. 8代将軍徳川家斉は，徳川綱吉の代から続く側用人政治をやめ，幕府本来の政治である老中政治に戻すなど，諸政策を行って幕政の改革に取り組んだ。
2. 公事方御定書を制定して民意を反映させるとともに，目安箱を設けて裁判や刑罰の基準を定めることで，判例にもとづく合理的な司法判断を行えるようにした。
3. 訴訟事務を軽減させるため，1719年に定免法を出し，金銀貸借についての訴訟となる金公事を幕府に訴えさせずに当事者同士で解決させた。
4. 幕府は，収入増加のため米の増産を奨励し，飯沼新田・紫雲寺潟新田・武蔵野新田・見沼代用水新田などの新田開発を推進した。
5. 町奉行に任命された新井白石は，広小路・火除地などの防火施設を設けたほか，町方独自の町火消を組織して防火・消火制度の改善をはかった。

33 世界の宗教に関する次のア～エの記述のうち，正しいものの組合せとして，最も妥当なのはどれか。

ア　キリスト教，イスラム教，仏教の3つを世界の三大宗教や世界宗教というが，世界の各地にはユダヤ教やヒンドゥー教などの民族ごとの伝統宗教も存在する。
イ　ヨーロッパでは南欧に正教，ギリシャやロシアにカトリックが多く分布している。
ウ　イスラム教は，西アジアや北アフリカを中心に分布するシーア派と，イランやイラク南部を中心とするスンナ派に分けられる。
エ　仏教は，日本や中国などに広まっている大乗仏教と，スリランカや東南アジアに広まっている上座部仏教に二分される。

1. ア，イ　　2. ア，エ　　3. イ，ウ　　4. イ，エ　　5. ウ，エ

34 **次のことわざ・慣用句とその意味の組合せとして，最も妥当なのはどれか。**

1. 論語読みの論語知らず — 言って聞かせても聞き入れず，効果がないこと
2. 頭角をあらわす — 優れていたり出しゃばりすぎたりすると人から憎まれること
3. 月夜に釜を抜かれる — 不必要なことのたとえ
4. 虻蜂取らず — 二つのものを得ようとしてどちらも取れないこと
5. 枯れ木も山のにぎわい — 大勢の人がいて身動きできないこと

35 **熟語の読み仮名とその意味の組合せとして，最も妥当なのはどれか。**

1. 昵懇（じっこん） — 親しい間柄
2. 反駁（はんばく） — 激しくののしること
3. 普請（ふしん） — 盛んに言いふらすこと
4. 暗澹（あんのん） — 絶望的であるさま
5. 揺籃（けんらん） — ゆりかご

36 **次の不等式の解として，最も妥当なのはどれか。**

$|2x-3| \geqq 5$

1. $x \leqq -4,\ 2 \leqq x$
2. $x \leqq -1,\ 4 \leqq x$
3. $x \leqq -1,\ 2 \leqq x$
4. $x \leqq 2,\ 4 \leqq x$
5. $x \leqq 1,\ 2 \leqq x$

37 **放物線$y=-x^2+6x+m$がx軸と共有点を持たないmの値の範囲として，最も妥当なのはどれか。**

1. $-9<m$
2. $-7<m$
3. $m<-9$
4. $m<-7$
5. $-9<m<-7$

38 １辺の長さが5である正三角形の外接円の半径として，最も妥当なのはどれか。

1. $\frac{\sqrt{3}}{3}$　2. $\frac{2\sqrt{3}}{3}$　3. 3　4. $\frac{4\sqrt{3}}{3}$　5. $\frac{5\sqrt{3}}{3}$

39 Aの袋には赤玉4個と白玉2個，Bの袋には赤玉１個と白玉4個が入っている。A，Bの袋から１個ずつ玉を取り出すとき，異なる色の玉を取り出す確率として，最も妥当なのはどれか。

1. $\frac{2}{5}$　2. $\frac{7}{15}$　3. $\frac{8}{15}$　4. $\frac{3}{5}$　5. $\frac{2}{3}$

40 屈折率1.3の物質中にある物体を上方の空気中から見ると，実際の深さのx倍のところにあるように見える。xの値として，最も妥当なのはどれか。ただし，非常に小さい角度θに対しては，$\tan\theta \approx \sin\theta$の近似が使えるものとする。

1. 0.44　2. 0.55　3. 0.66　4. 0.77　5. 0.88

41 ウラン$^{238}_{92}$Uはα崩壊してトリウムThになる。この崩壊を式で表したものとして，最も妥当なのはどれか。ただし，$\bar{\nu}$は反電子ニュートリノ，γはγ線を意味する。

1. $^{238}_{92}\mathrm{U} \rightarrow {}^{234}_{90}\mathrm{Th} + {}^{4}_{2}\mathrm{He}$
2. $^{238}_{92}\mathrm{U} \rightarrow {}^{235}_{90}\mathrm{Th} + {}^{3}_{2}\mathrm{He}$
3. $^{238}_{92}\mathrm{U} \rightarrow {}^{238}_{93}\mathrm{Th} + \mathrm{e}^{-} + \bar{\nu}$
4. $^{238}_{92}\mathrm{U} \rightarrow {}^{238}_{92}\mathrm{Th} + \gamma$
5. $^{238}_{92}\mathrm{U} \rightarrow {}^{238}_{93}\mathrm{Th}$

42 20〔℃〕で，1.0×10^{5}〔Pa〕の窒素は水1.0〔L〕に6.8×10^{-4}〔mol〕溶ける。今，20〔℃〕，4.0×10^{5}〔Pa〕の窒素が水3.0〔L〕に接している。この水に溶けている窒素の質量として，最も妥当なのはどれか。ただし，窒素の分子量は28とする。

1. 0.19〔g〕　2. 0.23〔g〕　3. 0.27〔g〕　4. 0.31〔g〕
5. 0.34〔g〕

43 白金電極を用いて，硫酸銅（Ⅱ）水溶液を5.0〔A〕の電流で32分10秒間電気分解した。陰極または陽極で起こる現象として，最も妥当なのはどれか。ただし，酸素の分子量は32，銅の原子量は64，ファラデー定数は9.65×10^4〔C/mol〕とする。

1. 陰極で酸素が0.8〔g〕発生する。
2. 陰極で銅が3.2〔g〕析出する。
3. 陽極で酸素が0.4〔g〕発生する。
4. 陽極で銅が1.6〔g〕析出する。
5. 流れた電子の物質量は0.20〔mol〕である。

44 植物の葉の気孔に関する次の記述で，［A］～［C］に当てはまる語句の組合せとして，最も妥当なのはどれか。

葉に光が当たると，その情報が青色光受容体である［A］によって感知され，気孔が開き，光合成に必要な［B］が取り込まれる。一方，乾燥状態になると，根や葉の細胞でアブシシン酸が［C］されて，これにより気孔が閉じ，蒸散が抑えられる。

	A	B	C
1.	フォトトロピン	二酸化炭素	合成
2.	フォトトロピン	二酸化炭素	分解
3.	フォトトロピン	酸素	分解
4.	フィトクロム	二酸化炭素	合成
5.	フィトクロム	酸素	分解

45 次の文章は，メセルソンとスタールがDNA複製の方式を明らかにした実験について述べたものである。［　　］に当てはまる記述として，最も妥当なのはどれか。

大腸菌に窒素（N）を^{14}Nよりも重い^{15}Nで置き換えた塩化アンモニウム（$^{15}NH_4Cl$）を栄養分として与えると，^{15}Nからなる塩基をもつ重いDNAができる。大腸菌の窒素がほとんど^{15}Nに置き換わったところで，$^{14}NH_4Cl$を含む培地に移して大腸菌をさらに増殖させた。そして，1回，2回，…と分裂を繰り返した菌からDNAを抽出し，遠心分離によってその比重を調べた。その結果，元の大腸菌のDNAは，^{15}Nのみからなる重いDNA，2回分裂後のDNAは［　　］であることがわかった。ただし，「中間の重さのDNA」とは，^{14}N

のみからなる軽いDNAと^{15}Nのみからなる重いDNAの中間の重さのDNAを指す。

1. 中間の重さのDNAと^{14}Nのみからなる軽いDNAが1：1
2. 中間の重さのDNAと^{15}Nのみからなる重いDNAが1：1
3. 中間の重さのDNAのみ
4. ^{14}Nのみからなる軽いDNAと^{15}Nのみからなる重いDNAが1：1
5. ^{14}Nのみからなる軽いDNAのみ

解答・解説

1 1

解説 出典は渡辺弥生著『感情の正体―発達心理学で気持ちをマネジメントする』。要旨把握問題。要旨を把握するには，本文の内容の正しい理解が不可欠である。短時間で内容を正確に把握できるように，日頃から練習しておこう。

2 3

解説 出典は枝廣淳子著『好循環のまちづくり！』。要旨把握問題。本文の中で重要と思われる箇所に線を引き，その箇所と選択肢を照らし合わせて，適切なものを選ぶようにしよう。

3 4

解説 出典は橋爪大三郎著『正しい本の読み方』。要旨把握問題。一つ一つの選択肢を本文と照らし合わせて，どの選択肢が要旨として適切か考えていこう。

4 1

解説 出典は上田紀行著『生きる意味』。要旨把握問題。どの選択肢にも出てくる「オリジナリティー」が本文中でどのように用いられているかを正しく理解することで，おのずと要旨が把握できるだろう。

5 5

解説 出典は岡田英弘著『歴史とは何か』。要旨把握問題。「要旨」とは，文章全体の中で筆者が言いたいことをまとめたものである。文章の内容と部分的に合致していても要旨とはいえないので，注意して文章を読むようにしよう。

6 2

解説 空所前の文意は，A「白いTシャツを探しています」→B「このシャツはいかがですか？」→A「とてもすてきです。いくらですか？」→B「3000円です」→A「いいですね」。この段階でAは買う意思を示しているので，I'll take it.（それをもらいます）が正解。その他の選択肢の文意は，ア「すこし値段が高いです」，ウ「お釣りです」，エ「やめておこうと思います」。

7 4

解説 1：誤り。be used to～ingで「～することに慣れている」の意。used to～「以前は～したものだ」との区別に注意。 2：誤り。look forward to～ingで「～を楽しみにする」の意。 3：誤り。What do you say to～ing?で，「～するのはどうでしょうか？」の意。 4：正しい。fail to～で「～し損なう」の意。選択肢のWe failed to solve the problem.で，「私たちは問題を解き損ねた」の意。 5：誤り。when it comes to～で，「（話が）～のこととなると」の意。toが前置詞の場合，後ろに〈動詞＋ing形〉（動名詞）をとることに注意したい。

8 1

解説 be worth～ingで「～する価値がある」の意。問題のThe novel is worth reading.で，「その小説は読む価値がある」の意。【7】，【8】ともに，動名詞に関する出題である。動名詞は頻出であるため，文法書で復習をしておきたい。

9 3

解説 A～Eの発言がすべて誤りであることより，次のことがわかる。

A「私のビー玉は，Bより少ない」→「Aのビー玉＞Bのビー玉」 …①

B「私のビー玉は，Cより少ない」→「Bのビー玉＞Cのビー玉」 …②
C「Dのビー玉が一番少ない」→「Dのビー玉は1個ではない」 …③
D「私のビー玉とEのビー玉のとの差は1個である」→「Dのビー玉とEのビー玉の差は2個以上である」 …④
E「5人の中で，私のビー玉が一番多い」→「Eのビー玉は5個ではない」 …⑤
ここで，①，②よりA，B，Cのビー玉の個数の関係は「A＞B＞C」 …⑥
また，③～⑤より，DとEのビー玉の個数は
「Eが1個のとき，Dは3か4か5個」 …（ⅰ）
「Eが2個のとき，Dは4か5個」 …（ⅱ）
「Eが3個のとき，Dは5個」 …（ⅲ）
「Eが4個のとき，Dは2個」 …（ⅳ）
となる。これらの場合について，⑥を踏まえてA，B，Cのビー玉の個数を考えると，さらに次のように場合分けできる。

1個	2個	3個	4個	5個
E	C	D	B	A

1個	2個	3個	4個	5個
E	C	B	D	A

1個	2個	3個	4個	5個
E	C	B	A	D

（ⅰ）

1個	2個	3個	4個	5個
C	E	B	D	A

1個	2個	3個	4個	5個
C	E	B	A	D

（ⅱ）

1個	2個	3個	4個	5個
C	B	E	A	D

（ⅲ）

1個	2個	3個	4個	5個
C	D	B	E	A

（ⅳ）

以上より，各選択肢について吟味をしていく。
1：誤り。Aはビー玉を4個持っている場合もある。　2：誤り。Bはビー玉を2個または4個持っている場合もある。　3：正しい。いずれの場合でも，Cのビー玉はDより少ない。　4：誤り。Dのビー玉はEより少ない場合もある。
5：誤り。Eのビー玉はCより多い場合もある。

10 4

解説 与えられた条件を，図を用いて考えていく。条件エより，区画1は法人であることが分かる。

1	2	3
法人		

4	5	6

ここで，条件アより，個人Aが契約している区画の通路を挟んだ正面の区間は空いているため，Aが1及び4になることはない。よって，Aが2，3，5，6を契約している場合で分けて考える。

（ｉ）Aが2のとき

5は空き，Eは4または6を契約しており，条件イより，いずれの場合でもBは5を契約することになるが，5は個人Aの正面で空いているはずなので，この場合は不適となる。

（ii）Aが3のとき

6は空き，Eは5を契約している。さらに，条件イより，Bは4を契約し，個人Cは2を契約している。すると，残りのDは1に入り，与えられた条件からわかるのはここまでで，図にまとめると右のようになる。

1	2	3
D	C	A
法人	個人	個人

4	5	6
B	E	

（iii）Aが5のとき

2は空き，Eは1または3を契約しており，条件イより，いずれの場合でもBは2を契約することになるが，2は個人Aの正面で空いているはずなので，この場合は不適となる。

（iv）Aが6のとき

3は空き，Eは2を契約している。さらに，条件イより，Bは1を契約し，個人Cは2を契約している。加えて，条件ウより，4の区画は法人で残ったDが当てはまる。また，個人が3人いるので，Eは必然的に個人とわかる。ここまでを図にまとめると右のようになる。

1	2	3
B	E	
法人	個人	

4	5	6
D	C	A
法人	個人	個人

ここで，（ii）と（iv）の場合が考えられることを踏まえて，各選択肢について吟味をしていく。

1：誤り。Aは区画3と6の場合がある。　2：誤り。（ii）の場合，Bは個人か法人か分からない。　3：誤り。Cは区画2と5の場合がある。　4：正しい。いずれの場合もＤは法人と決まる。　5：誤り。（ⅱ）の場合，Ｅは個人か法人か分からない。

11　1

解説「ナゲット」，「サラダ」，「ポテト」，「スープ」という4つの集合について，「注文したか否か」を求めるので，次のベン図を作成して考える。また，これらの集合は以下の①～⑮に分類できる。

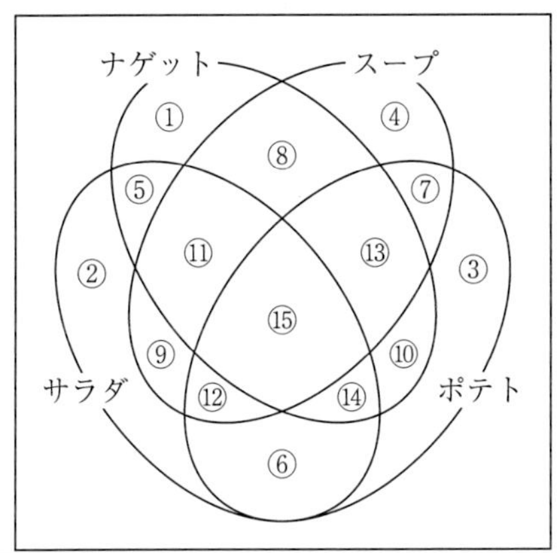

①ナゲットだけを注文した
②サラダだけを注文した
③ポテトだけを注文した
④スープだけを注文した
⑤ナゲットとサラダの2つだけを注文した
⑥サラダとポテトの2つだけを注文した
⑦ポテトとスープの2つだけを注文した
⑧ナゲットとスープの2つだけを注文した
⑨サラダとスープの2つだけを注文した
⑩ナゲットとポテトに2つだけを注文した
⑪ナゲットとサラダとスープの3つだけを注文した
⑫サラダとポテトとスープの3つだけを注文した
⑬ナゲットとポテトとスープの3つだけを注文した
⑭ナゲットとサラダとポテトの3つだけを注文した
⑮4つすべて注文した

次に，①～⑮に属する客がいれば○，いなければ×，不明であればそのまま番号を記す。
条件イより，「ナゲットとサラダの両方を注文した客はいなかった」より，少なくともこれらの2つを注文した⑤⑪⑭⑮は×となる。
条件ウより，「サラダかスープの少なくとも一方を注文した客は，一緒にポテトを注文した」より，サラダだけを注文した②，スープだけを注文した④，ナゲットとスープだけを注文した⑧，サラダとスープだけを注文した⑨，サラダとスープとナゲットだけを注文した⑬は×となる。
条件エより，「ポテトとナゲットの両方を注文した客はスープを注文しなかった」より，これらの3つを注文した⑬と4つすべて注文した⑮は×となる。
ここまでをまとめると，次のようになる。

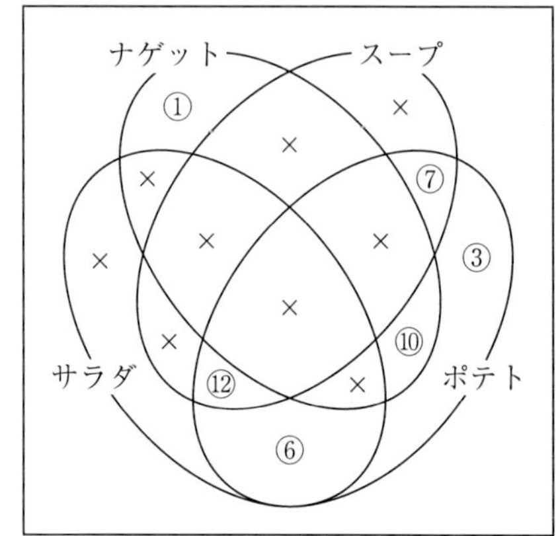

ここまででまだ不明な客がいるが，それぞれの選択肢を検討する。
1：正しい。ナゲットとスープが重なる集合にはすべて×がついているので，これら2つを注文した客がいないことが確実にいえる。　2：誤り。③の客がいるか否かは確定していない。　3：誤り。⑩の客がいるか否かは確定していない。　4：誤り。②が×なので，サラダだけを注文した客はいない。　5：誤り。①⑥⑩⑫の客がいるか否か確定していない。

12 5

解説 与えられたトーナメント表の各対戦を便宜上，下図のように①～⑥とする。

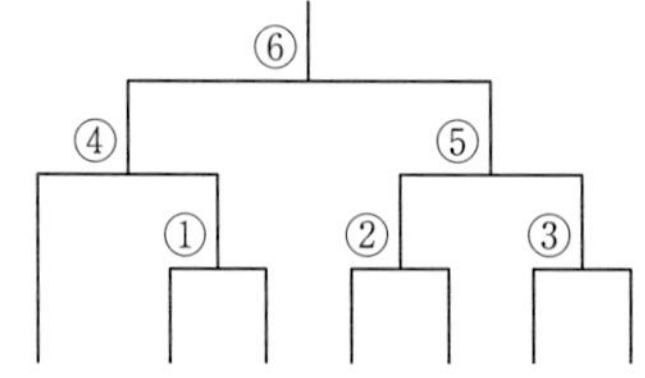

ここで，与えられた条件の中で情報が1番多いCに着目して考えていく。
まず，条件イ，ウより，CはFとDの少なくとも2回以上対戦をし，かつDはCに勝っていることがわかる。仮にCがシードの位置とし，Fが①，Dが②か③の位置で試合をするとすると，DはCと対戦するまでにすでに2回勝っているため，DはCに勝つことができず不適。また，Dが①，Fが②か③の位置で試合をするとすると，CはFと対戦する前に負けてしまうため不適。よって，Cはシードの位置ではなく，まずはFと対戦して勝ち，次にDと対戦して負けることが分かる。このことを踏まえて，CとFの対戦が①～③のどの位置で行われたかで場合分けして考える。

（ｉ）CとFが①の位置で対戦している場合

Cは2戦目でDに負けるので，シードの位置にはDがくる。また，条件アより，AとBが②の位置，残りの③の位置でEとGが試合をすると考えると（②と③は逆の場合も考えられる），各条件より，1回戦の勝利者を加味したトーナメント表は下図のようになる。

次に，条件ウよりDは④の位置でCに勝つ。また，条件エより⑤の位置でEがAに勝つ。最後に，条件ウ及びエより，DとEは合計2勝するので⑥の位置でDがEに勝ち，Dが優勝する。

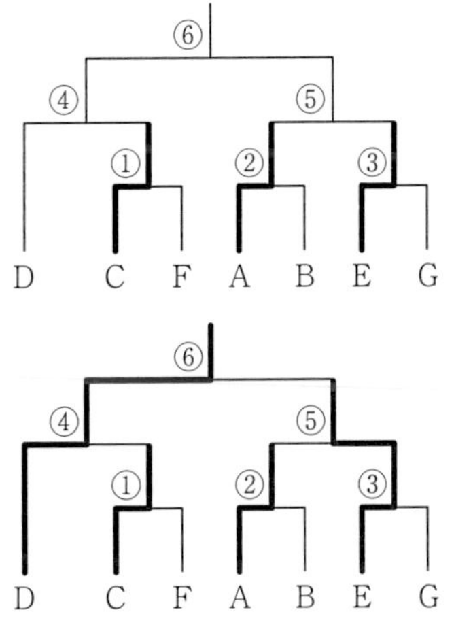

（ⅱ）CとFが②の位置で対戦している場合

Dは次にCと対戦するため③の位置に，また，DとEは初戦に勝たなければいけないため，必然的にシードの位置にはE，条件アより，AとBは①の位置となる。残りのGは③の位置でDと対戦して負けることがわかる。

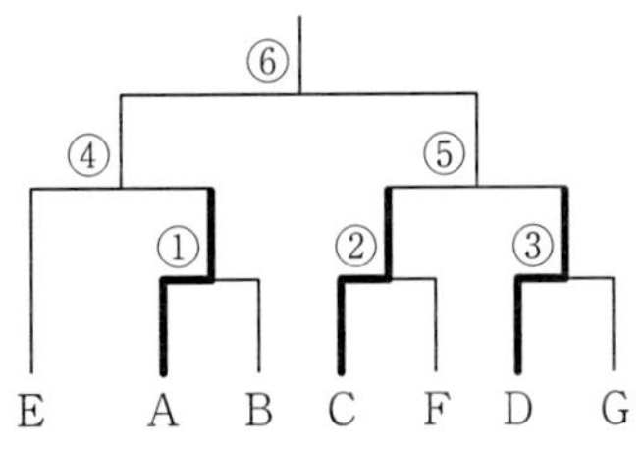

各条件より，1回戦の勝利者を加味したトーナメント表は下図のようになる。

次に，条件エよりEは④の位置でAに勝つ。また，条件ウより⑤の位置でDはCに勝つ。最後に，条件ウ及びエより⑥の位置でEが勝ち，Eが優勝する。

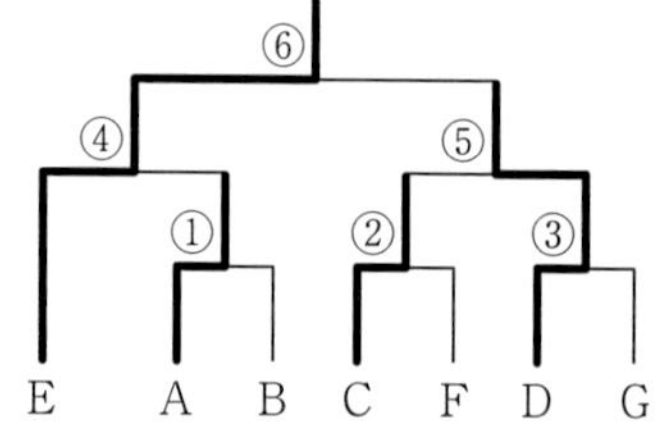

(iii) CとFが③の位置で対戦している場合

(ii) の場合の②と③の位置が入れ替わっただけで，勝敗はすべて同様である。

よって，(i) と (ii) の場合が考えられることを踏まえて，各選択肢について吟味をしていく。

1：誤り。いずれの場合もA組とE組は対戦する。　2：誤り。(ii) の場合はC組に勝ったD組は優勝しない。　3：誤り。(ii) の場合はE組が優勝する。　4：誤り。(ii) の場合にはE組はG組と対戦しない。　5：正しい。(i) の場合はE組，(ii) の場合はD組が該当する。

13 1

解説 折り目は合計7つできるので，左から順に①～⑦と番号を記す。また，問題文の図の長方形の紙について，Aの文字が書かれた側を表，Aの文字が書かれていない側を裏とする。ここで，①～⑦の折り目の位置は，表側にあるときに折られると谷，裏側にあるときに折られると山になることを踏まえて，それぞれの折り目がどうなるかを検討する。

(i) はじめ

すべての位置は表側である。

(ii) 1回折りたたんだ後

④の位置で折りたたむが，折りたたむ直前に④は表側だったので折り目は谷となる。また，問題文の図より，④より左側の①②③は反転して裏側となる。

(iii) 2回折りたたんだ後

②と⑥の位置で折りたたみ，②は裏側だったので山，⑥は表側だったので谷となる。また，問題文の図より，②と⑥の間の位置が反転するので，③は表側，⑤は裏側となる（④はすでに確定しているので考えない）。

（iv）３回折りたたんだ後

残った位置すべてに折り目がつく。①は裏側だったので山，③は表側だったので谷，⑤は裏側だったので山，⑦は表側だったので谷となる。

（ i ）～（iv）より，折り目は左から順に，①山，②山，③谷，④谷，⑤山，⑥谷，⑦谷となる。

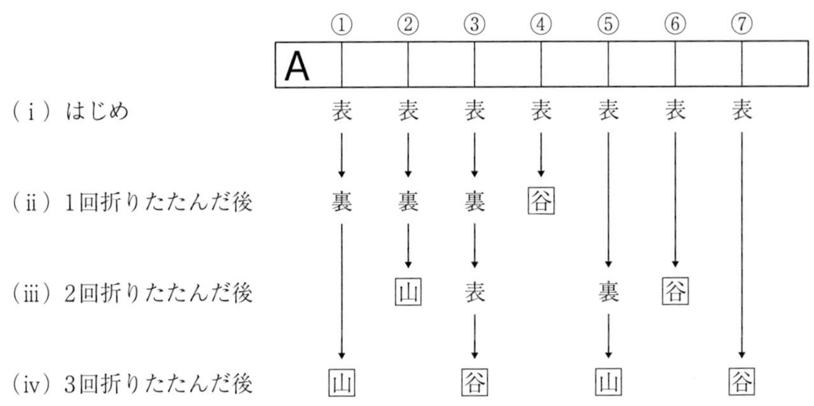

14　3

解説 線分PQの中点をMとして，以下の場合に分けて考える。

（ i ）動点P，Qが正方形の上辺と下辺を移動する場合

線分PQは上辺や下辺に対して常に垂直に交わっているので，中点Mが描く軌跡は上辺や下辺から$\frac{a}{2}$だけ離れた平行線となる。

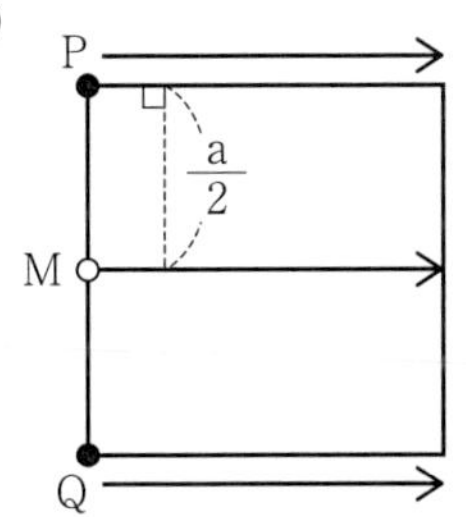

（ii）動点P，Qが正方形の左辺と右辺を移動する場合

（ i ）と同様に考えると，中点Mが描く軌跡は左辺や右辺から$\frac{a}{2}$だけ離れた平行線となる。

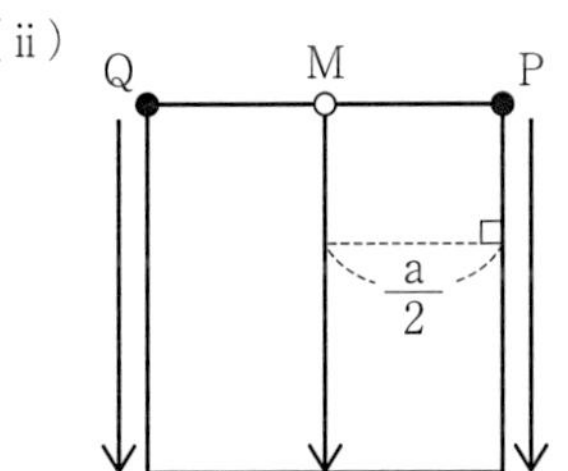

(iii) 動点Pが左辺，動点Qが下辺を移動する場合

動点Pが左辺を下向き，動点Qが下辺を右向きに移動すると，中点Mが描く軌跡は半径$\frac{a}{2}$の扇形となる。同様に考えると，正方形の4つの頂点を中心とする扇形が4つできる。

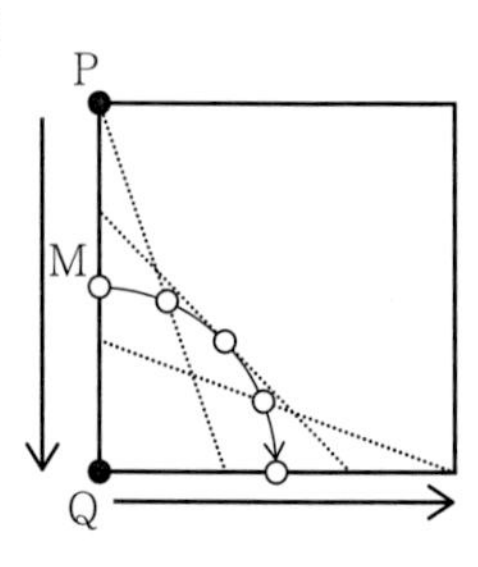

(i) ～ (iii) より，線分PQの中点の全ての軌跡は，選択肢3となる。

15 4

解説 食塩水Aの濃度をx〔%〕とすると，食塩水Bの濃度は$x+4$〔%〕または，$x-4$〔%〕と表せる。そこで，それぞれの場合に分けて考える。

(i) 食塩水Bの濃度が$x+4$〔%〕のとき

食塩の量に着目すると，$300\times\frac{x}{100}+500\times\frac{x+4}{100}=800\times\frac{9.5}{100}$が成り立つ。

整理して，$800x=5600$より，$x=7$〔%〕

(ii) 食塩水Bの濃度が$x-4$〔%〕のとき

食塩の量に着目すると，$300\times\frac{x}{100}+500\times\frac{x-4}{100}=800\times\frac{9.5}{100}$が成り立つ。

整理して，$800x=9600$より，$x=12$〔%〕

よって，選択肢に当てはまるAの濃度は (ii) の場合のみで，12%となる。

16 1

解説 正四面体BDEGの体積は，立方体ABCD－EFGHから，4つの三角錐E－ABD，G－BCD，B－EFG，D－EGHを除いたものである。

ここで，立方体ABCD－EFGHの1辺の長さを1とすると，立方体ABCD－EFGHの体積は，(縦)×(横)×(高さ)＝1×1×1＝1

それぞれの三角錐の体積は，(底面積)×(高さ)×$\frac{1}{3}=\left(1\times1\times\frac{1}{2}\right)\times1\times\frac{1}{3}=\frac{1}{6}$

したがって，正四面体BDEGの体積は，$1-\frac{1}{6}\times4=\frac{1}{3}$

17 2

解説 「現在使用している4つの数のうち少なくとも1つは同じ数を使用する」の余事象である,「現在使用している4つの数を1つも使用しない」場合を考える。すべての数を用いてできるパスワードの場合の数は,

$_{10}P_4 = 10 \times 9 \times 8 \times 7 = 5040$〔通り〕

現在使用している4つの数を1つも使用しないでできるパスワードの場合の数は,残り6つの数字から異なる4つを組み合わせるので,

$_6P_4 = 6 \times 5 \times 4 \times 3 = 360$〔通り〕

したがって,求める新しいパスワードの場合の数は,「すべての数を用いてできるパスワードの場合の数」から「現在使用している4つの数を1つも使用しないでできるパスワードの場合の数」と「現在使用しているパスワード」を引いた値であるから,$5040 - 360 - 1 = 4679$〔通り〕

18 3

解説 与えられた数列をa_nとすると,$a_1 = 1$である。また,階差をとると,1,2,3,4,5,…,b_nとなり,これは初項1,公差1の等差数列であることが分かる。

よって,求める数列の第100項の数は,

$$a_{100} = a_1 + \sum_{k=1}^{99} b_k = 1 + \frac{99 \times (1 + 99)}{2} = 4951$$

19 4

解説 1:誤り。令和元年の30～99人規模のテレワークを導入している企業数は,$1{,}180 \times \frac{19.2}{100} \fallingdotseq 227$〔社〕であるが,令和元年の300人以上規模のテレワークを導入している企業数は$381 \times \frac{41.2}{100} \fallingdotseq 157$〔社〕より,30～99人規模の企業数の方が多い。　2:誤り。令和2年の100～299人規模のテレワークを導入していない企業数は,$518 \times \frac{14.5 + 20.5}{100} \fallingdotseq 181$〔社〕なので,150社を超えている。　3:誤り。令和2年の300人以上規模のテレワークを導入している企業数は$341 \times \frac{76.8}{100} \fallingdotseq 262$〔社〕,令和元年の300人以上規模のテレワークを導入している企業数は$381 \times \frac{41.2}{100} \fallingdotseq 157$〔社〕である。よって,$262 - 157 = 105$〔社〕

より，150社以上は増えていない。　4：正しい。令和2年のテレワークを導入している全体の企業数は，$2{,}034 \times \frac{57.8}{100} \fallingdotseq 1{,}176$〔社〕で，令和元年のテレワークを導入予定なしの全体の企業数$2{,}068 \times \frac{54.4}{100} \fallingdotseq 1{,}125$〔社〕を上回っている。
5：誤り。令和元年のテレワークを導入していない企業は75%未満，令和2年のテレワークを導入していない企業は50%未満である点は正しいが，令和2年の企業の従業員規模別に見てみると，30～99人規模ではテレワークを導入していない企業は$18.2 + 32.8 = 51$〔%〕より，50%を超えている。

20 3

解説 1：誤り。果実の生産額は農業生産額全体の$\frac{146}{453+254+146+127+116+105+74+70+50+44+40+33} \times 100 = \frac{146}{1512} \times 100 \fallingdotseq 9.7$〔%〕なので，農業生産額全体の10%を超えていない。　2：誤り。工芸農作物の生産額は農業生産額全体の$\frac{40}{1512} \times 100 \fallingdotseq 2.6$〔%〕なので，農業生産額全体の3%を超えていない。　3：正しい。野菜と肉用牛の生産額の合計は農業生産額全体の$\frac{453+254}{1512} \times 100 = \frac{707}{1512} \times 100 \fallingdotseq 46.8$〔%〕なので，農業生産額全体の50%を超えていない。　4：誤り。食肉（肉用牛・豚・ブロイラー）の生産額の中に占める豚の生産額の割合は，$\frac{127}{254+127+70} \times 100 = \frac{127}{451} \times 100 \fallingdotseq 28.2$〔%〕なので，食肉の生産額の30%を超えていない。
5：誤り。食肉（肉用牛・豚・ブロイラー）の生産額の合計は，農業生産額全体の$\frac{451}{1512} \times 100 \fallingdotseq 29.8$〔%〕なので，農業生産額全体の30%を超えていない。

21 4

解説 与えられた表は，各年の世帯当たりのエネルギー消費量〔MJ/世帯〕，および各エネルギー源の構成比を示している。
1：誤り。2018年の世帯当たりのエネルギー源別消費の電気は，1965年の世帯当たりエネルギー源別消費の電気の$\left(31{,}600 \times \frac{51.2}{100}\right) \div \left(17{,}545 \times \frac{22.8}{100}\right) = 16{,}179.2 \div 4{,}000.3 \fallingdotseq 4.0$〔倍〕なので，5倍を上回っていない。　2：誤り。1965

年と1973年を比較したとき，世帯当たりのエネルギー源別消費の増加率は，

電気は$\dfrac{30{,}266\times\dfrac{28.2}{100}-17{,}545\times\dfrac{22.8}{100}}{17{,}545\times\dfrac{22.8}{100}}\times 100\fallingdotseq 113.4$〔%〕，

都市ガスは$\dfrac{30{,}266\times\dfrac{17.0}{100}-17{,}545\times\dfrac{14.8}{100}}{17{,}545\times\dfrac{14.8}{100}}\times 100\fallingdotseq 98.1$〔%〕，

LPガスは$\dfrac{30{,}266\times\dfrac{17.4}{100}-17{,}545\times\dfrac{12.0}{100}}{17{,}545\times\dfrac{12.0}{100}}\times 100\fallingdotseq 150.1$〔%〕，

灯油は$\dfrac{30{,}266\times\dfrac{31.3}{100}-17{,}545\times\dfrac{15.1}{100}}{17{,}545\times\dfrac{15.1}{100}}\times 100\fallingdotseq 257.6$〔%〕，

石炭は$\dfrac{30{,}266\times\dfrac{6.1}{100}-17{,}545\times\dfrac{35.3}{100}}{17{,}545\times\dfrac{35.3}{100}}\times 100\fallingdotseq -70.2$〔%〕なので，

都市ガスは4番目に大きい。　3：誤り。2018の都市ガスの世帯当たりのエネルギー源別消費は，1973年の都市ガスの世帯当たりのエネルギー源別消費より$31{,}600\times\dfrac{21.9}{100}-30{,}266\times\dfrac{17.0}{100}=6{,}920.4-5{,}145.22=1{,}775.18$〔MJ〕しか増加していない。　4：正しい。1965年における石炭の世帯当たりのエネルギー源別消費は，$17{,}545\times\dfrac{35.3}{100}=6{,}193.385$〔MJ〕なので，2018年における灯油の世帯当たりのエネルギー源別消費$31{,}600\times\dfrac{16.1}{100}=5{,}087.6$〔MJ〕を上回っている。
5：誤り。1965年と2018年を比較したときの灯油の世帯当たりのエネルギー源別消費の増加率は，$\dfrac{31{,}600\times\dfrac{16.1}{100}-17{,}545\times\dfrac{15.1}{100}}{17{,}545\times\dfrac{15.1}{100}}\times 100\fallingdotseq 92.0$〔%〕なので，100%は上回っていない。

22　**2**

解説　1：誤り。今年度と前年度を比べた際の減少率は，$\left(\dfrac{\text{前年度の数値}-\text{今年度の数値}}{\text{前年度の数値}}\right)\times 100$　…①となる。よって，総出火件数に

おいて，令和2年は令和元年と比べて$\frac{37{,}683-34{,}691}{37{,}683}\times 100=\frac{2{,}992}{37{,}683}\times 100$ ≒7.9〔%〕しか減少していない。　2：正しい。令和元年の建物火災における住宅火災の割合は，$\frac{10{,}784}{21{,}003}\times 100$ ≒51.3〔%〕であり，令和2年の建物火災における住宅火災の割合は，$\frac{10{,}564}{19{,}365}\times 100$ ≒54.6〔%〕なので，どちらも50%を超えている。　3：誤り。①より，林野火災において，令和2年は令和元年と比べて$\frac{1{,}391-1{,}239}{1{,}391}\times 100=\frac{152}{1{,}391}\times 100$ ≒10.9〔%〕減少している。一方，車両火災において，令和2年は令和元年と比べて$\frac{3{,}585-3{,}466}{3{,}585}\times 100=\frac{119}{3{,}585}\times 100$ ≒3.3〔%〕減少している。よって，減少率が大きいのは林野火災である。　4：誤り。①より，放火において，令和元年に対する令和2年の減少率は，$\frac{2{,}757-2{,}497}{2{,}757}\times 100=\frac{260}{2{,}757}\times 100$ ≒9.4〔%〕であるが，放火疑いにおいては，$\frac{1{,}810-1{,}555}{1{,}810}\times 100=\frac{255}{1{,}810}\times 100$ ≒14.1〔%〕なので，放火疑いよりも放火の方が減少率は小さい。　5：誤り。①より，令和元年に対する令和2年の減少率は，たばこにおいて$\frac{3{,}581-3{,}104}{3{,}581}\times 100=\frac{477}{3{,}581}\times 100$ ≒13.3〔%〕，たき火において$\frac{2{,}930-2{,}824}{2{,}930}\times 100=\frac{106}{2{,}930}\times 100$ ≒3.6〔%〕，こんろにおいて$\frac{2{,}918-2{,}792}{2{,}918}\times 100=\frac{126}{2{,}918}\times 100$ ≒4.3〔%〕である。よって，減少率が最も大きいのはたばこである。

23　2

解説　1：誤り。それぞれの年で，A大学の留学生のうちアジア出身の留学生が占める割合は，2014年は$\frac{945}{945+151}\times 100$ ≒86.2〔%〕，2015年は$\frac{966}{966+186}\times 100$ ≒83.9〔%〕，2016年は$\frac{975}{975+221}\times 100$ ≒81.5〔%〕，2017年は$\frac{985}{985+216}\times 100$ ≒82.0〔%〕，2018年は$\frac{1{,}070}{1{,}070+233}\times 100$ ≒82.1〔%〕，2019年は$\frac{1{,}140}{1{,}140+259}\times 100$ ≒81.5〔%〕である。よって，A大学の留学生のうちアジア出身の留学生が占める割合が最も高いのは2014年である。

2：正しい。全国の留学生のうちアジア出身の留学生が占める割合はそれぞれ，2014年は$\frac{127,399}{127,399+11786}\times 100 \fallingdotseq 91.5$〔％〕，2015年は$\frac{138,930}{138,930+13,132}\times 100 \fallingdotseq 91.4$〔％〕，2016年は$\frac{156,556}{156,556+14,566}\times 100 \fallingdotseq 91.5$〔％〕，2017年は$\frac{173,303}{173,303+15,081}\times 100 \fallingdotseq 92.0$〔％〕，2018年は$\frac{192,935}{192,935+15,966}\times 100 \fallingdotseq 92.4$〔％〕，2019年は$\frac{211,773}{211,773+16,630}\times 100 \fallingdotseq 92.7$〔％〕である。よって，すべての期間で90％を超えており，すべての期間を合計しても同様である。
3：誤り。全国のアジア出身の留学生に対するＡ大学のアジア出身の留学生の割合は，2019年は$\frac{1,140}{211,773}\times 100 \fallingdotseq 0.538$〔％〕，2014年は，$\frac{945}{127,399}\times 100 \fallingdotseq 0.748$〔％〕なので，2014年の割合の方が高い。　4：誤り。対前年増加率を比べる場合には，前年と本年の差に着目する。各年でＡ大学の留学生のうちアジア出身の留学生の前年と本年の差が最も大きかったのは2017年から2018年にかけてなので，2018年が最も増加率が高いとわかる。　5：誤り。2より，2017年は92.0％，2018年は92.4％，2019年は92.7％なので，増加し続けている。

24　4

解説　1：「最高裁判所のみが行使」が誤り。下級裁判所も行使できる。
2：「限定されている」が誤り。心身的な事情で罷免されることもある。
3：「任期はない」が誤り。ただし，「任期は10年」であるが，ほぼ再任されている。なお，定年については簡易裁判所のみ70歳，高等・地方・家庭裁判所は65歳である。　4：正しい。　5：「直ちに改廃される」が誤り。国会で改廃が行われる。

25　4

解説　1：団体自治は，国家から独立して地域の行政を処理することである。　2：自由主義的要素と民主主義的要素の説明が反対である。　3：「条例で財産権の内容を規制することは許されない」という部分が誤りである。
4：正しい。　5：「罰則を定めることは許されない」という部分が誤りである。

26 3

解説 1:「最高裁判所が違憲判決を出したことはこれまで一度もない」が誤り。過去に数回違憲判決が出されている。 2:「減少の一途をたどっている」が誤り。投票率は増加した。 3:正しい。 4:「戸別訪問や署名運動」は禁止されている。すべてが解禁になったわけではない。 5:「政党，政治資金団体への献金を禁止している」が誤りである。総務省のHPに「政治団体を除く会社・労働組合等の団体は，政党・政党の支部(1以上の市区町村の区域又は選挙区の区域を単位として設けられる支部に限る。)及び政治資金団体以外の者に対しては，政治活動に関する寄附をしてはいけません」と書かれている。

27 2

解説 社会保障に関する問題である。国によって考え方が異なり，また時代によっても異なる。歴史の学習も絡んでくる部分であるので，まずは日本の社会保障から調べて見るとよい。 1:救貧法は，16世紀以降に発達した法の総称である。 2:正しい。 3:プレビッシュ報告ではなく，ベバリッジ報告である。 4:大陸型ではなく北欧型についての説明である。 5:北欧型ではなく大陸型についての説明である。

28 1

解説 時事問題である。特に環境問題に関しては出題されやすいので，近年どのような法律が制定されたか，あるいは改正されたかを確認しておくとよい。 ア:正しい。 イ:「ホテルが提供するヘアブラシや歯ブラシは対象外になった」という部分が誤りである。 ウ:「命令に違反しても罰金などが科されることはない」という部分が誤りである。

29 1

解説 時事問題である。スポーツ関連は，オリンピック(夏季・冬季)，サッカーのワールドカップ，ラグビーのワールドカップ，国体などが出題されやすい。近年の開催も含めて確認しておくとよい。内容に関しては，メダルの数や日本の順位(ワールドカップの場合)，参加国数や次回の開催場所，過去の開催場所などが問われやすいので，1度は調べて把握をしておきたい。

30 5

解説 国勢調査は5年ごとに簡易調査，10年ごとに大規模調査が行われる。実施された年の直後が出題されやすいが，経済の問題として出題されることもあるので，総務省や都道府県庁のHPなどで確認しておくとよい。本問題もそうであるが，「総人口」，「人口の増減の具体的推移」，「世帯数」がよく問われる。受験自治体に絞って出題されることもあるので，受験する自治体の人口関連の情報は必ずチェックしておくこと。

31 1

解説 1：正しい。　2：ルイ＝フィリップとシャルル10世の説明が反対である。　3：ウィーン会議によって，正統主義と勢力均衡の二大原則の実現が今後の目標となった。　4：パクス＝ブリタニカに関する説明である。パクス＝ロマーナは，前27年以後，200年続いた地中海世界の平和のことである。5：ギリシア独立戦争についての文章であるが，ロシアではなくオスマン帝国である。

32 4

解説 今回は享保の改革が出題されたが，江戸の三大改革の残りの二つ，寛政の改革と天保の改革についても確認しておくとよい。　1：8代将軍は徳川吉宗である。　2：公事方御定書と目安箱の説明が反対である。　3：定免法は貢租徴収法である。1719年に制定されたのは相対済し令である。　4：正しい。　5：江戸町奉行に任命されたのは，大岡忠相である。新井白石は，6代・7代将軍のときに政治に参与した学者である。

33 2

解説 ヨーロッパのキリスト教分布については，地理の教科書などに地図で示されていることが多い。インターネットなどにも掲載されていることが多いので確認しておくとよい。また，シーア派とスンナ派についても，教科書だけではなく，新聞やテレビ局のHPなどで解説されていることが多い。検索すれば見つけられるので，比較的新しい解説のものを参照にするとよい。　ア：正しい。　イ：カトリックは西に多く，プロテスタントは北に多く，正教会は東に多い。　ウ：シーア派とスンナ派の説明が反対である。　エ：正しい。

34 4

解説 1:「論語読みの論語知らず」は，表面上の言葉は理解できても実行に移せないこと。 2:「頭角をあらわす」は，優れた才能や技量が人より抜きん出ること。 3:「月夜に釜を抜かれる」は，油断して失敗すること。5:「枯れ木も山のにぎわい」は，つまらないものでもないよりはましなこと。

35 1

解説 2:「反駁（はんばく）」は，他から受けた反論に対してさらに反論すること。 3:「普請（ふしん）」は，家を建築したり土木工事をしたりすること。 4:「暗澹（あんたん）」は，暗く陰気なさまのこと。 5:「揺籃（ようらん）」は，赤ん坊を入れて揺り動かす小さなかごのこと。

36 2

解説 $|2x-3| \geqq 5$において，

（ｉ）$2x-3 \geqq 0$，すなわち$x \geqq \frac{3}{2}$のとき，

$$2x-3 \geqq 5$$
$$2x \geqq 8$$
$$x \geqq 4 \quad \cdots①$$ これは$x \geqq \frac{3}{2}$を満たす。

（ii）$2x-3 < 0$，すなわち$x < \frac{3}{2}$のとき，

$$-(2x-3) \geqq 5$$
$$-2x \geqq 2$$
$$x \leqq -1 \quad \cdots②$$ これは$x < \frac{3}{2}$を満たす。

①，②より，$x \leqq -1$，$x \geqq 4$

37 3

解説 2次方程式$-x^2+6x+m=0$の判別式をDとおくと，x軸との共有点をもたないことから，$D=6^2-4\times(-1)\times m<0$

整理して，$36+4m<0$より，$m<-9$

38　5

解説　求める外接円の半径をRとすると，この正三角形はいずれも辺の長さが5，内角が60°なので，正弦定理より，$\frac{5}{\sin 60^\circ} = 2R$

$\sin 60^\circ = \frac{\sqrt{3}}{2}$を代入して，$\frac{5}{\frac{\sqrt{3}}{2}} = 2R$

これを整理して，$R = \frac{5\sqrt{3}}{3}$

39　4

解説　Ａの袋には合計６個，Ｂの袋には合計５個の玉が入っている。このとき，Ａ，Ｂの袋から異なる色の玉を取り出すのは，次の（ⅰ），（ⅱ）の場合がある。

（ⅰ）　Ａの袋から赤玉を１個，Ｂの袋から白球を１個取り出す確率は，

$$\frac{{}_4C_1}{6} \times \frac{{}_4C_1}{5} = \frac{16}{30}$$

（ⅱ）　Ａの袋から白玉を１個，Ｂの袋から赤球を１個取り出す確率は，

$$\frac{{}_2C_1}{6} \times \frac{{}_1C_1}{5} = \frac{2}{30}$$

よって，（ⅰ）と（ⅱ）は排反事象（同時には起こらない事象）なので，求める確率は，

$$\frac{16}{30} + \frac{2}{30} = \frac{18}{30} = \frac{3}{5}$$

40　4

解説　右図のように，屈折率1.3の物質中に，物体Ａが実際の深さOAの位置に沈んでいるとする。理屈上は，物体Ａから真上に出た光①が，観察者に見えるはずである。一方，空気との境界に入射角iで物体Ａから出た別の光②が，屈折角rで屈折して屈折率が1.0の空気中に出てくるとき，$r > i$となるので，

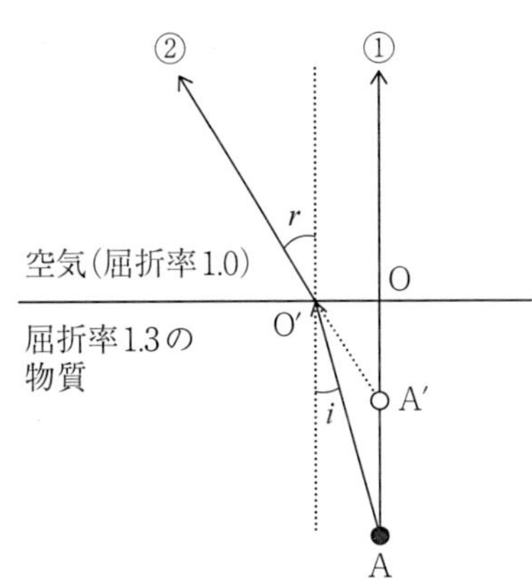

観測者にはこの屈折光の延長線とOAとの交点A′に物体があるように見える。ここで，平行線の錯角の性質より，$\angle OAO' = i$となるので，$\tan\angle OAO' = \tan i = \frac{O'O}{OA}$より，$OO' = OA\tan i$ …（ⅰ）となる。また，平行線の同位角の性質より，$\angle OA'O' = r$となるので，$\tan\angle OA'O' = \tan r = \frac{O'O}{OA'}$より，$O'O = OA'\tan r$ …（ⅱ）となる。
（ⅰ）（ⅱ）より，$OA\tan i = OA'\tan r$となり，これを変形すると$\frac{OA'}{OA} = \frac{\tan i}{\tan r}$ …（ⅲ）となる。また，実際の深さ$OA = 1$とすると，観測者に見えた深さOA′は1のx倍なので，$OA' = x$となり，（ⅲ）は$\frac{x}{1} = \frac{\tan i}{\tan r} = x$ …（ⅳ）となる。
さらに，問題文よりi，rが非常に小さいとき，$\tan i \fallingdotseq \sin i$，$\tan r \fallingdotseq \sin r$が成り立つので，（ⅳ）は$\frac{\tan i}{\tan r} = x$ …（ⅴ）となる。
最後に，屈折の法則より，$\frac{\tan i}{\tan r} =$（屈折率1.3の物質に対する空気の屈折率）が成り立ち，空気の屈折率は1.0なので$\frac{\tan i}{\tan r} = \frac{1.0}{1.3}$となり，（ⅴ）は$x = \frac{1.0}{1.3} \fallingdotseq 0.77$となる。
よって，観測者には，この物体は実際の深さの0.77倍の所に見える。

41 1

解説 放射性元素がα崩壊を1回すると，ヘリウムの原子核（α線）を1個放出して別の元素となる。ヘリウムの原子核は$^{4}_{2}He$と表し，左下の数字2は原子番号（陽子数），左上の数字4は質量数（陽子数と中性子数の和）である。つまり，ウラン$^{238}_{92}U$は原子番号（陽子数）92，質量数238であり，α崩壊を1回すると，原子番号が2，質量数が4だけ減ってトリウムThになるので，トリウムの原子番号は$92 - 2 = 90$，質量数は$238 - 4 = 234$となる。つまり，トリウムの原子核は$^{234}_{90}U$と表せる。
以上より，この核反応は，$^{238}_{92}U \rightarrow {}^{234}_{90}U + {}^{4}_{2}He$と表せる。

42 2

解説 単体の窒素は気体として存在する。よって，ここでは気体の溶解度について考えるので，ヘンリーの法則を利用する。なお，ヘンリーの法則は，「温度が一定のとき，一定量の溶媒に溶ける気体の質量（物質量）は，その気体の圧力に比例する」というものである。
温度は20℃で一定，圧力は1.0×10^5〔Pa〕から4.0×10^5〔Pa〕と4倍になり，溶媒である水の体積は1.0Lから3.0Lと3倍になったので，溶ける窒素の物質量は$4 \times 3 = 12$〔倍〕となる。つまり，溶ける窒素の物質量は$(6.8 \times 10^{-4}) \times 12$〔mol〕となる。
ここで，窒素の分子量は28なので，溶ける窒素の質量は，$(6.8 \times 10^{-4}) \times 12 \times 28 \fallingdotseq 0.23$〔g〕となる。

43 2

解説 電流の強さをI〔A〕，流した時間をt〔秒〕とすると，流れた電気量Q〔C〕は，$Q = It$と表せる。つまり，電流の大きさ5.0Aで，32分10秒（$32 \times 60 + 10 = 1930$秒）間電気分解を行ったので，流れた電気量Qは，$Q = 5.0 \times 1930 = 9650$〔C〕　…（i）となる。
また，陽極および陰極の両方で白金電極を用い，硫酸銅（Ⅱ）水溶液を電気分解したときの両極の様子を考える。
陰極では，水素より電気陰性度が小さな水溶液中の銅（Ⅱ）イオンCu^{2+}が電子e^-を受け取り銅Cuが析出する$Cu^{2+} + 2e^- \rightarrow Cu$　…（ii）という反応が起こる。ここで，ファラデー定数$F = 9.65 \times 10^4$〔C/mol〕とは，電子1molがもつ電気量を表すが，（i）より電気分解で流れた電気量がわかっているので，これを電子に換算すると$\frac{Q}{F} = \frac{9650}{9.65 \times 10^4} = 0.10$〔mol〕に相当する。一方，（ii）より析出する銅の物質量は受け取った電子の物質量の$\frac{1}{2}$倍なので，析出した銅（原子量64）を質量で表すと，$64 \times 0.10 \times \frac{1}{2} = 3.2$〔g〕となる。
陽極では，白金電極は安定していて変化せず，硫酸銅（Ⅱ）水溶液が酸性であることを踏まえると，水が電子を放出して酸素が発生する$2H_2O \rightarrow O_2 + 4H^+ + 4e^-$という反応が起こる。陰極と同様に考えると，発生した酸素（分子量32）の質量は，$32 \times 0.10 \times \frac{1}{4} = 0.8$〔g〕となる。

44 1

解説 A：植物の葉において，気孔が開く際には青色光を吸収するフォトトロンピンという光受容体が関与する。フィトクロムは，光発芽種子の発芽の際に赤色光を吸収する光受容体である。 B：光合成を行う際に取り込まれるのは二酸化炭素であり，酸素は光合成の結果放出される。 C：アブシシン酸というホルモンは，孔辺細胞に作用して気孔を閉じるはたらきをもつので，乾燥時には合成される。

45 1

解説 DNAは2本鎖なので，重いDNAを$^{15}N-{}^{15}N$，中間の重さのDNAを$^{15}N-{}^{14}N$，軽いDNAを$^{14}N-{}^{14}N$と表す。

「大腸菌の窒素がほとんど^{15}Nに置き換わった」ので，はじめの大腸菌のDNAは$^{15}N-{}^{15}N$のみである。

次に，この大腸菌が1回分裂する際には，$^{14}NH_4Cl$から得た^{14}Nを用いて，新たなDNAを合成するが，このとき$^{15}N-{}^{15}N$が分かれてそれぞれ^{14}NのDNAと対になるので，$^{15}N-{}^{14}N$が2セットできる。つまり，(重い)：(中間)：(軽い)＝0：2：0＝0：1：0となる。

さらに，2回分裂する際には，2セットの$^{15}N-{}^{14}N$が分かれてそれぞれ^{14}NのDNAと対になるので，$^{15}N-{}^{14}N$と$^{14}N-{}^{14}N$が2セットずつできる。つまり，(重い)：(中間)：(軽い)＝0：2：2＝0：1：1となる。

よって，「中間の重さのDNAと14Nのみからなる軽いDNAが1：1」が正しい。

別解 メセルソンとスタールの実験については，大腸菌がもつ2本鎖DNAはn回分裂すると，(重い)：(中間)：(軽い)＝0：1：$2^{n-1}-1$となることを覚えておくと便利である。本問では$n=2$より，(重い)：(中間)：(軽い)＝0：1：$2^{2-1}-1$＝0：1：1となる。

令和３年度　教養試験 実施問題

1　次の文章を読んで，以下の問に答えなさい。

※本文略（題材は，『やってはいけない！職場の作法―コミュニケーション・マナーから考える』高城幸司　著）

問　この文章の要旨として，最も妥当なのはどれか。

1. 印象に残らないような地味な仕事でも，それはなくてはならない仕事なのであり，誰にも気付かれなくても意義はあるものだ。
2. キャラクターづくりに夢中になって，大声や仕事のミスで周りに迷惑をかけてしまっては，悪いイメージばかり印象に残ってしまう。
3. 周囲に自分の良いイメージや特徴を覚えてもらうためには，極端なほど飛び抜けていることを証明する必要がある。
4. 能力に大きな差がない同世代の中では，日々の努力によるわずかな差こそが，明確な違いとなって表れてくるのである。
5. 自分のセールスポイントがわからない人は，まずは声の大きさや健康状態など，日常的なことから変えてみるべきだ。

2　次の文章を読んで，以下の問に答えなさい。

※本文略（題材は，『学問の技法』橋本努　著）

問　この文章の要旨として，最も妥当なのはどれか。

1. いくら知的な欲求を追求しても，それが他者の笑顔や幸福につながらないのなら，真に充実した幸せな人生と言うことはできない。
2. 知的偉人に傾倒し，その足跡をそっくりそのままなぞることで，知的欲求を満たし，充実した人生を送ることができる。
3. 根源的な欲求である知的欲求を追求するためには，誰かにあこがれ「私淑する」ことで，知的に成長することが重要である。
4. 一般的な人間はソクラテスのような哲学者を好きになれないので，家族や友人など身近な人の良いところを見習い，自分の人生に生かすべきだ。
5. 知的な欲望をいくら追求したところで，物質的に満たされない思いを抱えたまま生きるのは不幸なことである。

3 次の文章を読んで，以下の問に答えなさい。

※本文略（題材は，『さもしい人間―正義をさがす哲学』伊藤恭彦　著）

問　この文章の要旨として，最も妥当なのはどれか。

1. 貧困を撲滅することは正義の唯一の使命であり，その達成は無上の喜びであるので，その行使によって私たちに多少の不利益があったとしても帳消しにできる。
2. 貧困の解消が紛争や犯罪の減少，感染症の拡大防止につながったりするなど，正義を実行することは私たちの不利益ばかりを意味せず，利益になることもある。
3. 正義の実行は先進国に住む私たちの市民としての義務であり，それによって他の人々が不利益をこうむるのはやむを得ないことである。
4. グローバリゼーションが世界に十分広がらないとある人々の大きな不利益を生むので，これをより高度に構造を洗練させ行き渡らせることは，正義の義務である。
5. 正義の実行によって，紛争や犯罪の減少，感染症の拡大防止など，多くの人の利益が得られるので，私たちが一方的に不利益をこうむったとしても，耐えなければならない。

4 次の文章を読んで，以下の問に答えなさい。

※本文略（題材は，『言語学講義―その起源と未来』加藤重広　著）

問　この文章の要旨として，最も妥当なのはどれか。

1. 文法的な誤りや不適切さは，話の内容が相手にうまく伝わらない主な原因であるから，「正しい日本語」を適切に使うことで，できるだけ是正しなくてはならない。
2. 話し手が「正しい日本語」を適切に使っていなくても，身振りや表情など言葉以外の情報から正確な内容を読み取ることで，コミュニケーションは齟齬なく成立する。
3. 国会など公の場で話す場合，普段の会話と違って，文法的な誤りや不適切さのある文は許容されることはなく，結果としてコミュニケーションは成立しなくなる。
4. 言葉は変化していくものであり，「正しい日本語」など実際には存在しないのであるから，文法的な誤りや表現の不適切さにこだわる意味はない。
5. コミュニケーションが成立するのは，伝達内容に合理性があるはずという前提に立ち，聞き手側か修正，補足しながら理解しているからである。

5 次の文章を読んで，以下の問に答えなさい。

※本文略（題材は，『生き方の不平等—お互いさまの社会に向けて』白波瀬佐和子　著）

問　この文章の要旨として，最も妥当なのはどれか。
1. 子どもの貧困においてまず改善するべきは親の経済状態であり，福利厚生によってそれを整えるために，子どもの教育が一時的に犠牲になることは，やむを得ない。
2. 貧困の問題を抱えた子ども専用のカリキュラムとして，職業経験や職業カウンセリング，またボランティア活動を含めた社会経験などを充実させるべきである。
3. 教育の場は子どもが特定の親子関係からはなれて教養や社会経験を積み，自らの可能性を見極められる場所であり，その権利は親子の関係を超えて保障されるべきである。
4. すべての子どもには親の庇護が必要であるので，たとえ教育を目的としたものであっても，国の福利厚生が親子関係を妨げるものであってはならない。
5. 現代においてすべての子どもに必要な教育は実学であり，教養や基礎学力の向上よりも，職業経験や職業カウンセリングなどのカリキュラムを重視しなくてはならない。

6 次の会話文について，［　　］に当てはまる正しい英文のみを，すべて選んだものとして，最も妥当なのはどれか。

A：Do you know what today is?
B：No, what is it?
A：It's our wedding anniversary. We were married six years ago today.
B：Are you sure? I thought we were married on the nineteenth.
A：So we were, and today is the nineteenth.
B：［　　］ I think you'll find it's the eighteenth.
A：Well, let's have a look at the newspaper.

ア：I'm. afraid that's not right.
イ：Exactly.
ウ：You can count on it.
エ：Surely not!

1. ア　2. イ　3. イ，ウ　4. ア，エ　5. ウ，エ

7 次の会話文について，[　　　]に当てはまる正しい英文のみを，すべて選んだものとして，最も妥当なのはどれか。

A：I just received a letter from one of my old junior high school friends.
B：That's nice!
A：Well, actually I hadn't heard from her in ages.
B：I've lost touch with most of my old friends. Only one or two still keep in touch.
A：I know. It's really hard to maintain contact when people move around so much.
B：[　　　] People just drift apart! But you're lucky to have a loyal friend.

ア：That's right.
イ：Never!
ウ：Good for you.
エ：I don't think so.

1. ア　2. エ　3. ア，ウ　4. イ，エ　5. ウ，エ

8 次の会話文について，[　　　]に当てはまる正しい英文のみを，すべて選んだものとして，最も妥当なのはどれか。

A：How are your final exams going?
B：Not bad, but I'll be glad when they're over.
A：Me too. What's the first thing you want to do when you're done with all your exams?
B：I want to sleep!
A：I want to go somewhere far away ... maybe Italy.
B：[　　　] Let's go!

ア：What a pity!

イ：Sounds good to me!

ウ：Lovely.

エ：My pleasure.

1. イ　2. エ　3. ア，ウ　4. イ，ウ　5. ウ，エ

9 **「春が好きな生徒は，冬が嫌い。」という命題が成立するために必要な命題の組合せとして，最も妥当なのはどれか。**

ア　春が嫌いな生徒は，夏が好き。

イ　夏が好きな生徒は，春が好き。

ウ　夏が嫌いな生徒は，春が嫌い。

エ　夏と冬が両方好きな生徒はいなかった。

オ　夏と冬が両方好きな生徒が必ずいる。

カ　冬が嫌いな生徒は，夏が好き。

1. ア，エ　2. ア，オ　3. イ，エ　4. ウ，エ　5. ウ，カ

10 **全校生徒300人の商業高校で，簿記，英語，電卓の資格を持っているかアンケートを実施した。次のア～オのことがわかっているとき，確実にいえることとして，最も妥当なのはどれか。**

ア　いずれの資格も持ってない生徒は21人だった。

イ　簿記の資格を持っていない生徒は88人だった。

ウ　簿記と電卓の両方の資格を持っている生徒は64人だった。

エ　簿記と英語の２つの資格のみを持っている生徒は19人だった。

オ　英語の資格のみを持っている生徒は１人もいなかった。

1. 英語の資格を持っている生徒は150人だった。
2. 電卓の資格を持っている生徒は131人だった。
3. 簿記の資格のみを持っている生徒は128人だった。
4. 電卓の資格のみを持っている生徒は67人だった。
5. ３つの資格をすべて持っている生徒は24人だった。

11 A～Eの5人は，コーヒー，お茶，水の3種類の飲み物の中から2本ずつ購入した。次のア～オのことがわかっているとき，確実にいえることとして，最も妥当なのはどれか。

ア　5人が購入した飲み物の種類の組合せは，すべて異なっていた。
イ　同じ種類の飲み物を購入した者が2人いた。
ウ　お茶を購入した者はEを含めて，2人いた。
エ　コーヒーを購入した者は，A，B，Dの3人だけだった。
オ　CはBと同じ種類の飲み物を購入したが，AとEは同じ種類の飲み物は購入しなかった。

1. Aはコーヒーを2本購入した。
2. Dはコーヒーと水を購入した。
3. Eはお茶を2本購入した。
4. BとEは同じ種類の飲み物を購入しなかった。
5. CとDは同じ種類の飲み物を購入した。

12 A～Fの6人がテニスのリーグ戦を行い，試合後に，各人が次のように話していた。このとき，確実にいえることとして，最も妥当なのはどれか。

A「私は3勝2敗だった。全試合を通じて引き分けは2回のみであった。」
B「私はDと引き分けた。」
C「私はBに勝ったが，負け数が勝ち数よりも多かった。」
D「私はEに勝った。」
F「私はCに負けた以外は全員に勝った。1勝もしていない者はいなかった。」

1. AはBに勝った。
2. DはAに勝った。
3. Cは1勝した。
4. EはAに勝った。
5. Bは2回引き分けた。

13 下の正八面体の展開図を組み立てたとき，他と異なるものとして，最も妥当なのはどれか。

1.

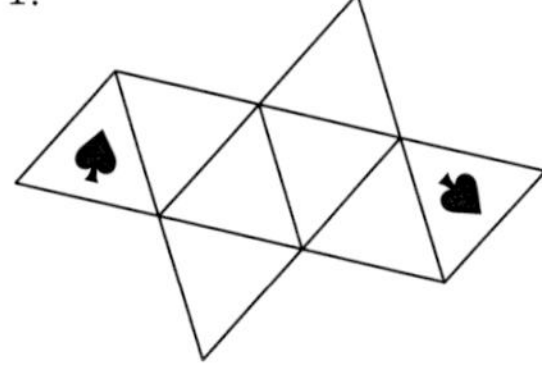

2.

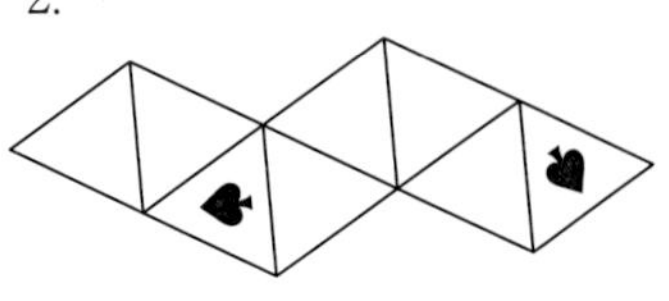

3.

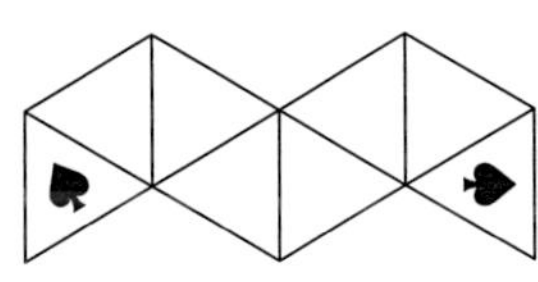

4.

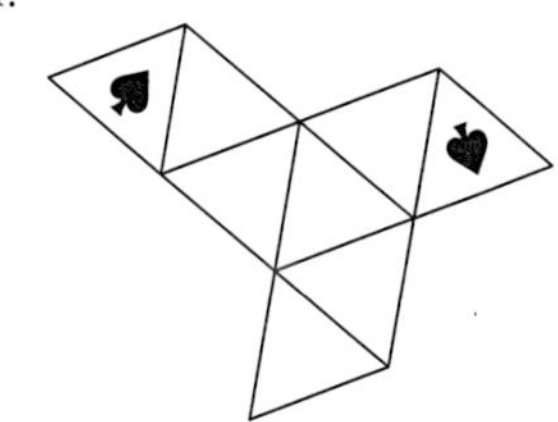

5.

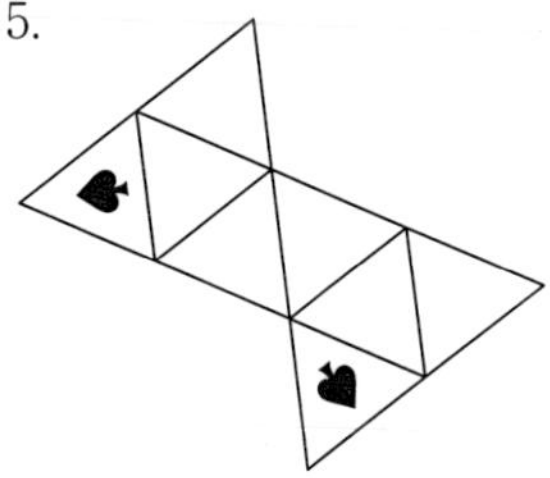

14 下の図は立方体を３つ積み上げたものである。A，B，Cの３つの頂点を通る平面で切断したときの断面の様子として，最も妥当なのはどれか。

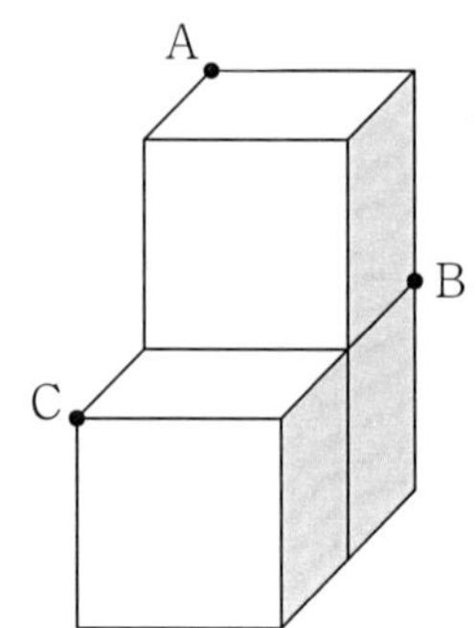

1.

2.

3.

4.

5.

15 次の図のように，全ての辺の長さがaの正四角すいのすべての面に球が内接しているとき，この球の半径として，最も妥当なのはどれか。

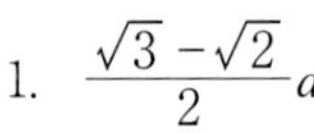

1. $\dfrac{\sqrt{3}-\sqrt{2}}{2}a$　　2. $\dfrac{\sqrt{6}-\sqrt{3}}{4}a$
3. $\dfrac{\sqrt{6}-\sqrt{2}}{4}a$　　4. $\dfrac{\sqrt{6}-\sqrt{3}}{2}a$
5. $\dfrac{\sqrt{6}-\sqrt{2}}{2}a$

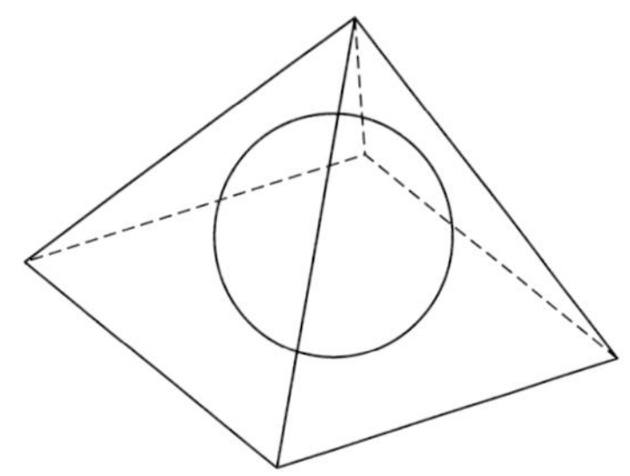

16 次の図のように，半径２の円Ｐと半径１の円Ｑが点Ａで接している。直線Ｌは２つの円とそれぞれ点Ｂ，点Ｃで接し，直線Ｍは２つの円と点Ａで接している。２つの直線Ｌ，Ｍの交点を点Ｄとするとき，四角形ＰＡＤＢの面積として，最も妥当なのはどれか。

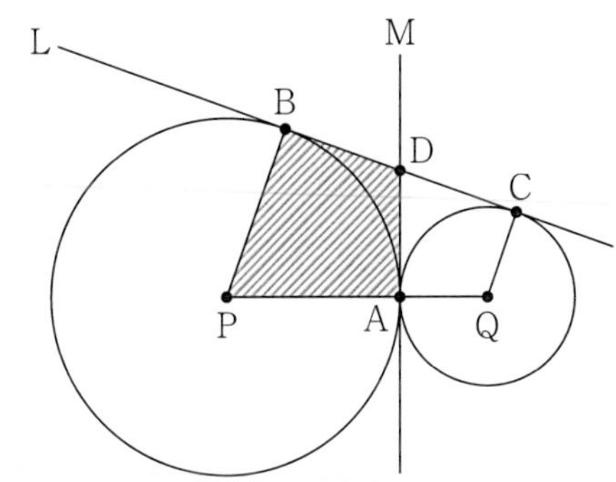

1. $2\sqrt{2}$
2. $2\sqrt{3}$
3. $2\sqrt{5}$
4. $3\sqrt{2}$
5. $3\sqrt{3}$

17 Ａさんは，１階から２階にエスカレーターで昇り，その後，２階から３階まで階段で昇った。２階にいた時間は２分，Ａさんの階段を昇る速度は，7.2km/時，エスカレーターに乗ったＡさんの速度は1.8km/時のとき，Ａさんが１階でエスカレーターに乗ってから３階に到着するまでにかかった時間として，最も妥当なのはどれか。ただし，エスカレーターと階段の長さは，それぞれ60mとする。

1. 3分45秒　　2. 4分20秒　　3. 4分30秒　　4. 5分10秒
5. 5分20秒

18 1桁の異なる整数A～Eについて，次のア～エのことがわかっているとき，A＋C＋Dの値として，最も妥当なのはどれか。

ア：A + B = E

イ：E = 2D

ウ：A + D = C

エ：2B − C = A

1. 14　　2. 16　　3. 18　　4. 19　　5. 20

19 下のグラフは，平成19年度から平成28年度の自動車・同附属品製造業における特定目的別研究費の推移についてまとめたものである。このグラフから判断できることとして，最も妥当なのはどれか。

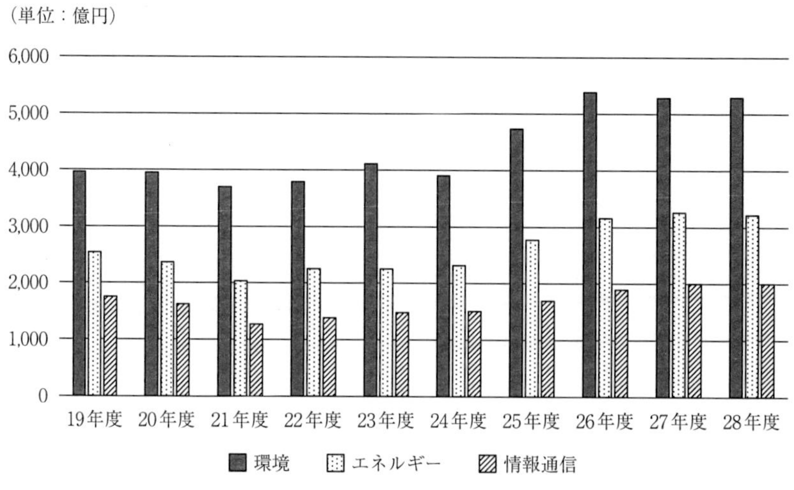

1. エネルギーと情報通信の研究費を合わせた額が，環境の研究費の額を超えた年度はない。
2. 平成19年度に比べて平成28年度は，グラフ中の3つの研究費を合わせた額が4割以上増加している。
3. 環境の研究費がエネルギーの研究費の2倍を超えた年度はあるが，情報通信の研究費の3倍を超えた年度はない。
4. グラフ中の3つの研究費を合わせた額が，1兆円を超えた年度はない。
5. 環境の研究費が最も少なかった年度と最も多かった年度を比較すると，3割以上増えている。

20 下のグラフは，野菜の需給構造についてまとめたものである。この円グラフから判断できることとして，最も妥当なのはどれか。

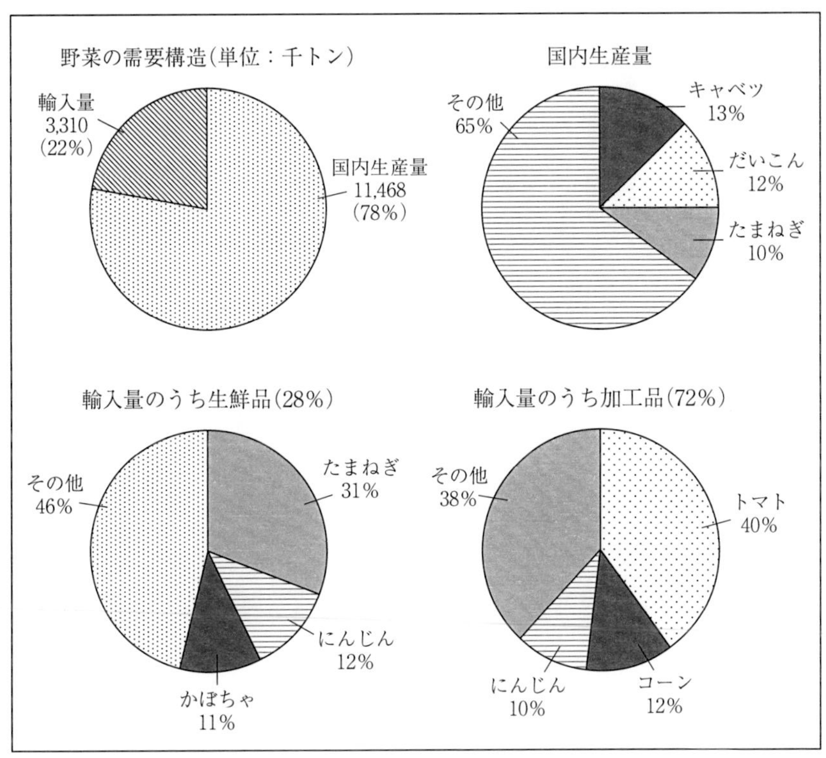

1. 国内生産量のたまねぎと輸入量のうち生鮮品のたまねぎを足した量は，輸入量のうち加工品のトマトとその他を足した量よりも多い。
2. 輸入量のうち生鮮品のにんじんとかぼちゃを足した量は，輸入量の5分の1を超えている。
3. 輸入量のうち加工品のにんじんと輸入量のうち生鮮品のにんじんの量を比較すると，輸入量のうち生鮮品のにんじんの方が多い。
4. 国内生産量のキャベツ，だいこん及びたまねぎを足した量は，5,000千トンを超えている。
5. 国内生産量のたまねぎの量は，輸入量のうち加工品のトマトの量よりも多い。

21 下のグラフは，鉱工業における従業者数と製造品出荷額等の産業別構成の変化についてまとめたものである。このグラフから判断できることとして，最も妥当なのはどれか。

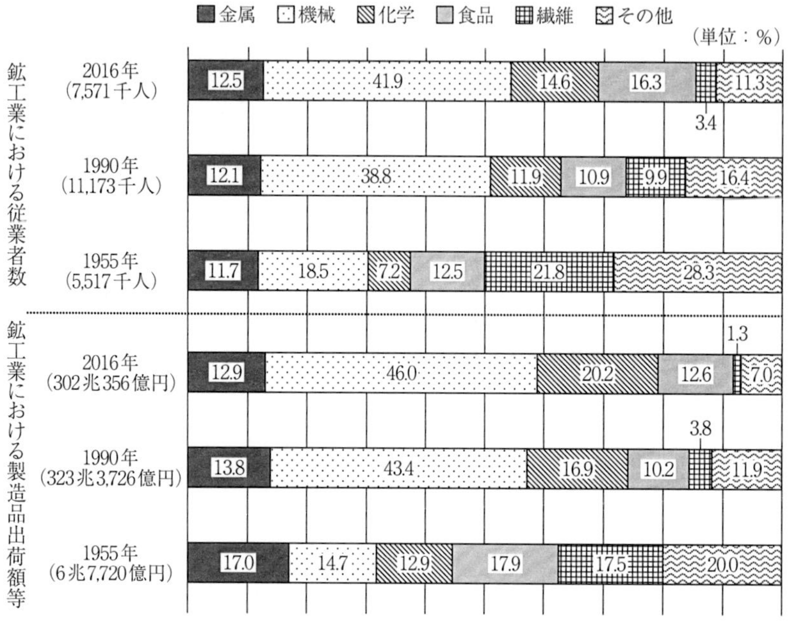

1. 機械の従業者数は，1955年が最も少なく，2016年が最も多い。
2. 1990年の機械の製造品出荷額等は，1955年の機械の製造品出荷額等の150倍を超えている。
3. 従業者一人当たりの製造品出荷額等は，1990年のその他の方が2016年の食品より少ない。
4. 2016年と1990年を比較した場合，産業別の減少額が最も多いのは繊維である。
5. 1955年の繊維，1990年の食品，2016年の金属の従業者数は，いずれも1,000千人を超えている。

22 **下の表は，家具製造業についてまとめたものである。この表から判断できるア～ウの記述の正誤の組合せとして，最も妥当なのはどれか。**

木製家具製造業

	事業所数（件）	従業者数（人）	製造品出荷額（百万円）
2005年	8,030	64,781	990,568
2010年	7,868	57,402	764,598
2015年	6,528	52,291	765,190

金属製家具製造業

	事業所数（件）	従業者数（人）	製造品出荷額（百万円）
2005年	974	24,227	477,753
2010年	838	15,956	329,716
2015年	717	18,157	472,395

ア．事業所一件当たりの製造品出荷額が最も多いのは，2005年の金属製家具製造業である。

イ．事業所一件当たりの従業者数が最も少ないのは，2010年の木製家具製造業である。

ウ．事業所一件当たりの従業者数において，金属製家具製造業の従業者数は，どの調査年次においても木製家具製造業の従業者数の4倍以上である。

	ア	イ	ウ
1.	誤	正	正
2.	正	誤	正
3.	誤	正	誤
4.	正	正	誤
5.	正	誤	誤

23 下の表は，ある国の対外輸出額とその構成比上位5か国・地域の割合についてまとめたものである。この表から判断できるア～ウの記述の正誤の組合せとして，最も妥当なのはどれか。

	2000年	2010年	2018年
1位	アメリカ（29.7%）	中国（19.4%）	中国（19.5%）
2位	台湾（7.5%）	アメリカ（15.4%）	アメリカ（19.0%）
3位	韓国（6.4%）	韓国（8.1%）	韓国（7.1%）
4位	中国（6.3%）	台湾（6.8%）	台湾（5.7%）
5位	香港（5.7%）	香港（5.5%）	香港（4.7%）
輸出総額（百億円）	5,165	6,741	8,148

ア　2018年の中国への輸出額は2010年の中国への輸出額より3割以上増加している。

イ　台湾への輸出額は増加し続けている。

ウ　2018年の香港への輸出額は2000年の韓国への輸出額よりも多い。

	ア	イ	ウ
1.	正	正	正
2.	誤	正	正
3.	誤	正	誤
4.	正	誤	正
5.	誤	誤	正

24 日本国憲法が定める国民の権利及び義務に関する記述として，最も妥当なのはどれか。

1. 日本国憲法は，憲法が国民に保障する自由及び権利について，国民の不断の努力によって保持しなければならないものと規定している。
2. 有罪・無罪の判断は裁判時になされるものであるから，実行の時に適法であった行為についても，裁判時の法律に違反していれば，刑事責任を問われることがありうる。
3. 財産権は，国民の生活の基盤となる権利であるため，それに制限を加えることは許されず，私有財産を公共のために用いることも認められない。
4. 日本国憲法は，国民の勤労の権利を保障するとともに，就業時間を週40時間以内にすることや1時間以上の休憩時間を与えることなど，勤労条件に関する基準を具体的に定めている。

5. 日本国憲法は，表現の自由とともに通信の秘密も保障していることから，電話などの通信を傍受することは，いかなる犯罪の捜査のためであっても許されない。

25 我が国の国会及び議院に関する記述として，最も妥当なのはどれか。

1. 日本国憲法には両議院の議員の定数及び任期の定めはなく，すべて法律で定められているため，法律を改正することによって現行の定数や任期を変更することが可能である。
2. 両議院の議事は，憲法に特別の定めがある場合を除いては，総議員の過半数で決し，可否同数のときは否決したものとみなされる。
3. 国政調査権は両院が一致して行わなければならず，また刑事訴追のおそれがあることから証人の出頭・証言を求めることはできず，記録の提出を求めることができるにとどまる。
4. 両議院は，各々その議員の資格に関する争訟を裁判する権限を有するが，議員の資格を失わせるには，出席議員の3分の2以上の多数による議決を必要とする。
5. 衆議院及び参議院の会議その他の手続きや内部の規律に関する規則は，それぞれの議院のみで定めることはできず，両院一致の議決からなる法律で定める必要がある。

26 民主政治の基本原理に関する記述として，最も妥当なものはどれか。

1. ホッブズは『リヴァイアサン』において，人間の自然状態は，「万人の万人に対する闘争状態」に陥ってしまうことから，自然権を国家に全面委譲する社会契約を結ぶべきだと主張した。
2. ロックは『社会契約論』において，個人の自由な契約によって成立する共同社会では，その構成員の総意である一般意思が重視されると主張し，直接民主制に影響を与えた。
3. ルソーは『法の精神』の中で，国家権力の抑制と均衡をはかり，政府が権力を濫用しないために，立法・行政・司法の三権分立を主張し，近代憲法に影響を与えた。
4. クック（コーク）は，人間は自然状態でも一定の秩序はあるが，自然権を確実にするために社会契約を結び，政府が国民の権利を侵害する場合には抵抗権を行使できると主張した。

5. モンテスキューは，「国王といえども神と法のもとにある」というブラクトンの言葉を引用し，コモン・ローに従うべきであるという法の支配を主張した。

27 **我が国の国民経済計算に関する次の記述で，［A］～［D］に当てはまる語句の組合せとして，最も妥当なのはどれか。**

一国の経済規模をはかる指標の概念として，ある一時点での蓄積された資産である［A］と，ある一定期間における流れの量を示す［B］がある。［A］の例としては［C］が，［B］の例としては国内総生産（GDP）があり，GDPには国内での外国人による生産分が［D］。

	A	B	C	D
1.	フロー	ストック	国富	含まれない
2.	フロー	ストック	国民所得	含まれる
3.	ストック	フロー	国富	含まれる
4.	ストック	フロー	国民所得	含まれる
5.	ストック	フロー	国富	含まれない

28 **2020年8月，安倍晋三元首相が連続在職日数の最長記録を更新したが，それまで最長記録を保持していた首相の名前として，最も妥当なのはどれか。**

1. 伊藤博文
2. 桂太郎
3. 小泉純一郎
4. 佐藤栄作
5. 吉田茂

29 **2020年に行われた我が国の国勢調査に関する記述として，最も妥当なのはどれか。**

1. 国勢調査は，5年に1度行われる調査で，2020年に行われた調査は実施100年の節目を迎えた。
2. 国勢調査は，日本に住む人や世帯が対象となるが，外国人は含まれない。
3. 2020年に行われた国勢調査は，インターネットのみで回答を受け付けた。
4. 国勢調査は，プライバシー保護の観点から回答する義務までは発生しない。

5. 国勢調査の結果は，将来の人口推計にのみ活用され，地方交付税の算定などに活用されることはない。

30 近年のアジア情勢に関する次のＡ～Ｃの記述のうち，正しいもののみをすべて選んだ組合せとして，最も妥当なのはどれか。

A．2019年8月，韓国は日本と締結していた軍事情報包括保護協定（GSOMIA）の破棄を決定し，同年11月に予定通り破棄された。

B．2020年1月，台湾で総統選挙が実施され，民進党現職の蔡英文氏が国民党の韓国瑜氏らを破り，再選を果たした。

C．2020年6月，中国で香港国家安全維持法が成立し，香港の治安維持を中国政府が直接行うことが可能となった。

	A	B	C
1.	正	正	誤
2.	正	誤	誤
3.	誤	正	誤
4.	誤	正	正
5.	誤	誤	正

31 百年戦争に関する記述として，最も妥当なのはどれか。

1. イギリスは毛織物生産の中心地であるフランドルを支配下におこうとしたが，この地に羊毛を輸出して利益をあげていたフランスは，イギリスが勢力を伸ばすのを阻止しようとした。

2. フランスでヴァロワ朝の直系が絶えると，イギリス国王エドワード3世は母がヴァロワ家出身であることからフランスの王位継承権を主張し，これをきっかけに百年戦争が始まった。

3. 百年戦争の結果，フランス国内の領土を失ったイギリスでは王位継承をめぐってランカスター家とヨーク家の間でバラ戦争とよばれる内乱が起こり，有力な諸侯が次々と没落した。

4. フランス国内は黒死病の流行やジャックリーの乱などで荒廃し，フィリップ4世が即位したときに勢力が急速に衰えた。

5. 国を救えとの神託を受けたという国王の娘ジャンヌ＝ダルクは，フランス軍をひきいてオルレアンの囲みを破りイギリス軍を大敗させた。

32 室町時代の産業に関する記述として，最も妥当なのはどれか。

1. 灌漑や排水施設の整備・改善で，畿内では二毛作に加え三毛作もおこなわれた。
2. 肥料は下肥がすたれ，代わりに刈敷・草木灰などが広く使われるようになった。
3. 水稲の品種改良が進んだが，早稲・中稲・晩稲の作付けは普及しなかった。
4. 連雀商人や振売と呼ばれた行商人の数が減少し，大原女などの女性の活躍の場は減った。
5. 私鋳銭の流通を奨励するために，それ以外の銭の流通を禁止する撰銭令が発布された。

33 地図の図法に関する次の記述で，［ A ］～［ D ］に当てはまる語句の組合せとして，最も妥当なのはどれか。

メルカトル図法による世界地図は，経線と緯線が直交しているため，経線と任意の直線がつくる角度が正確に表されることから，［ A ］に利用されるが，［ B ］になるほど距離や面積が拡大する。

また，正距方位図法は，［ C ］の距離と方位を正しく読み取ることができるため，［ D ］に利用される。

	A	B	C	D
1.	航海図	低緯度	図中の任意の2地点	航空図
2.	航空図	低緯度	図の中心点と任意の地点	航海図
3.	航海図	高緯度	図中の任意の2地点	航空図
4.	航海図	高緯度	図の中心点と任意の地点	航空図
5.	航空図	高緯度	図の中心点と任意の地点	航海図

34 次の四字熟語とその意味の組合せとして，最も妥当なのはどれか。

1. 主客転倒　―　仲間と思っていた人間に裏切られること。
2. 深謀遠慮　―　考えすぎてしまって失敗してしまうこと。
3. 当意即妙　―　思ったことを口にしてしまうこと。
4. 粉骨砕身　―　力の限り努力をすること。
5. 無味乾燥　―　何を食べても味を感じないほどに疲れていること。

35 四字熟語の漢字がすべて正しいのはどれか。

1. 意気洋々（いきようよう）
2. 一網打刃（いちもうだじん）
3. 意味伸長（いみしんちょう）
4. 傍目八目（おかめはちもく）
5. 気色満面（きしょくまんめん）

36 実数x，yが$3x^2+y^2=12$を満たすとき，x^2-y^2+4xの最大値として，最も妥当なのはどれか。

1. 6　　2. 8　　3. 10　　4. 12　　5. 14

37 集合A，Bを$A=\{x|2\leqq x\leqq 3\}$，$B=\{x|x<-1,\ 4<x\}$と定めるとき，$\overline{A}\cup B$をxの範囲で表したものとして，最も妥当なのはどれか。ただし$\overline{A}$はAの補集合を意味している。

1. $\overline{A}\cup B=\{x|x\leqq -1,\ 4\leqq x\}$
2. $\overline{A}\cup B=\{x|x\leqq 2,\ 3\leqq x\}$
3. $\overline{A}\cup B=\{x|-1\leqq x<2,\ 3<x\leqq 4\}$
4. $\overline{A}\cup B=\{x|x<-1,\ 4<x\}$
5. $\overline{A}\cup B=\{x|x<2,\ 3<x\}$

38 下の図の△ABCにおいて，AE：EB＝4：1，BD：DC＝2：3のとき，△PDCの△ABCに対する面積比として，最も妥当なのはどれか。

1. $\dfrac{7}{115}$
2. $\dfrac{9}{115}$
3. $\dfrac{11}{115}$
4. $\dfrac{13}{115}$
5. $\dfrac{3}{23}$

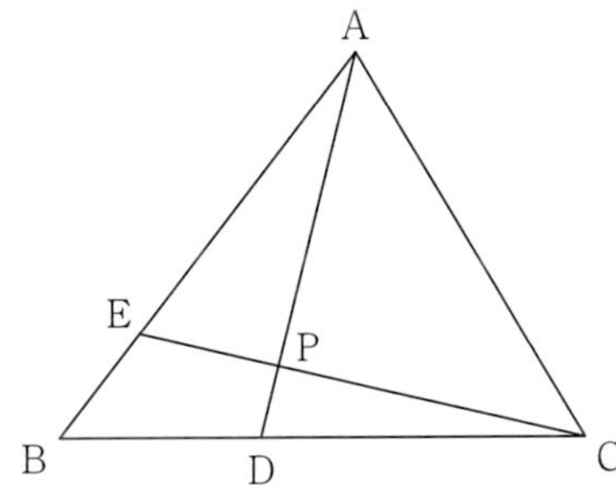

39 **1から4までの整数が書かれた4枚のカードのそれぞれにA，B，C，Dのスタンプのうちいずれか1つを押すことにする。使わないスタンプが1つのみになる押し方の総数として，最も妥当なのはどれか。**

1. 121通り　2. 144通り　3. 169通り　4. 196通り
5. 225通り

40 **電流と磁場に関する記述として，最も妥当なのはどれか。**

1. 十分に長い直線電流がつくる磁場の強さは，電流からの距離には関係がない。
2. 円形電流が円の中心につくる磁場は，円の半径が小さいほど強い。
3. ソレノイドの電流の向きに左手の親指以外の指先を合わせると，親指の向きがソレノイド内部における磁場の向きになる。
4. フレミングの左手の法則とは，誘導起電力は，それによって流れる誘導電流のつくる磁力線が，外から加えられた磁力線の数の変化を打ち消すような向きに生じることをいう。
5. レンツの法則とは，コイルの巻き数が大きいほど，誘導起電力が強くなることをいう。

41 **下の図のように，それぞれ電気容量がC，2CのコンデンサーA，Bと起電力Vの電池を接続した回路がある。最初，スイッチはa側に倒してあり，コンデンサーBには電荷は蓄えられていなかった。この状態からスイッチをb側に倒した。十分時間が経過したとき，コンデンサーAに蓄えられている電荷として，最も妥当なのはどれか。**

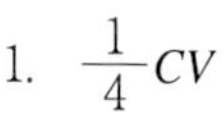

1. $\frac{1}{4}CV$

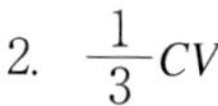

2. $\frac{1}{3}CV$
3. $\frac{1}{2}CV$
4. $\frac{2}{3}CV$
5. $\frac{3}{4}CV$

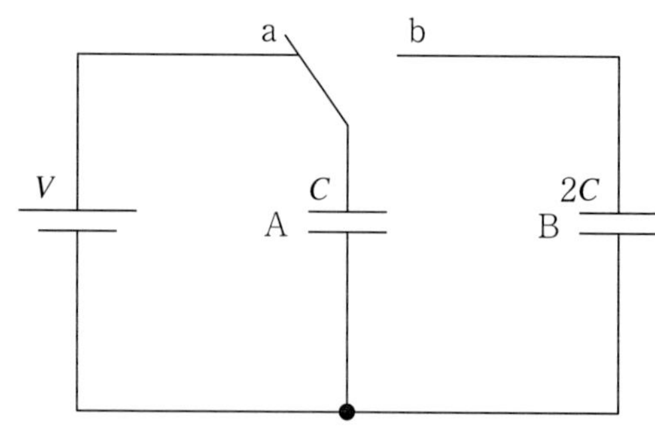

42 非金属元素の単体と化合物に関する記述として，最も妥当なのはどれか。

1. アルゴンは空気の約1％の体積を占め，電球の封入ガスに利用される希（貴）ガスである。
2. ヨウ素は黒紫色の固体であり，ハロゲンの中で最も酸化力が強い。
3. オゾンは酸素と同様に無色無臭で，酸素に強い紫外線を当てると生じる。
4. 塩化アンモニウムと水酸化カルシウムを加熱してアンモニアを得る製法では，乾燥剤として塩化カルシウムを用いる。
5. 二酸化炭素はギ酸を濃硫酸とともに加熱し，脱水すると得られる。

43 塩化水素の生成熱は92.3kJ，水素の結合エネルギーは432kJ，塩素の結合エネルギーは239kJである。塩化水素の結合エネルギーとして，最も妥当なのはどれか。ただし，正答の数値は小数点以下を四捨五入したものとする。

1. 243kJ　2. 428kJ　3. 547kJ　4. 644kJ　5. 763kJ

44 生態系に関する記述として，最も妥当なのはどれか。

1. 樹木が行う光合成は光や温度の影響を受けるが，このような影響を環境形成作用という。
2. 一次消費者とは植物食性動物のことを，二次消費者とは動物食性動物のことを指す。
3. 栄養段階が上位の生物ほど，一定面積内に存在するその生物体の総量が多い。
4. 植物が硝酸イオンやアンモニウムイオンをもとに有機窒素化合物を合成する働きを窒素固定という。
5. ある海域で，ラッコの急激な減少によって，ラッコに捕食されていたウニが爆発的に増え，ジャイアントケルプが食べ尽くされて生態系のバランスが崩れたとき，この海域においてウニはキーストーン種であると言える。

45 **生態や環境に関する次の記述で，[A]～[C]に当てはまる語句の組合せとして，最も妥当なのはどれか。**

ある地域に生息する同種の個体のまとまりを[A]といい，その地域に生息する異種の[A]全体を[B]という。[A]は別の種の[A]と競争や捕食といった相互作用をしながら生活する。また，動物の中には1個体や1家族が空間を占有し，他の個体がその空間に侵入してくると追い払う行動を示すものがある。このように防衛された空間を[C]という。

	A	B	C
1.	群れ	生態系	行動圏
2.	群れ	生物群集	縄張り
3.	群れ	生物群集	行動圏
4.	個体群	生態系	行動圏
5.	個体群	生物群集	縄張り

解答・解説

1 3

解説 出典は高城幸司著『やってはいけない！職場の作法―コミュニケーション・マナーから考える』。要旨把握問題。本文中で提示されている具体例あるいは想定される反論と，筆者の主張を厳密に区別する必要がある。本文全体の論理展開へと意識を向けることが大切である。

2 3

解説 出典は橋本努著『学問の技法』。要旨把握問題。本文中で提示されている二項対立を捉え，その上でそこから導き出される筆者の主張を把握することが大切である。二項対立の両極ともいえる意見は誤りであることが多い。

3 2

解説 出典は伊藤恭彦著『さもしい人間―正義をさがす哲学』。要旨把握問題。正義を実行することによってもたらされる利益・不利益について論じている。それら二項を折衷的に考慮する筆者の主張を捉えることが大切である。

4 5

解説 出典は加藤重広著『言語学講義―その起源と未来』。要旨把握問題。「正しい日本語」に関する筆者の立場を問う問題。選択肢1・4のような二項対立の両極ともいえる意見は誤りであることが多い。そこから導き出される折衷的な筆者の主張を捉える必要がある。

5 3

解説 出典は白波瀬佐和子著『生き方の不平等―お互いさまの社会に向けて』。要旨把握問題。接続詞や指示語に着目し，本文の論理展開を追うことが大切である。具体例や一般論と，筆者の主張を峻別することが必要となる。

6 4

解説 今日が結婚記念日の19日だと思っているAと，今日は18日であると思っているBの対話。A「今日が19日よ」という発言に対して，空所には，ア「そうではないと思うよ」または，エ「絶対違うよ」が当てはまる。その他の選択肢は，次の通り。イ：「その通り」。ウ：count onは「任せる，当てにする，頼りにする」の意味で，「信頼していいよ，それは確かだよ」。

7 1

解説 久しぶりに中学校時代の友達から手紙をもらったAと旧友の1人，2人と連絡を取り合っているBの対話。A「人はあちこち移動すると，連絡を取り続けるのはとても難しい」に対して，B「人は離れ離れになるものだが，あなたは誠実な友達を持って幸せだ」と返答している。よって空所には，ア「その通り」が当てはまる。その他の選択肢は，次の通り。イ：「決してそんなことはない」。ウ：「よかったね，おめでとう」。エ：「私はそう思いません」。

8 4

解説 期末試験を終えた2人の対話。A「どこか遠くへ行きたい，イタリアとか」に対して，Bは「一緒に行こう」と返答している。よって空所には，イ「それは私にもよさそうだ」，または，ウ「すてきだ」が当てはまる。その他の選択肢は，次の通り。ア：「何と残念なんだ」。エ：「どういたしまして」。

9 4

解説 「春が好きな生徒は，冬が嫌い」という命題は，「春→$\overline{\text{冬}}$」と記号化できる。

この対偶は，「冬が好きな生徒は，春が嫌い」となり，「冬→$\overline{\text{春}}$」と記号化できる。
同様に，ア～ウ，カの命題，およびこれらの対偶を，次のように記号化する。

	命題	対偶
ア	$\overline{\text{春}}$→夏	$\overline{\text{夏}}$→春
イ	夏→春	$\overline{\text{春}}$→$\overline{\text{夏}}$
ウ	$\overline{\text{夏}}$→$\overline{\text{春}}$	春→夏
カ	$\overline{\text{冬}}$→夏	$\overline{\text{夏}}$→冬

次に，命題エの「夏と冬が両方好きな生徒はいなかった」から，次のことが考えられる。

①「夏が好きな生徒は，冬が嫌い」 ⇒ 「夏→$\overline{\text{冬}}$」
②「冬が好きな生徒は，夏が嫌い」 ⇒ 「冬⇒$\overline{\text{夏}}$」

したがって，「春→$\overline{\text{冬}}$」が成立するためには，ウの対偶，エの①をつなげると「春→夏→$\overline{\text{冬}}$」となり，「春が好きな生徒は，冬が嫌い。」がいえる。
よって，必要な命題の組合せはウとエである。

10 2

解説 簿記，英語，電卓の資格を持っている人数，および持っていない人数について，以下のベン図を用いて考える。条件ア～オをもとに，8つの領域①～⑧に該当する人数を検討する。ただし，それぞれの領域は以下の集合を表している。

① 簿記の資格のみを持っている人数
② 英語の資格のみを持っている人数
③ 電卓の資格のみを持っている人数
④ 簿記と英語の資格のみを持っている人数

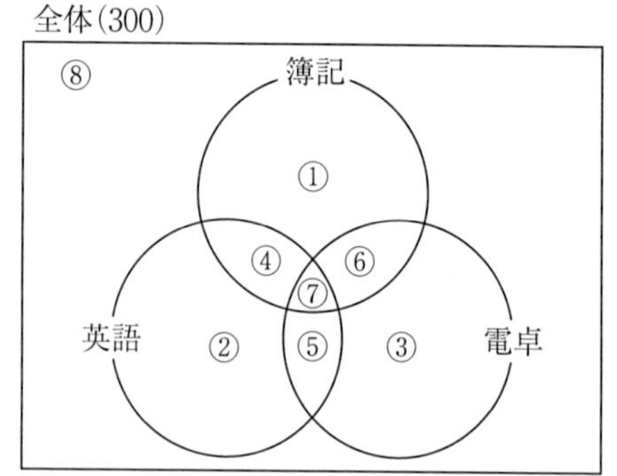

⑤　英語と電卓の資格のみを持っている人数
⑥　簿記と電卓の資格のみを持っている人数
⑦　簿記と英語と電卓の資格をすべて持っている人数
⑧　いずれの資格も持っていない人数

条件アより，⑧＝21〔人〕となる。
条件イより，②＋③＋⑤＋⑧＝88〔人〕であり，条件アの⑧＝21〔人〕より，②＋③＋⑤＝67〔人〕となる。
条件ウより，⑥＋⑦＝64〔人〕となる。
条件エより，④＝19〔人〕となる。
条件オより，②＝0〔人〕であり，条件イの②＋③＋⑤＝67〔人〕より，③＋⑤＝67〔人〕となる。

1：誤り。英語の資格を持っている生徒は②＋④＋⑤＋⑦＝0＋19＋⑤＋⑦＝19＋⑤＋⑦〔人〕であり，人数を確定できない。　2：正しい。電卓の資格を持っている生徒は③＋⑤＋⑥＋⑦＝67＋64＝131〔人〕となるので，確実にいえる。　3：誤り。条件イより，簿記の資格を持っている生徒は300－88＝212〔人〕である。よって，①＋④＋⑥＋⑦＝①＋19＋64＝212より，①＝129〔人〕である。　4：誤り。電卓の資格のみを持っている生徒は③であり，人数を確定できない。　5：誤り。3つの資格をすべて持っている生徒は⑦であり，人数を確定できない。

11　1

解説　条件ア〜オをもとに，次の表を埋めていく。ただし，飲み物を1本でも購入した場合は○，2本購入したことが確定した場合は◎，購入しなかったことが確定した場合は×を記入する。

	A	B	C	D	E	人数
コーヒー						
お茶						
水						

条件ウより，Eのお茶が○，お茶の人数が2となる。
条件エより，A，B，Dのコーヒーが○，C，Eのコーヒーが×，コーヒーの人数が3となる。
条件オより，CとBは同じ飲み物を購入しているが，Cはコーヒーを購入していないことが確定している。また，条件ウより，お茶は2人しか購入しておらず，そのうちの1人がEで確定しているので，CとBが購入することはできない。したがって，CとBは残った水を購入したはずである。この時点でBが購入した2本の飲み物が確定したので，Bのお茶は×となる。さらに，AとEは同じ飲み物を購入していないので，Aのお茶は×となる。
ここまでをまとめると，次のようになる。

	A	B	C	D	E	人数
コーヒー	○	○	×	○	×	3
お茶	×	×			○	2
水		○	○			

ここで，条件アより，購入した飲み物の組合せが同じ人はいないので，AとDがBと同じ組合せにならないために，AとBの水は×となる。すると，Aはコーヒーを2本購入したことが確定する。また，Dがコーヒーを2本購入するとAと同じ組合せとなるので，Dのお茶が○となる。すると，お茶を購入した2人が確定するので，Cのお茶は×となり，Cは水を2本購入したことになる。さらに，条件イより，同じ飲み物を購入した2人が確定するので，残ったEの水は○となる。
よって，表は次のようになる。

	A	B	C	D	E	人数
コーヒー	◎	○	×	○	×	3
お茶	×	×	×	○	○	2
水	×	○	◎	×	○	3

1：正しい。Aがコーヒーを2本購入したことは，確実にいえる。　2：誤り。Dはコーヒーとお茶を購入している。　3：誤り。Eはお茶と水を購入している。　4：誤り。BとEはどちらも水を購入している。　5：誤り。CとDは同じ種類の飲み物を購入していない。

12 5

解説 それぞれの発言をもとに，以下の対戦表を作成する。ただし，勝ちを○，負けを×，引き分けを△とする。

＼	A	B	C	D	E	F	勝－敗－分
A	＼						
B		＼					
C			＼				
D				＼			
E					＼		
F						＼	

Ａの発言より，Ａの成績が確定する。
Ｂの発言より，ＢとＤの試合結果が確定する。
Ｃの発言より，ＣとＢの試合結果が確定する。
Ｄの発言より，ＤとＥの試合結果が確定する。
Ｆの発言より，Ｆとその他5人の試合結果，およびＦの成績が4勝1敗と確定する。
ここまでをまとめると，次のようになる。

＼	A	B	C	D	E	F	勝－敗－分
A	＼					×	3－2－0
B		＼	×	△		×	
C		○	＼			○	
D		△		＼	○	×	
E				×	＼	×	
F	○	○	×	○	○	＼	4－1－0

ここで，Ｃの発言より，Ｃは負け数が勝ち数より多く，既に2勝が確定しているので，残りの試合はすべて負け，成績は2勝3敗となる。
さらに，Ａは引き分けがないことが確定しているので，残った試合のうち引き分けとなるのはＢとＥの試合だけである。すると，Ｆの発言より，Ｂは1勝しているはずなので，残ったＡとの試合に勝ち，成績は1勝2敗2引き分けとなる。したがって，Ａは残りのＤ，Ｅの試合に勝ったことになる。
よって，すべての試合の結果が次のように確定する。

	A	B	C	D	E	F	勝－敗－分
A		×	○	○	○	×	3－2－0
B	○		×	△	△	×	1－2－2
C	×	○		×	×	○	2－3－0
D	×	△	○		○	×	2－2－1
E	×	△	○	×		×	1－3－1
F	○	○	×	○	○		4－1－0

1：誤り。AはBに負けた。　2：誤り。DはAに負けた。　3：誤り。Cは2勝した。　4：誤り。EはAに負けた。　5：正しい。BはDとEに引き分けた。

13　4

解説 正八面体は，8つの合同な正三角形から構成される。正八面体の展開図の変形については，次の規則がある。

① 正三角形は隣の面に対して120°回転させることができる（♠も120°回転する）。

② 正三角形が6枚並んでいれば，端からもう一方の端へ向きを変えずに移動させることができる。

これらを利用して，選択肢の展開図を♠のついた正三角形が隣り合うように変形させると，次のようになる。

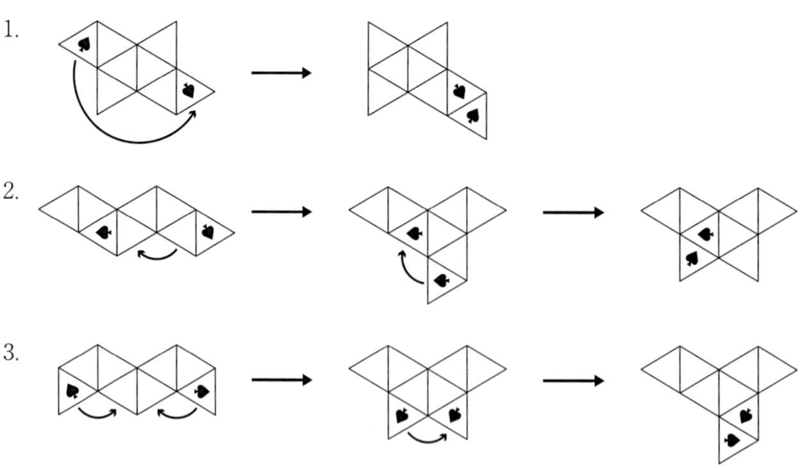

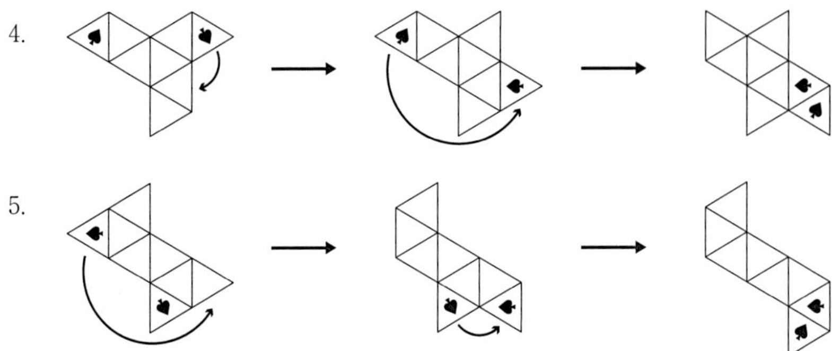

したがって，選択肢1～3，5はのように片方の♠がもう一方の♠に向いているが，選択肢4だけはのようにどちらの♠も，もう一方の♠に向いていない。

よって，組み立てたときに他と異なる正八面体となるのは，選択肢4の展開図である。

14　3

解説　切断面の形状を求める場合は，以下の点に注意して作図するとよい。

①　同一平面に存在する2点を結ぶ。

②　平行な面に存在する切断面は平行線となる。

③　上記①，②で行き詰まったら，立体を延長させて考える。

これらをもとに，次の手順で作図する。

・まず，①より点A，Bを結ぶ。

・②より，線分ABと平行な面にある点Cから平行線を引き，手前の立方体の頂点をDとし，これらを結ぶ。同様に，点E，Fをつくり，これらを結ぶ。

・①より，同一平面に存在する点BとD，点CとF，点AとEを結ぶ。

したがって，切断面は次のようになるので，選択肢3が該当する。

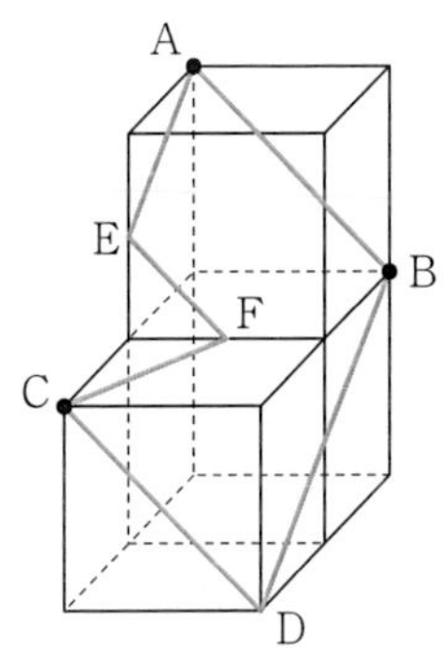

15 3

解説 題意より，この正四角すいの底面は1辺の長さがaの正方形，側面は1辺の長さがaの正三角形である。底面の正方形の対角線の長さが$\sqrt{2}a$となることと三平方の定理より，この正四角すいの高さは，

$$\sqrt{a^2-\left(\frac{\sqrt{2}}{2}a\right)^2}=\frac{\sqrt{2}}{2}a$$

したがって，この正四角すいの体積をVとすると，

$$V=\frac{1}{3}\cdot a^2\cdot\frac{\sqrt{2}}{2}a=\frac{\sqrt{2}}{6}a^3 \quad \cdots①$$ となる。

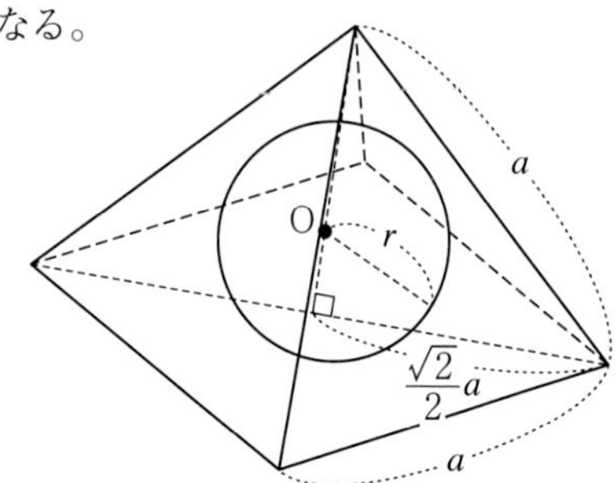

ここで，求める球の半径をr，球の中心をOとする。点Oから底面の正方形，および4つの側面の正三角形の接点を結ぶと，その線分の長さは全てrとなり，かつ各面と垂直に交わるので，それぞれの図形の高さはrとなる。

したがって，この正四角すいの体積は，1つの四角すいと4つの三角すいの体積に分割できるので，

$$V=\frac{1}{3}\cdot a^2\cdot r+4\cdot\frac{1}{3}\cdot\left(\frac{1}{2}\cdot a^2\cdot\sin60^\circ\right)\cdot r=\frac{1}{3}a^2r+\frac{\sqrt{3}}{3}a^2r$$

$$=\frac{a^2r}{3}(1+\sqrt{3}) \quad \cdots②$$

①，②より，$\frac{\sqrt{2}}{6}a^3=\frac{a^2r}{3}(1+\sqrt{3})$

これを解いて，$r=\frac{\sqrt{2}}{2(1+\sqrt{3})}a=\frac{\sqrt{2}(1-\sqrt{3})}{2(1+\sqrt{3})(1-\sqrt{3})}a=\frac{\sqrt{6}-\sqrt{2}}{4}a$となる。

16 1

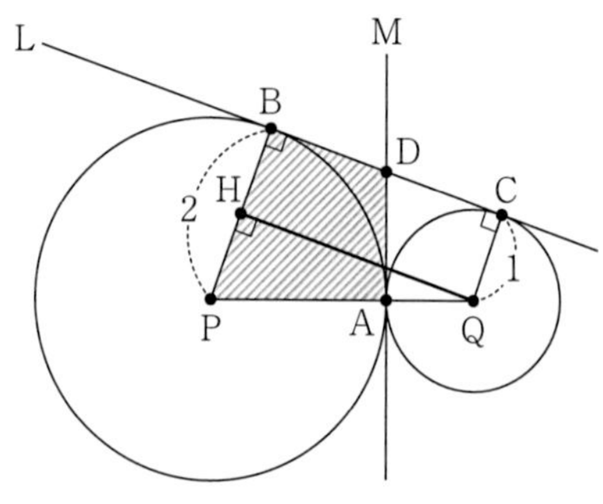

解説 点QからBPに下ろした垂線の足を点Hとすると，

$\mathrm{QH}=\sqrt{(2+1)^2-(2-1)^2}=2\sqrt{2}$

また，円外のある点から引いた2本の接線の長さは等しいので，

DA = DB，DA = DC

したがって，$DB = DC = \frac{1}{2}QH = \sqrt{2}$

円の接線とその接点を通る半径は垂直に交わるので，

$\angle PBD = \angle PAD = 90°$

求める四角形PADBの面積は，合同な2つの直角三角形PAD，PBDの面積の和なので，

四角形$PADB = 2 \cdot \frac{1}{2} \cdot \sqrt{2} \cdot 2 = 2\sqrt{2}$となる。

17　3

解説　1階から2階までエスカレーターに乗っていた時間は，

$$\frac{60\,〔m〕}{1.8\,〔km/時〕} = \frac{60\,〔m〕}{1.8 \times 1000 \div 60\,〔m/分〕} = 2\,〔分〕$$

2階にいた時間は2分

2階から3階まで階段を昇っていた時間は，

$$\frac{60\,〔m〕}{7.2\,〔km/時〕} = \frac{60\,〔m〕}{7.2 \times 1000 \div 60\,〔m/分〕} = 0.5\,〔分〕$$

よって，Aさんが1階でエスカレーターに乗ってから3階に到着するまでにかかった時間は，$2 + 2 + 0.5 = 4.5$〔分〕＝4分30秒となる。

18　1

解説　A～Eは1～9の異なる正の整数（自然数）のいずれかである。

条件ウより，$A + D = C$　…①

条件エを変形すると，$C = 2B - A$　…②

①，②より，$A + D = 2B - A$

$2A - 2B + D = 0$　…③

条件ア，イより，$A + B = E = 2D$

$A + B - 2D = 0$　…④

③×2＋④より，$5A - 3B = 0$

$$A = \frac{3}{5}B$$

これを満たすA，Bの組合せは，$A = 3$，$B = 5$

これらを条件アに代入すると，$A + B = E$より，$3 + 5 = E = 8$

これを条件イに代入すると，$E = 2D$より，$D = \frac{1}{2}E = 4$

よって，これらを条件ウに代入すると，A＋D＝Cより，3＋4＝C＝7
したがって，A＋C＋D＝3＋7＋4＝14となる。

19 5

解説 1：誤り。グラフより平成19年度における環境の研究費の額は約4,000〔億円〕である。一方，エネルギーの研究費の額は約2,500〔億円〕，情報通信の研究費の額は約1,700〔億円〕より，合計2,500＋1,700＝4,200〔億円〕である。よって，エネルギーと情報通信の研究費を合わせた額が，環境の研究費の額を超える年度がある。　2：誤り。1より，平成19年度における3つの研究費を合わせた額は4,000＋2,500＋1,700＝8,200〔億円〕，その4割増しは8,200×1.4＝11,480〔億円〕となる。一方，平成28年度における3つの研究費を合わせた額は5,300＋3,200＋2,000＝10,500〔億円〕と読み取れるので，平成19年度に比べて4割以上増加していない。　3：誤り。それぞれの年度における環境とエネルギーの研究費の額を比べる。環境の研究費の額が4,000〔億円〕以下の年度は平成19，20，21，22，24年度であるが，いずれの年度もエネルギーの研究費の額は2,000〔億円〕を超えるので，環境の研究費の額はエネルギーの2倍を超えていない。平成23年度では，環境の研究費の額が約4,100〔億円〕，エネルギーの研究費の額が約2,200〔億円〕と読み取れるので同様である。平成25年度では，環境の研究費の額が約4,700〔億円〕，エネルギーの研究費の額が約2,800〔億円〕と読み取れるので同様である。平成26，27，28年度はエネルギーの研究費の額が3,000〔億円〕を超えているが，環境の研究費の額が6,000〔億円〕未満なので同様である。よって，環境の研究費の額がエネルギーの研究費の額の2倍を超えた年度はない。　4：誤り。2より平成28年度における3つの研究費を合わせた額は10,500〔億円〕＝1兆500〔億円〕と読み取れる。　5：正しい。環境の研究費が最も少なかったのは平成21年度の約3,700〔億円〕，その3割増しは3,700×1.3＝4,810〔億円〕となる。環境の研究費が最も多かった平成26年度は5,000〔億円〕を超えているので，環境の研究費が最も少なかった平成21年度より3割以上増加している。

20 5

解説 1：誤り。国内生産量のたまねぎの量は11,468×0.10＝1,146.8〔千トン〕，輸入量のうち生鮮品のたまねぎの量は3,310×0.28×0.31＝287.308

〔千トン〕より，合計1,146.8＋287.308＝1,434.108〔千トン〕となる。一方，輸入量のうち加工品のトマトとその他の量の合計は3,310×0.72×(0.40＋0.38)＝1,858.896〔千トン〕なので，国内生産量のたまねぎと輸入量のうち生鮮品のたまねぎを足した量の方が少ない。　2：誤り。輸入量全体を1とすると，輸入量のうち生鮮品のにんじんとかぼちゃを足した量の割合は0.28×(0.12＋0.11)×100＝6.44〔％〕なので，輸入量全体の5分の1（20％）未満である。　3：誤り。輸入量全体を1とすると，輸入量のうち加工品のにんじんの割合は0.72×0.10×100＝7.2〔％〕である。一方，輸入量のうち生鮮品のにんじんの割合は0.28×0.12×100＝3.36〔％〕なので，輸入量のうち生鮮品のにんじんの方が少ない。　4：誤り。国内生産量のキャベツ，だいこん及びたまねぎを足した量は，11,468×(0.13＋0.12＋0.10)＝4,013.8〔千トン〕なので，5,000〔千トン〕未満である。　5：正しい。1より国内生産量のたまねぎの量は1,146.8〔千トン〕，輸入量のうち加工品のトマトの量は3,310×0.72×0.40×100＝95,328〔千トン〕なので，国内生産量のたまねぎの量の方が多い。

21　3

解説　1：誤り。機械の従業者数は，1955年が5,517×0.185≒1,021〔千人〕，1990年が11,173×0.388≒4,335〔千人〕，2016年が7,571×0.419≒3,172〔千人〕なので，最も多いのは1990年である。　2：誤り。1955年の機械の製造品出荷額等は67,720〔億円〕×0.147≒9,955〔億円〕であり，その150倍は9,955×150＝1,493,250〔億円〕である。一方，1990年の機械の製造品出荷額等は3,233,726×0.434＝1,403,437〔億円〕なので，1955年の機械の製造品出荷額等の150倍を超えていない。　3：正しい。従業者一人当たりの製造品出荷額等において，1990年のその他は$\dfrac{(3{,}233{,}726)\times(0.119)}{(11{,}173\times1000)\times(0.164)}$≒0.210〔億円/人〕である。一方，2016年の食品は$\dfrac{(3{,}020{,}356)\times(0.126)}{(7{,}571\times1000)\times(0.163)}$≒0.308〔億円/人〕なので，1990年のその他の方が少ない。　4：誤り。与えられたグラフからわかるデータは，「製造品出荷額等」または「従業者一人当たりの製造品出荷額等」であるが，設問の「産業別の減少額」が何を指しているか判断できないため不適。　5：誤り。従業者数について，1955年の繊維は5,517×0.218≒1,203〔千人〕，1990年の食品は11,173×0.109≒1,218〔千人〕，2016年の金属は7,571×0.125≒946〔千人〕である。よって，2016年の金属の従業員数は1,000〔千人〕未満である。

22 3

解説 ア：誤り。事業所一件当たりの製造品出荷額において，2005年の金属製家具製造業は$\frac{477,753}{974}$≒491〔百万円／件〕であるが，2015年の金属製家具製造業は$\frac{472,395}{717}$≒659〔百万円／件〕である。よって，2005年の金属製家具製造業が最も多いわけではない。　イ：正しい。木製家具製造業の事業所数は6,528～8,030〔件〕であり，金属製家具製造業の事業所数は717～974〔件〕なので，木製家具製造業の方が約10倍多い。一方，従業員数を比べると，木製家具製造業は52,291～64,781〔人〕，金属製家具製造業は15,956～24,227〔人〕なので，木製家具製造業の方が約3倍多い。したがって，事業所一件当たりの従業員数が最小なのは，木製家具製造業のうちいずれかの年と判断できる。2005年は$\frac{64,781}{8,030}$≒8.1〔人／件〕，2010年は$\frac{57,402}{7,868}$≒7.3〔人／件〕，2015年は$\frac{52,291}{6,528}$≒8.0〔人／件〕より，最小なのは2010年の木製家具製造業である。　ウ：誤り。金属製家具製造業の事業所一件当たりの従業員数において，2005年は$\frac{24,227}{974}$≒24.9〔人／件〕であるが，イより2005年の木製家具製造業は8.1〔人／件〕なので，$\frac{24.9}{8.1}$≒3.1〔倍〕となる。よって，少なくとも2005年は4倍未満である。

23 2

解説 ア：誤り。2010年の中国への輸出額は6,741×0.194≒1,308〔百億円〕であり，その3割増しは1,308×1.3≒1,700〔百億円〕である。一方，2018年は8,148×0.195≒1,589〔百億円〕なので，2018年は2010年より3割以上増加していない。　イ：正しい。台湾への輸出額について，2000年は5,165×0.075≒387〔百億円〕，2010年は6,741×0.068≒458〔百億円〕，2018年は8,148×0.057≒464〔百億円〕である。よって，台湾への輸出額は増加し続けている。　ウ：正しい。2018年の香港への輸出額は8,148×0.047≒383〔百億円〕，2000年の韓国への輸出額は5,165×0.064≒331〔百億円〕である。よって，2018年の香港への輸出額の方が多い。

24 1

解説 2：第39条に「何人も，実行の時に適法であつた行為又は既に無罪とされた行為については，刑事上の責任を問はれない」と明記されているので誤り。　3：第29条に「私有財産は，正当な補償の下に，これを公共のために用ひることができる」と明記されているので誤り。　4：具体的な内容は，労働基準法などに書かれているため，日本国憲法の記述としては誤り。　5：「いかなる犯罪の捜査のためであっても許されない」という部分が誤りである。

25 4

解説 1：第45条に「衆議院議員の任期は，四年とする。但し，衆議院解散の場合には，その期間満了前に終了する」，第46条に「参議院議員の任期は，六年とし，三年ごとに議員の半数を改選する」と明記されているので誤り。　2：第56条に「両議院の議事は，この憲法に特別の定のある場合を除いては，出席議員の過半数でこれを決し，可否同数のときは，議長の決するところによる」と明記されているので誤り。　3：第62条に「両議院は，各々国政に関する調査を行ひ，これに関して，証人の出頭及び証言並びに記録の提出を要求することができる」と明記されているので誤り。　5：第58条に「両議院は，各々その会議その他の手続及び内部の規律に関する規則を定め」と明記されているので誤り。

26 1

解説 特に「ホッブズ」「ロック」「ルソー」については頻出であるため，公民や政治経済などの参考書などで確認しておくとよい。　2：「一般意志」，「直接民主制」はルソーの考えである。　3：『法の精神』，「三権分立制」はモンテスキューである。　4：「抵抗権」はロックである。　5：「コモン・ロー」はクック（コーク）である。

27 3

解説 A・B：「蓄積」とあるのでAには「ストック」，「流れの量」とあるのでBには「フロー」が入る。　C：「国富」とは国家の財産と考えると，「ストック」のイメージが付きやすいはずである。　D：「国内総生産」の「国内」という部分に注目したい。「国民」ではなく「国内」，つまり国内での外国人による生産分が「含まれる」のである。

28 4

解説 「連続在職日数」と「通算在職日数」を区別して考えなければならない。今回の問題は「連続在職日数」が問われているため，「佐藤栄作」が答えである。なお，「通算在職日数」と問われれば「桂太郎」になる。

29 1

解説 2：「外国人は含まれない」という部分が誤り。国内に常住している者全員に行われる。　3：「インターネットのみ」という部分が誤り，「紙媒体」も存在している。　4：「発生しない」という部分が誤り，義務である。　5：「地方交付税の算定などに活用されることはない」という部分が誤り，活用される。

30 4

解説 近年のアジア情勢に関する時事問題。ニュースなどで話題になったものが出題されやすいので，前年度のニュースはチェックしておくとよい。A：「予定通り破棄された」という部分が誤り。　B・C：正しい。

31 3

解説 1：「イギリスは毛織物生産の中心地であるフランドルを支配下におこうとしたが」という部分が誤り。イギリスはフランドルと同盟を結んでいた。　2：ヴァロワではなく「カペー」である。　4：黒死病が流行したのは百年戦争の前半である。　5：「国王の娘」という部分が誤りである。

32 1

解説 2：下肥は江戸時代に広く使われていた肥料である。刈敷や草木灰は何かの代わりではなく，使われ続けていた。　3：「普及しなかった」という部分が誤り。　4：「行商人の数が減少し」という部分が誤り。大原女や桂女などの女性の活躍の場も「増えて」いった。　5：撰銭令は，粗悪な銭の流通を禁止し，それ以外の銭の流通を強制したもの。

33 4

解説 A：角度が正確なので，その角度で進んでいけば目的地に到達することができる。よって，「航海図」が答えである。　B：角度が正しいことに特化した地図であるので，距離や面積は赤道から離れれば離れるほど拡大されてしまう。よって「高緯度」が答え。　C・D：正距方位図法は「図の中心点と任意の地点」の距離と方位が正しい。距離を正確に表しているという観点から「航空図」に利用されている。

34 4

解説 1:「主客転倒」は，物事の大小・軽重などを取り違えること。2:「深謀遠慮」は，ずっと先のことまで深く考えて計画を練ること。　3:「当意即妙」は，その場にうまく適応したすばやい機転。　5:「無味乾燥」は，味わいやうるおいのないこと。

35 4

解説 1:「意気<u>揚</u>々」が正しい。　2:「一網打<u>尽</u>」が正しい。　3:「意味<u>深</u>長」が正しい。　5:「<u>喜</u>色満面」が正しい。

36 4

解説 $3x^2 + y^2 = 12$

$$x^2 = 4 - \frac{1}{3}y^2 \quad \cdots①$$

$x^2 \geqq 0$より，$4 - \dfrac{1}{3}y^2 \geqq 0$

$$y^2 \leqq 12$$

ここで，$x^2 - y^2 + 4x = (x+2)^2 - 4 - y^2 \quad \cdots②$　と変形すると，最大値になる条件は，$y^2 \geqq 0$より，$y^2 = 0$のときである。

このとき，①より$x^2 = 4$

$$x = \pm 2$$

よって，最大値となるのは，$x = 2$，$y^2 = 0$のときであり，これらを②に代入すると，

$(2+2)^2 - 4 - 0 = 12$となる。

37 5

解説 $A=\{x|2\leqq x\leqq 3\}$ より，$\overline{A}=\{x|x<2,\ 3<x\}$
また，$B=\{x|x<-1,\ 4<x\}$ なので，
下の数直線より，$\overline{A}\cup B=\{x|x<2,\ 3<x\}$

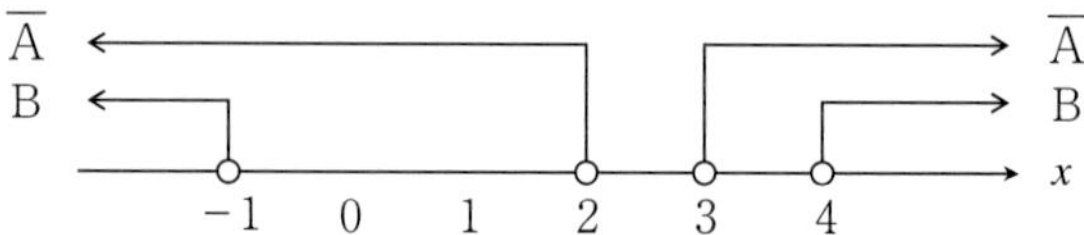

38 2

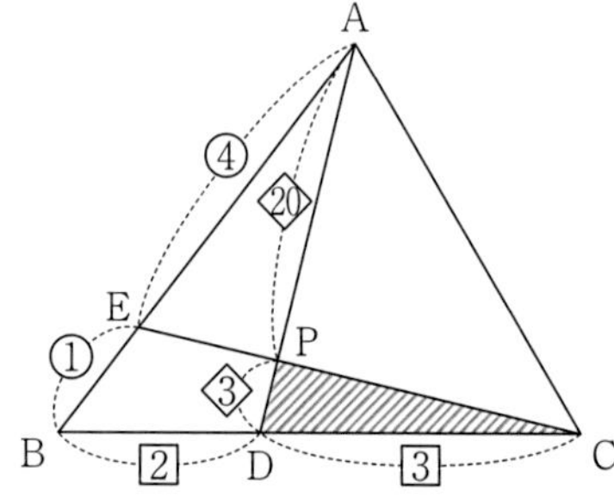

解説 メネラウスの定理より，

$$\frac{AE}{EB}\cdot\frac{BC}{CD}\cdot\frac{DP}{PA}=1$$

$$\frac{4}{1}\cdot\frac{5}{3}\cdot\frac{DP}{PA}=1$$

$$\frac{DP}{PA}=\frac{3}{20}$$

したがって，PA：DP＝20：3
ここで，△ABC＝Sとすると，△ADCは△ABCと高さが等しく，底辺の長さが$\frac{3}{5}$〔倍〕なので，　△ADC＝$\frac{3}{5}S$
同様に，△PDCは△ADCと高さが等しく，底辺の長さが$\frac{3}{23}$〔倍〕なので，
△PDC＝$\frac{3}{23}$△ADC＝$\frac{9}{115}S$
よって，△PDCの△ABCに対する面積比は，$\frac{9}{115}$となる。

39 2

解説 Aのスタンプのみを使わない場合，1から4のカードにB，C，Dの3つのスタンプを押すので，いずれか1つのスタンプは2回押すことになる。
Bのスタンプを2回押す場合，その押し方は，
(1，2，3，4)＝(B，B，C，D)，(B，B，D，C)，(B，C，B，D)，
(B，D，B，C)，(B，C，D，B)，(B，D，C，B)，
(C，B，B，D)，(D，B，B，C)，(C，B，D，B)，
(D，B，C，B)，(C，D，B，B)，(D，C，B，B)，

より，12通り　…①
C，Dのスタンプを2回押す場合も同様に考えると，Aのスタンプのみを使わない場合の押し方は，①の3倍なので，

$12 \times 3 = 36$〔通り〕　…②

さらに，B，C，Dのスタンプのみを使わない場合も同様に考えると，
求める押し方の総数は，②の4倍なので，

$36 \times 4 = 144$〔通り〕となる。

40 2

解説 1：誤り。電流からの距離が遠いほど磁場は弱くなる。　2：正しい。　3：誤り。ソレノイドの電流の向きに右手の親指以外の指先を合わせた時に，親指の向きがソレノイド内部における磁場の向きになる。　4・5：誤り。4の記述がレンツの法則の説明である。

41 2

解説 スイッチをa側に倒したとき，コンデンサーAに蓄えられる電荷はCV(C) である。その後，スイッチをb側に倒すと，コンデンサーAに蓄えられた電荷の一部はコンデンサーBに移動する。移動後にコンデンサーA，Bに蓄えられた電荷をそれぞれQ_A，Q_Bとすると，$Q_A + Q_B = CV$…①　となる。また，電荷移動後の二つのコンデンサーの電圧は等しいため，$Q_B = 2Q_A$…②が成り立つ。②を①に代入すると，$Q_A = \frac{1}{3}CV$となる。

42 1

解説 1：正しい。アルゴンは希ガスで他の物質と反応しにくい。よって，電球のフィラメントの酸化を防止するため，電球の封入ガスに使われる。　2：誤り。ハロゲンの酸化力は，周期表の上にあるものほど大きい。よって，ハロゲンの中で最も酸化力が大きいのはフッ素である。　3：誤り。オゾンは淡青色で特異臭の気体である。　4：誤り。塩化アンモニウムはアンモニアと結びついてしまうので，アンモニアの乾燥剤には適さない。　5：誤り。ギ酸を濃硫酸とともに加熱すると，$HCOOH \rightarrow CO + H_2O$のように反応し，一酸化炭素を発生する。

43 2

解説 塩化水素の生成熱を表す熱化学方程式は，$\frac{1}{2}H_2$(気)＋$\frac{1}{2}Cl_2$(気)＝HCl(気)＋92.3kJと表される。塩化水素の結合エネルギーをx〔kJ/mol〕とすると，（反応熱）＝(生成物の結合エネルギーの総和)－(反応物の結合エネルギーの総和）より$92.3 = x - \left(\frac{1}{2} \times 432 + \frac{1}{2} \times 239\right)$，これを解いて$x =$ 427.8〔kJ/mol〕となる。

44 2

解説 1：誤り。非生物的環境が生物に影響を及ぼすことを作用，生物が日生物的環境に影響を及ぼすことを環境形成作用という。光や温度が光合成に影響を及ぼすのは作用である。　2：正しい。　3：誤り。栄養段階が上位の生物ほど，生物体の総量は少ない。　4：誤り。植物が硝酸イオンやアンモニウムイオンをもとに有機窒素化合物を合成する働きを窒素同化という。5：誤り。生態系内で食物連鎖の上位に位置し，他の生物の生活に大きな影響を与える種をキーストーン種という。よって，問題文中の海域におけるキーストーン種はラッコである。

45 5

解説 ある地域に生息する同種の個体のまとまりを個体群，ある地域に生息するすべての生物の個体の集まりを生物群集という。また，生物の集団が占有する一定の地域を縄張りという。

令和２年度　第１回実施問題

1 次の文章を読んで，以下の問に答えなさい。

※本文略（題材は，『哲学の使い方』鷲田清一　著）

問　この文章の要旨として，最も妥当なのはどれか。

1. 問いに対する答えがなくとも，答えを探し続ける姿勢が，とりあえずの答えを与えてくれる。
2. 政治や経済，育児や介護など不確定な状況の中で悩んだときは，哲学の本質を考えることが有効である。
3. 「なぜ？」と問わずにいられない瞬間に，それを解決する手がかりを摑むための手段の一つに哲学はある。
4. 哲学を学ぶことで，人は当然と思われてきた《初期設定》に疑問を感じるようになる。
5. じぶん（たち）の生をそれに照らして理解するその《初期設定》や《フォーマット》をつねに更新することが必要である。

2 次の文章を読んで，以下の問に答えなさい。

※本文略（題材は，『サルの子育てヒトの子育て』中道正之　著）

問　この文章の要旨として，最も妥当なのはどれか。

1. 「ありがとう」という感謝の言葉にはほめる意味も含まれ，日常生活の中で多用されている。
2. 「ありがとう」という言葉同様「うなずき」も感謝と賞賛を表している。
3. 首をたてに動かして同意を意味する行動は，ヒトに特有のものであり，それゆえ，生物の優位性を特徴づけている。
4. 「ありがとう」も「うなずき」も「ほめる」ことの一種で，ヒト同士の関わりを結びつける大事な行動である。
5. 「うなずき」は送り手も受け手も無意識で行っており，万人に共通の生来の特性であることが証明された。

3 次の文章を読んで，以下の問に答えなさい。

※本文略（題材は，『ことばのことばっかし－「先生」と「教師」はどう違うのか？』金田一秀穂　著）

問　この文章の要旨として，最も妥当なのはどれか。

1. 言葉を形づくる音（シニフィアン）とその意味（シニフィエ）の結びつきは社会的習慣による。
2. ジキルという音からは悪い人格，ハイドという音からは善い人格というイメージがわきやすいが，実際の物語では逆である。
3. 筆者の実験によると，オポポと比較するとイピピという音からは年少者というイメージがわきやすく，これは言葉の音と意味の結びつきは普遍的であるとする根拠となる。
4. どの系統の言語でも，A音やO音，濁音系は大きいとか男性とか強いなどのイメージがわきやすく，言葉の音と意味が恣意的な結びつきであるとはいえない。
5. 言語学的には，シニフィエとシニフィアンは恣意的であるのが常識であるが，普遍的な結びつきによる面もある。

4 次の文章を読んで，以下の問に答えなさい。

※本文略（題材は，『法を学ぶ人のための文章作法』井田良　ほか著）

問　この文章の要旨として，最も妥当なのはどれか。

1. 民法は抽象的でわかりにくいため，具体的な事件を裁定するためには，条文の解釈ができる裁判官が必要となる。
2. 売買契約の共通性は「一方が他方にある財産権を譲り，他方が一方に代金を支払う」というものだが，具体的には支払う金額が違うため，結論は同じにはならない。
3. 古い時代には争いのたびに長老などによって，1回かぎりの判断が下されていたが，現代のように複雑化した社会では法律によって解決される必要がある。
4. まったく別の紛争のようにみえても，長い期間をかけて裁定を繰り返すとバランスのよい共通性が認識されてくる。
5. それぞれの紛争から共通性を抽出し，それら共通性のある紛争についてはこのような裁定をするというのが法律の条文である。

5 **次の文章を読んで，以下の問に答えなさい。**

※本文略（題材は，『科学者の社会的責任』藤垣裕子　著）

問　この文章の要旨として，最も妥当なのはどれか。

1. 一九世紀に学問の制度化によって一般社会に定着した科学者たちは積極的に一般市民の信頼を得るため学会を設立し学会誌を創刊した。
2. 社会は科学者集団のもつ規範として四つを挙げたが，その中で特に公の利益のために知識を生産する公有性を重視した。
3. 知識の公有性，普遍性，公平無私，系統的懐疑という四つの規範はジャーナル共同体にも求められている。
4. ジャーナルに投稿しなければ，科学者によって生産された知識は，品質が保証され評価され，研究費を得ることにはつながらない。
5. 科学者集団の自律性を保つため，ジャーナル共同体は大学や研究所に属してはならないとされる。

6 **次の会話文の（　　　）に当てはまる正しい英文として，最も妥当なのはどれか。**

A：You're not going to leave me alone here, are you?

B：(　　　) Don't worry.

1. I hope not.
2. I'm afraid not.
3. Of course not.
4. Not at all.
5. Why not?

7 **次の英文のうち，文法・語法の使い方として，最も妥当なのはどれか。**

1. He seemed happily.
2. We discussed about your idea yesterday.
3. How kind you are!
4. He explained me the situation.
5. Is there any mistakes?

8 **次の英文が完成した文になるように，文意に沿って〔　　　〕内の単語を並び替えたとき，〔　　　〕内で2番目と4番目にくる単語の組合せとして，最も妥当なのはどれか。**

I〔find / myself / to / up / woke〕in the hospital.

	2番目	4番目
1.	up	to
2.	up	find
3.	to	myself
4.	myself	to
5.	myself	find

9 **あるサークルにおいて，好きなスポーツ及び料理についてのアンケート調査を実施した。次のア～オのことがわかっているとき，確実にいえることとして，最も妥当なのはどれか。**

ア　マラソンが好きではない者は，フランス料理も好きではない。

イ　サッカーが好きではない者は，テニスも好きではない。

ウ　フランス料理が好きではない者は，野球もイタリア料理も好きではない。

エ　中華料理もテニスも好きではない者は，ラグビーも好きではない。

オ　野球が好きではない者，またはサッカーが好きではない者は，日本料理も好きではない。

1. テニスが好きではない者は，サッカーも好きではない。
2. 野球とイタリア料理の両方が好きである者は，フランス料理が好きではない。
3. ラグビーが好きな者は，中華料理もテニスも好きである。
4. ラグビーが好きな者は，サッカーも好きである。
5. 日本料理が好きな者は，マラソンも好きである。

10 **A～Eの5人が，月曜日から土曜日までの連続する6日間に行われたイベントの受付業務を担当した。次のア～エのことがわかっているとき，確実にいえることとして，最も妥当なのはどれか。**

ア　受付業務は毎日3人ずつが担当し，A～Eの5人はそれぞれ3日または4日担当した。

イ　Aは，2日間以上連続して担当することはなかった。

ウ　ＡとＢが同じ日に担当することはなかった。
エ　Ｃ，Ｄはどちらも連続する４日間担当し，Ｃ，Ｄが一緒に担当したのは２日だった。
1. 月曜日に担当したのは，Ａ，Ｃ，Ｅだった。
2. Ｂは，火曜日に担当した。
3. Ｃは，土曜日に担当した。
4. 木曜日に担当したのは，Ｂ，Ｃ，Ｄだった。
5. Ｅは金曜日に担当した。

11 次の図のように，Ａ～Ｇの７人が前を向いて横１列に並んでいる。次のア～ウのことがわかっているとき，確実にいえることとして，最も妥当なのはどれか。

前
左　○○○○○○○　右

ア　Ａの両隣にはＣとＥが並んでおり，ＣとＧとの間に２人が並んでいる。
イ　ＡはＦより右側に，ＢはＡより左側に，ＤはＢより左側に並んでいる。
ウ　ＢはＣともＦとも隣り合っていない。
1. Ａは右から３人目に並んでいる。
2. Ｂの左隣はＤである。
3. ＢとＥとの間に２人が並んでいる。
4. ＧはＢより左側に並んでいる。
5. Ｆから左側に２人置いてＧが並んでいる。

12 ある暗号で，「源（みなもと）」は「LGKWHIMG」，「平（たいら）」は「SYFNV」と表すことができるとき，暗号「SYHWPDB」が表す名前を含む人物として，最も妥当なのはどれか。

1. 源　頼朝　2. 平　清盛　3. 北条泰時　4. 足利尊氏
5. 徳川家康

13 図Ⅰは，大きさの等しい正方形12枚を並べた図形である。この図形においては，図Ⅱのように，1枚の正方形からスタートして，辺で隣り合う正方形に移動し，すべての正方形を1回ずつ通過して最初の正方形に戻ることが可能である。このように，1枚の正方形からスタートして，辺で隣り合う正方形に移動し，すべての正方形を1回ずつ通過して最初の正方形に戻ることが可能な図形として，最も妥当なのはどれか。

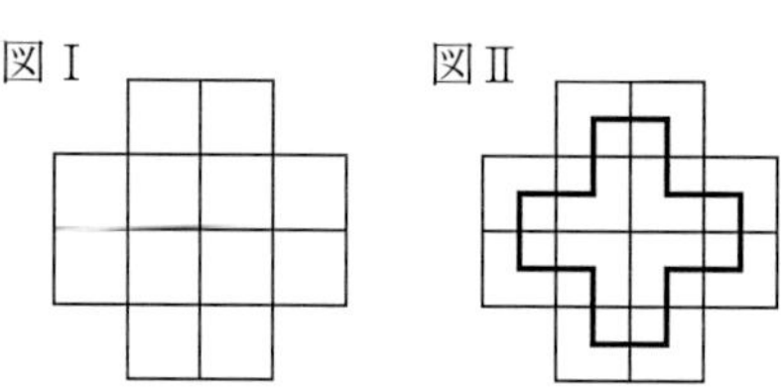

1.

2.

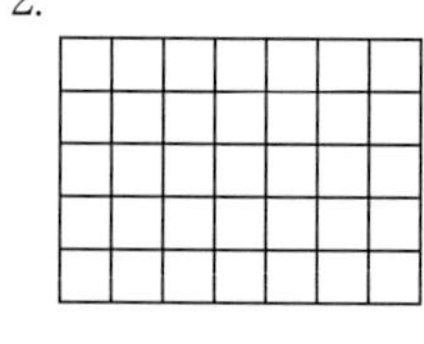

3.

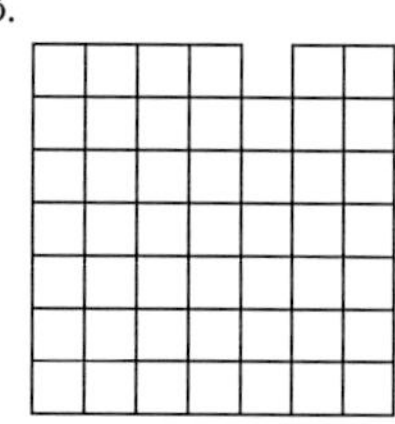

4.

5.

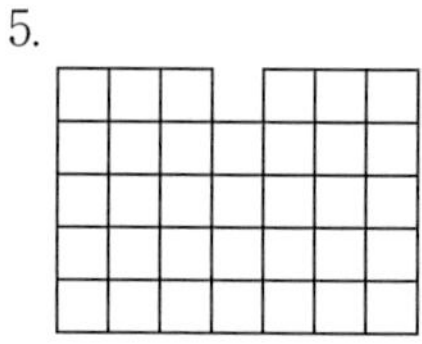

14 次の図のように，2つのサイコロが並んでいる。A，B，Cの目の和が7であるとき，A，B，Cの目の積として最も妥当なのはどれか。ただし，サイコロの相対する面の目の和は7とする。

1. 4　　2. 6
3. 8　　4. 10
5. 12

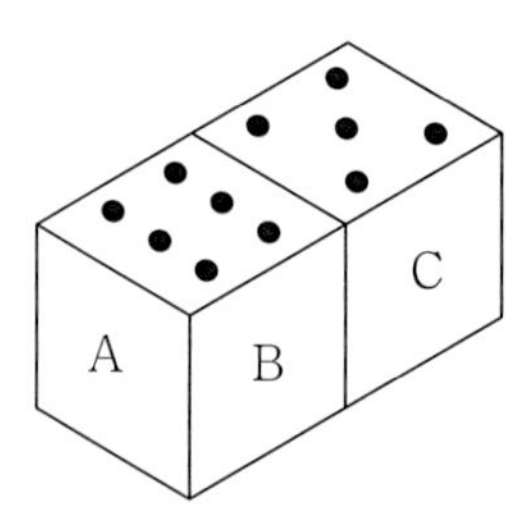

15 ４個の自然数a，b，c，dがあり，$a>b>c>d$である。この４個の自然数から２個を選んでその和を取ると，最大の数は178，２番目に大きい数は171，３番目に大きい数は165となり，最小の数は145である。このとき，自然数dの値として，最も妥当なのはどれか。

1. 65　　2. 66　　3. 67　　4. 68　　5. 69

16 Ｐ地点とＱ地点は直線の１本道で結ばれている。ＡはＰ地点からＱ地点に向かって，ＢはＱ地点からＰ地点に向かって，同時に歩き始めた。Ａ，Ｂはそれぞれ一定の速さで止まることなく歩き続け，ＡはＢとすれ違ってから16分後にＱ地点に到着し，ＢはＡとすれ違ってから36分後にＰ地点に到着した。このとき，２人が歩き始めてからすれ違うまでの時間として，最も妥当なのはどれか。

1. 24分　　2. 30分　　3. 36分　　4. 42分　　5. 48分

17 次の図のように，円Ｏの円周上に４点Ａ，Ｂ，Ｃ，Ｄがある。点Ａと点Ｂ，点Ｃと点Ｄを結び，その延長線上の交点を点Ｐとすると，ＰＡ＝5cm，ＰＣ＝ＣＤ＝6cmとなった。このとき，ＡＢの長さとして，最も妥当なのはどれか。

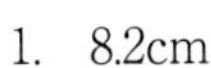

1. 8.2cm
2. 8.6cm
3. 9.0cm
4. 9.4cm
5. 9.8cm

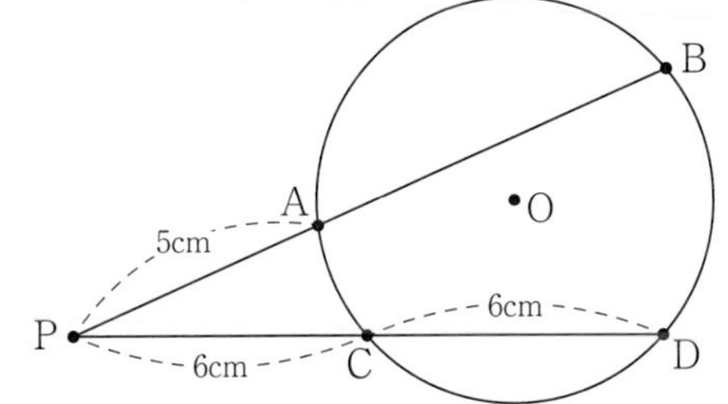

18 １から200までの自然数のうち，５で割り切れない自然数をすべて足した数として，最も妥当なのはどれか。

1. 15,000　　2. 16,000　　3. 17,000　　4. 18,000　　5. 19,000

19 次の表は，産業別雇用者数の推移をまとめたものである。この表から判断できることとして，最も妥当なのはどれか。

産業別雇用者数の推移

	2012年	2013年	2014年	2015年	2016年	2017年
商業	1,141.0	1,181.0	1,163.9	1,166.7	1,181.4	1,191.0
対個人サービス	857.4	742.9	726.3	746.9	762.9	784.2
医療・福祉	660.7	699.0	705.7	731.2	757.2	761.8
対事業所サービス	605.7	618.4	625.5	637.2	657.9	674.4
建設	618.0	622.4	614.7	610.4	602.8	606.3
情報通信産業	390.3	402.1	397.8	395.2	398.5	399.0
輸送機械	99.0	102.7	102.1	108.5	110.4	110.6
不動産	85.0	86.3	87.2	92.4	96.1	96.5
全産業	6,658.1	6,703.9	6,643.2	6,718.9	6,836.9	6,918.3

（単位：万人）

1. 2012年から2017年までのいずれの年においても，全産業の雇用者数に占める情報通信産業の雇用者数の割合は，5％を超えている。
2. 表中の8産業のうち，2014年の雇用者数に対する2015年の雇用者数の増加率が最も大きい産業は，対事業所サービスである。
3. 2017年において，全産業の雇用者数に占める対個人サービス，医療・福祉，対事業所サービス，建設の雇用者数の合計の割合は，約32％である。
4. 表中の8産業のうち，2012年の雇用者数に対する2017年の雇用者数の増加率が最も大きい産業は，商業である。
5. 2012年から2017年までの間で，輸送機械の雇用者数と不動産の雇用者数の差が最も大きい年は18万人を超えている。

20 **次の表は，ある国における地域別輸入額の推移をまとめたものである。この表から判断できることとして，最も妥当なのはどれか。ただし，表中の数値は小数点以下第2位を四捨五入しているため，合計は100%とならない場合がある。**

地域別輸入額の推移

		2013年	2014年	2015年	2016年	2017年	2018年
地域別構成比（%）	アジア	63.6	63.5	61.2	60.2	60.1	60.1
	北アメリカ	9.8	10.2	11.7	12.6	12.4	12.5
	中南アメリカ	4.1	3.7	3.9	4.1	4.2	3.9
	ヨーロッパ	13.6	13.9	15.1	16.0	15.5	15.5
	アフリカ	2.3	2.1	1.8	1.2	1.2	1.2
	オセアニア	6.6	6.6	6.2	5.8	6.6	6.8
輸入額（十億円）		81,243	85,909	78,406	66,042	75,379	82,703

1. 2016年における輸入額が2015年より減少しているのは，アフリカからの輸入額だけである。
2. 2018年においては，すべての地域からの輸入額が2017年より増加している。
3. 2013年から2018年までの，アフリカからの輸入額の累計は，12,000十億円を超えている。
4. 2013年から2018年までのいずれの年においても，アジアからの輸入額はヨーロッパからの輸入額の5倍を超えている。
5. 2013年から2018年までの間で，オセアニアからの輸入額が最も多いのは，2013年である。

21 **次のグラフは，小学校と中学校の構成（学校数，学級数，教員数，児童・生徒数）をまとめたものである。このグラフから判断できることとして，最も妥当なのはどれか。**

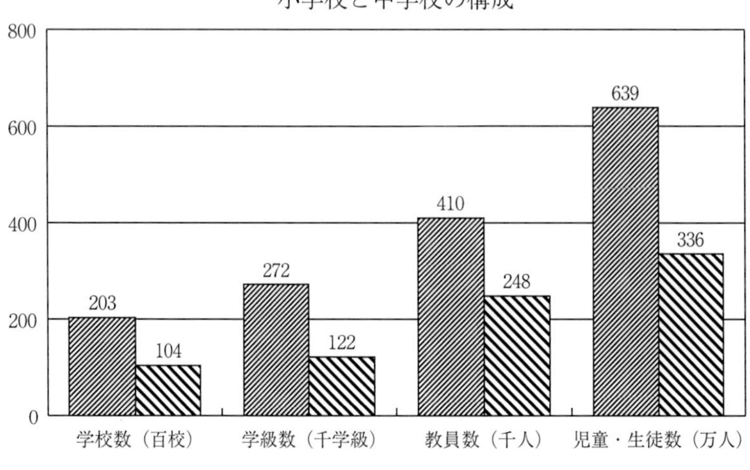

1. 中学校1校当たりの学級数は，小学校1校当たりの学級数よりも多い。
2. 小学校1校当たりの教員数は，中学校1校当たりの教員数よりも多い。
3. 小学校1校当たりの先輩・生徒数は，中学校1校当たりの児童・生徒数よりも多い。
4. 小学校の教員1人当たりの児童・生徒数は，中学校の教員1人当たりの児童・生徒数よりも多い。
5. 小学校の1学級当たりの児童・生徒数は，中学校の1学級当たりの児童・生徒数よりも多い。

22 次のグラフは，A～E5社の売上額，利益額，従業者数，営業店舗数，売場面積を，5社合計に占める各社の割合でまとめたものである。このグラフから判断できることとして，最も妥当なのはどれか。ただし，グラフ中の数値は小数点以下を四捨五入しているため，合計が100%とならない場合がある。

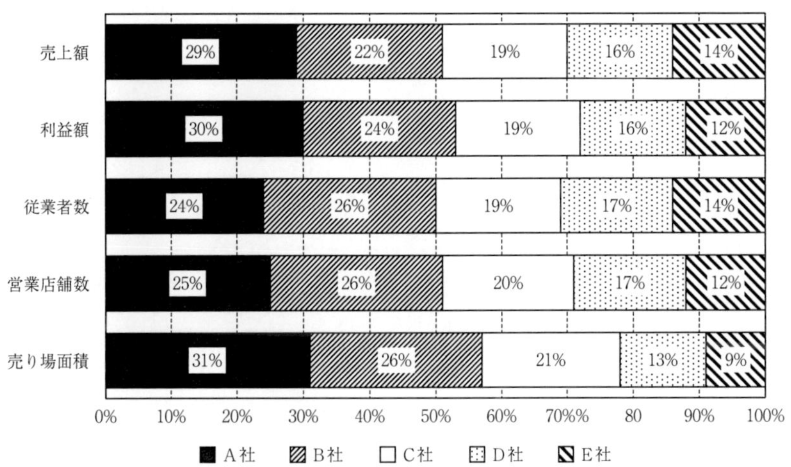

1. A～E5社の中で，従業者1人当たりの売上額が最も大きいのはB社である。
2. A～E5社の中で，売上額に占める利益額の割合が最も大きいのはA社であり，売上額に占める利益額の割合が最も小さいのはE社である。
3. A社の営業店舗1軒当たりの売場面積を100とすると，E社の営業店舗1軒当たりの売場面積は58を超えている。
4. C社の営業店舗1軒当たりの利益額は，A社の営業店舗1軒当たりの利益額より約24%大きい。
5. A～E5社の中で，売場面積当たりの売上額が最も小さいのはD社である。

23 **次のグラフは，A～D4社の年間販売額の推移を，対前年指数でまとめたものである。このグラフから判断できることとして，最も妥当なのはどれか。**

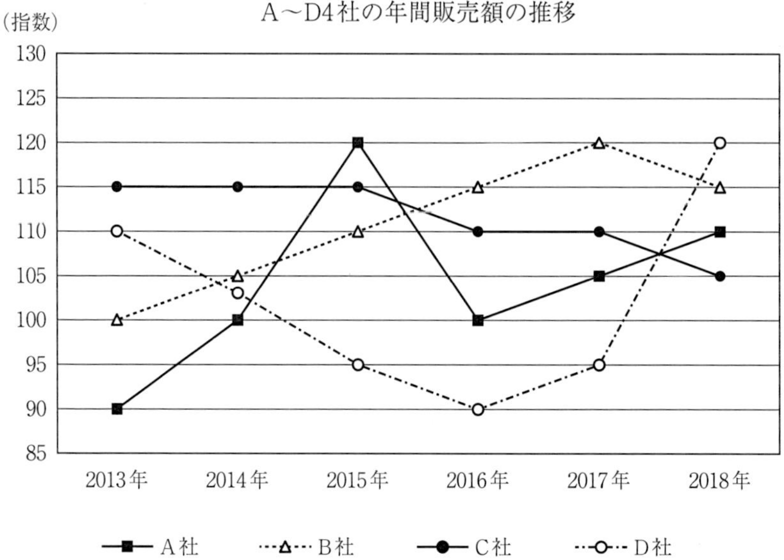

1. 2012年から2018年までの間で，A社の年間販売額が最も多いのは2015年である。
2. 2013年から2017年まで，B社の年間販売額の増加額は等しい。
3. 2013年から2015年まで，C社の年間販売額は増減していない。
4. 2012年から2018年までの間で，D社の年間販売額が最も少ないのは2016年である。
5. 2013年におけるA社の年間販売額を100とすると，2015年におけるA社の年間販売額は120である。

24 **我が国の衆議院と参議院に関する記述として，最も妥当なのはどれか。**

1. 衆議院が解散されたときは，参議院は同時に閉会となるが，国に緊急の必要があるときは，参議院は，自ら緊急集会を開くことができる。
2. 参議院の緊急集会において採られた措置は，臨時のものであるから，次の国会の後10日以内に衆議院の同意がない場合には，その効力を失う。

3.　衆議院で可決し，参議院でこれと異なった議決をした法律案は，衆議院で出席議員の過半数で再び可決したときは法律となる。
4.　予算案及び条約案は，先に衆議院に提出しなければならない。
5.　内閣は，衆議院または参議院で不信任の決議案を可決したときは，10日以内に衆議院が解散されない限り，総辞職をしなければならない。

25 我が国の内閣と内閣総理大臣に関する記述として，最も妥当なのはどれか。

1.　衆議院と参議院とが，異なった国務大臣の指名の議決をした場合に，両議院の協議会を開いても意見が一致しないときは，衆議院の議決を国会の議決とする。
2.　衆議院議員総選挙後に初めて国会の招集があったときは，内閣は，総辞職をしなければならない。
3.　内閣総理大臣は，国務を総理する権能を有している。
4.　内閣は，条約を締結することができるが，必ず事前に，国会の承認を経ることが必要となる。
5.　国務大臣は，退任後であっても，内閣総理大臣の同意がなければ訴追されることはない。

26 国際連合に関する記述として，最も妥当なのはどれか。

1.　国際連合は，集団安全保障体制に基づく最初の国際平和機構として，アメリカ大統領ウィルソンの提唱により発足した。
2.　国連総会における議決は，重要事項については3分の2以上の賛成により行われるが，5大国が拒否権を行使すると案件は否決される。
3.　安全保障理事会は，アメリカ・イギリス・フランス・ロシア・中国の5常任理事国と，10か国の非常任理事国によって構成されている。
4.　国際司法裁判所が裁判を開始するためには，紛争当事国一方が裁判所に解決を付託すればよい。
5.　安全保障理事会は加盟国との間で特別協定を締結して国連軍を創設しているが，これが実際に派遣されたのは，第二次世界大戦の際の一例を数えるのみである。

27 金融に関する記述として，最も妥当なのはどれか。

1. 金融には直接金融と間接金融の2つがあるが，余剰資金の所有者が株式や社債を買うことによって資金を企業に融通することは，直接金融に該当する。
2. 中央銀行の発行する銀行券（紙幣）と政府の発行する貨幣（硬貨）の総量をマネーストックという。
3. 通貨制度の中心として各国に中央銀行が設けられているが，欧州連合（EU）は国家の連合体であるため，中央銀行は設けられていない。
4. インフレ傾向が進んだとき，中央銀行は市中金融機関から手形や債券を買い入れて，金融市場の資金量を増やそうとする。
5. 1996年から進められた日本版「金融ビッグバン」では，外貨取引の制限や金融持株会社の禁止など，市場に秩序をもたらすための改革が断行された。

28 近年の海洋プラスチックごみ問題に関する記述として，最も妥当なのはどれか。

1. 海洋プラスチックごみが，波や紫外線等の影響で5mm以下の小さな粒子となったものを，マイクロプラスチックという。
2. マイクロプラスチックは，世界中で観測されているが，まだ日本周辺の海では観測されていない。
3. 陸上から流出した海洋プラスチックごみの発生量ランキング（2010年推計）で，上位1位～4位はヨーロッパの国々が占めていた。
4. 世界経済フォーラム報告書（2016年）によると，「すでに海洋プラスチックごみの量が海にいる魚の量を上回っている」とされている。
5. 放出された海洋プラスチックごみは，自然界の中で時間とともに分解されるとされている。

29 2019年7月に我が国で実施された参議院議員通常選挙に関する記述として，最も妥当なのはどれか。

1. 自民・公明両党は，合わせて改選議席数の過半数を獲得できなかった。
2. 非改選分も含め，自民党の議席数は総議席数の過半数に達した。
3. 野党第一党の立憲民主党は，公示前に比べて議席数を増やした。
4. 投票率は上昇し，24年ぶりに60%を上回った。

5. 10歳代の投票率は，全体の投票率を上回った。

30 第14回20か国・地域首脳会合（G20サミット）に関する次の記述で［A］～［D］に当てはまる語句の組合せとして，最も妥当なのはどれか。

2019年，第14回20か国・地域首脳会合（G20サミット）が［A］で開催された。同サミットの正式名称は［B］であり，［C］の深刻化をきっかけとして開催に至ったものである。今回の会議では，我が国が初めて議長国を務め，［D］の推進やイノベーションを通じた世界の経済成長の牽引と格差への対処など，多くの分野でのG20としての力強い意志を，首脳宣言を通じて世界に発信した。

	A	B	C	D
1.	大阪	金融世界経済に関する首脳会合	累積債務問題	自由貿易
2.	大阪	国際復興開発に関する首脳会合	世界金融危機	政府開発援助（ODA）
3.	東京	国際復興開発に関する首脳会合	累積債務問題	政府開発援助（ODA）
4.	大阪	金融世界経済に関する首脳会合	世界金融危機	自由貿易
5.	東京	金融世界経済に関する首脳会合	累積債務問題	自由貿易

31 19世紀のヨーロッパの近代文化に関する人名と内容の組合せとして，最も妥当なのはどれか。

	人名		内容
1.	ノーベル	――	ダイナマイトの発明
2.	ジェファソン	――	ピアノ曲，ピアノの詩人
3.	ベートーヴェン	――	電話の発明
4.	レントゲン	――	結核菌の発見
5.	ロダン	――	南極点到達

32 鎌倉時代及び室町時代に関する記述として，最も妥当なのはどれか。

1. 源頼朝のあとを継いだ長子の源義経には，後家人を統率する力がなかったため，北条政子の父親の北条泰時は，義経の専制を抑える目的で，有力後家人による合議制にした。
2. 13世紀，元のフビライ＝ハンは高麗を通じて日本にも服属を求め，1268（文永5）年に最初の使節が来日した。
3. 1333（元弘3）年，鎌倉幕府が滅びると，後鳥羽上皇は吉野に帰り，天皇親政の方針に基づき建武の新政（建武の中興）と呼ばれる政治を始めた。
4. 足利尊氏は持明院統の鳥羽天皇を立て，後白河天皇を幽閉したが，後白河天皇は吉野に逃れ，南北朝の対立が続いた。
5. 室町時代の文化は，足利義政時代の北山文化，足利義満時代の南山文化が有名である。

33 地図の図法に関するA～Cの記述で，〔　　　〕内から妥当な語句を選んだ組合せとして，最も妥当なのはどれか。

A　メルカトル図法は，〔ア．高緯度　　イ．赤道付近〕ほど緯線の長さが拡大されている。

B　正距方位図法では，図の中心からの大圏航路が〔ア．直線　　イ．曲線〕で表される。

C　ホモロサイン（グード）図法は，〔ア．航海図　　イ．分布図〕として多く利用されている。

	A	B	C
1.	ア	ア	ア
2.	ア	ア	イ
3.	イ	ア	イ
4.	イ	イ	ア
5.	イ	イ	イ

34 四字熟語の漢字がすべて正しいのはどれか。

1. 軽兆浮薄　　2. 前代未問　　3. 優柔不段　　4. 正真正銘
5. 克苦勉励

35 「紺屋の白袴」の意味に近いことわざとして，最も妥当なのはどれか。

1. 暖簾に腕押し
2. 得手に帆
3. 医者の不養生
4. 豚に真珠
5. 二階から目薬

36 $x>y$で，$x+y=4$，$xy=-6$のとき，x^2-y^2の値として，最も妥当なのはどれか。

1. $-8\sqrt{10}$　2. $2\sqrt{10}$　3. $4\sqrt{6}$　4. $6\sqrt{6}$　5. $8\sqrt{10}$

37 すべてのxに対して，$x^2-2ax-(a-6)>0$が成り立つとき，aのとり得る値の範囲として，最も妥当なのはどれか。

1. $a>3$，$a<-2$
2. $a>2$，$a<-3$
3. $-2<a<3$
4. $-3<a<2$
5. $0<a<2$

38 △ABCにおいて，$a=4$，$b=5$，$c=6$のとき，△ABCの外接円の半径として，最も妥当なのはどれか。

1. $\frac{8}{3}$　2. $\frac{8}{7}\sqrt{7}$　3. $\frac{16}{5}$　4. $\frac{16}{7}\sqrt{7}$　5. $\frac{16}{3}$

39 0，1，2，3，4の5個の数字で，異なる3個の数字を使ってできる3桁の整数のうち，3の倍数の個数として，最も妥当なのはどれか。

1. 20個　2. 22個　3. 24個　4. 26個　5. 28個

40 次の記述で，[A]と[B]に当てはまる語句の組合せとして，最も妥当なのはどれか。

次の図のように，小球が高さL〔m〕の台上の点Aから水平方向に初速度v_0〔m/s〕で飛び出し，水平面上の点Bに落下した。このとき，点Aと点Bの間の水平距離はL〔m〕であった。このとき，小球が点Aを飛び出してから点Bに落下するまでの時間t〔s〕は[A]〔s〕で表され，初速度v_0〔m/s〕は[B]〔m/s〕で表される。ただし，重力加速度はg〔m/s^2〕とし，[A]・[B]の式は（g，L）を用いて表すものとする。

	A	B
1.	$\sqrt{\frac{L}{g}}$	$\sqrt{\frac{gL}{2}}$
2.	$\sqrt{\frac{2L}{g}}$	$\sqrt{\frac{gL}{2}}$
3.	$2\sqrt{\frac{L}{g}}$	$\sqrt{2gL}$
4.	$\sqrt{\frac{2L}{g}}$	$\sqrt{gL}$
5.	$\sqrt{\frac{L}{g}}$	$\sqrt{2gL}$

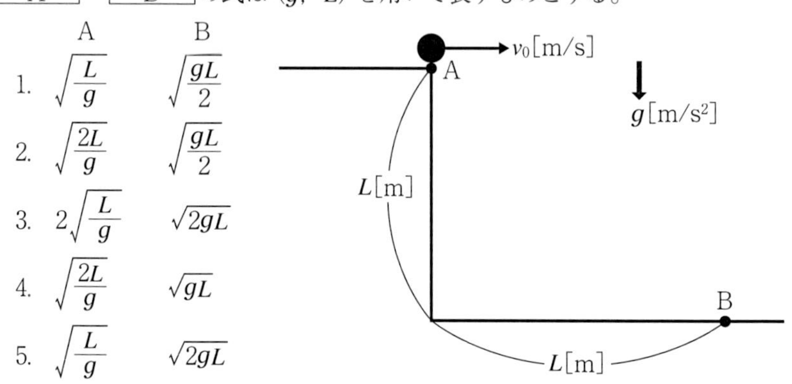

41 力学に関する記述として，最も妥当なのはどれか。

1. 小球がなめらかな壁に斜めに反発係数e（$0 < e < 1$）の非弾性衝突をする場合，衝突後の速度は壁面に垂直な成分と平行な成分は共に衝突前のそれのe倍となる。
2. なめらかな面で2つの物体が弾性衝突する場合，2つの物体の合計の運動量そして力学的エネルギーは保存される。一方で非弾性衝突する場合，2つの物体の合計の運動量そして力学的エネルギーは保存されない。
3. 軽いばねの片側におもりを取り付けて微小振動を行う機構をばね振り子という。この同じ振り子を水平方向に振動，あるいは地球より重力の小さな月面上で振動させても周期は変わらない。
4. 伸縮しない軽いひもの片側におもりを付けて微小振動を行う機構を単振り子という。この同じ振り子を地球より重力の小さな月面上で振動させると，周期は短くなる。

5.　床と物体の間が粗い接触面であるとき，物体の移動を妨げる方向に働く力を摩擦力という。摩擦力Fは，静止摩擦係数をμ_0，物体に働く垂直効力をNとすると，$F = \mu_0 N$と表される。

42 **炭素，水素，酸素のみからなる有機化合物14.8〔mg〕を完全燃焼させたところ，二酸化炭素26.4〔mg〕と水10.8〔mg〕が生じた。この有機化合物の組成式として，最も妥当なのはどれか。ただし，原子量はH＝1.0，C＝12.0，O＝16.0とする。**

1.　CH_4O　　2.　C_2H_4O　　3.　$C_2H_4O_2$　　4.　C_3H_6O　　5.　$C_3H_6O_2$

43 **気体に関する記述として，最も妥当なのはどれか。**

1.　一酸化炭素は，刺激臭のある無色の有毒な気体であり，燃料の不完全燃焼などにより生じる。水によく溶けて酸性を示す。
2.　塩素は，無臭で黄緑色の有毒な気体であり，水と反応すると塩化水素と酸素が生じる。水溶液は漂白剤や殺菌剤などに用いられる。
3.　二酸化窒素は，刺激臭のある無色の有毒な気体であり，水に溶けると硝酸が生じる。常温では一部が赤褐色の四酸化窒素に変化する。
4.　硫化水素は，腐卵臭のある赤褐色の有毒な気体であり，水に少し溶けてアルカリ性を示す。水溶液に二酸化硫黄を通じると硫黄が析出する。
5.　ホルムアルデヒドは，刺激臭や催涙性のある無色の気体であり，水によく溶け，水溶液は防腐剤や消毒薬に用いられる。

44 **ヒトの大脳に関する記述として，最も妥当なのはどれか。**

1.　脳は，前端から後方へ向かって，大脳・間脳・中脳・小脳・延髄と並んでいる。大脳は，左右の大脳半球に分かれており，脳幹全体がこれらを連絡する。
2.　大脳の外側は大脳皮質とよばれ，細胞体が集まって白色をしており，白質とも呼ばれる。
3.　大脳の内側は大脳髄質とよばれ，軸索が集まって灰白色をしているため灰白質とも呼ばれる。
4.　哺乳類では，大脳皮質は辺縁皮質と新皮質からなり，ヒトでは特に新皮質が発達している。新皮質には，視覚や聴覚などの感覚の中枢や，さまざまな随意運動の中枢，呼吸運動・心臓拍動の中枢がある。

5. 辺縁皮質は，原始的な行動や基本的な感情にもとづく行動と関係が深い。また，そこから出る軸索は，間脳・中脳・延髄と連絡して，内分泌腺や自律神経系の活動を調節している。

45 細胞の構造に関する記述として，最も妥当なのはどれか。

1. 核は，一重の膜からなる核膜でできた構造体である。核膜には，核膜孔と呼ばれる多数の小さな孔(あな)があり，核の内部は核膜孔を通して細胞質気質とつながっている。
2. ミトコンドリアは，リボソームで合成されたタンパク質を小胞体から受け取って糖を付加するなど修飾し，細胞外へ分泌する。また，粘液やホルモン，消化酵素などを分秘する細胞でよく発達している。
3. ゴルジ体は，酸素を用いて有機物を分解するときに生じるエネルギーからATPを合成する働きである呼吸にかかわる細胞小器官である。多量のエネルギーが必要な筋細胞などで多く見られる。
4. 葉緑体は，光エネルギーを利用してATPを合成し，そのATPのエネルギーを用いて光合成を行う細胞小器官である。葉緑体は，リソソームと同じく，核とは別のDNAを持つ。
5. 動物細胞では，中心体と呼ばれる構造が見られる。中心体は，1対の中心小体からなり，微小管形成の起点となる。また，鞭毛や繊毛の形成にも関与する。

解答・解説

1 3

解説 出典は鷲田清一著『哲学の使い方』。要旨を問う問題である。基本的には「どの選択肢がどのように本文に合致していないか」を消去法で考えて正解を絞り込むとよい。

2 4

解説 出典は中道正之著『サルの子育てヒトの子育て』。要旨を問う問題である。「ありがとう」「うなずき」といった単語はどれも共通しているが，それぞれについて本文中でどのように捉えられているか考えれば，誤答は見分けがつくはずである。

3 5

解説 出典は金田一秀穂著『ことばのことばっかし―「先生」と「教師」はどう違うのか？』。要旨を問う問題である。どの選択肢も言葉・言語とその「意味」に触れているが，惑わされてはいけない。どの選択肢が本文に合致しているか，いないかを細部までよく読んで見極めよう。

4 5

解説 出典は井田良ほか著『法を学ぶ人のための文章作法』。要旨を問う問題である。正解以外の選択肢には，誇張したところや本文に合致しないところが必ずあるので，そこに注意する。

5 3

解説 出典は藤垣裕子著『科学者の社会的責任』。要旨を問う問題である。どの選択肢にも本文中の言葉がちりばめられているが，「科学者」「知識」「ジャーナル」がどのように位置付けられていたかを理解できていれば，正解とそれ以外を見分ける手がかりは見つけられる。

6 3

解説 Aの「私をここに一人で残していかないよね？」に対する応答。妥当なのは，3の「もちろんいかないよ」。その他の選択肢は，次の通り。　1:「そうじゃないといいけど」。　2:「残念ながらそうではないと思う」。　4:「かまいません，どういたしまして」。　5:「(相手の提案に対して) そうしよう」。

7 3

解説 3:「なんてあなたは親切なんでしょう」。感嘆文〈How＋形容詞＋主語＋動詞!〉。〈seem＋形容詞〉で「～のようだ」。discussは他動詞なのでaboutは不要。explainは第4文型をとらないので〈explain ～ to …〉「…に～を説明する」となる。〈Are there any ～?〉で「～がなにかありますか」。

8 3

解説 結果を表す不定詞の副詞的用法。整序すると，I woke up to find myself in the hospital.「私は目覚めると病院にいることに気づいた」。

9 5

解説 条件ア～オをそれぞれ以下のように記号化する。

ア：$\overline{\text{マラソン}}\rightarrow\overline{\text{フランス}}$

イ：$\overline{\text{サッカー}}\rightarrow\overline{\text{テニス}}$

ウ：$\overline{\text{フランス}}\rightarrow\overline{\text{野球}}\wedge\overline{\text{イタリア}}$

エ：$\overline{\text{中華}}\wedge\overline{\text{テニス}}\rightarrow\overline{\text{ラグビー}}$

オ：$\overline{\text{野球}}\vee\overline{\text{サッカー}}\rightarrow\overline{\text{日本}}$

次に，条件ウにおいてド・モルガンの法則を利用すると，「$\overline{\text{野球}}\wedge\overline{\text{イタリア}}=\overline{\text{野球}\vee\text{イタリア}}$」となるので，「$\overline{\text{フランス}}\rightarrow\overline{\text{野球}\vee\text{イタリア}}$」となる。同様に，条件エにおいて「$\overline{\text{中華}}\wedge\overline{\text{テニス}}=\overline{\text{中華}\vee\text{テニス}}$」となるので，「$\overline{\text{中華}\vee\text{テニス}}\rightarrow\overline{\text{ラグビー}}$」となる。同様に，条件オにおいて「$\overline{\text{野球}}\vee\overline{\text{サッカー}}=\overline{\text{野球}\wedge\text{サッカー}}$」となるので，「$\overline{\text{野球}\wedge\text{サッカー}}\rightarrow\overline{\text{日本}}$」となる。

さらに，条件ア～オの対偶をとり記号化すると以下のようになる。

アの対偶：フランス→マラソン

イの対偶：テニス→サッカー

ウの対偶：野球∨イタリア→フランス

エの対偶：ラグビー→中華∨テニス

オの対偶：日本→野球∧サッカー

1：誤り。選択肢は「$\overline{\text{テニス}}\rightarrow\overline{\text{サッカー}}$」となるが，「$\overline{\text{テニス}}$」からはじまる命題がないため確実にはいえない。　2：誤り。選択肢は「野球∧イタリア→$\overline{\text{フランス}}$」となるが，「野球∧イタリア」からはじまる命題がないため確実にはいえない。　3：誤り。選択肢は「ラグビー→中華∧テニス」となるが，条件エの対偶より「ラグビー→中華∨テニス」となるので確実にはいえない。　4：誤り。選択肢は「ラグビー→サッカー」となるが，条件エの対偶より「ラグビー→中華∨テニス」となり，その後がつながらないので確実にはいえない。　5：正しい。選択肢は「日本→マラソン」となる。ここで，条件オの対偶を分割すると「日本→野球」…①および「日本→サッカー」…②となり，条件ウの対偶を分割すると「野球→フランス」…③および「イタリア→フランス」…④となる。

よって，①，③，アの対偶より，「日本→野球→フランス→マラソン」とつながるので，「日本料理が好きな者は，マラソンも好きである」が成り立つ。

10　5

解説　条件ア～エをもとに，以下の表を作成していく。条件アより，それぞれの曜日の人数はすべて3人となり，人数の合計は18人となる。条件ウより，ＡとＢが同じ日に担当することはなく，条件アよりどちらも最低3日は担当しているはずなので，どちらも日数は3日となるはずである。条件エより，ＣとＤは連続する4日間担当したので，どちらも日数が4日となる。また，一緒に担当したのが2日であることから，一方が月～木曜日，他方が水～土曜日に担当し，ＣとＤは水曜日と木曜日に一緒に担当したことになる。なお，人数の合計と日数の合計は等しくなるはずなので，残ったＥの日数は18－3－3－4－4＝4〔日〕となる。この時点で，以下のように2通りの場合分けができる。

	月	火	水	木	金	土	日数
A							3
B							3
C	○	○	○	○	×	×	4
D	×	×	○	○	○	○	4
E							4
人数	3	3	3	3	3	3	18

	月	火	水	木	金	土	日数
A							3
B							3
C	×	×	○	○	○	○	4
D	○	○	○	○	×	×	4
E							4
人数	3	3	3	3	3	3	18

ここで，条件アより，ＡとＢの2人で月～土曜日に1日ずつ担当するので，これで水曜日と木曜日の人数は3人となり，Ｅが担当することはないので，Ｅは残った月，火，金，土曜日に担当することになる。ここまでをまとめると，以下のようになる。

	月	火	水	木	金	土	日数
A	ＡとＢが1日ずつ担当						3
B							3
C	○	○	○	○	×	×	4
D	×	×	○	○	○	○	4
E	○	○	×	×	○	○	4
人数	3	3	3	3	3	3	18

	月	火	水	木	金	土	日数
A	ＡとＢが1日ずつ担当						3
B							3
C	×	×	○	○	○	○	4
D	○	○	○	○	×	×	4
E	○	○	×	×	○	○	4
人数	3	3	3	3	3	3	18

1：誤り。ＡとＢ，およびＣとＤのどちらが月曜日に担当したか判断できないため，

確実にはいえない。　2：誤り。AとBのどちらが火曜日に担当したか判断できないため，確実にはいえない。　3：誤り。CとDのどちらが土曜日に担当したか判断できないため，確実にはいえない。　4：誤り。AとBのどちらが木曜日に担当したか判断できないため，確実にはいえない。　5：誤り。いずれの場合であってもEが金曜日に担当しているので，「Eは金曜日に担当した」は確実にいえる。

11 2

解説 条件アより，A，C，E，Gの並び方について，以下の12通りが考えられる。

場合①	C	A	E	G			
場合②		C	A	E	G		
場合③			C	A	E	G	
場合④				C	A	E	G
場合⑤	G			C	A	E	
場合⑥		G			C	A	E
場合⑦	E	A	C			G	
場合⑧		E	A	C			G
場合⑨	G	E	A	C			
場合⑩		G	E	A	C		
場合⑪			G	E	A	C	
場合⑫				G	E	A	C

条件イより，AはFより右側，BはAより左側，DはBより左側に並んでいるので，Aの左側にB，D，Fの3人が並んでいることになる。すると，この時点でAの左側に3か所以上の空きが必要なので，場合①，②，③，⑤，⑦，⑧，⑨，⑩，⑪は不適である。条件ウより，BはCともFとも隣り合っていないので，残った場合④，⑥，⑫を利用すると，以下の6通りの並び方が考えられる。

場合④	B	D	F	C	A	E	G
場合⑥	B	G	D	F	C	A	E
場合⑥′	B	G	F	D	C	A	E
場合⑥′′	F	G	B	D	C	A	E
場合⑫	F	D	B	G	E	A	C
場合⑫′	B	D	F	G	E	A	C

ここで，条件イよりDはBより左側に並んでいるはずなので，上記の場合⑫の並び方しか残らない。

1：誤り。Aは右から2人目に並んでいる。　2：正しい。Bの左隣にDが並んでいる。　3：誤り。BとEの間に並んでいるのは1人である。　4：誤り。GはBより右側に並んでいる。　5：誤り。Fから右側に2人置いたところにGが並んでいる。

12 4

解説 問題文の「源」をアルファベットに変換すると「MINAMOTO」となり，以下のように「M」を1文字，「I」を2文字，…と戻すと「LGKWHIMG」という暗号ができる。同様に，「平」をアルファベットに変換すると「TAIRA」となり，同様の暗号化をすると「SYFNV」となる。よって，「SYHWPDB」という暗号において，「S」を1文字，「Y」を2文字，…と後ろにずらすと，「TAKAUJI」となる。したがって，「SYHWPDB」が表す名前を含む人物は，「足利尊氏」が最も妥当である。

（例1）「源」→「LGKWHIMG」

「源」	戻す数	暗号
M	1文字	L
I	2文字	G
N	3文字	K
A	4文字	W
M	5文字	H
O	6文字	I
T	7文字	M
O	8文字	G

（例2）「平」→「SYFNV」

「平」	戻す数	暗号
T	1文字	S
A	2文字	Y
I	3文字	F
R	4文字	N
A	5文字	V

（問題）「SYHWPDB」→「TAKAUJI」

暗号	ずらす数	答
S	1文字	T
Y	2文字	A
H	3文字	K
W	4文字	A
P	5文字	U
D	6文字	J
B	7文字	I

13 3

解説 選択肢3の図形において，例えば右のように考えると問題文の条件を満たす。

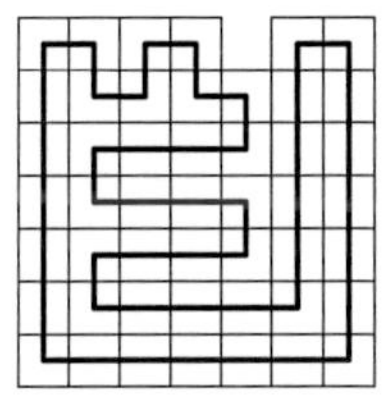

14 3

解説 問題文の2つのサイコロを真上から見た五面図で表すと以下のようになる。ただし，（　）の中の数字は底面の目を表すものとする。サイコロの相対する面の目の和は7であり，左のサイコロでは上の面の目が6なので，底面の目は1となるはずである。同様に，右のサイコロの底面の目は2となるはずである。

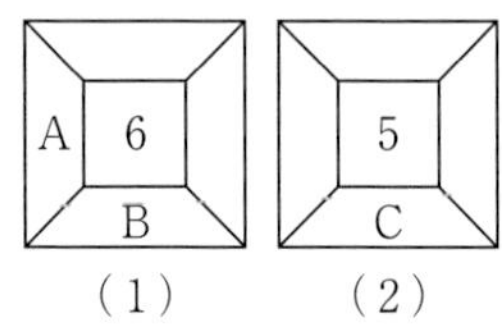

ここで，左のサイコロでは残りの目は2，3，4，5のいずれかであり，相対する面の目の和が7になることを考慮すると，その組合せは（2と5），（3と4）のいずれかとなるはずである。すると，例えばAの面の目が2のとき，Bの面の目が5となることはなく，3または4となるので，AとBの面の目の組合せは以下の場合だけとなる。

Aの面の目	Bの面の目
2	3
	4
5	3
	4

一方，右のサイコロでは残りの目は1，3，4，6のいずれかであるが，A，B，Cの目の和が7となるためには，Aの面の目が2，Bの面の目が4，Cの面の目が1となるときだけである。したがって，これらの目の積は$2 \times 4 \times 1 = 8$となる。

15 2

解説 $a > b > c > d$より，これらの自然数から2個を選んでその和を取ったとき，最大の数となるのはaとbの組合せなので，$a + b = 178$…①となる。また，2番目に大きな数となるのはaとcの組合せなので，$a + c = 171$…②となる。さらに，最小の数となるのはcとdの組合せなので，$c + d = 145$…③となる。一方，3番目に大きな数となる組合せはaとd，またはbとcのいずれかである。ここで，$(a + d)$が3番目に大きな数と仮定すると，$(b + c)$が4番目に大きな数となり，$(a + d) + (b + c) = a + b + c + d$となり，式①＋式③より，$a + b + c + d = 178 + 145 = 323$となる。すると，3番目に大きな数が$a + d = 165$なので，4番目に大きな数は$b + c = 323 - 165 = 158$となる。ここまでで，$a + d = 165$，または$a + d = 158$の2通りが考えられる。まず，$a + d = 158$の場合を考えると，式②－式③より，$a - d = 26$となるので，これらを連立すると$d = 66$となる。一方，$a + d = 165$の場合を考えると，$d = 69.5$となるので，$d$は自然数とならず不適となる。したがって，$d = 66$が最も妥当である。

16 1

解説 Ａの歩く速さをa〔m/分〕，Ｂの歩く速さをb〔m/分〕，ＡとＢが歩き始めてからすれ違うまでの時間をx〔分〕とすると，（PQ間の距離）＝$(a+b)x$〔m〕…①と表せる。また，ＡはＢとすれ違ってから16分後にＰ地点に到着し，ＢはＡとすれ違ってから36分後にＱ地点に到着したので，それぞれがPQ間を移動するためにかかった時間は（$x+16$）〔分〕，（$x+36$）〔分〕と表せるので，それぞれ（PQ間の距離）＝$a(x+16)$ …②，（PQ間の距離）＝$b(x+36)$ …③が成り立つ。

	A	B
速さ〔m/分〕	a	b
PQ間を移動するのにかかった時間〔分〕	$x+16$	$x+32$
PQ間の距離〔m〕	$a(x+16)$	$b(x+32)$

式①と式②より，$(a+b)x=a(x+16)$ となり，これを整理すると $\dfrac{b}{a}=\dfrac{16}{x}$…④となる。ここで，（速さ）＝$\dfrac{(距離)}{(時間)}$より，距離が一定の場合，速さの比は時間の比の逆比となるので，$a:b=(x+36):(x+16)$ が成り立つので，$\dfrac{b}{a}=\dfrac{x+16}{x+36}$となる。これに式④を代入すると，$\dfrac{16}{x}=\dfrac{x+16}{x+36}$となるので，これを整理すると$x(x+16)=16(x+36)$，$x^2=576$より，$x=24$〔分〕となる。したがって，２人が歩き始めてからすれ違うまでの時間は24分となる。

17 4

解説 問題文の図において，点ＡとC，および点ＢとＤを結ぶと，四角形ABDCは円Ｏに内接しているので，∠BAC＋∠BDC＝180°となる。また，∠BAC＋∠CAP＝180°より，∠BDC＝∠CAPとなる。さらに，∠APCは共通の角なので，三角形ACP∽三角形DBPとなる。よって，AB＝x〔cm〕とすると，5：6＝(6＋6)：(5＋x)となるので，x＝9.4〔cm〕となる。

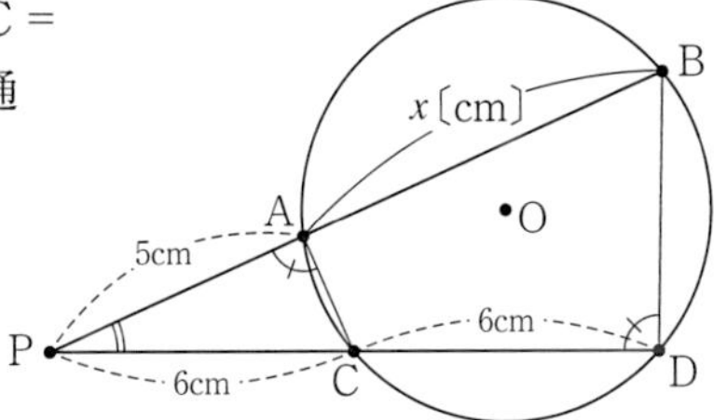

18 2

解説 1から200までの自然数をすべて足した数は，$\frac{200(200+1)}{2}=$ 20,100となる。また，1から200までの自然数のうち，5で割り切れる自然数をすべて足した数は，初項5，末項200，項数40の等差数列の和となるので，$(5+200)\times40\times\frac{1}{2}=4{,}100$となる。したがって，1から200までの自然数のうち，5で割り切れない自然数をすべて足した数は，$20{,}100-4{,}100=16{,}000$となる。

19 1

解説 1：正しい。2012年から2017年までのいずれの年においても，全産業の雇用者数は6,000〔万人〕を上回っており，6,000〔万人〕の5％は$6{,}000\times0.05=300$〔万人〕となる。すると，2012年から2017年までのいずれの年においても，情報通信産業の雇用者数は300〔万人〕を上回っているので，全産業の雇用者数に占める情報通信産業の雇用者数の割合は，5％を超えていると判断できる。　2：誤り。(2014年の雇用者数に対する2015年の雇用者数の増加率)＝$\left(\frac{2015年の雇用者数}{2014年の雇用者数}\times100-100\right)$と表せる。よって，対事業所サービスのそれは$\left(\frac{637.2}{625.5}\times100-100\right)$となるが，医療･福祉産業のそれに注目すると$\left(\frac{731.2}{705.7}\times100-100\right)$となる。ここで，$\frac{637.2}{625.5}$と$\frac{731.2}{705.7}$の大小を比較すると，$\frac{637.2}{625.5}\fallingdotseq1.02$，$\frac{731.2}{705.7}\fallingdotseq1.04$となるので，$\left(\frac{637.2}{625.5}\times100-100\right)<\left(\frac{731.2}{705.7}\times100-100\right)$と判断できる。よって，対事業所サービスのそれが最も大きいわけではない。3：誤り。2017年の全産業の雇用者数は6,918.3〔万人〕であり，その約32％を概算すると，$7{,}000\times0.32=2{,}240$〔万人〕となる。一方，2017年の対個人サービス，医療・福祉，対事業所サービス，建設の雇用者数の和は，$784.2+761.8+674.4+606.3=2{,}826.7$〔万人〕となるので，2017年の全産業の雇用者数の約32％とはならない。　4：誤り。(2012年の雇用者数に対する2017年の雇用者数の増加率)＝$\left(\frac{2017年の雇用者数}{2012年の雇用者数}\times100-100\right)$より，商業のそれは$\left(\frac{1{,}191.0}{1{,}141.0}\times100-100\right)$となるが，医療・福祉のそれに注目すると$\left(\frac{761.8}{660.7}\times100-100\right)$となる。すると，明らかに$\frac{1{,}191.0}{1{,}141.0}<\frac{761.8}{660.7}$と判断できるので，2012年の雇用者

数に対する2017年の雇用者数の増加率は，商業が最も大きいわけではない。
5：誤り。輸送機械と不動産の雇用者数の差が最も大きいのは，2013年であるが，その差は102.7 − 86.3 = 16.4〔万人〕であり，18万人を下回っている。

20　2

解説　1：誤り。2016年における輸入額の総額66,042〔十億円〕は，2015年における輸入額の総額78,406〔十億円〕を下回っている。よって，2016年における地域別構成比が2015年を下回っているアジア，アフリカ，オセアニアの輸入額は，2015年よりも2016年は減少していると判断できる。　2：正しい。2018年における輸入額の総額82,703〔十億円〕は，2017年における輸入額の総額75,379〔十億円〕を上回っている。よって，2018年における地域別構成比が2017年を上回っている，または変化していないアジア，北アメリカ，ヨーロッパ，アフリカ，オセアニアの2018年の輸入額は2017年より増加していると判断できる。また，2018年における地域別構成比が2017年を下回っている中南アメリカの輸入額については，2017年は75,379 × 0.042 ≒ 3,166〔十億円〕，2018年は82,703 × 0.039 ≒ 3,225〔十億円〕となるので，2018年の輸入額は2017年より増加していることがわかる。よって，2018年においては，すべての地域からの輸入額が2017年より増加していることになる。　3：誤り。(アフリカからの輸入額) = (輸入額) × (アフリカの構成比) より，これが最大となるのは2013年の81,243 × 0.023 ≒ 1,869〔十億円〕となる。仮に，2013年から2018年までの6年間の輸入額が同額であったとしても，その累計は1,869 × 6 = 11,214〔十億円〕であり，12,000〔十億円〕を下回る。よって，2013年から2018年までのアフリカからの輸入額の累計は，12,000〔十億円〕を下回ると判断できる。　4：誤り。いずれの年も，アジアの地域別構成比がヨーロッパの地域別構成比の5倍を上回っていないので，アジアからの輸入額はヨーロッパからの輸入額の5倍を下回っていると判断できる。　5：誤り。オセアニアからの輸入額は，2013年では81,243 × 0.066〔十億円〕，2014年では85,909 × 0.066〔十億円〕となる。ここで，(81,243 × 0.066) と (85,909 × 0.066) の大小を比較すると，0.066は共通であり，81,243 ＜ 85,909なので，(81,243 × 0.066) ＜ (85,909 × 0.066) と判断できる。よって，オセアニアからの輸入額は2013年より2014年の方が多く，2013年が最も多いわけではない。

21 4

解説 1：誤り。(小学校1校当たりの学級数) $=\frac{272〔千学級〕}{203〔百校〕}$, (中学校1校当たりの学級数) $=\frac{122〔千学級〕}{104〔百校〕}$となるが, $\frac{272}{203}>\frac{122}{104}$より, 中学校1校当たりの学級数は, 小学校1校当たりの学級数よりも少ないことになる。 2：誤り。(小学校1校当たりの教員数) $=\frac{410〔千人〕}{203〔百校〕}$, (中学校1校当たりの教員数) $=\frac{248〔千人〕}{104〔百校〕}$となるが, $\frac{410}{203}<\frac{248}{104}$より, 小学校1校当たりの教員数は, 中学校1校当たりの教員数よりも少ないことになる。 3：誤り。(小学校1校当たりの児童・生徒数) $=\frac{639〔万人〕}{203〔百校〕}$, (中学校1校当たりの児童・生徒数) $=\frac{336〔万人〕}{104〔百校〕}$となるが, $\frac{639}{203}\fallingdotseq 3.15$, $\frac{336}{104}\fallingdotseq 3.23$より, $\frac{639}{203}<\frac{336}{104}$となる。よって, 小学校1校当たりの児童・生徒数は, 中学校1校当たりの児童・生徒数よりも少ないことになる。 4：正しい。(小学校の教員1人当たりの児童・生徒数) $=\frac{639〔万人〕}{410〔千人〕}$, (中学校の教員1人当たりの児童・生徒数) $=\frac{336〔万人〕}{248〔千人〕}$となるが, $\frac{639}{410}\fallingdotseq 1.56$, $\frac{336}{248}\fallingdotseq 1.35$より, $\frac{639}{410}>\frac{336}{248}$となる。よって, 小学校の教員1人当たりの児童・生徒数は, 中学校の教員1人当たりの児童・生徒数よりも多いことになる。 5：誤り。(小学校の1学級当たりの児童・生徒数) $=\frac{639〔万人〕}{272〔千学級〕}$, (中学校の1学級当たりの児童・生徒数) $=\frac{336〔万人〕}{122〔千学級〕}$となるが, $\frac{639}{272}\fallingdotseq 2.35$, $\frac{336}{122}\fallingdotseq 2.75$より, $\frac{639}{272}<\frac{336}{122}$となる。よって, 小学校の1学級当たりの児童・生徒数は, 中学校の1学級当たりの児童・生徒数よりも少ないことになる。

22 3

解説 1：誤り。5社の売上額の合計を100, 5社の従業者数の合計を100とすると, (A社の従業者1人当たりの売上額)：(B社の従業者1人当たりの売上額) $=\frac{29}{24}:\frac{22}{26}$となる。ここで, $\frac{29}{24}>\frac{22}{26}$より, (A社の従業者1人当たりの売上額) ＞ (B社の従業者1人当たりの売上額) となるので, B社の従業者1人当たりの売上額が最も大きいわけではない。 2：誤り。5社の売上額の合計を100，5社の利益額の合計を100とすると，（A社の売上額に占める利益額の割合）：（B社の売上額に占める利益額の割合）＝$\frac{30}{29}$：$\frac{24}{22}$となる。$\frac{30}{29}$≒1.03，$\frac{24}{22}$≒1.09より，（A社の売上額に占める利益額の割合）＜（B社の売上額に占める利益額の割合）となるので，A社の売上額に占める利益額の割合が最も大きいわけではなく，この時点でこの選択肢は妥当ではないと判断できる。　3：正しい。5社の営業店舗数の合計を100，5社の売場面積の合計を100とする。次に，A社の営業店舗1軒当たりの売場面積を100とすると，E社の営業店舗1軒当たりの売場面積は$\frac{\frac{9}{12}}{\frac{31}{25}}$×100≒60となるので，58を超えている。　4：誤り。（A社の営業店舗1軒当たりの利益額）：（C社の営業店舗1軒当たりの利益額）＝$\frac{30}{25}$：$\frac{19}{20}$であり，$\frac{30}{25}$＞$\frac{19}{20}$より，（A社の営業店舗1軒当たりの利益額）＞（C社の営業店舗1軒当たりの利益額）となる。よって，C社の営業店舗1軒当たりの利益額は，A社の営業店舗1軒当たりの利益額より小さくなる。　5：誤り。（C社の売場面積当たりの売上額）：（D社の売場面積当たりの売上額）＝$\frac{19}{21}$：$\frac{16}{13}$であり，$\frac{19}{21}$＜$\frac{16}{13}$より，（C社の売場面積当たりの売上額）＜（D社の売場面積当たりの売上額）となる。よって，D社の売場面積当たりの売上額が最も小さいわけではない。

23　5

解説　1：誤り。（対前年指数）＝$\left(\frac{今年の年間販売額}{前年の年間販売額}\times 100\right)$と表せ，（対前年指数）＞100のときは（今年の年間販売額）＞（前年の年間販売額），（対前年指数）＝100のときは（今年の年間販売額）＝（前年の年間販売額）となる。よって，（A社の2016年の対前年指数）＝100と読み取れるので，A社の2015年の年間販売額は2016年と等しく，（A社の2017年の対前年指数）＝105と読み取れるので，A社の2017年の年間販売額は2016年および2015年よりも多いことになる。よって，A社の2015年の年間販売額が最も多いわけではない。　2：誤り。（今年の年間販売額）＝$\left(前年の年間販売額\times\frac{対前年指数}{100}\right)$より，（B社の2014年の年間販売額）＝$\left(B社の2013年の年間販売額\times\frac{2014年の対前年指数}{100}\right)$

と表せる。ここで，(B社の2013年の年間販売額)＝100とすると，(B社の2014年の年間販売額)＝$100\times\frac{105}{100}$＝105より，2013年から2014年までの年間販売額の増加額は105－100＝5となる。次に，(B社の2015年の年間販売額)＝$105\times\frac{110}{100}$＝115.5より，2014年から2015年までの年間販売額の増加額は115.5－105＝10.5となる。よって，この時点で，少なくともB社の2013年から2015年までの年間販売額の増加額は等しくないことになる。　3：誤り。2013年から2015年まで，C社の年間販売額の対前年指数は100を上回っているので，(C社の2013年の年間販売額)＜(C社の2014年の年間販売額)＜(C社の2015年の年間販売額) となるはずである。　4：誤り。(D社の2017年の対前年指数)＝95と読み取れるので，(D社の2016年の年間販売額)＞(D社の2017年の年間販売額) と判断できる。よって，D社の2016年の年間販売額が最も少ないわけではない。　5：正しい。(A社の2014年の対前年指数)＝100，(A社の2015年の対前年指数)＝120と読み取れる。よって，(2013年のA社の年間販売)＝100とすると，(2014年のA社の年間販売)＝$100\times\frac{100}{100}$＝100，(2015年のA社の年間販売)＝$100\times\frac{120}{100}$＝120となる。

24 2

解説 1：衆議院の解散と同時に閉会となる参議院に対して，国会で緊急の問題が発生したときに，国会の権能を暫定的に代行する制度が参議院の緊急集会であり，内閣の求めによって開かれるものである。参議院自ら開くことはない。　2：正しい。　3：衆議院による再可決には出席議員の3分の2以上の賛成を要する。　4：衆議院にあるのは予算先議権のみ（憲法第60条に記載)。条約案などの先議権はない。　5：内閣不信任決議は衆議院のみに認められている。内閣不信任決議案が可決された場合，内閣は10日以内に衆議院を解散するか，総辞職するかの決定をしなければならない。なお，参議院には内閣に対する問責決議は憲法上規定されていない。

25 2

解説 1：国務大臣ではなく，内閣総理大臣に関する記述。国務大臣は内閣総理大臣が任命する。　2　正しい。　3:国務の総理は内閣の権能である。

4：憲法第73条3項に，事後の承認も認められている。　5：退任後においては，内閣総理大臣の同意がなくても訴追は可能である。内閣総理大臣の同意がなければ訴追されないのは，国務大臣在任中である。

26　3

解説　1：国際連合ではなく，国際連盟に関する記述である。国際連合という名称は，アメリカのフランクリン・ルーズベルト大統領が考えたものである。　2：総会では5大国に拒否権は認められていない。5大国の拒否権が認められているのは，安全保障理事会である。　3：正しい。　4：紛争当事国の双方が付託に同意しなければ，国際司法裁判所は裁判を行えない。　5：国際連合の創設は第二次世界大戦後のことである上，国連憲章に基づく正規の国連軍が編成された例はない。朝鮮戦争の際の国連軍は，国際連合憲章に基づくものではないが，国際連合の決議に基づいていたため，国連軍という名称を使用することが認められている。

27　1

解説　1：正しい。間接金融は，お金を借りる人とお金を貸す人の間に第三者がいる取引で，直接金融は第三者がいない取引のことである。銀行による融資は間接金融である。　2：マネーストックには，銀行券と貨幣の現金通貨に加えて，預金通貨も含まれる。　3：欧州中央銀行（ECB）が設立されている。　4：金融市場の資金量を増やそうとする資金供給オペレーションは，デフレ傾向が進んだ時に実施される。インフレ傾向の際は，市場に流通するお金を回収する資金吸収オペレーションを実施する。　5：金融ビッグバンとは金融市場の大規模な規制緩和であり，外貨取引の自由化や金融持株会社の設立解禁が実現した。

28　1

解説　1：正しい。　2：日本周辺の海でも観測されている。　3：1位は中国であり，2～4位は東南アジア諸国が占めていた。なお，日本は30位，アメリカは20位であった。　4：2050年までに海洋プラスチックごみの量が魚の量を上回るとされている。　5：環境に流出したプラスチックは，海岸の波や紫外線等で小さくはなるが，完全には分解されない。自然分解されないため，ずっと自然界に残り，食物連鎖を通じて多くの生物に取り込まれることを含め，あらゆる問題を起こしている。

29 3

解説 1：71議席を獲得し，改選議席数（124議席）の過半数を確保した。 2：113議席となり，総議席数（245議席）の過半数には達しなかった。 3：正しい。公示前よりも8議席増加した。 4：投票率は48.80％で，1995年以来24年ぶりに50％を下回った。 5：10歳代の投票率は32.28％だったため，全体の投票率を上回っていない。

30 4

解説 A：「G20大阪サミット」と呼ばれている。 B：「国際復興開発に関する首脳会合」という国際会議は存在しない。「国際復興開発」という語句の関連として，国際復興開発銀行（IBRD）は存在する。 C：第1回G20サミットは，リーマンショック後の2008年に開催された。国際金融システム上，重要な国々の間における主要な経済・金融政策の課題を議論し，各国の利益となる安定的で持続可能な世界経済の成長を達成するために協力していくことが目的とされている。 D：ただし，首脳宣言に「保護貿易と闘う」という文言は盛り込まれなかった。

31 1

解説 1：正しい。ノーベルの遺言により，ノーベル賞が創設された。
2：ジェファソンはアメリカ独立宣言の起草者で，のちに第3代アメリカ大統領となった。ピアノの詩人と呼ばれ，ピアノ曲で知られるのはショパンである。
3：ベートーヴェンはドイツの作曲家で，「運命」「田園」「交響曲第9番」などが代表作である。「楽聖」と呼ばれる。電話を発明し，特許を取得したのは，ベルであるが，実際に電話を最初に発明したのはメウッチといわれている。
4：レントゲンはドイツの物理学者で，X放射線を発見し第1回ノーベル物理学賞を受賞した。結核菌を発見したのは，コッホである。 5：ロダンは「考える人」で知られる，フランスの彫刻家で，「近代彫刻の父」と称される。南極点に初めて到達したのは，アムンセンである。

32　2

解説　1：源頼朝の長子は，源義経ではなく源頼家である。義経は頼朝の弟である。北条政子の父は，北条泰時ではなく北条時政である。　2：妥当である。　3：建武の新政を始めたのは，後鳥羽上皇ではなく後醍醐天皇である。後醍醐天皇は吉野ではなく，京都に帰った。　4：足利尊氏が立てた持明院の天皇は，鳥羽天皇ではなく光明天皇である。吉野に逃れたのは後白河天皇ではなく後醍醐天皇である。　5：室町時代の文化は，足利義満時代の北山文化と足利義政時代の東山文化が有名である。

33　2

解説　A：メルカトル図法は正角図法である。角度が正しく，等角航路が直線で示されているので，海図に使用される。経線・緯線が互いに直行する平行線で表されているため，北極・南極が赤道と同じ長さになるなど，高緯度ほど面積や距離が拡大されてしまう。アが妥当である。　B：正距方位図法では，図の中心と任意の点を結ぶ直線は，大圏（最短）コースを示している。アが妥当である。　C：ホモロサイン（グード）図法は，サンソン図法の低緯度部分とモルワイデ図法の高緯度部分を緯度40度44分で接合し，海洋を断裂した図法である。分布図や密度図に用いられる。イが妥当である。妥当な組合せは2である。

34　4

解説　1：「軽佻浮薄」が正しい。　2：「前代未聞」が正しい。　3：「優柔不断」が正しい。　5：「刻苦勉励」が正しい。

35　3

解説　「紺屋の白袴」は，他人のことばかりやって，自分のことに手が回らないこと。　3：「医者の不養生」は，他人に立派なことを教えながら自分では実行しないこと。　1：「暖簾に腕押し」は，手応えがないこと。　2：「得手に帆（を揚げる）」は，得意分野を発揮する機会を得てはりきって行動すること。　4：「豚に真珠」は，価値の分からない者に貴重なものを与えても無意味であること。　5：「二階から目薬」は回りくどいことや，物事がうまくいかずもどかしいこと。

36 5

解説 $x+y=4$…①より，$(x^2-y^2)=(x+y)(x-y)=4(x-y)$…②となる。また，$xy=-6$より，$y=-\frac{6}{x}$となるので，これを式①に代入すると$x-\frac{6}{x}=4$，$x^2-4x-6=0$となり，これを$x$について解くと$x=2\pm\sqrt{10}$となる。ここで，式①より，$x=2+\sqrt{10}$のとき，$y=2-\sqrt{10}$，$x=2-\sqrt{10}$のとき，$y=2+\sqrt{10}$となるが，問題文より$x>y$となるため，$x=2+\sqrt{10}$，$y=2-\sqrt{10}$となる。これらを式②に代入すると，$(x^2-y^2)=4\{(2+\sqrt{10})-(2-\sqrt{10})\}=8\sqrt{10}$となる。

37 4

解説 すべてのxに対して，$x^2-2ax-(a-6)>0$が成り立つ場合，$x^2-2ax-(a-6)=0$…①が異なる2つの虚数解をもつことになる。よって，式①をxについて解くと，$x=a\pm\sqrt{a^2+(a-6)}$となり，異なる2つの虚数解をもつためには$a^2+a-6<0$となる必要がある。すると，$(a+3)(a-2)<0$と整理できるので，aのとり得る範囲は$-3<a<2$となる。

38 2

解説 以下に，問題文のΔABCおよびその外接円を示す。ΔABCにおいて，$a=4$，$b=5$，$c=6$であり，余弦定理より，

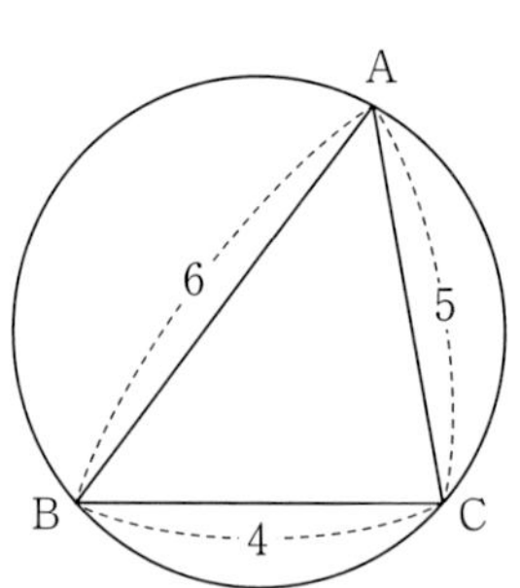

$a^2=b^2+c^2-2bc\cos A$が成り立つので，

$\cos A=\frac{b^2+c^2-a^2}{2bc}=\frac{5^2+6^2-4^2}{2\times5\times6}=\frac{3}{4}$となる。

また，$\sin A=\sqrt{1-\cos^2 A}=\frac{\sqrt{7}}{4}$となる。

ここで，ΔABCの外接円の半径をRとすると，

$2R=\frac{a}{\sin A}$が成り立つので，

$R=\frac{4}{2\times\frac{\sqrt{7}}{4}}=\frac{8}{7}\sqrt{7}$となる。

39 1

解説 ある数が3の倍数であれば，その数の各位の和が3で割り切れる数となるはずである。0，1，2，3，4の5個の数字のうち，異なる3個の数字の和

が3の倍数となるのは，(0, 1, 2)，(0, 2, 4)，(1, 2, 3)，(2, 3, 4) という組合せだけである。異なる3個の数字が (0, 1, 2) のとき，百の位の数は0以外の2個から1個を選ぶので2通り，十の位の数は残り2個のどちらか1個を選ぶので2通り，一の位の数は残りの1個と決まるので，全部で$2 \times 2 = 4$〔個〕の整数ができる。異なる3個の数字が (0, 2, 4) のときも同様に考えると，全部で$2 \times 2 = 4$〔個〕の整数ができる。次に，異なる3個の数字が (1, 2, 3) のとき，百の位の数は3個から1個を選ぶので3通り，十の位の数は残り2個のどちらか1個を選ぶので2通り，一の位の数は残りの1個と決まるので，全部で$3 \times 2 = 6$〔個〕の整数ができる。異なる3個の数字が (2, 3, 4) のときも同様に考えると，全部で$3 \times 2 = 6$〔個〕の整数ができる。したがって，合計$4 + 4 + 6 + 6 = 20$〔個〕の整数ができることになる。

40　2

解説　簡単に図を示す。

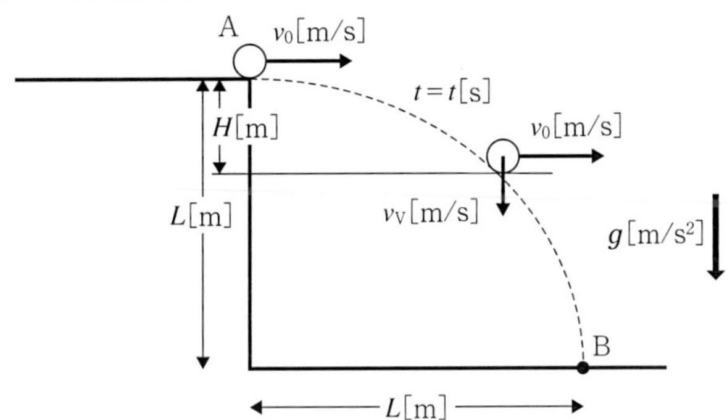

台から飛び出す小球の水平方向の速度v_0〔m/s〕は点Bに到達するまで変わらないので点Bに到達するまでの時間$t = \dfrac{L}{v_0}$〔s〕と表される。小球のt秒後の落下距離をH〔m〕，そこでの鉛直下方への速度をv_V〔m/s〕とすると，$H = \left(\dfrac{1}{2}\right)gt^2$〔m〕，$v_V = gt$〔m/s〕と表される。点Bに到達した時$H = L$となるので$H = L = \left(\dfrac{1}{2}\right)gt^2 \ \rightarrow\ t^2 = \dfrac{2L}{g} \ \rightarrow\ t = \sqrt{\dfrac{2L}{g}}$〔s〕となる。これと$t = \dfrac{L}{v_0}$〔s〕から$\sqrt{\dfrac{2L}{g}} = \dfrac{L}{v_0} \ \rightarrow\ v_0 = \dfrac{L}{\sqrt{\dfrac{2L}{g}}} = \sqrt{\dfrac{gL}{2}}$となる。Aは$\sqrt{\dfrac{2L}{g}}$，Bは$\sqrt{\dfrac{gL}{2}}$となって2が該当する。

41 3

解説 1：小球がなめらかな壁に斜めに衝突する場合衝突後の壁に垂直な速度成分はその反発係数eによってe倍となるが，壁に平行な速度成分は影響を受けず元の速度成分の大きさのままとなる。記述は誤りである。　2：なめらかな面で2つの物体が弾性衝突する場合それらの合計の運動量と力学的エネルギーは保存される。非弾性衝突の場合は力学的エネルギーは保存されないが運動量は保存される。記述は誤りである。　3：ばね振り子ではその微小振動は相応する等速円運動の正射影となりその周期Tは等速円運動の周期と同じである。おもりの質量をm，ばね定数をkとして$T=2\pi\sqrt{\frac{m}{k}}$と表され環境の重力には影響を受けず地球上でも月面上でも同じになる。記述は妥当である。　4：単振り子の場合は振り戻す力は重力による。その微小振動は単振動となりやはり相応する等速円運動の周期と同じになるが，その周期Tはひもの長さをlとし重力加速度をgとして$T=2\pi\sqrt{\frac{l}{g}}$となって重力の小さな月面上ではその周期は長くなる。記述は誤りである。　5：床面がなめらかでない場合そこでの物体の運動には摩擦力が働く。物体が静止している状態から力fをかけて動かそうとする時静止摩擦力Fはその力fとつり合って物体は動かない。すなわち摩擦力$F=f$となっている。力fが最大静止摩擦力$\mu_0 N$を超えた時動き始める。記述は妥当ではない。以上から妥当な記述は3が該当する。

42 5

解説 有機化合物を完全燃焼させたとき，有機化合物中の炭素Cは二酸化炭素CO_2，水素Hは水H_2Oになるので，生成した二酸化炭素と水の質量から，もとの有機化合物に含まれるC，Hの質量を求めることができる。炭素の原子量は12.0，二酸化炭素の分子量は$12.0+16.0\times 2=44.0$より，(もとの有機化合物に含まるCの質量)$=26.4\times\frac{12.0}{44.0}=7.2$〔mg〕となる。また，水素の原子量は1.0，水の分子量は$1.0\times 2+16.0=18.0$より，(もとの有機化合物に含まるHの質量)$=10.8\times\frac{1.0\times 2}{18.0}=1.2$〔mg〕となる。すると，(もとの有機化合物に含まれるOの質量)$=14.8-7.2-1.2=6.4$〔mg〕となる。次に，それぞれの元素の質量を原子量で割った値の比を求めると，C：H：O$=\frac{7.2}{12.0}:\frac{1.2}{1.0}:\frac{6.4}{16.0}$

＝3：6：2となるが，これがもとの有機化合物を構成する原子の比となる。したがって，この有機化合物の組成式は，3：6：2となり，組成式は$C_3H_6O_2$となる。

43 5

解説 1：誤り。「刺激臭のある」ではなく「無臭で」，「水によく溶けて酸性を示す」ではなく「水に溶けにくい」とすると，正しい記述となる。　2：誤り。「無臭で」ではなく「刺激臭のある」，「酸素」ではなく「次亜塩素酸」とすると，正しい記述となる。　3：誤り。二酸化窒素は赤褐色の気体であり，常温では一部が無色の四酸化二窒素に変化する。　4：誤り。「赤褐色」ではなく「無色」，「水に少し溶けてアルカリ性」ではなく「水に溶けて弱酸性」である。また，硫化水素は強い還元剤であり，二酸化硫黄を還元して硫黄の単体を遊離させる。　5：正しい。防腐剤に用いられているホルマリンは，ホルムアルデヒドを約37％含む水溶液である。

44 5

解説 1：誤り。左右の大脳半球は，脳梁により連絡されている。　2：誤り。大脳皮質は，灰白質とも呼ばれている。　3：誤り。大脳髄質は，白質とも呼ばれている。　4：誤り。呼吸運動や心臓拍動の中枢は，延髄に存在する。　5：正しい。大脳皮質のうち，系統発生的に新しいものを新皮質，新皮質により覆われているものを辺縁皮質として区別している。新皮質は高度な知能活動，辺縁皮質は本能的な活動や情動・記憶などに関わっている。

45 5

解説 1：誤り。「一重」ではなく，「二重」とすると正しい記述となる。2：誤り。「ミトコンドリア」ではなく，「ゴルジ体」とすると正しい記述となる。　3：誤り。「ゴルジ体」ではなく，「ミトコンドリア」とすると正しい記述となる。　4：誤り。「リソソーム」ではなく，「ミトコンドリア」とすると正しい記述となる。　5：正しい。中心体は，動物細胞やシダ類・コケ類の細胞には存在するが，種子植物の細胞には存在しない。

令和2年度　第2回実施問題

1　次の文章を読んで，以下の問に答えなさい。

※本文略（題材は，『著名人が語る〈生きるヒント〉第六巻』仏の教え　中村元　著）

問　この文章の要旨として，最も妥当なのはどれか。

1. われわれは無限の過去を受け継いでここにひとつの集約的表現として現れているに過ぎず，偉大な未来が出てくるのか，否か，将来のことはどうなるかわからない。
2. 人間の存在ははかなく脆いものであり，過去や将来との結びつきは堅固のように見えて実際は脆いものである。
3. “この身”という個体は脆くて実質はないものと考えられているが，そこに宿る精神は永遠に存在し続ける。
4. 無常の理とは，人間の存在は瞬間的に異なって存在すると考えられることから，無礙とは相いれないものである。
5. 人間の存在はすべて不断に移り変わり同一ではないとみながら，同時に連続的な存在である。

2　次の文章を読んで，以下の問に答えなさい。

※本文略（題材は，『世論調査とは何だろうか』岩本裕　著）

問　この文章の要旨として，最も妥当なのはどれか。

1. 賛成が多いのか反対が多いのかを調べる方法として，悉皆調査とランダムサンプリングという方法がある。
2. 悉皆調査はランダムサンプリングによって行われ，その集団の全員を調べる調査方法である。
3. ランダムサンプリングは，簡単にいえば，「くじ引き」なので，代表者はくじによる偶然で選び出される。
4. ランダムサンプリングが有効なのは，人が“適当”に選ぶのではなく，神が選んだからである。
5. 国全体を代表する人を偶然性によって選べば，国勢調査も正確さをもって客観的に判断することができる。

3 次の文章を読んで，以下の問に答えなさい。

※本文略（題材は，『他者を見下す若者たち』速水敏彦　著）

問　この文章の内容として，最も妥当なのはどれか。

1.　真の自己肯定感を持てないせいで，自分が他人の自にどう映っているか知ることばかりに目がいき，友人と会話することが苦痛となり，周囲から孤立することを選ぶ若者がふえた。
2.　自分が他人の目にどう映っているか知るためには，友人たちの素晴らしい一面を知ろうとする努力が必要である。
3.　親しい人間関係にある人の承認や賞賛から自信は形成されていくことが多い。
4.「うれしい」場面でその感情を表すと自己肯定していると見なされてしまうことに現代の若者は恐れている。
5.　友人が生真面目な人であれ，ルーズな人であれ，参考にすることで，自分のコミュニケーション能力は向上する。

4 次の文章を読んで，以下の問に答えなさい。

※本文略（題材は，『愛』苫野一徳　著）

問　この文章の要旨として，最も妥当なのはどれか。

1.　ニーチェにとってキリスト教の「愛」とは，神（キリスト）の自己犠牲によって与えられた，最終的な救いにほかならない。
2.　人間は生まれながらに「原罪」を背負った者であるというキリスト教の思想はニーチェにとって真理であり，だからこそ弱者には耐えきれないとして批判した。
3.　ニーチェにとってキリスト教の「愛」とは，ルサンチマンによって価値観を顚倒させた弱者が贋造した，ご都合主義的な非利己的精神でしかない。
4.　キリスト教の「愛」とは，実のところ強者が思いのままに生きられるように贋造された，都合の良い歪んだ思想でしかないとして，ニーチェは激しく批判した。
5.　ニーチェによれば，すべての人間はルサンチマンを抱えた弱者であり罪深い存在であるので，神（キリスト）の「愛」によって救われるには値しない。

5 次の文章を読んで，以下の問に答えなさい。

※本文略（題材は，『高校生のための現代思想ベーシック　ちくま評論入門　改訂版―隠れたカリキュラム』苅谷剛彦　著）

問　この文章の要旨として，最も妥当なのはどれか。

1. 隠れたカリキュラムには，学校生活をスムーズに行うために入り込んでいるものと知らず知らずのうちに学校生活に入り込んでいるものがあり，自分たちのまわりの世界を，どのように区別するのかを知らず知らずのうちに身につけていく。
2. 隠れたカリキュラムのうち，学校生活をスムーズに行うために入り込んでくるカリキュラムは，集団生活を営む上で重要なルールを学ぶため，学校現場では重要視されている。
3. 隠れたカリキュラムのうち，知らず知らずのうちに入り込んでくるカリキュラムは，あたりまえだと思っていることが，あたりまえのまま疑われなくなることがあるので，危険である。
4. 男子と女子の区別は慣れてしまえばあたりまえのことだが，そこには必然性はなく，出欠をとるときに男女まぜこぜで名前を呼んでも困ることなどない。
5. 知らず知らずのうちに入り込んでくるカリキュラムによって，日本という国のまとまりを前提とした教育を行っているが，多様性の時代には，他の人種や民族の特徴を学ぶ必要がある。

6 次の会話文の（　　　）に当てはまる正しい英文として，最も妥当なのはどれか。

A：Guess what?

B：What?

A：I got the (　　　) from my boss to carry out the plan I suggested.

B：Congratulations!

1. black box
2. green light
3. red alert
4. white book
5. yellow card

7 **次の英文の（　　　）に当てはまる単語として，最も妥当なのはどれか。**

（　　　）has 29 days in a leap year.

1. December　2. November　3. January　4. October
5. February

8 **次の英文が完成した文になるように，文意に沿って〔　　　〕内の単語を並び替えたとき，〔　　　〕内で２番目と４番目にくる単語の組合せとして，最も妥当なのはどれか。**

My parents〔are / me / opposed / studying / to〕abroad.

	2番目	4番目
1.	studying	me
2.	studying	to
3.	to	me
4.	opposed	me
5.	opposed	to

9 **ある企業の従業員に対して，海外支社勤務の経験について調査した。次のア，イのことがわかっているとき，確実にいえることとして，最も妥当なのはどれか。**

ア　ロサンゼルス支社勤務の経験がない，またはパリ支社勤務の経験がない者は，北京支社勤務の経験がない。

イ　シドニー支社勤務の経験がある者は，北京支社勤務及びロンドン支社勤務の経験がある。

1. ロサンゼルス支社勤務の経験がある者は，北京支社勤務の経験もある。
2. 北京支社勤務の経験がある者は，ロサンゼルス支社勤務の経験がある，またはパリ支社勤務の経験がある。
3. 北京支社勤務の経験がない者は，ロサンゼルス支社勤務の経験がない，またはパリ支社勤務の経験がない。
4. シドニー支社勤務の経験がある者は，ロサンゼルス支社，パリ支社，北京支社，ロンドン支社での勤務経験がある。
5. 北京支社勤務及びロンドン支社勤務の経験がある者は，シドニー支社勤務の経験がある。

10 **A～Eの5人はそれぞれ，野球，サッカー，ラグビー，テニス，卓球，バスケットボールの6種目の中から3種目を選んで球技大会に出場する。次のア～ウのことがわかっているとき，確実にいえることとして，最も妥当なのはどれか。**

ア　野球とテニスにはそれぞれ4人，サッカーには3人，卓球には2人，ラグビーとバスケットボールにはそれぞれ1人が出場する。

イ　AとBには同一の出場種目がない。

ウ　Cは，卓球には出場しない。

1. Aは，野球に出場する。
2. AとDは，卓球に出場する。
3. Bは，ラグビーに出場する。
4. Cは，サッカーに出場する。
5. Eは，テニスには出場しない。

11 **次の図のようにA～Fの6人が前を向いて横1列に並んで着席している。次のア～ウのことがわかっているとき，6人の着席位置を確定させるための条件として，最も妥当なのはどれか。**

前

左　○○○○○○　右

ア　Bは，Dのすぐ左に着席している。

イ　EとFは，隣り合って着席している。

ウ　AとEの間には，3人が着席している。

1. AとCは，隣り合って着席している。
2. AとDは，隣り合って着席している。
3. Cは，左から2番目に着席している。
4. Fは，Eより左に着席している。
5. CとFは，隣り合って着席している。

12 **A～Dの４人が卓球の総当たり戦を行い，勝ち数の多い順に順位をつけた。試合は第１試合から第６試合までの全６試合が順に行われ，試合がない選手は，他の選手が行っている試合を観戦する。試合について，A～Dの４人が次のように発言しているとき，確実にいえることとして，最も妥当なのはどれか。ただし，全試合終了後，勝ち数が同じ者はいなかった。また，引き分けはなかったものとする。**

A「私は第5試合で初めて負けた。その後試合はなかった。」
B「Dが出場した第6試合を観戦していた。」
C「私は第1試合に出場していた選手と第4試合で対戦し，勝った。」
D「私は第2試合で勝ち，第3試合で負けた。」

1. Bは3位だった。
2. 第6試合では，Cが勝った。
3. Dは2位だった。
4. 第4試合はC対Dだった。
5. 第5試合はA対Bだった。

13 **次の図は，同じ大きさの立方体を90個使って積み立てたものである。底面を含む表面を黒い塗料で着色するとき，3つの面だけが着色される立方体の個数として，最も妥当なのはどれか。**

1. 13個
2. 15個
3. 17個
4. 19個
5. 21個

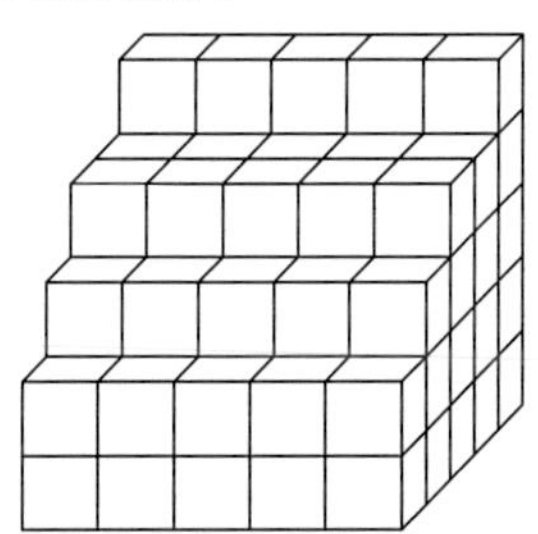

14 次の図は，１辺の長さが$3\sqrt{2}$の立方体を５個組み合わせた立体である。この立体を，４点Ａ，Ｂ，Ｃ，Ｄを通る平面で切断したとき，切断面の面積として，最も妥当なのはどれか。

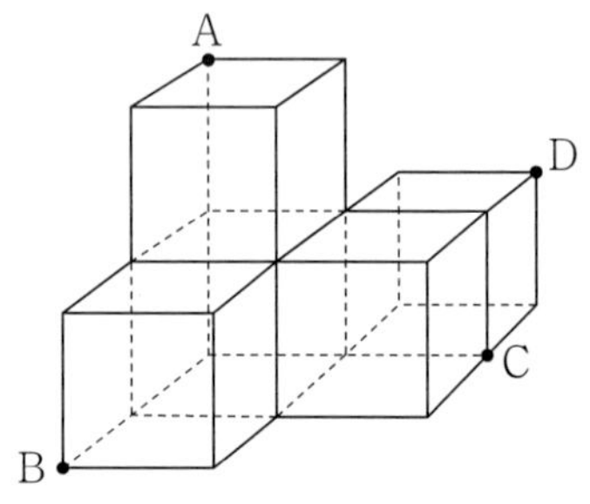

1. $36\sqrt{2}$　2. $39\sqrt{5}$　3. $42\sqrt{2}$　4. $45\sqrt{3}$　5. $48\sqrt{3}$

15 自然数xは，23を加えると29の倍数となり，29を加えると23の倍数となる最小の数である。この自然数xを６で割った余りとして，最も妥当なのはどれか。

1. 1　2. 2　3. 3　4. 4　5. 5

16 容器Ｘに入っている砂糖を，次のような手順で４つの容器Ａ，Ｂ，Ｃ，Ｄに分けた。まず，容器Ａに砂糖全体の$\frac{1}{4}$を入れ，容器Ｂにはその残りの$\frac{1}{3}$と20gを入れ，容器Ｃにはさらに残りの$\frac{2}{5}$と30gを入れ，容器Ｄには残っている砂糖をすべて入れた。この結果，容器Ｂと容器Ｄに入っている砂糖の量の和は，最初に容器Ｘに入っていた砂糖の量の$\frac{1}{2}$となった。このとき，容器Ｃと容器Ｄに入れた砂糖の量の差として，最も妥当なのはどれか。

1. 10g　2. 15g　3. 20g　4. 25g　5. 30g

17 次の図のような半径6cmの半円Ｏがあり，点Ａ～Ｅは半円の弧を６等分している。このとき，斜線部分の面積として，最も妥当なのはどれか。

1. $(6\pi - 12)$ cm^2
2. $(6\pi - 18)$ cm^2
3. $(8\pi - 16)$ cm^2
4. $(9\pi - 12)$ cm^2
5. $(9\pi - 18)$ cm^2

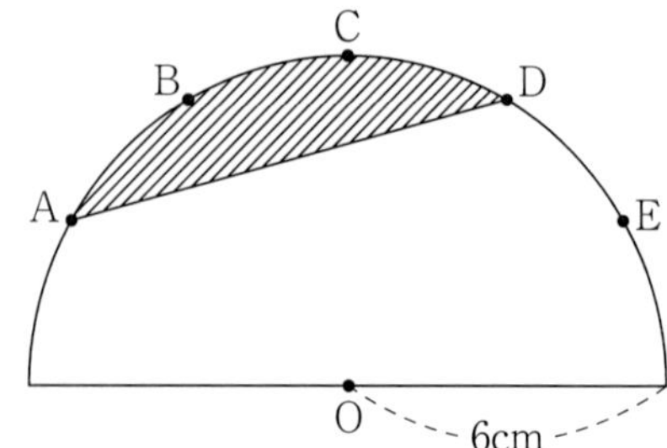

18 箱の中に，１という数字の書かれたカードが３枚，２という数字が書かれたカードが３枚，３という数字が書かれたカードが４枚，合計10枚入っている。この箱の中から同時に３枚のカードを取り出すとき，３枚とも数字が異なっているか，１枚だけ数字が異なっている確率として，最も妥当なのはどれか。

1. $\frac{3}{4}$　　2. $\frac{4}{5}$　　3. $\frac{17}{20}$　　4. $\frac{9}{10}$　　5. $\frac{19}{20}$

19 次の表は，５種類の無機化学工業製品生産量の推移をまとめたものである。この表から判断できることとして，最も妥当なのはどれか。

無機化学工業製品生産量の推移

	2014年	2015年	2016年	2017年	2018年
アンモニア	958	962	882	874	819
硝酸	434	414	363	385	340
硫酸	6,536	6,278	6,461	6,169	6,539
苛性ソーダ	3,643	3,798	3,861	3,991	4,022
塩酸	2,022	1,657	1,626	1,689	1,702

（単位：千t）

1. 2014年から2018年までの間で，硫酸の生産量の１年当たり平均は，6,500千tを超えている。
2. 2015年の無機化学工業製品生産量に対する2016年の無機化学工業製品生産量の増加率が最も大きいのは苛性ソーダである。
3. 2014年から2018年までのいずれの年においても，硫酸の生産量は硝酸の生産量の15倍を超えている。
4. 2015年から2018年までの間で，アンモニアの生産量が前年より減少した年は，硝酸の生産量も前年より減少している。
5. 2014年における塩酸の生産量を100とする指数で表すと，2018年における塩酸の生産量の指数は，80を下回っている。

20 次の表は，DAC主要加盟国のODA（政府開発援助）額の推移を，DAC加盟国のODA総額に対する割合としてまとめたものである。この表から判断できることとして，最も妥当なのはどれか。

DAC主要加盟国のODA（政府開発援助）の推移

	2014年	2015年	2016年	2017年	2018年
日　　　本	6.75	7.00	7.19	7.79	9.26
アメリカ合衆国	24.12	23.55	23.75	23.60	22.39
イ ギ リ ス	14.07	14.10	12.46	12.30	12.68
フ ラ ン ス	7.74	6.87	6.64	7.70	7.94
ド イ ツ	12.07	13.64	17.07	16.99	16.33
オ ラ ン ダ	4.06	4.35	3.43	3.37	3.67
DAC加盟国計	100.00	100.00	100.00	100.00	100.00

（単位：%）

1. 2014年から2018年までの間で，アメリカ合衆国のODA額が最も少ないのは，2018年である。
2. 2018年におけるイギリスのODA額は，2014年のODA額より約10%減少している。
3. 2014年から2018年までの累計を比較すると，ドイツのODA額はイギリスのODA額より多い。
4. 2017年における日本のODA額は，2014年におけるフランスのODA額より多い。
5. 2014年から2018年までの累計を比較すると，フランスのODA額はオランダのODA額より多い。

21 次の図は，１人当たりの二酸化炭素排出量及び二酸化炭素総排出量を1990年と2016年についてまとめたものである。この図から判断できることとして，最も妥当なのはどれか。

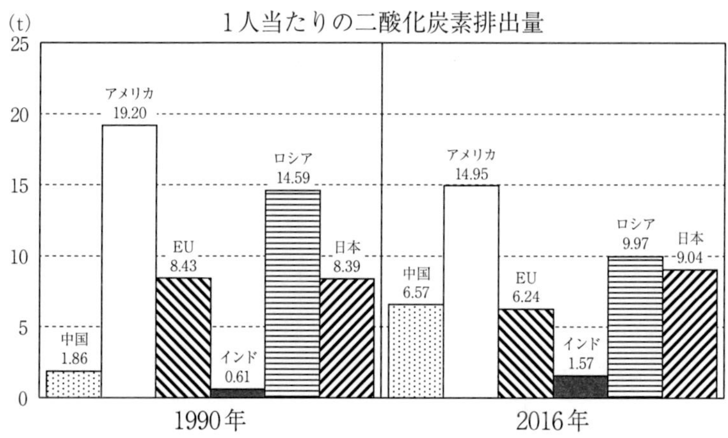

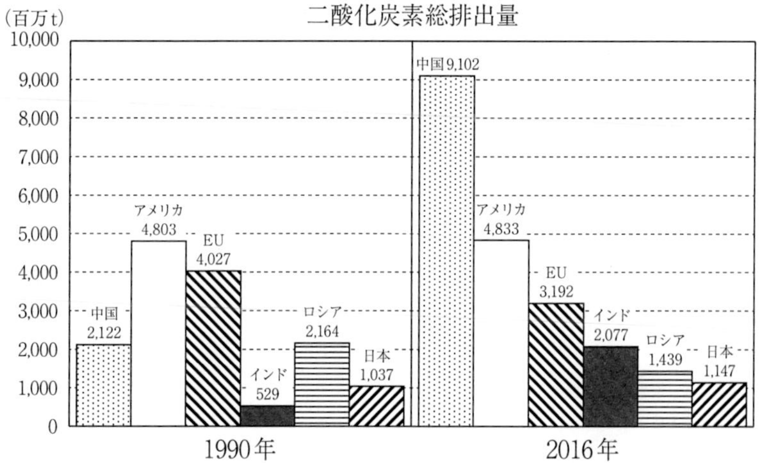

1. 2016年におけるアメリカの人口は，1990年におけるアメリカの人口より20％以上増加している。
2. 2016年における中国の工業生産額は，1990年における中国の工業生産額の約4.3倍となっている。
3. 二酸化炭素排出量の削減対策が最も進んでいるのはロシアである。

4. 2016年における人口を比較するとロシアは日本の約1.8倍である。
5. インドについて見ると，1990年に対する2016年の人口増加率は，1990年に対する2016年の二酸化炭素総排出量の増加率より大きい。

22 次の資料は，世界の半導体市場における出荷額の推移をまとめたものである。この資料から判断できることとして，最も妥当なのはどれか。ただし，各年の下部に示す数字は，その年の世界出荷総額（単位：百万ドル）である。

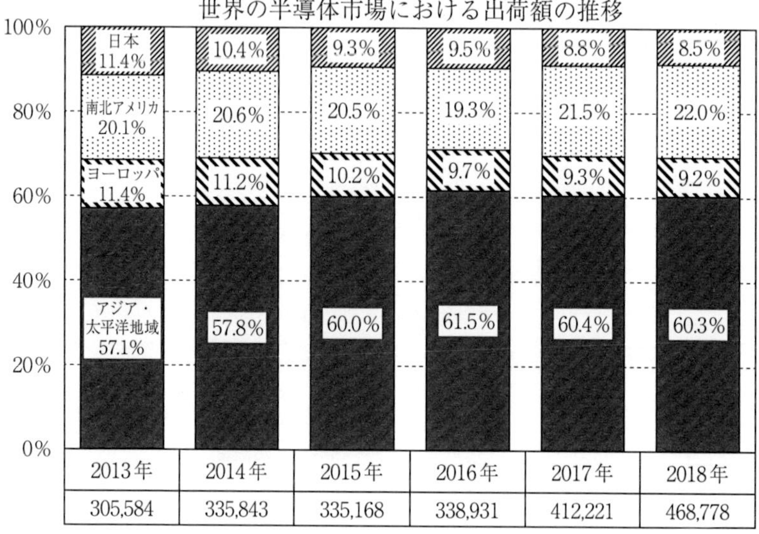

2013年	2014年	2015年	2016年	2017年	2018年
305,584	335,843	335,168	338,931	412,221	468,778

1. 2013年から2018年までのいずれの年においても，日本の半導体出荷額は400億ドルを超えている。
2. 2013年における日本，南北アメリカ，ヨーロッパの半導体出荷額の合計は，2018年における日本，南北アメリカ，ヨーロッパの半導体出荷額の合計より多い。
3. 2013年から2018年までにかけて，ヨーロッパの半導体出荷額は毎年減少している。
4. 2013年から2018年までの間で，アジア・太平洋地域の半導体出荷額が最も多いのは2016年である。
5. 2015年における南北アメリカの半導体出荷額は，同年におけるヨーロッパの半導体出荷額より300億ドル以上多い。

23 次のグラフは，輸出４品目の輸出額推移を，対前年増減率でまとめたものである。このグラフから判断できることとして，最も妥当なのはどれか。

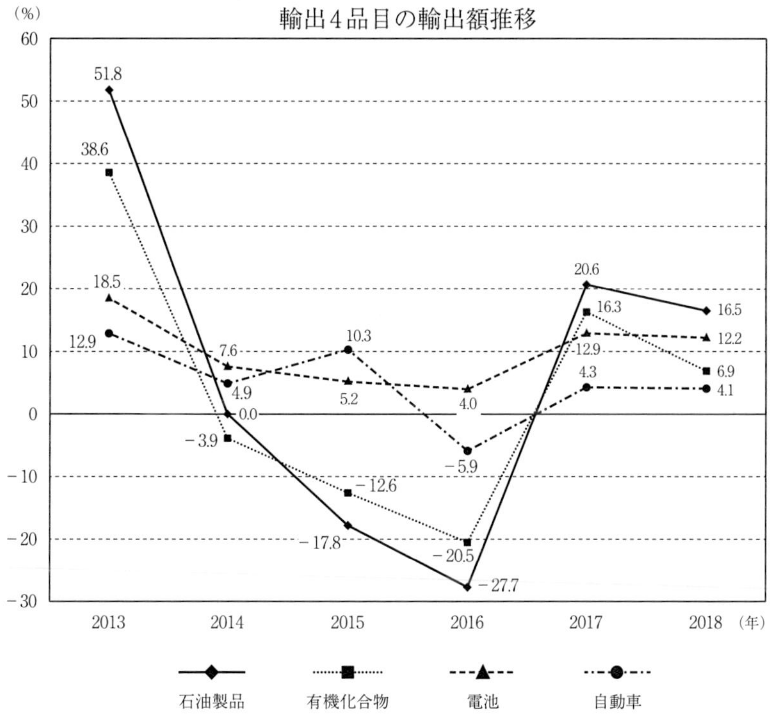

1. 2017年における輸出額が最も多いのは，石油製品である。
2. 2014年から2016年までの間で，電池の輸出額は毎年減少している。
3. 2013年における有機化合物の輸出額を100とする指数で表すと，2016年における有機化合物の輸出額指数は60を下回っている。
4. 2017年における自動車の輸出額は，2015年における自動車の輸出額を下回っている。
5. 4品目とも，2014年における輸出額は2013年における輸出額より下回っている。

24 我が国の最高裁判所と下級裁判所に関する記述として，最も妥当なのはどれか。

1. すべて司法権は，最高裁判所及び下級裁判所に属するが，特段の理由があれば特別裁判所を設置することができる。
2. 最高裁判所は，訴訟に関する手続，裁判所の内部規律及び司法事務処理に関する事項について規則を定める権限を有し，最高裁判所は，下級裁判所に関する規則を定める権限を，下級裁判所に委任することはできない。
3. 最高裁判所の裁判官の任命は，その任命後初めて行われる衆議院議員総選挙の際に国民の審査に付し，その後10年を経過した後初めて行われる衆議院議員総選挙の際に更に審査に付し，その後も同様とされる。
4. 下級裁判所の裁判官は，最高裁判所によって任命され，その裁判官は，任期を10年とするが，再任されることができる。
5. 裁判所が，裁判官の全員一致で，公の秩序または善良の風俗を害するおそれがあると決した場合には，対審及び判決を，公開しないで行うことができる。

25 日本国憲法に規定するいわゆる「人身の自由（身体の自由）」に関する記述として，最も妥当なのはどれか。

1. 何人も，犯罪による処罰の場合を除いては，いかなる奴隷的拘束も受けない。
2. 何人も，権限を有する司法官憲が発し，かつ，理由となっている犯罪を明示する令状によらなければ，逮捕されることはない。
3. 何人も，正当な理由がなければ拘禁されず，その理由は，必ず，本人及びその弁護人の出席する公開の法廷で示されなければならない。
4. 刑事被告人は，すべての証人に対して審問する機会を充分に与えられ，また，公費で自己のために強制的手続により証人を求める権利を有する。
5. 実行の時に適法であった行為または既に無罪とされた行為については，刑事上の責任を問われないが，同一の犯罪について，重ねて刑事上の責任を問われることはある。

26 権力分立に関する次の記述で，［ A ］～［ D ］に当てはまる語句の組合せとして，最も妥当なのはどれか。

権力分立とは，国家の権力を複数の機関に分散させ，それぞれを独立させて互いに抑制と均衡を図ることにより，権力の濫用防止を図ろうとするものである。

この点，［ A ］は，国家の権力を立法権と執行権・連合権（同盟権）に分け，立法権の優越を主張した。これに対して［ B ］は，その著書［ C ］の中で，国家の権力を立法・行政・司法の3つに分け，それぞれを異なる機関で運用させ，相互の抑制と均衡を図る三権分立制を説いた。［ D ］第16条は「権利の保障が確保されず，権力の分立が規定されないすべての社会は，憲法を持つものでない」と述べ，権力分立が近代憲法の中核をなすものであることを明らかにしている。

	A	B	C	D
1.	ホッブズ	ロック	「市民政府二論」	アメリカ合衆国憲法
2.	モンテスキュー	ロック	「市民政府二論」	アメリカ合衆国憲法
3.	モンテスキュー	ロック	「市民政府二論」	フランス人権宣言
4.	ロック	モンテスキュー	「法の精神」	アメリカ合衆国憲法
5.	ロック	モンテスキュー	「法の精神」	フランス人権宣言

27 次のア～ウの条件で国民純生産（NNP）を算定したとき，最も妥当なのはどれか。

ア　国内総生産（GDP）＝500兆円
イ　海外からの所得の純受取＝15兆円
ウ　固定資本減耗＝100兆円

1. 615兆円　　2. 585兆円　　3. 515兆円　　4. 415兆円
5. 385兆円

28 地球温暖化問題に関する記述として，最も妥当なのはどれか。

1. 二酸化炭素（CO_2）などの温室効果ガスは，地球温暖化をもたらすとともに，酸性雨などを降らせることで，生態系に深刻なダメージを与えている。
2. 1992年の国連環境開発会議（地球サミット）では，議長を務めたレイチェル＝カーソンの尽力もあって，気候変動枠組条約（地球温暖化防止条約）が採択された。
3. 1997年の気候変動枠組条約・第3回締約国会議（京都会議）では，京都議定書が採択され，途上国を含むすべての国に温室効果ガスの削減義務が課せられた。
4. 2015年に採択されたパリ協定は，産業革命前からの平均気温の上昇を2℃より十分に下方に保持することなどを目的としている。
5. 2019年11月には，アメリカがパリ協定からの離脱を正式に国連に通告をしたが，同協定からの離脱通告は中国に次いでこれが2例目である。

29 我が国の動物保護の動きに関する記述として，最も妥当なのはどれか。

1. 鯨類の保護を図るため，我が国は商業捕鯨を10年間にわたって凍結している。
2. 外来生物の駆除などを目的に，一部の都市公園では「かいぼり」を行っている。
3. 太平洋クロマグロは親魚の資源量が回復したため，漁獲規制が撤廃されている。
4. カルタヘナ議定書は，絶滅の恐れのある野生動植物の種の国際取引を禁止している。
5. ペットの犬や猫へのマイクロチップ装着の義務づけが，改正動物愛護法で廃止された。

30 我が国の年金制度に関する記述として，最も妥当なのはどれか。

1. 無業者を除く20歳以上の全国民は，国民年金制度への加入を義務づけられており，原則として65歳以上で国民年金（基礎年金）を受給する。
2. サラリーマンは厚生年金制度への加入を義務づけられているが，企業独自の企業年金制度が設けられている場合はその限りではない。
3. 公務員は共済年金制度への加入を義務づけられでおり，収入額が同程度のサラリーマンに比べてより多額の年金を受給する権利が保障されている。
4. 公的年金の支給開始年齢は一定の限度内で早めたり，遅らせたりすることができるが，これを遅らせた場合は年金額が減額される。
5. 個人型確定拠出年金（iDeCo）は，加入者本人が掛金を拠出し運用方法を選ぶ私的年金制度である。

31 ジャンヌ・ダルクに関する次の記述で，［A］～［D］に当てはまる語句の組合せとして，最も妥当なのはどれか。

ジャンヌ・ダルクは，［A］と［B］の間で起きた［C］において，［D］により［B］軍の指揮官に任命され，兵士を率いてオルレアンを包囲していた［A］軍を撃破することに成功した。

	A	B	C	D
1.	イギリス	フランス	百年戦争	シャルル7世
2.	イギリス	フランス	七年戦争	マジア・テレジア
3.	イギリス	イタリア	七年戦争	マリア・テレジア
4.	フランス	イギリス	百年戦争	シャルル7世
5.	フランス	イタリア	七年戦争	マリア・テレジア

32 江戸時代に関する記述として，最も妥当なのはどれか。

1. 大老となった井伊直弼は，アメリカの代表ハリス総領事とのあいだで日米和親条約を結んだ。
2. 江戸幕府は，オランダ・清・イギリス・フランスと条約を結んだ。これを安政の四カ国条約という。
3. 15代将軍となった徳川吉宗は，土佐藩の進言を受け入れて朝廷に政権の返上を申し出た。これを大政奉還という。
4. 東海・畿内一帯の民衆のあいだでは，熱狂的な「ええじゃないか」の集団乱舞が発生し，世直しを期待した民衆運動は江戸時代の支配秩序を一時混乱におとしいれた。
5. 桜田門外の変ののち，幕政の中心となった老中井伊直弼は，朝廷と幕府の融和をはかる公武合体の政策をとった。

33 日本の地形に関する次のア～ウの記述のうち，正しいもののみを選んだものとして，最も妥当なのはどれか。

ア　河川が山地から平野・盆地に移るところに，土砂などが扇子状に堆積した地形を扇状地という。

イ　山や谷に水が流れ込んで形成された，複雑な海岸線をもつ海岸をカルデラといい山地と海岸が一体となっており，山からの栄養分が流れ込んでいる。

ウ　火山の噴火によって，山頂が無くなってできた平らな窪地を干潟といい，高度が高く年中冷涼のため牧畜に利用される。

1. ア　2. イ　3. ウ　4. ア，イ　5. ア，ウ

34 四字熟語の漢字がすべて正しいのはどれか。

1. 群雄割居　2. 当意即妙　3. 朝礼暮改　4. 一網打仁
5. 胞腹絶倒

35 「他人がした失敗と同じ失敗をしてしまうこと」という意味を表す慣用句として，最も妥当なのはどれか。

1. 二の足を踏む
2. 二の舞を演じる
3. 二足の草鞋を履く
4. 二兎を追う者は一兎をも得ず
5. 二の句が継げない

36 5進法で表された数423を10進法で表したときの数として，最も妥当なのはどれか。

1. 111　2. 112　3. 113　4. 114　5. 115

37 表がでる確率が$\frac{1}{2}$である1枚のコインを8回連続して投げるとき，はじめの3回が表であとの5回が裏である確率として，最も妥当なのはどれか。

1. $\frac{1}{112}$　2. $\frac{1}{128}$　3. $\frac{1}{224}$　4. $\frac{1}{256}$　5. $\frac{1}{312}$

38 **男子３人，女子４人が１列に並ぶとき，男子３人が隣り合う並び方が何通りあるか，最も妥当なのはどれか。**

1. 240通り　2. 360通り　3. 480通り　4. 640通り
5. 720通り

39 **$(x+2y-1)(x-3y+1)$ を展開したものとして，最も妥当なのはどれか。**

1. $x^2 - xy - y - 6y^2 - 1$
2. $x^2 - 5xy + y - 5y^2 - 1$
3. $x^2 - xy - 5y - 6y^2 - 1$
4. $x^2 - 5xy + 5y - 6y^2 - 1$
5. $x^2 - xy + 5y - 6y^2 - 1$

40 **熱に関する記述として，最も妥当なのはどれか。**

1. 熱の伝わり方のひとつに，物体と物体の空間を隔てて，赤外線などの放射によって熱を伝える，対流がある。
2. 高温の物体と低温の物体を接触させると，接触面の原子・分子の衝突を通して熱エネルギーが伝わり，やがて熱平衡に達する。
3. 固体内部の原子・分子は熱運動せず，停止している。
4. 物質の状態変化に伴って出入りするエネルギーを比熱という。
5. 水はすべて，100℃であれば水蒸気として存在する。

41 **波の性質に関する記述として，最も妥当なのはどれか。**

1. 波源や観測者が動くことによって，観測される波の周波数が変化する現象をドップラー効果と言う。この現象は，音に対してのみ生じる。
2. 光はさまざまな方向に振動しているが，特定の方向のみに振動することが有る。この現象を偏光と言う。同様の現象が，音に対しても生じる。
3. 光の屈折率は振動数，すなわち色によって異なる。この性質により，プリズムなどに光が入ると，光の色が分離するが，この現象を屈折と言う。
4. 光が大気中の塵などと衝突して，大きく進行方向を変化させる現象を散乱と言う。空が青く見えるのは，波長の短い光が大気の塵によって空全体に散乱されることによる。
5. 音波は縦波で常温の空気での音速は約341m/sである。温度の変化により，音速は変化する。水中での音速は空気中のそれに比べて音速は小さくなる。

42 **分離に関する記述として，最も妥当なのはどれか。**

1. ろ過は，温度による溶解度の違いを利用して不純物を取り除く方法で，硫酸銅が少量混ざった硝酸カリウムを温水に溶かし，冷却するとより純粋な硝酸カリウムを得ることができる。
2. 抽出は，液体に目的とする物質を溶かしだして分離する方法で，身近な例では，コーヒー豆からコーヒーの成分をお湯に溶かすというものがある。
3. 再結晶は，液体同士が混ざっているときに，沸点の違いを利用して分ける方法で，沸点が異なることを利用して，ガソリンや灯油を分離することができる。
4. 昇華は，吸着と溶解の差を利用して分離する方法で，ヨウ素と塩化ナトリウムの混合物からヨウ素を取り出すときに使える。
5. 蒸留は，固体から直接気体に状態変化することであり，ドライアイスが気体に変化することをいう。

43 **白金電極を用いて，硝酸銀$AgNO_3$水溶液を10.0〔A〕の電流で30分間電気分解したとき，析出する銀の質量として，最も妥当なのはどれか。ただし，ファラデー定数は9.6×10^4〔C/mol〕とし，銀の原子量は107.9とする。**

1. 10〔g〕　2. 20〔g〕　3. 30〔g〕　4. 40〔g〕　5. 50〔g〕

44 **ニューロンとその興奮に関する記述として，最も妥当なのはどれか。**

1. 神経系を構成する基本単位はニューロン（神経細胞）と呼ばれる。ニューロンは，無核の細胞体とそこから伸びる多数の突起からなり，長く伸びた突起を軸索，枝分かれした短い突起を樹状突起という。
2. ニューロンは，加えられる刺激の強さがある一定以上でないと興奮しない。興奮がおこる最小限の刺激の強さを閾値（いきち）といい，それ以上刺激を強くしても興奮の大きさは変わらない。
3. ニューロンが刺激を受けて興奮すると，興奮部と静止部との間で微弱な電流が流れる。これを活動電流といい，この電流が刺激となって隣接部が興奮し，さらに次の隣接部が興奮するというようにして興奮が伝わっていくことを興奮の伝達という。
4. 軸索の末端は，せまいすきまを隔ててほかのニューロンや効果器と連絡している。この部分をシナプスといい，アセチルコリンなどの神経伝達物質により次のニューロンの樹状突起や細胞体に興奮が伝えられることを，興蓄の伝導という。

5. ニューロンの興奮は，軸索では一方向へしか伝わらない。一方，シナプスでは，化学物質によって仲介されるので，興奮は両方向へ伝わる。

45 ヒトの視覚器に関する記述として，最も妥当なのはどれか。

1. ヒトの眼は，直径25mmほどの球形の器官である。眼に入った光は，角膜と水晶体で屈折し，ガラス体を通過して網膜上に像を結ぶ。
2. ヒトの網膜には2種類の視細胞がある。錐体（すいたい）細胞はうす暗い場所でよくはたらくが色の区別には関与せず，桿体（かんたい）細胞はおもに明るい場所ではたらき，色の区別にも関与する。
3. 視神経繊維が束になって眼球から出る部分では，視神経が網膜を貫いているため視細胞が分布していない。この部分を黄斑といい，この部分に光が当たっても光が当たっても受容されないため，ここに結ばれる像は見えない。
4. 網膜に達する光の量は，水晶体の前方にあるチン小帯によって調節されている。暗い場所では瞳孔は拡大し，明るい場所では瞳孔が縮小することにより，瞳孔を通る光量を調節している。
5. 明るい場所から暗い場所に入ると，はじめは何も見えないが，やがて視細胞の感度が上昇してものが見えるようになる。これを明順応という。

解答・解説

1 5

解説 出典は中村元著『著名人が語る＜生きるヒント＞第六巻　仏の教え』。要旨を問う問題である。正解以外の選択肢には，誇張したところや本文に合致しないところがあるので，そこに注意する。

2 1

解説 出典は岩本裕著『世論調査とは何だろうか』。要旨を問う問題である。「調査」「ランダムサンプリング」といった単語はどれも共通しているが，本文中の要旨と照らし合わせて，どの選択肢が妥当か絞り込む。

3 3

解説 出典は速水敏彦著『他者を見下す若者たち』。内容を問う問題である。基本的には「どの選択肢がどのように本文に合致していないか」を消去法で考えて正解を絞り込むとよい。

4 3

解説 出典は苫野一徳著『愛』。要旨を問う問題である。どの選択肢も「ニーチェ」「キリスト教」に触れているが，惑わされてはいけない。どの選択肢が本文に合致しているか，いないかを細部までよく読んで見極めよう。

5 1

解説 出典は刈谷剛彦著『高校生のための現代思想ベーシック　ちくま評論入門　改訂版—隠れたカリキュラム』。要旨を問う問題である。「カリキュラム」が本文中でどのように位置付けられていたかを理解できていれば，正解とそれ以外を見分ける手がかりは見つけられる。

6 2

解説 A：「あのね」 B：「何？」 A：「私が提案した計画を実行する許可をボスからもらったの」 B：「おめでとう」。green light「青信号，（計画などを進めてもよいという）認可，許可，ゴーサイン」。

7 5

解説 「うるう年には2月は29日あります」。

8 4

解説 整序すると，My parents are opposed to me studying abroad.「両親は私が留学するのに反対している」。動名詞studyingの意味上の主語は「私」。my studying abroadとすることもある。

9　4

解説　条件ア，イをそれぞれ以下のように記号化する。

ア：$\overline{\text{ロサンゼルス}}\lor\overline{\text{パリ}}\to\overline{\text{北京}}$

イ：$\text{シドニー}\to\text{北京}\land\text{ロンドン}$

次に，ド・モルガンの法則より，条件アにおいて「『$\overline{\text{ロサンゼルス}}\lor\overline{\text{パリ}}$』＝『$\overline{\text{ロサンゼルス}\land\text{パリ}}$』」が成り立つことを利用すると，「$\overline{\text{ロサンゼルス}\land\text{パリ}}\to\overline{\text{北京}}$」となる。

さらに，条件ア，イの対偶をとると以下のようになる。

アの対偶：$\text{北京}\to\text{ロサンゼルス}\land\text{パリ}$

イの対偶：$\overline{\text{北京}\land\text{ロンドン}}\to\overline{\text{シドニー}}$

さらに，条件イの対偶にド・モルガンの法則を適用すると以下のようになる。

$$\overline{\text{北京}}\lor\overline{\text{ロンドン}}\to\overline{\text{シドニー}}$$

1：誤り。選択肢は「ロサンゼルス→北京」となるが，「ロサンゼルス」から始まる命題が存在しないため確実にはいえない。　2：誤り。選択肢は「北京→ロサンゼルス∨パリ」となるが，条件アの対偶より「北京→ロサンゼルス∧パリ」となるので，確実にはいえない。　3：誤り。選択肢は「$\overline{\text{北京}}\to\overline{\text{ロサンゼルス}}\lor\overline{\text{パリ}}$」となるが，「$\overline{\text{北京}}$」から始まり，このようにつながる命題が存在しないため確実にはいえない。　4：正しい。選択肢は「シドニー→ロサンゼルス∧パリ∧北京∧ロンドン」となるが，これを分割すると「シドニー→ロサンゼルス」…①，「シドニー→パリ」…②，「シドニー→北京」…③，「シドニー→ロンドン」…④となる。まず，条件イより「シドニー→北京」および「シドニー→ロンドン」となるので，③と④が成り立つ。次に，条件アの対偶を③につなげると「シドニー→北京→ロサンゼルス∧パリ」となるので，「シドニー→ロサンゼルス」および「シドニー→パリ」となり，①と②が成り立つ。よって，「シドニー→ロサンゼルス∧パリ∧北京∧ロンドン」が成り立つことになる。　5：誤り。選択肢は「北京∧ロンドン→シドニー」となるが，「北京∧ロンドン」から始まる命題が存在しないため確実にはいえない。

10　4

解説　条件ア～ウから，以下の表を作成する。ただし，出場することが確定した場合は○，出場しないことが確定した場合は×を記入する。問題文より，A～Eの種目数はすべて3となる。条件アより，それぞれの種目の人数が決まり，人数の合計および種目数の合計が15となる。条件イより，AとBには同一の出場種目がないが，どちらも3種目に出場するはずなので，AとBで6種目を1人分ずつ占めることになる。条件ウより，Cの卓球は×になる。ここまでで，表は以下のようになる。

	野球	サッカー	ラグビー	テニス	卓球	バスケットボール	種目数
A	AとBで1種目ずつ出場する						3
B							3
C					×		3
D							3
E							3
人数	4	3	1	4	2	1	15

ここで，人数が1人のラグビーとバスケットボールは，AまたはBのどちらかが出場することが決まったので，残りのC～Eは×となる。また，人数が4人の野球とテニスは，AまたはBのどちらかが出場しないことが決まったので，残りのC～Eは○となる。すると，Cが3種目に出場するためには，サッカーに出場することになる。ここまでで，表は以下のようになる。

	野球	サッカー	ラグビー	テニス	卓球	バスケットボール	種目数
A	AとBで1種目ずつ出場する						3
B							3
C	○	○	×	○	×	×	3
D	○		×	○		×	3
E	○		×	○		×	3
人数	4	3	1	4	2	1	15

1：誤り。AとBのどちらが野球に出場するか確定していない。　2：誤り。AとDが卓球に出場するかは確定していない。　3：誤り。AとBのどちらがラグビーに出場するか確定していない。　4：正しい。Cがサッカーに出場することは，確実にいえる。　5：誤り。Eがテニスに出場することは確定している。

11 3

解説 条件アより，BとDの並び方は以下のようになる。

B	D

条件イより，ＥとＦの並び方は以下のいずれかとなる。

Ｅ	Ｆ

または

Ｆ	Ｅ

条件ウより，ＡとＥの並び方は以下のいずれかとなる。

Ａ				Ｅ

または

Ｅ				Ａ

これらの条件を満たすようなＡ～Ｆの並び方は，以下の8通り考えられる。

①	Ａ	Ｂ	Ｄ	Ｆ	Ｅ	Ｃ
②	Ａ	Ｂ	Ｄ	Ｃ	Ｅ	Ｆ
③	Ａ	Ｃ	Ｂ	Ｄ	Ｅ	Ｆ
④	Ｃ	Ａ	Ｂ	Ｄ	Ｆ	Ｅ
⑤	Ｅ	Ｆ	Ｂ	Ｄ	Ａ	Ｃ
⑥	Ｆ	Ｅ	Ｂ	Ｄ	Ｃ	Ａ
⑦	Ｆ	Ｅ	Ｃ	Ｂ	Ｄ	Ａ
⑧	Ｃ	Ｅ	Ｆ	Ｂ	Ｄ	Ａ

1：誤り。ＡとＣが隣り合って着席している並び方は③，④，⑤，⑥の４通りあるので，６人の着席位置を確定させることはできない。　2：誤り。ＡとＤが隣り合って着席している並び方は⑤，⑦，⑧の3通りあるので，６人の着席位置を確定させることはできない。　3：正しい。Ｃが左から2番目に着席している並び方は③だけなので，６人の着席位置を確定させることができる。4：誤り。ＦがＥより左に着席している並び方は①，④，⑥，⑦の４通りあるので，６人の着席位置を確定させることはできない。　5：誤り。ＣとＦが隣り合って着席している並び方は存在しない。

12　2

解説　Ａ～Ｄの発言をもとに，対戦順と勝敗をまとめる。Ａの発言より，Ａは第5試合に出場して負け，第6試合には出場していないことがわかる。Ｂの発言より，第6試合にＢは出場していないがＤは出場したことがわかる。また，第6試合のＤの対戦相手はＣと決まる。Ｃの発言より，Ｃは第1試合には出場せず，第4試合に出場して勝ったことがわかる。また，Ｃは第6試合でＤと対戦しているので，Ｄは第4試合に出場していないことがわかる。Ｄの発言より，Ｄは第2試合で勝ち，第3試合で負けたことがわかる。また，Ｄの出場した試合が確定したので，Ｄは第1試合と第5試合に出場していないことが決まる。ここまでで，対戦順と勝敗は次のようになる。

試合	対戦	観戦
1	vs	CD
2	vs D○	
3	vs D×	
4	vs C○	D
5	×A vs	D
6	C vs D	AB

すると，第1試合はAとBの対戦となり，Aは第5試合で初めて負けたので，Aが勝ったことになる。また，残りの対戦より，BがCと対戦したのは第4試合しか考えられず，Cの発言よりBは負けたことになる。また，AがCと対戦したのは第5試合で，Cが勝ったことになる。さらに，Aは第5試合で初めて負けたので，Dとの対戦には勝っているので，第3試合はA対DでAが勝ち，第2試合はB対DでBが負けたことになる。ここまでで作成した対戦表をもとに，リーグ表を作成すると以下のようになる。

対戦表

試合	対戦	観戦
1	○A vs B×	CD
2	×B vs D○	AC
3	○A vs D×	BC
4	×B vs C○	AD
5	×A vs C○	BD
6	C vs D	AB

リーグ表

	A	B	C	D	勝－負	順位
A		○	×	○	2－1	
B	×		×	×	0－3	
C	○	○			－	
D	×	○			－	

ここで，問題文より，勝ち数が同じ者はいないので，Cは3勝0敗，Dは1勝2敗となるはずなので，第6試合はCが勝ったことになる。最終的な結果は以下のようになる。

対戦表

試合	対戦	観戦
1	○A vs B×	CD
2	×B vs D○	AC
3	○A vs D×	BC
4	×B vs C○	AD
5	×A vs C○	BD
6	○C vs D×	AB

リーグ表

	A	B	C	D	勝－負	順位
A		○	×	○	2－1	2
B	×		×	×	0－3	4
C	○	○		○	3－0	1
D	×	○	×		1－2	3

1：誤り。Bは4位である。　2：正しい。第6試合はC対Dであり，Cが勝ったことが確定している。　3：誤り。Dは3位である。　4：誤り。第4試合はB対Cである。　5：誤り。第5試合はA対Cである。

13 1

解説 問題文の条件で図形の表面を着色した後，それぞれの段を構成する立方体の状態について考える。1番上の段では，3つの面だけ着色される立方体は以下の3個となる。上から2番目の段では，3つの面だけ着色される立方体は2個となる。上から3番目の段では，3つの面だけ着色される立方体は2個となる。下から2番目の段では，3つの面だけ着色される立方体は2個となる。1番下の段では，3つの面だけ着色される立方体は4個となる。したがって，3つの面だけが着色される立方体の個数は，3＋2＋2＋2＋4＝13〔個〕となる。

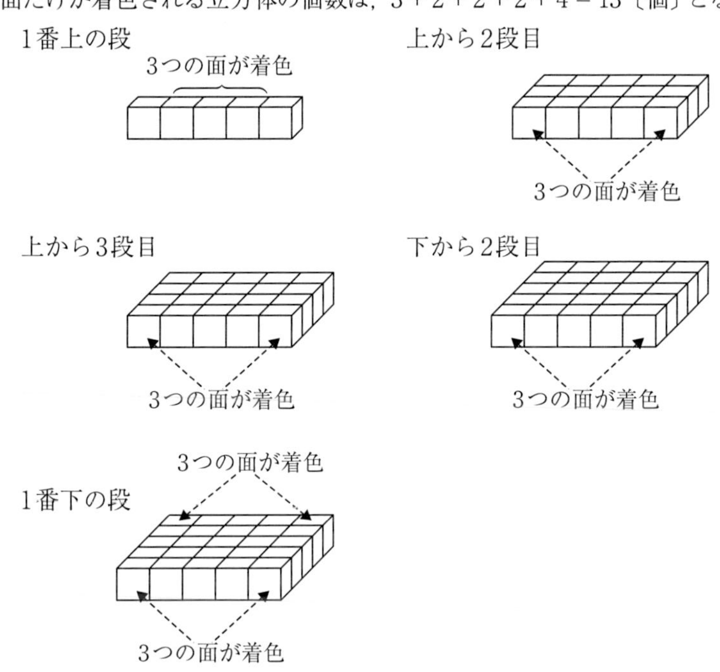

14 4

解説 点ＡとＢ，点ＢとＣ，および点ＣとＤは同一平面である表面上に存在する2点なので，これらを結んだ線が切り口となる。しかし，点ＡとＤについては，同一平面である表面上には存在しないので，直接結ぶことはできない。ここで，以下の図のように点Ｅをとると，点ＤとＥが存在する面は，点ＢとＣが存在する面と平行なので，点ＤとＥを結ぶ切り口は点ＢとＣを結ぶ切り口と平行になる。すると，点ＥとＡは同一平面である表面上に存在する2点なので，これらを結んだ線が切り口となる。すると，切断面は以下のように2つの三角形からなる図形となる。

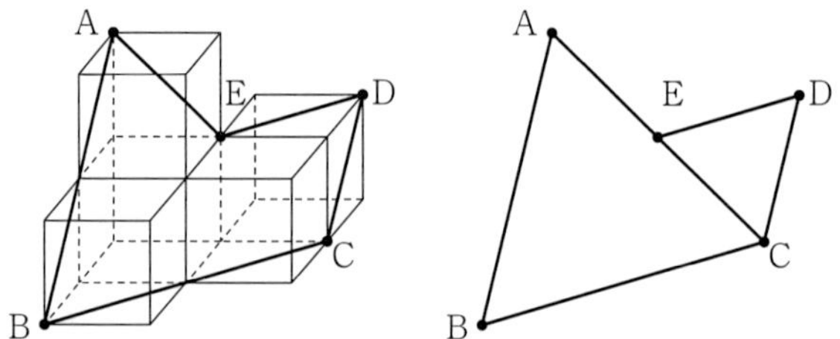

ここで，ΔABCの3辺の長さは，いずれも立方体の面である正方形の対角線の2倍となり等しいので，ΔABCは正三角形となることに注目する。また，問題文より，立方体の1辺の長さは$3\sqrt{2}$なので，正方形の対角線の長さは$\sqrt{2} \times 3\sqrt{2} = 6$となる。よって，$\Delta$ABCの1辺の長さは，$6 \times 2 = 12$となる。一方，$\Delta$ABCの高さは，三平方の定理より$\sqrt{12^2 - 6^2} = 6\sqrt{3}$となるので，$\Delta$ABCの面積は$\frac{1}{2} \times 12 \times 6\sqrt{3} = 36\sqrt{3}$となる。同様に考えると，$\Delta$CDEは1辺の長さが正方形の対角線の長さの正三角形なので，1辺の長さは6となる。また，ΔCDEの高さは，三平方の定理より$\sqrt{6^2 - 3^2} = 3\sqrt{3}$となるので，$\Delta$CDEの面積は$\frac{1}{2} \times 6 \times 3\sqrt{3} = 9\sqrt{3}$となる。したがって，切断面の面積は$36\sqrt{3} + 9\sqrt{3} = 45\sqrt{3}$となる。

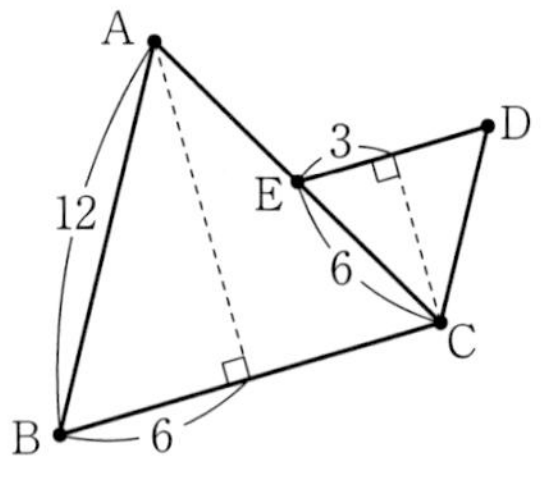

15 3

解説 自然数xに23を加えると29の倍数となるので$x + 23 = 29n$…①，自然数xに29を加えると23の倍数となるので$x + 29 = 23m$…②と表せる。ただし，xは自然数なのでm，nは2以上の自然数となる。すると，式②－式①より，$23m - 29n = 6$が成り立つ。ここで，問題文の条件を満たすxは，23と29を除き，(23の倍数) が (29の倍数) より6だけ大きくなる初めての組合せから求められる。よって，(23の倍数) および (29の倍数) をそれぞれ書き出すと以下のようになる。

23の倍数：23，46，69，…，621，644，…
29の倍数：29，58，87，…，609，638，…

よって，23と29を除き，23の倍数が29の倍数より6だけ大きくなる初めての組合せは，（23の倍数）が644，（29の倍数）が638のときである。よって，式①において，$29n = 638$となるので，問題文の条件を満たす最小の自然数$x = 638 - 23 = 615$となる。さらに，$\frac{615}{6} = 102 \cdots 3$となるので，$x$を6で割った余りは3となる。

16 3

解説 容器Xに入っている砂糖の量をx〔g〕とすると，問題文より，それぞれの容器に入っている砂糖の量，および残っている砂糖の量は以下のようになる。

容器	入れた量〔g〕	残った量〔g〕
A	$\frac{1}{4}x$	$\frac{3}{4}x$
B	$\frac{3}{4}x \times \frac{1}{3} + 20$	$\frac{3}{4}x \times \frac{2}{3} - 20$
C	$\left(\frac{3}{4}x \times \frac{2}{3} - 20\right) \times \frac{2}{5} + 30$	$\left(\frac{3}{4}x \times \frac{2}{3} - 20\right) \times \frac{3}{5} - 30$
D	$\left(\frac{3}{4}x \times \frac{2}{3} - 20\right) \times \frac{3}{5} - 30$	0

すると，容器BとDに入っている砂糖の量の和が，最初に容器Xに入っていた砂糖の量の$\frac{1}{2}$となるので，$\left(\frac{3}{4}x \times \frac{1}{3} + 20\right) + \left\{\left(\frac{3}{4}x \times \frac{2}{3} - 20\right) \times \frac{3}{5} - 30\right\} = \frac{1}{2}x$となり，これを解くと$x = 440$〔g〕となる。すると，容器Cに入れた砂糖の量は$\left(\frac{3}{4} \times 440 \times \frac{2}{3} - 20\right) \times \frac{2}{5} + 30 = 110$〔g〕，容器Dに入れた砂糖の量は$\left(\frac{3}{4} \times 440 \times \frac{2}{3} - 20\right) \times \frac{3}{5} - 30 = 90$〔g〕となるので，これらの差は$110 - 90 = 20$〔g〕となる。

17 5

解説 半径6cmの半円Oの面積は，$6^2 \times \pi \times \frac{1}{2} = 18\pi$〔$cm^2$〕となる。また，点A～Eは半円Oを6等分しているので，以下のように補助線（破線の部分）を引き，点P，Qをとると，$\angle POA = \angle AOB = \angle BOC = \angle COD = \angle DOE =$

$\angle EOQ = \dfrac{180°}{6} = 30°$となる。よって，扇形POA，DOE，EOQの面積はそれぞれ$6^2 \times \pi \times \dfrac{30°}{360°} = 3\pi$〔cm^2〕となる。さらに，ΔAODは$\angle AOD = 90°$の直角三角形であり，AO＝DO＝6〔cm〕なので，面積は$6^2 \times \dfrac{1}{2} = 18$〔cm^2〕となる。したがって，斜線部分の面積は$18\pi - 3\pi \times 3 - 18 = (9\pi - 18)$〔cm^2〕となる。

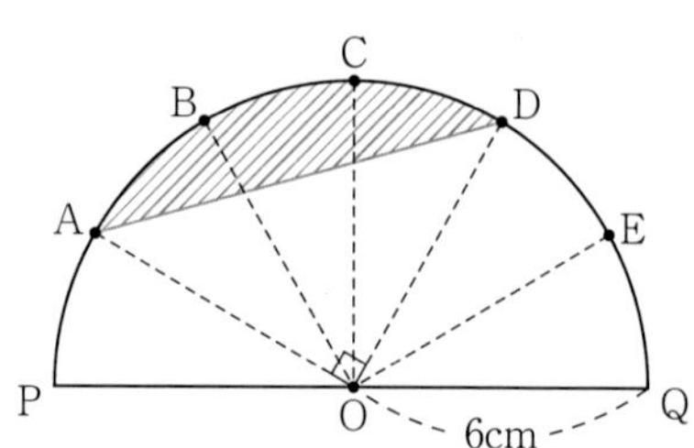

18 5

解説 1のカードが3枚，2のカードが3枚，3のカードが4枚あり，同時に3枚のカードを取り出すとき，「3枚とも数字が異なっているか，1枚だけ数字が異なっている」の余事象は，「3枚とも数字が同じ」となる。よって，1から「3枚とも数字が同じとなる確率」を引いたものが「3枚とも数字が異なっているか，1枚だけ数字が異なっている確率」となる。まず，3枚とも1のカードとなる確率は，はじめに10枚あるカードから3枚の1のカードのうちいずれかを選び，次に残り9枚あるカードから2枚の1のカードのうちいずれかを選び，さらに残り8枚あるカードから1枚の1のカードを選ぶので，$\dfrac{3}{10} \times \dfrac{2}{9} \times \dfrac{1}{8} = \dfrac{6}{720}$となる。同様に考えると，3枚とも2のカードとなる確率は$\dfrac{3}{10} \times \dfrac{2}{9} \times \dfrac{1}{8} = \dfrac{6}{720}$，3枚とも3のカードとなる確率は$\dfrac{4}{10} \times \dfrac{3}{9} \times \dfrac{2}{8} = \dfrac{24}{720}$となる。これらは同時には起こらないので，「3枚とも数字が同じとなる確率」は$\dfrac{6}{720} + \dfrac{6}{720} + \dfrac{24}{720} = \dfrac{1}{20}$となる。したがって，「3枚とも数字が異なっているか，1枚だけ数字が異なっている確率」は$1 - \dfrac{1}{20} = \dfrac{19}{20}$となる。

19 3

解説 1：誤り。2014年から2018年までの間の硫酸の生産量の1年当たり平均は，$\dfrac{6{,}536 + 6{,}278 + 6{,}461 + 6{,}169 + 6{,}539}{5} = 6{,}396.6$〔千t〕であり，6,500千tを下回っている。　2：誤り。（苛性ソーダの2015年の生産量に対する

2016年の生産量の増加率）＝$\left(\frac{2016年の生産量}{2015年の生産量}\times 100-100\right)$＝$\left(\frac{3,862}{3,798}\times 100-100\right)$と表せる。また，（硫酸の2015年の生産量に対する2016年の生産量の増加率）＝$\left(\frac{6,461}{6,278}\times 100-100\right)$と表せる。ここで，$\frac{3,862}{3,798}$と$\frac{6,461}{6,278}$の大小を比較すると，$\frac{3,862}{3,798}\fallingdotseq 1.02$，$\frac{6,461}{6,278}\fallingdotseq 1.03$となるので，$\left(\frac{3,862}{3,798}\times 100-100\right)<\left(\frac{6,461}{6,278}\times 100-100\right)$と判断できる。よって，（苛性ソーダの2015年の生産量に対する2016年の生産量の増加率）＜（硫酸の2015年の生産量に対する2016年の生産量の増加率）となるので，苛性ソーダの2015年の生産量に対する2016年の生産量の増加率が最も大きいわけではない。　3：正しい。（2014年の硝酸の生産量の15倍）＝434×15＝6,510〔千t〕＜（2014年の硫酸の生産量6,536〔千t〕），（2015年の硝酸の生産量の15倍）＝414×15＝6,210〔千t〕＜（2015年の硫酸の生産量6,278〔千t〕），（2016年の硝酸の生産量の15倍）＝363×15＝5,445〔千t〕＜（2016年の硫酸の生産量6,461〔千t〕），（2017年の硝酸の生産量の15倍）＝385×15＝5,775〔千t〕＜（2017年の硫酸の生産量6,169〔千t〕），（2018年の硝酸の生産量の15倍）＝340×15＝5,100〔千t〕＜（2018年の硫酸の生産量6,539〔千t〕）となるので，いずれの年でも硫酸の生産量は硝酸の生産量の15倍を超えている。　4：誤り。アンモニアの生産量が前年より減少したのは2016年，2017年，2018年であるが，2017年の硝酸の生産量は前年より増加している。　5：誤り。2014年における塩酸の生産量を100とする指数で表すと，2018年における塩酸の生産量の指数は$\frac{1,702}{2,022}\times 100\fallingdotseq 84.2$となるので，80を上回っている。

20　5

解説　1：誤り。資料からは，それぞれの年におけるアメリカ合衆国のODA額の実数が読み取れないため，判断できない。　2：誤り。資料からは，それぞれの年におけるイギリスのODA額の実数が読み取れないため，判断できない。　3：誤り。資料からは，それぞれの年におけるイギリスおよびドイツのODA額の実数が読み取れないため，判断できない。　4：誤り。資料からは，それぞれの年における日本およびフランスのODA額の実数が読み取れないため，判断できない。　5：正しい。資料からは，それぞれの年におけるフランスおよびオランダのODA額の実数が読み取れない。しかし，いずれの年でもODA総額に対するフランスのODA額の割合は，ODA総額に対するオランダのODA額の割合を上回っているので，それぞれの年で比較すると，いずれの年であってもフランスのODA額はオランダのODA額を上回っているはずである。よって，2014年から2018年までのフランスのODA額の累計は，オランダのODA額の累計を上回っていると判断できる。

21 1

解説 1：正しい。(1人当たりの二酸化炭素排出量〔t/人〕) = $\left(\frac{\text{二酸化炭素総排出量〔百万t〕}}{\text{人口〔百万人〕}}\right)$ より，

(人口〔百万人〕) = $\left(\frac{\text{二酸化炭素総排出量〔百万t〕}}{\text{1人当たりの二酸化炭素排出量〔t/人〕}}\right)$ と表せる。よって，(1990年におけるアメリカの人口) = $\frac{4,803}{19.20} \fallingdotseq 250$〔百万人〕，(2016年におけるアメリカの人口) = $\frac{4,833}{14.96} \fallingdotseq 323$〔百万人〕となり，(1990年におけるアメリカの人口の20％増し) = $250 \times 1.2 = 300$〔百万人〕< 323〔百万人〕となる。よって，2016年におけるアメリカの人口は，1990年におけるアメリカの人口より20％以上増加したことになる。　2：誤り。資料からは，それぞれの国の工業生産額に関する情報を読み取ることができず，判断できない。3：誤り。二酸化炭素排出量の削減対策と二酸化炭素総排出量，および1人当たりの二酸化炭素排出量との関係は不明なので，判断できない。　4：誤り。(2016年におけるロシアの人口) = $\frac{1,439}{9.97} \fallingdotseq 144$〔百万人〕，(2016年における日本の人口) = $\frac{1,147}{9.04} \fallingdotseq 127$〔百万人〕であり，(2016年における日本の人口の1.8倍) = $127 \times 1.8 \fallingdotseq 229$〔百万人〕なので，2016年におけるロシアの人口は日本の人口の約1.8倍ではない。　5：誤り。(1990年におけるインドの人口) = $\frac{529}{0.61} \fallingdotseq 867$〔百万人〕，(2016年におけるインドの人口) = $\frac{2,077}{1.57} \fallingdotseq 1,323$〔百万人〕より，(1990年に対する2016年のインドの人口の増加率) = $\left(\frac{1,323}{867} \times 100 - 100\right)$ と表せる。また，(1990年に対する2016年のインドの二酸化炭素総排出量の増加率) = $\left(\frac{2,077}{529} \times 100 - 100\right)$ となる。ここで，$\frac{1,323}{867}$ と $\frac{2,077}{529}$

の大小を比較すると，明らかに$\frac{1,323}{867}<\frac{2,077}{529}$となるので，$\left(\frac{1,323}{867}\times 100-100\right)<\left(\frac{2,077}{529}\times 100-100\right)$と判断できる。よって，(1990年に対する2016年のインドの人口の増加率)＜(1990年に対する2016年のインドの二酸化炭素総排出量の増加率）となる。

22　5

解説　1：誤り。(2013年の日本の半導体出荷額)＝(2013年の世界の半導体市場における出荷額)×(2013年の日本の構成比)＝305,584×0.114≒34,837〔百万ドル〕≒348〔億ドル〕＜400〔億ドル〕なので，2013年から2018年までの日本の半導体出荷額は，いずれの年も400億ドルを超えているわけではない。　2：誤り。(2013年における日本，南北アメリカ，ヨーロッパの半導体出荷額の合計)＝305,584×(1－0.571)〔百万ドル〕＝305,584×0.429〔百万ドル〕，(2018年における日本，南北アメリカ，ヨーロッパの半導体出荷額の合計)＝468,778×(1－0.603)〔百万ドル〕＝468,778×0.397〔百万ドル〕となる。ここで，(305,584×0.429）と（468,778×0.397）の大小を比較すると，468,778は305,584の約1.5倍なのに対し，0.397は0.429の約$\frac{1}{1.1}$倍なので，(305,584×0.429)＜(468,778×0.397）と判断できる。よって，(2013年における日本，南北アメリカ，ヨーロッパの半導体出荷額の合計)＜(2018年における日本，南北アメリカ，ヨーロッパの半導体出荷額の合計）となる。3：誤り。(2017年のヨーロッパの半導体出荷額)＝412,221×0.093〔百万ドル〕，(2018年のヨーロッパの半導体出荷額)＝468,778×0.092〔百万ドル〕となる。(412,221×0.093）と（468,778×0.092）の大小を比較すると，0.093と0.092はほとんど変わらないが，412,221と468,778では明らかに468,778の方が大きいので，(412,221×0.093)＜(468,778×0.092）と判断できる。よって，(2017年のヨーロッパの半導体出荷額)＜(2018年のヨーロッパの半導体出荷額）となるので，ヨーロッパの半導体出荷額は毎年減少しているわけではない。　4：誤り。(2016年のアジア・太平洋地域の半導体出荷額)＝338,931×0.615〔百万ドル〕，(2018年のヨーロッパの半導体出荷額)＝468,778×0.603〔百万ドル〕となる。(338,931×0.615）と（468,778×0.603）の大小を比較すると，468,778は338,931の約1.5倍なのに対し，0.603は0.615とほとんど変わらないので，(338,931×0.615)＜(468,778×0.603）と判断できる。よって，

（2016年のアジア・太平洋地域の半導体出荷額）＜（2018年のヨーロッパの半導体出荷額）となるので，2016年のアジア・太平洋地域の半導体出荷額が最も多いわけではない。　5：正しい。（2015年の南北アメリカの半導体出荷額）＝335,168×0.205〔百万ドル〕，（2015年のヨーロッパの半導体出荷額）＝335,168×0.102〔百万ドル〕である。よって，（2015年の南北アメリカの半導体出荷額）－（2015年のヨーロッパの半導体出荷額）＝335,168×（0.205－0.102）〔百万ドル〕≒34,522〔百万ドル〕≒345〔億ドル〕となる。よって，2015年における南北アメリカの半導体出荷額は，同年におけるヨーロッパの半導体出荷額より300億ドル以上多いことになる。

23 4

解説 1：誤り。資料からは，輸出4品目の輸出額の実数が読み取れないため，異なる品目の輸出額の実数を比較することができず，判断できない。

2：誤り。（対前年増減率）＝$\left(\frac{\text{今年の輸出額}}{\text{前年の輸出額}} \times 100 - 100\right)$と表せ，（対前年増減率）＞0のとき，（今年の輸出額）＞（前年の輸出額）となる。すると，2014年から2016年までの間の電池の対前年増減率はいずれの年も正の値なので，この間の輸出額は毎年増加していることになる。　3：誤り。2.より，（今年の輸出額）＝（前年の輸出額）×$\left(\frac{\text{対前年増減率} + 100}{100}\right)$と表せる。また，2013年における有機化合物の輸出額を100とすると，（2014年の有機化合物の輸出額）＝（2013年の有機化合物の輸出額）×$\left(\frac{\text{2014年の有機化合物の対前年増減率} + 100}{100}\right)$＝$100 \times \frac{-3.9 + 100}{100} = 96.1$と表せる。同様に考えると，（2015年の有機化合物の輸出額）＝$96.1 \times \frac{-12.6 + 100}{100} = 96.1 \times 0.874$，（2016年の有機化合物の輸出額）＝$(96.1 \times 0.874) \times \frac{-20.5 + 100}{100} = (96.1 \times 0.874) \times 0.795 \fallingdotseq 66.8$となる。よって，2016年における有機化合物の輸出額指数は60を上回ることになる。　4：正しい。2015年の自動車の輸出額を100とすると，（2016年の自動車の輸出額）＝$100 \times \frac{-5.9 + 100}{100} = 94.1$，（2017年の自動車の輸出額）＝$94.1 \times \frac{4.3 + 100}{100} \fallingdotseq 98.1$となる。よって，2017年における自動車の輸出額は，2015年における自動車の輸出額を下回っていることになる。　5：誤り。2より，（対前年増減率）

<0のとき，（今年の輸出額）<（前年の輸出額）となる。よって，2014年における輸出額の対前年増減率が正の値となる電池と自動車については，2014年における輸出額は2013年における輸出額を上回っている。また，2014年における輸出額の対前年増減率が0.0〔%〕である石油製品については，2014年における輸出額は2013年における輸出額と等しい。よって，4品目とも2014年における輸出額が2013年における輸出額を下回っているわけではない。

24　3

解説 1：特別裁判所の設置は，日本国憲法で禁止されている。大日本憲法下では軍法会議や行政裁判所などが特別裁判所にあたるが，司法裁判所の外に設けており，法の下の平等に反していたため，日本国憲法では禁止した（日本国憲法第76条2項）。　2：日本国憲法第77条3項により，最高裁は下級裁判所に関する規則を定める権限を，下級裁判所に委任できる。　3：正しい。　4：下級裁判所の裁判官は，最高裁が指名した者の名簿により，内閣が任命し，天皇の認証を受けている。　5：裁判の対審及び判決に関しては，日本国憲法第82条に定められている。非公開にできるのは対審のみで，判決は必ず公開法廷で行われる。

25　4

解説 1：日本国憲法第18条に「何人も，いかなる奴隷的拘束も受けない。」とあり，犯罪による処罰の場合も，奴隷的拘束は受けない。「犯罪による処罰を除いては」という条文は，苦役に関する記述であり，苦役にも服されない。2：日本国憲法第33条に記載されており，現行犯逮捕に令状は不要である。3：日本国憲法第33条に示されている。拘禁の理由は，要求があった場合に示されることになっている。　4：正しい。　5：日本国憲法第39条により，二重処罰も禁止されている。

26　5

解説 A：ホッブズは社会契約説の先駆者であるが，権力分立論は唱えていない。　B：立法・行政・司法の三権分立論を唱えたのはモンテスキュー。C：『市民政府二論』はロックの著書。『統治二論』などとも呼ばれている。D：正解はフランス人権宣言だが，モンテスキューの三権分立論に忠実な政治制度はアメリカ大統領制だとされている。

27 4

解説 国民純生産とは国民総生産（GNP）からウの固定資本減耗分を除いたものであり，まずは国民総生産の値を求める必要がある。国民総生産とは国内総生産に海外からの所得の純受取分，すなわち，アとイの合計であり，515兆円。515兆円からさらにウの100兆円を引けば，415兆円となる。

28 4

解説 1：酸性雨の原因は二酸化硫黄や窒素酸化物などの酸性物質であり，二酸化炭素ではない。　2：レイチェル＝カーソンは『沈黙の春』で農薬の生態系に及ぼす被害を警告した生物学者だが，1964年に死去している。なお，1992年の国連環境開発会議では，気候変動枠組条約の他，生物多様性条約の署名も開始され，アジェンダ21の文書も合意された。　3：先進国のみに削減義務が課された。　4：正しい。　5：中国は離脱していない。

29 2

解説 1：2019年に国際捕鯨委員会（IWC）を脱退し，31年ぶりに商業捕鯨を再開している。　2：正しい。「かいぼり」とは池などの水を抜いて干すこと。　3：漁獲規制が実施されており，2020年の中西部太平洋まぐろ類委員会（WCPFC）の北小委員会で，日本は漁獲枠拡大を提案したものの，アメリカに反対され枠拡大は見送られた。　4：ワシントン条約に関する記述。カルタヘナ議定書とは，遺伝子組み換え生物の越境移動の手続きに関する議定書である。　5：法改正により，2022年6月からマイクロチップ装着が義務化される。

30 5

解説 1：無業者や外国籍の者にも国民年金の加入が義務付けられている。2：企業独自の年金制度は私的年金の一種。これに加入しても厚生年金の加入義務がなくなるわけではない。　3：被用者年金が一元化しており，かつては共済年金に加入していた公務員らも，現在は厚生年金に加入している。　4：年金額が減額されるのは，支給開始年齢を早めた場合である。　5：正しい。

31 1

解説 ジャンヌ・ダルクは，東フランス，ドンレミの農民の娘である。神のお告げを受け，オルレアンに入り，フランス王シャルル7世を鼓舞し，オルレアンを包囲していたイギリス軍を撃退した。当時，イギリスとフランスの間で戦われていたのは，百年戦争である。イギリス王エドワード3世がフランスの王位継承権を主張してフランスと対立，開戦した。Aにはイギリス，Bにはフランス，Cには百年戦争，Dにはシャルル7世があてはまる。妥当な組合せは1である。なお，七年戦争は，1756～63年にオーストリアがシュレジエン奪還を目的としたプロイセンとの戦いで，それぞれの国にフランスやイギリスなどがついた。さらに，この戦いと平行して，イギリスとフランスは，北アメリカとインドでも植民地支配の覇権争いをした。マリア・テレジアは，オーストリアの大公で，オーストリア継承戦争でプロイセンにシュレジエンを奪われ，七年戦争にも敗れ，奪還に失敗した。

32 4

解説 1：大老井伊直弼がハリス総領事とのあいだで結んだ条約は，日米和親条約ではなく日米修好通商条約である。日米和親条約は1854年に締結した。林復斎とペリーが全権であった。　2：江戸幕府は，アメリカに次いでオランダ・ロシア・イギリス・フランスと条約を結んだ。これを安政の五カ国条約という。　3：15代将軍は，徳川慶喜である。徳川吉宗は8代将軍である。　4：妥当である。　5：桜田門外の変で暗殺されたのが，大老井伊直弼である。桜田門外の変ののち，老中となったのは安藤信正である。

33 1

解説 ア：扇状地の説明として妥当である。　イ：カルデラではなく，リアス海岸についての記述である。　ウ：干潟ではなく，カルデラについての記述である。干潟とは，干潮時に露出する低平軟弱な土地で，河川の河口部や内湾に分布する。正しいのはアのみなので，妥当なのは1である。

34 2

解説 1：「群雄割拠」が正しい。　3：「朝令暮改」が正しい。　4：「一網打尽」が正しい。　5：「抱腹絶倒」が正しい。

35 2

解説 1:「二の足を踏む」 は，思い切れずためらうこと。 3:「二足の草鞋を履く」は，全く異なる二つの職業を一人で兼ねること。 4:「二兎を追う者は一兎をも得ず」は，欲を出して二つのことをやろうとしてどちらも失敗すること。 5 「二の句が継げない」は，あきれてものが言えないこと。

36 3

解説 5進法で表された「423」を10進法で表すと，$5^2 \times 4 + 5^1 \times 2 + 5^0 \times 3 = 25 \times 4 + 5 \times 2 + 1 \times 3 = 113$となる。

37 4

解説 表が出る確率が$\frac{1}{2}$である1枚のコインを投げたとき，裏が出る確率は$\frac{1}{2}$となる。よって，このコインを8回連続して投げたとき，はじめの3回が表，あとの5回が裏である確率は，$\left(\frac{1}{2}\right)^3 \times \left(\frac{1}{2}\right)^5 = \frac{1}{256}$となる。

38 5

解説 男子3人，女子4人が1列に並ぶとき，男子3人が隣り合う並び方を求めるので，まずは男子3人をセットにして1人と考え，1 + 4 = 5〔人〕が1列に並ぶ並び方を考えると，5! = 5 × 4 × 3 × 2 × 1 = 120〔通り〕となる。次に，1セットになった男子3人が，そのセットの中で1列に並ぶ並び方を考えると，3! = 3 × 2 × 1 = 6〔通り〕となる。したがって，「男子3人，女子4人が1列に並ぶとき，男子3人が隣り合う並び方」は120 × 6 = 720〔通り〕となる。

男子1人，女子4人が1列に並ぶ並び方

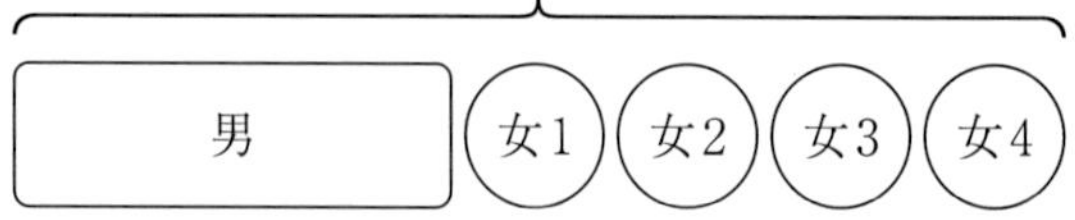

男子3人が1列に並ぶ並び方

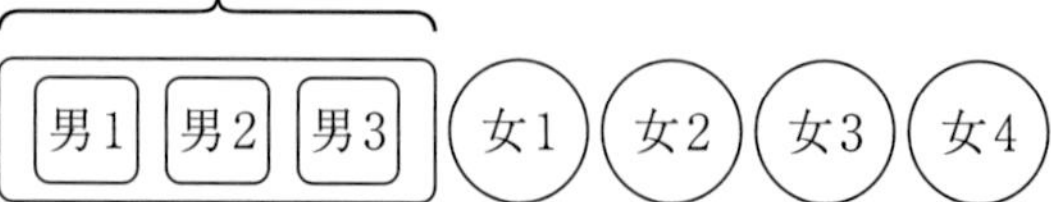

39　5

解説 $(x+2y-1)(x-3y+1)$ を展開すると以下のようになる。

$$(x+2y-1)(x-3y+1)=(x^2-3xy+x)+(2xy-6y^2+2y)+(-x+3y-1)$$
$$=x^2-xy+5y-6y^2-1$$

40　2

解説 1：熱の伝わり方には，伝導，対流，放射がある。伝導は，物体の内部や接触させた物体間で，それら内部の原子・分子の間を振動などの運動エネルギーとして伝わる。対流は，気体や液体の温度が上がるとそれらが膨張し軽くなることで上に移動し，冷たい部分が下降し入れ替わる流れが生じることで熱が伝わる。放射は，熱せられた物体からその物体内の電子の熱運動によって電磁波が放出されその電磁波によって熱が伝わる。赤外線など（電磁波）の放出によって熱が伝わるのは“放射”である。記述は誤りである。　2：前記した内容の“伝導”による熱エネルギーの伝わり方であり両者の物体の温度が同じになると熱平衡となる。記述は妥当である。　3：固体，液体，気体の状態は構成分子の運動状態が異なり，固体→液体→気体と分子の運動量が増し分子間の距離が大きくなり形態が変わる。絶対0度（－273℃）になると分子の運動がなくなるがそれ以上の温度では固体でも原子・分子は熱運動している。記述は妥当ではない。　4：比熱とは物質1gの温度を1℃（K）上昇させるのに必要な熱量を言い，あるいは物質1gの温度変化のしやすさ/しにくさを表す，とも言える。記述は妥当ではない。　5：水が固体，液体，気体（水蒸気）として存在するのはその圧力と温度の組み合わせの条件による。通常の環境での水の沸騰状態でも100℃においては液体と気体（水蒸気）の平衡状態にあり全てが水蒸気として存在するわけではない。記述は妥当ではない。以上から妥当な記述は2が該当する。

41　4

解説 1：音源や観測者が動くことで音源の周波数と異なった周波数の音が観測される現象を“ドップラー効果”と言う。これは音のみならず光や物質の波動現象でも生じる。記述は妥当ではない。　2：光は波として考える時横波としてとらえられる。太陽光などの自然光はその横波の振動方向が様々な方向をもつものがいろいろ混ざっている。その振動の方向が1つの平面内にのみある時その光を“偏光”と言う。音は疎密波;縦波でありこの現象は生じない。記述は妥当ではない。　3:光の屈折はホイヘンスの原理によって説明される。光は異なった密度をもつ媒質間では速度が異なる。同じ色の光は媒質が異なっても振動数は変わらないが波長が変わることでその速度が変わる。例えば光が空気中からガラス面に対して斜めに差し込むとガラスに入ったところで速度が遅くなる。ある程度の光の束を想定すると最初にガラスに到達した部分が先に速度が遅くなり順次後から入ってきた部分も速度が遅くなっていく。あるいは波長が短くなっていく。ホイヘンスの原理からその現象によって屈折が生じる。色が異なる光は同じ媒質内でも振動数/波長が異なり可視光線で言えば青・紫色は相対的に波長が短く振動数が大きく，赤色は波長が長く振動数が小さい。これらが空気中からガラス面に斜めに差し込むとその波長の違いから速度が替わり屈折角度が変わることで進行方向が分かれていく。この現象によってプリズムで光を色によって分離することができる。“振動数が異なることで屈折が生じる”という記述は妥当ではない。　4:光は大気中を進む時空気中の微粒子等によって進行方向が大きく変化する。これを散乱という。波長の短い光の方が散乱されやすい。昼間は太陽の光は上から入ってきて空気中の微粒子等によって特に波長の短い青色の光がより/何度も散乱され我々の目に飛び込んでくる。それによって昼間は空が青く見える。夕方になると太陽の光は大気の横から差し込むようになり通過する空気層の距離が長くなる。その時波長の短い青色の光はもっと散乱されて我々の目に届く量が少なくなってしまう。逆に波長の長い赤色の光は散乱される割合が少ないため我々の目に届く量が多く空が赤く見える。記述は妥当と考えられる。5:音は疎密波;縦波として媒質中を伝わっていく。音速の変化は振動数や波長によらず媒質と温度による。温度の高い方が速くなり，媒質は気体中より液体中，液体中より固体中の方が速くなる。記述は妥当ではない。以上から最も妥当な記述は4が該当する。

42 2

解説 1:誤り。「ろ過」ではなく，「再結晶」とすると正しい記述となる。2:正しい。抽出は，物質によって溶媒への溶けやすさが違うことを利用する分離法である。　3:誤り。「再結晶」ではなく，「蒸留（または分留)」とすると正しい記述となる。　4:誤り。昇華とは，「固体が液体を経ずに気体になる変化，または気体が液体を経ずに固体になる変化」を利用する分離法である。　5：誤り。「蒸留」ではなく，「昇華」とすると正しい記述となる。

43　2

解説　電気分解において，

(流れる電子の物質量〔mol〕) = $\left(\dfrac{\text{電流〔A〕}\times\text{時間〔s〕}}{\text{ファラデー定数〔C/mol〕}}\right)$ と表せる。よって，問題文の条件で流れる電子の物質量は，$\dfrac{10.0\times(30\times60)}{9.6\times10^{4}} = 0.1875$〔mol〕となる。また，白金電極で銀が析出する際に起きる反応は，$Ag^{+} + e^{-} \rightarrow Ag$ と表せるので，1molの電子が流れることで1molの銀が析出することになる。よって，電気分解により析出する銀の質量は，銀の原子量は107.9なので，$107.9\times0.1875 \fallingdotseq 20.23$〔g〕となる。したがって，正解は2となる。

44　2

解説　1：誤り。「無核の」ではなく，「核のある」とすると正しい記述となる。　2：正しい。これは「全か無かの法則」を説明した記述である。　3：誤り。「伝達」ではなく，「伝導」とすると正しい記述となる。　4：誤り。「伝導」ではなく，「伝達」とすると正しい記述となる。　5：誤り。ニューロンの興奮は，軸索では両方向へ伝わるが，シナプスでは一方向へしか伝わらない。

45　1

解説　1：正しい。なお，遠近調整の際には，水晶体の厚さを変えることで，網膜上に鮮やかな像が結ばれる。　2：誤り。「錐体細胞」と「桿体細胞」の説明が逆である。　3：誤り。「黄斑」ではなく，「盲斑」とすると正しい記述となる。　4：誤り。「チン小帯」ではなく，「虹彩」とすると正しい記述となる。　5：誤り。「明順応」ではなく，「暗順応」とすると正しい記述となる。

第6部

論作文試験対策

- 論作文対策
- 実施課題例の分析

人物試験　論作文対策

POINT

Ⅰ.「論作文試験」とはなにか

(1)「論作文試験」を実施する目的

かつて18世紀フランスの博物学者，ビュフォンは「文は人なり」と言った。その人の知識・教養・思考力・思考方法・人間性などを知るには，その人が書いた文章を見るのが最良の方法であるという意味だ。

知識の質・量を調べる筆記試験の教養試験だけでは，判定しがたい受験生の資質をより正確にとらえるため，あるいは受験生の公務員としての適性を判断するため，多角的な観点から考査・評価を行う必要がある。

そのため論作文試験は，公務員試験のみならず，一般企業でも重視されているわけだが，とりわけ消防官という仕事は，他の公務員，例えば一般事務職などと比べても，ひときわ高い使命感，ときには命がけの自己犠牲すら求められる職種である。当然，その人がどのような人間であるか，という点が重用視され，しかも，この傾向は，今後もさらに強くなると予想される。

同じ国語を使って，同じように制限された字数，時間の中で同じテーマの論作文を書いても，その論作文はまったく違ったものになる。おそらく学校で，同じ先生に同じように文章指導を受けたとしても，そうなるだろう。その違いのなかにおのずと受験生の姿が浮かび上がってくることになる。

採用側からみた論作文試験の意義をまとめると，次のようになる。

① 消防官としての資質を探る

採用側が最も知りたいのは，その人物が消防官に向いているかどうか，消防官としての高い志を持っているかどうかということである。同時に消防官も一公務員であり，“公”の仕事に従事するのだということを，しっかりと自覚しているかも問われる。すなわち，消防官・公務員としての資質を判定できるということである。

② 総合的な知識・理解力を知る

論作文試験によって，消防官として必要な言語能力・文章表現能力を判定することや，消防官として職務を遂行するのにふさわしい基礎的な知識の理解度や実践への応用力を試すことができる。

換言すれば，日本語を文章として正しく表現するための常識や，これまでの学校教育などで得た政治や経済などの一般常識を今後の実践の中でどれほど生かすことができるか，などの総合的な知識・理解力の判定をもしようということである。

③ 思考過程・論理の構成力を知る

教養試験は，一般知識分野であれ一般知能分野であれ，その出題の質が総括的・分散的になりがちである。いわば「広く浅く」が出題の基本となりやすいわけだ。これでは受験生の思考過程や論理の構成力を判定することは不可能だ。その点，論作文試験ではひとつの重要な課題に対する奥深さを判定しやすい。

④ 受験生の人柄・人間性の判定

人物試験（面接）と同様に，受験生の人格・人柄を判定しやすい。これは，文章の内容からばかりではなく，文章の書き方，誤字・脱字の有無，制限字数への配慮，文字の丁寧さなどからも判断される。

(2)「論作文試験」の実施状況

公務員試験全体における人物重視の傾向とあいまって，論作文試験も重視される傾向にある。地方公務員の場合，試験を実施する都道府県・市町村などによって異なるが，行政事務関係はほぼ実施している。

(3) 字数制限と時間制限

最も一般的な字数は1,000～1,200字程度である。最も少ないところが600字，最大が2,000字と大きく開きがある。

時間制限は，60～90分，あるいは120分というのが一般的だ。この時間は，けっして充分なものではない。試しにストップウォッチで計ってみるといいが，他人の論作文を清書するだけでも，600字の場合なら約15分程度かかる。

テーマに即して，しかも用字・用語に気を配ってということになると，かなりのスピードが要求されるわけである。情報を整理し，簡潔に説明できる力を養う必要があるだろう。

(4)「論作文試験」の評価の基準

採用試験の答案として書く論作文なので，その評価基準を意識して書くことも大切といえる。しかし，公務員試験における論作文の評価の基準は，いずれの都道府県などでも公表していないし，今後もそれを期待することはなかなか難しいだろう。

ただ，過去のデータなどから手掛りとなるものはあるので，ここではそれらを参考に，一般的な評価基準を考えてみよう。

形式的な面からの評価	① 表記法に問題はないか。
	② 文脈に応じて適切な語句が使われているか。
	③ 文（センテンス）の構造，語句の照応などに問題はないか。
内容的な面からの評価	① テーマを的確に把握しているか。
	② 自分の考え方やものの見方をまとめ，テーマや論旨が明確に表現されているか。
	③ 内容がよく整理され，段落の設定や論作文の構成に問題はないか。
総合的な面からの評価	① 公務員に必要な洞察力や創造力，あるいは常識や基礎学力は十分であるか。
	② ものの見方や考え方が，公務員として望ましい方向にあるか。

おおよそ以上のような評価の視点が考えられるが，これらはあらゆるテーマに対して共通しているということではない。それぞれのテーマによってそのポイントの移動があり，また，実施する自治体などによっても，このうちのどれに重点を置くかが異なってくる。

ただ，一般的に言えることは，企業の採用試験などの場合，その多くは総合的な評価が重視され形式的な面はあまり重視されないが，公務員試験における論作文は，形式的な面も軽んじてはならないということである。なぜなら，公務員は採用後に公の文書を取り扱うわけで，それらには一定のフォーマットがあるものが多いからだ。これへの適応能力が試されるのは当然である。

(5)「論作文試験」の出題傾向

消防官試験の場合，一般職の公務員試験と区別されて出題されるケースもある。ただし，大卒程度が比較的明確に区別されているのに対して，高卒程度では職種を問わず，同じテーマが課せられる場合が多い。

テーマは各自治体や年度によって異なるが，「消防官になりたいと思った動機」というような消防職に関係したテーマが一般的である。また，「立ち向かう心」といったようなやや抽象的だが，消防という仕事に結びつけられるものがテーマとして課せられる場合もある。

その他，他の一般事務職などと同一のテーマが出題されるケースもあり，その場合は消防とは全く関係のないものとなる。いずれにせよ希望する自治体の過去の出題例をチェックし，傾向をとらえておくことが重要となる。

Ⅱ.「論作文試験」の事前準備

(1) 試験の目的を理解する

論作文試験の意義や評価の目的については前に述べたが，試験の準備を進めるためには，まずそれについてよく考え，理解を深めておく必要がある。その理解が，自分なりの準備方法を導きだしてくれるはずだ。

例えば，あなたに好きなひとがいたとする。ラブレター（あるいはメール）を書きたいのだが，あいにく文章は苦手だ。文章の上手い友人に代筆を頼む手もあるが，これでは真心は通じないだろう。そこで，便せんいっぱいに「好きだ，好きだ，好きだ，好きだ，好きだ，好きだ」とだけ書いたとする。それで十分に情熱を伝えることができるし，場合によっては，どんな名文を書き連ねるよりも最高のラブレターになることだってある。あるいはサインペンで用紙いっぱいに一言「好き」と大書して送ってもいい。個人対個人間のラブレターなら，それでもいいのである。つまり，その目的が，「好き」という恋心を相手にだけわかってもらうことにあるからだ。

文章の長さにしてもそうで，例えばこんな文がある。

「一筆啓上　火の用心　おせん泣かすな　馬肥やせ」

これは徳川家康の家臣である本多作左衛門重次が，妻に宛てた短い手紙である。「一筆啓上」は「拝啓」に当たる意味で，「おせん泣かすな」は重次の唯一の子どもであるお仙（仙千代）を「泣かしたりせず，しっかりと育てなさい」と我が子をとても大事にしていたことが伺える。さらに，「馬肥やせ」は武将の家には欠くことのできない馬について「いざという時のために餌をしっかり与えて大事にしてくれ」と妻へアドバイスしている。短いながらもこの文面全体には，家族への愛情や心配，家の主としての責任感などがにじみ出ているかのようだ。

世の中にはもっと短い手紙もある。フランスの文豪ヴィクトル・ユーゴーは『レ・ミゼラブル』を出版した際にその売れ行きが心配になり，出版社に対して「？」と書いただけの手紙を送った。すると出版社からは「！」という返事が届いたという。意味がおわかりだろうか。これは，「売れ行きはどうか？」「すごく売れていますよ！」というやりとりである。前提になる状況と目的によっては，「？」や「！」ひとつが，千万の言葉よりも，意思と感情を的確に相手に伝達することもあるのだ。

しかし，論作文試験の場合はどうだろうか。「公務員を志望した動機」というテーマを出されて，「私は公務員になりたい，私は公務員になりたい，私は公務員になりたい，……」と600字分書いても，評価されることはないだろう。

つまり論作文というのは，何度もいうように，人物試験を兼ねあわせて実施されるものである。この意義や目的を忘れてはいけない。しかも公務員試験の場合と民間企業の場合では，求められているものに違いもある。

民間企業の場合でも業種によって違いがある。ということは，それぞれの意義や目的によって，対策や準備方法も違ってくるということである。これを理解した上で，自分なりの準備方法を見つけることが大切なのだ。

(2) 文章を書く習慣を身につける

多くの人は「かしこまった文章を書くのが苦手」だという。携帯電話やパソコンで気楽なメールを頻繁にしている現在では，特にそうだという。論作文試験の準備としては，まずこの苦手意識を取り除くことが必要だろう。

文章を書くということは，習慣がついてしまえばそれほど辛いものではない。習慣をつけるという意味では，第一に日記を書くこと，第二に手紙を書くのがよい。

① 「日記」を書いて筆力をつける

実際にやってみればわかることだが，日記を半年間書き続けると，自分でも驚くほど筆力が身に付く。筆力というのは「文章を書く力」で，豊かな表現力・構成力，あるいはスピードを意味している。日記は他人に見せるものではないので，自由に書ける。材料は身辺雑事・雑感が主なので，いくらでもあるはず。この「自由に書ける」「材料がある」ということが，文章に慣れるためには大切なことなのだ。パソコンを使ってブログで長い文章を書くのも悪くはないが，本番試験はキーボードが使えるわけではないので，リズムが変わると書けない可能性もある。やはり紙にペンで書くべきだろう。

② 「手紙」を書いてみる

手紙は，他人に用件や意思や感情を伝えるものである。最初から他人に読んでもらうことを目的にしている。ここが日記とは根本的に違う。つまり，読み手を意識して書かなければならないわけだ。そのために，一定の形式を踏まなければならないこともあるし，逆に，相手や時と場合によって形式をはずすこともある。感情を全面的に表わすこともあるし，抑えることもある。文章を書く場合，この読み手を想定して形式や感情を制御していくということは大切な要件である。手紙を書くことによって，このコツに慣れてくるわけだ。

「おっはよー，元気い（^_^）？　今日もめっちゃ寒いけど……」

「拝啓，朝夕はめっきり肌寒さを覚える今日このごろですが，皆々様におかれましては，いかがお過ごしかと……」

手紙は，具体的に相手（読み手）を想定できるので，書く習慣がつけば，このような「書き分ける」能力も自然と身についてくる。つまり，文章のTPOといったものがわかってくるのである。

③ 新聞や雑誌のコラムを写してみる

新聞や雑誌のコラムなどを写したりするのも，文章に慣れる王道の手段。最初は，とにかく書き写すだけでいい。ひたすら，書き写すのだ。

ペン習字などもお手本を書き写すが，それと同じだと思えばいい。ペン習字と違うのは，文字面をなぞるのではなく，別の原稿用紙などに書き写す点だ。

とにかく，こうして書き写すことをしていると，まず文章のリズムがわかってくる。ことばづかいや送り仮名の要領も身につく。文の構成法も，なんとなく理解できてくる。実際，かつての作家の文章修業は，こうして模写をすることから始めたという。

私たちが日本語を話す場合，文法をいちいち考えているわけではないだろう。接続詞や助詞も自然に口をついて出ている。文章も本来，こうならなければならないのである。そのためには書き写す作業が一番いいわけで，これも実際にやってみると，効果がよくわかる。

なぜ，新聞や雑誌のコラムがよいかといえば，これらはマスメディア用の文章だからである。不特定多数の読み手を想定して書かれているために，一般的なルールに即して書かれていて，無難な表現であり，クセがない。公務員試験の論作文では，この点も大切なことなのだ。

たとえば雨の音は，一般的に「ポツリ，ポツリ」「パラ，パラ」「ザァ，ザァ」などと書く。ありふれた表現だが，裏を返せばありふれているだけに，だれにでも雨の音だとわかるはず。「朝から，あぶないな，と思っていたら，峠への途中でパラ，パラとやってきた……」という文章があれば，この「パラ，パラ」は雨だと想像しやすいだろう。

一方，「シイ，シイ」「ピチ，ピチ」「トン，トン」「バタ，バタ」，雨の音をこう表現しても決して悪いということはない。実際，聞き方によっては，こう聞こえるときもある。しかし「朝から，あぶないな，と思っていたら，峠への途中でシイ，シイとやってきた……」では，一般的には「シイ，シイ」が雨だとはわからない。

論作文は，作家になるための素質を見るためのものではないから，やはり後者ではマズイのである。受験論作文の練習に書き写す場合は，マスコミのコラムなどがよいというのは，そういうわけだ。

④　考えを正確に文章化する

頭の中では論理的に構成されていても，それを文章に表現するのは意外に難しい。主語が落ちているために内容がつかめなかったり，語彙が貧弱で，述べたいことがうまく表現できなかったり，思いあまって言葉足らずという文章を書く人は非常に多い。文章は，記録であると同時に伝達手段である。メモをとるのとは違うのだ。

論理的にわかりやすい文章を書くには，言葉を選び，文法を考え，文脈を整え，結論と課題を比較してみる……，という訓練を続けることが大切だ。しかし，この場合，一人でやっていたのでは評価が甘く，また自分では気づかないこともあるので，友人や先輩，国語に詳しいかつての恩師など，第三者の客観的な意見を聞くと，正確な文章になっているかどうかの判断がつけやすい。

⑤　文章の構成力を高める

正確な文章を書こうとすれば，必ず文章の構成をどうしたらよいかという問題につきあたる。文章の構成法については後述するが，そこに示した基本的な構成パターンをしっかり身につけておくこと。一つのテーマについて，何通りかの構成法で書き，これをいくつものテーマについて繰り返してみる。そうしているうちに，特に意識しなくてもしっかりした構成の文章が書けるようになるはずだ。

⑥　制限内に書く感覚を養う

だれでも時間をかけてじっくり考えれば，それなりの文章が書けるだろう。しかし，実際の試験では字数制限や時間制限がある。練習の際には，ただ漫然と文章を書くのではなくて，字数や時間も実際の試験のように設定したうえで書いてみること。

例えば800字以内という制限なら，その全体量はどれくらいなのかを実際に書いてみる。また，全体の構想に従って字数（行数）を配分すること。時間制限についても同様で，60分ならその時間内にどれだけのことが書けるのかを確認し，構想，執筆，推敲などの時間配分を考えてみる。この具体的な方法は後に述べる。

こうして何度も文章を書いているうちに，さまざまな制限を無駄なく十分に使う感覚が身についてくる。この感覚は，練習を重ね，文章に親しまない限り，身に付かない。逆に言えば実際の試験ではそれが極めて有効な力を発揮するのが明らかなのだ。

Ⅲ．「合格答案」作成上の留意点

(1) テーマ把握上の注意

さて，いよいよ試験が始まったとしよう。論作文試験でまず最初の関門になるのが，テーマを的確に把握できるか否かということ。どんなに立派な文章を書いても，それが課題テーマに合致していない限り，試験結果は絶望的である。不幸なことにそのような例は枚挙にいとまがにないと言われる。ここでは犯しやすいミスを2，3例挙げてみよう。

① 似たテーマと間違える

例えば「私の生きかた」や「私の生きがい」などは，その典型的なもの。前者が生活スタイルや生活信条などが問われているのに対して，後者はどのようなことをし，どのように生きていくことが，自分の最も喜びとするところかが問われている。このようなニュアンスの違いも正確に把握することだ。

② テーマ全体を正確に読まない

特に，課題そのものが長い文章になっている場合，どのような条件を踏まえて何を述べなければならないかを，正確にとらえないまま書き始めてしまうことがある。例えば，下記のようなテーマがあったとする。

「あなたが公務員になったとき，職場の上司や先輩，地域の人々との人間関係において，何を大切にしたいと思いますか。自分の生活体験をもとに書きなさい」

①公務員になったとき，②生活体験をもとに，というのがこのテーマの条件であり，「上司・先輩，地域の人々との人間関係において大切にしたいこと」というのが必答すべきことになる。このような点を一つひとつ把握しておかないと，内容に抜け落ちがあったり，構成上のバランスが崩れたりする原因になる。テーマを示されたらまず2回はゆっくりと読み，与えられているテーマの意味・内容を確認してから何をどう書くかという考察に移ることが必要だ。

③ テーマの真意を正確につかまない

「今，公務員に求められるもの」というテーマと「公務員に求められるもの」というテーマを比べた場合，“今”というたった1字があるか否かで，出題者の求める答えは違ってくることに注意したい。言うまでもなく，後者がいわゆる「公務員の資質」を問うているのに対して，前者は「現況をふまえたうえで，できるだけ具体的に公務員の資質について述べること」が求められているのだ。

以上3点について述べた。こうやって示せば誰でも分かる当たり前のことのようだが，試験本番には受け取る側の状況もまた違ってくるはず。くれぐれも慎重に取り組みたいところだ。

(2) 内容・構成上の注意点

① 素材選びに時間をかけろ

テーマを正確に把握したら，次は結論を導きだすための素材が重要なポイントになる。公務員試験での論作文では，できるだけ実践的・経験的なものが望ましい。現実性のある具体的な素材を見つけだすよう，書き始める前に十分考慮したい。

② 全体の構想を練る

さて，次に考えなくてはならないのが文章の構成である。相手を納得させるためにも，また字数や時間配分の目安をつけるためにも，全体のアウトラインを構想しておくことが必要だ。ただやみくもに書き始めると，文章があらぬ方向に行ってしまったり，広げた風呂敷をたたむのに苦労しかねない。

③文体を決める

文体は終始一貫させなければならない。文体によって論作文の印象もかなり違ってくる。〈です・ます〉体は丁寧な印象を与えるが，使い慣れないと文章がくどくなり，文末のリズムも単調になりやすい。〈である〉体は文章が重々しいが，断定するつもりのない場合でも断定しているかのような印象を与えやすい。

それぞれ一長一短がある。書きなれている人なら，テーマによって文体を使いわけるのが望ましいだろう。しかし，大概は文章のプロではないのだから，自分の最も書きやすい文体を一つ決めておくことが最良の策だ。

(3) 文章作成上の注意点

① ワン・センテンスを簡潔に

一つの文（センテンス）にさまざまな要素を盛り込もうとする人がいるが，内容がわかりにくくなるだけでなく，時には主語・述語の関係が絡まり合い，文章としてすら成立しなくなることもある。このような文章は論旨が不明確になるだけでなく，読み手の心証もそこねてしまう。文章はできるだけ無駄を省き，わかりやすい文章を心掛けること。「一文はできるだけ簡潔に」が鉄則だ。

② 論点を整理する

論作文試験の字数制限は多くても1,200字，少ない場合は600字程度ということもあり，決して多くはない。このように文字数が限られているのだから，文章を簡潔にすると同時に，論点をできるだけ整理し，特に必要のない要素は削ぎ落とすことだ。これはテーマが抽象的な場合や，逆に具体的に多くの条件を設定してる場合は，特に注意したい。

③ 段落を適切に設定する

段落とは，文章全体の中で一つのまとまりをもった部分で，段落の終わりで改行し，書き始めは1字下げるのが決まりである。いくつかの小主題をもつ文章の場合，小主題に従って段落を設けないと，筆者の意図がわかりにくい文章になってしまう。逆に，段落が多すぎる文章もまた意図が伝わりにくく，まとまりのない印象の文章となる場合が多い。段落を設ける基準として，次のような場合があげられる。

① 場所や場面が変わるとき。	④ 思考が次の段階へ発展するとき。
② 対象が変わるとき。	⑤ 一つの部分を特に強調したいとき。
③ 立場や観点が変わるとき。	⑥ 同一段落が長くなりすぎて読みにくくなるとき。

これらを念頭に入れて適宜段落を設定する。

(4) 文章構成後のチェック点

① 主題がはっきりしているか。論作文全体を通して一貫しているか。課題にあったものになっているか。
② まとまった区切りを設けて書いているか。段落は，意味の上でも視覚的にもはっきりと設けてあるか。
③ 意味がはっきりしない言いまわしはないか。人によって違った意味にとられるようなことはないか。
④ 一つの文が長すぎないか。一つの文に多くの内容を詰め込みすぎているところはないか。
⑤ あまりにも簡単にまとめすぎていないか。そのために論作文全体が軽くなっていないか。
⑥ 抽象的ではないか。もっと具体的に表現する方法はないものか。
⑦ 意見や感想を述べる場合，裏づけとなる経験やデータとの関連性は妥当なものか。
⑧ 個人の意見や感想を，「われわれは」「私たちは」などと強引に一般化しているところはないか。
⑨ 表現や文体は統一されているか。
⑩ 文字や送り仮名は統一されているか。

実際の試験では，こんなに細かくチェックしている時間はないだろうが，練習の際には，一つの論作文を書いたら，以上のようなことを必ずチェックしてみるとよいだろう。

Ⅳ．「論作文試験」の実戦感覚

準備と対策の最後の仕上げは，“実戦での感覚”を養うことである。これは“実戦での要領”といってもよい。「要領がいい」という言葉には，「上手に」「巧みに」「手際よく」といった意味と同時に，「うまく表面をとりつくろう」「その場をごまかす」というニュアンスもある。「あいつは要領のいい男だ」という表現などを思い出してみれば分かるだろう。

採用試験における論作文が，論作文試験という競争試験の一つとしてある以上，その意味での“要領”も欠かせないだろう。極端にいってしまえば，こうだ。

「約600字分だけ，たまたまでもすばらしいものが書ければよい」

もちろん，本来はそれでは困るのだが，とにかく合格して採用されることが先決だ。そのために，短時間でその要領をどう身につけるか，実戦ではどう要領を発揮するべきなのか。

(1) 時間と字数の実戦感覚

① 制限時間の感覚

公務員試験の論作文試験の平均制限時間は，90分間である。この90分間に文字はどれくらい書けるか。大学ノートなどに，やや丁寧に漢字まじりの普通の文を書き写すとして，速い人で1分間約60字，つまり90分間なら約5,400字。遅い人で約40字/1分間，つまり90分間なら約3,600字。平均4,500字前後と見ておけばよいだろう。400字詰め原稿用紙にして11枚程度。これだけを考えれば，時間はたっぷりある。しかし，これはあくまでも「書き写す」場合であって，論作文している時間ではない。

構想などが決まったうえで，言葉を選びながら論作文する場合は，速い人で約20字前後/1分間，60分間なら約1,800字前後である。ちなみに，文章のプロたち，例えば作家とか週刊誌の記者とかライターという職業の人たちでも，ほぼこんなものなのだ。構想は別として，1時間に1,800字，400字詰め原稿用紙で4～5枚程度書ければ，だいたい職業人として1人前である。言い換えれば，読者が読むに耐えうる原稿を書くためには，これが限度だということである。

さて，論作文試験に即していえば，もし制限字数1,200字なら，1,200字÷20字で，文章をつづる時間は約60分間ということになる。そうだとすれば，テーマの理解，着想，構想，それに書き終わった後の読み返しなどにあてられる時間は，残り30分間。これは実にシビアな時間である。まず，この時間の感覚を，しっかりと頭に入れておこう。

② 制限字数の感覚

これも一般には，なかなか感覚がつかめないもの。ちなみに，いま，あなたが読んでいるこの本のこのページには，いったい何文字入っているのか，すぐにわかるだろうか。答えは，1行が33字詰めで行数が32行，空白部分もあるから約1,000字である。公務員試験の論作文試験の平均的な制限字数は1,200字となっているから，ほぼ，この本の約1頁強である。

この制限字数を，「長い！」と思うか「短い！」と思うかは，人によって違いはあるはず。俳句は17文字に万感の想いを込めるから，これと比べれば1,000字は実に長い。一方，ニュース番組のアナウンサーが原稿を読む平均速度は，約400字程度/1分間とされているから，1,200字なら3分。アッという間である。つまり，1,200字というのは，そういう感覚の字数なのである。ここでは，論作文試験の1,200字という制限字数の妥当性については置いておく。1,200字というのが，どんな感覚の文字数かということを知っておけばよい。

この感覚は，きわめて重要なことなのである。後でくわしく述べるが，実際にはこの制限字数によって，内容はもとより書き出しや構成なども，かなりの規制を受ける。しかし，それも試験なのだから，長いなら長いなりに，短いなら短いなりに対処する方法を考えなければならない。それが実戦に臨む構えであり，「要領」なのだ。

(2) 時間配分の実戦感覚

90分間かけて，結果として1,200字程度の論作文を仕上げればよいわけだから，次は時間の配分をどうするか。開始のベルが鳴る（ブザーかも知れない）。テーマが示される。いわゆる「課題」である。さて，なにを，どう書くか。この「なにを」が着想であり，「どう書くか」が構想だ。

① まず「着想」に5分間

課題が明示されているのだから，「なにを」は決まっているように思われるかもしれないが，そんなことはない。たとえば「夢」という課題であったとして，昨日みた夢，こわかった夢，なぜか印象に残っている夢，将来の夢，仕事の夢，夢のある人生とは，夢のある社会とは，夢のない現代の若者について……などなど，書くことは多種多様にある。あるいは「夢想流剣法の真髄」といったものだってよいのだ。まず，この「なにを」を10分以内に決める。文章を書く，または論作文するときは，本来はこの「なにを」が重要なのであって，自分の知識や経験，感性を凝縮して，長い時間をかけて決めるのが理想なのだが，なにしろ制限時間があるので，やむをえず5分以内に決める。

② 次は「構想」に10分間

「構想」というのは，話の組み立て方である。着想したものを，どうやって1,200字程度の字数のなかに，うまく展開するかを考える。このときに重要なのは，材料の点検だ。

たとえば着想の段階で，「現代の若者は夢がないといわれるが，実際には夢はもっているのであって，その夢が実現不可能な空想的な夢ではなく，より現実的になっているだけだ。大きな夢に向かって猛進するのも人生だが，小さな夢を一つ一つ育んでいくのも意義ある人生だと思う」というようなことを書こうと決めたとして，ただダラダラと書いていったのでは，印象深い説得力のある論作文にはならない。したがってエピソードだとか，著名人の言葉とか，読んだ本の感想……といった材料が必要なわけだが，これの有無，その配置を点検するわけである。しかも，その材料の質・量によって，話のもっていきかた（論作文の構成法）も違ってくる。これを10分以内に決める。

実際には，着想に10分，構想に10分と明瞭に区別されるわけではなく，「なにを」は瞬間的に決まることがあるし，「なにを」と「どう書くか」を同時に考えることもある。ともあれ，着想と構想をあわせて，なにがなんでも20分以内に決めなければならないのである。

③ 「執筆」時間は60分間

これは前述したとおり。ただ書くだけの物理的時間が約15～20分間かかるのだから，言葉を選び表現を考えながらでは60分間は実際に短かすぎるが，試験なのでやむをえない。

まずテーマを書く。氏名を書く。そして，いよいよ第1行の書き出しにかかる。「夢，私はこの言葉が好きだ。夢をみることは，神さまが人間だけに与えた特権だと思う……」「よく，最近の若者には夢がない，という声を聞く。たしかに，その一面はある。つい先日も，こんなことがあった……」「私の家の近所に，夢想流を継承する剣道の小さな道場がある。白髪で小柄な80歳に近い老人が道場主だ……」などと，着想したことを具体的に文章にしていくわけである。

人によっては，着想が決まると，このようにまず第1行を書き，ここで一息ついて後の構想を立てることもある。つまり，書き出しの文句を書きこむと，後の構想が立てやすくなるというわけである。これも一つの方法である。しかし，これは，よっぽど書きなれていないと危険をともなう。後の構想がまとまらないと何度も書き出しを書き直さなければならないからだ。したがって，論作文試験の場合は，やはり着想→構想→執筆と進んだほうが無難だろう。

④ 「点検」時間は10分間で

論作文を書き終わる。当然，点検をしなければならない。誤字・脱字はもとより，送り仮名や語句の使い方，表現の妥当性も見直さなければならない。この作業を一般には「推敲」と呼ぶ。推敲は，文章を仕上げる上で欠かせない作業である。本来なら，この推敲には十分な時間をかけなければならない。文章は推敲すればするほど練りあがるし，また，文章の上達に欠かせないものである。

しかし，論作文試験においては，この時間が10分間しかない。前述したように，1,200字の文章は，ニュースのアナウンサーが読みあげるスピードで読んでも，読むだけで約3分はかかる。だとすれば，手直しする時間は7分。ほとんどないに等しいわけだ。せいぜい誤字・脱字の点検しかできないだろう。論作文試験の時間配分では，このことをしっかり頭に入れておかなければならない。要するに論作文試験では，きわめて実戦的な「要領の良さ」が必要であり，準備・対策として，これを身につけておかなければならないということなのだ。

実施課題例の分析

令和５年度

▼1回目・論文（90分・800字以上1200字程度）

消防職員の使命についてあなたの考えとその達成に向けてあなたができることを述べよ。

《執筆の方針》

都民の安心・安全な生活を守るという，消防組織が果たすべき役割を考え，消防職員としての使命について論じる。また，その達成のためには，日々の心がけや取組はどのようにあるべきかについても論述する。

《課題の分析》

まず，一消防士に求められる意識に触れておきたい。実際に消火活動，救助活動を円滑に行うには，日常的な訓練により体力・技術を磨いておくことが重要である。「自分に対する厳しさ」も心がけとして期待される。通報を受ければ，休憩中でも訓練中でも現場に急行し，即時，消火活動や人命救助活動に当たる。危険と隣り合わせの状況にあっても実力が発揮できる能力は，消防士としての心がけにかかっている。

防災・減災の意識をもち，日頃から東京都民として自然災害に対する危機感を共有し，防災訓練や防災体制づくりに努力することも大切である。また，消防として都民に対する啓発活動を行うことも必要である。防災・減災の備えには，「自助」「共助」「公助」の推進が不可欠であるが，特に地域防災を支える自主防災組織等の育成や支援が課題と言える。取組の一例としては，「防災まちづくり大賞」の募集なども一法である。これは，防災に関する優れた取組，工夫・アイデアなど，防災・減災や住宅防火に関する視点からの効果的取組を表彰するものである。

《作成のポイント》

序論では，防災・減災の備えを日常生活に取り入れ，あらゆる危機に対応するという消防の役割について認識を示す。消防職員として働く意味は，都民の生命・財産・安全を守り社会に貢献し，自身の使命感を全うできることであろう。

本論では，消防職員の使命達成のための取組について，2～3本程度の柱を立てて述べる。例えば，消防組織としての体制づくりと具体的取組についての柱，あるいは，消防職員としての日頃の意識と姿勢などについての柱などが考えられる。前者では，学校や地域と連携した防災訓練，組織づくりに触れるのもよいだろう。後者では，一消防士としての意識について述べるとよい。災害現場における高度な作業能率を発揮するためには，日頃の訓練とチーム力が大切である。

結論では，都民のために人命救助の最前線で誇りをもって働きたいという抱負を述べよう。このテーマでは，序論3割，本論5割，結論2割程度を目安としたい。

▼2回目・論文（90分・800字以上1200字程度）

東京消防庁の職員に求められる倫理観や規律の順守が求められる理由についてあなたの考えを述べよ。

《執筆の方針》

都民から信頼される消防職員として業務を遂行していくためにも，倫理観や規律遵守の精神は不可欠である。その理由について考え，論述する。消防職員の資質の一つとして倫理観をとらえた上で述べよう。

《課題の分析》

現場の最前線で生命・身体・財産を守る組織の一員として求められる資質に触れながら，これまでの経験なども踏まえて述べるとよい。消防職員に求められる資質として，困難に負けない粘り強さ，忍耐力，ストレス耐性，人命を救うための勇気と使命感，職務への誇り等が考えられる。実際に消火活動，救助活動を円滑に行うには，日常的な訓練により，体力・技術を磨いておくことが重要である。従って「自分に対する厳しさ」も心がけとして期待される。

消防職員によるパワーハラスメントや飲酒運転などの不祥事も話題にあがる昨今，信頼される消防職員像の要素として，倫理観や規律遵守の姿勢が挙げられる。消防の仕事は厳しく，常に危険と隣り合わせであり，体力，技能，精神力が必要である。通報を受ければ即時，消火活動や人命救助活動に当たらなければならない。冷静で的確な判断力は不可欠であるが，そうした活動を円滑に行うためにも，心の基盤として倫理観は重要である。

《作成のポイント》

全体を三部構成とする。序論では，都民に期待される消防職員の役割について端的に要領よく述べよう。そのように考える理由についても触れる。信頼される消防職員像について自身の考えをまとめた上で，倫理観や規律遵守を損なうことの危険性について認識を示す。

本論では，倫理観や規律遵守の姿勢を損なった事例，不祥事について述べる。また，そのようなことにならないための，研修をはじめとした取組を述べる。都の消防職員として，どのような心掛けと自己研鑽が必要と考えるかについても論述しよう。受け売りではなく，自分自身の言葉で述べたい。過酷な訓練にも真摯に取り組む姿勢，消火・救助に関する知識技能の獲得，学び続ける意欲，ストレス耐性と望ましいストレス解消法をもつこと，協調性など，必要とされる資質は多いが，それらの基盤としての倫理観の重要性について述べるとよい。

結論では，都民から信頼される消防職員として誇りをもって働きたいといった抱負を述べて結びとする。全文を書き終えてからの修正は困難なので，一文一文を丁寧に書き進めよう。このテーマでは，序論3割，本論5割，結論2割程度を目安としたい。

令和4年度

▼1回目・論文（90分・800字以上1200字程度）

都民から信頼される消防官となるためにあなたが実践することを具体的に述べよ。

《執筆の方針》

まず，消防の仕事に関する都民満足度とは何か認識を示した上で，信頼される消防職員像について自身の考えをまとめる。その上で，都民から信頼されるために，消防官として実践すべきことを具体的に述べる。

《課題の分析》

都民に期待され，信頼される理想の消防職員像を明確にもっておくことが求められる。消防職員の仕事は厳しく，常に危険と隣り合わせであり，体力，技能，精神力が必要である。通報を受ければ即時，消火活動や人命救助活動に当たらなければならない。酸素ボンベを付けると20キロ以上になる装備をまとって，高温の建物内で活動することもある。消防職員には，冷静で的確な判断力が不可欠であると言える。しかし，それにも増して大切なのは，都民の生命・財産を守りたいという使命感であろう。また，都民から頼りにされる消防職員として「訓練」は欠かせない。自身の長所についても「粘り強さ」「忍耐力」「体力」など，消防職員としての適性に関わりの深いものを列挙できるようにしておこう。

《作成のポイント》

全体を三部構成とする。序論では，都民に期待される消防職員の役割について端的に述べる。なぜそのように考えたか理由についても触れるようにしよう。自身の志望動機に触れてもよい。

本論では，そのような役割を果たしていくために，都の消防官としてどのような心掛けと自己研鑽が必要と考えるか論述する。たとえば，過酷な訓練にも真摯に取り組む姿勢，消火・救助に関する知識技能の獲得，学び続ける意欲，ストレス耐性と望ましいストレス解消法をもつこと，協調性など，自身の強みと関連付けて自分自身の言葉で述べたい。

結論では，厳しい現場であろうとも都民のために，人命救助の最前線で誇りをもって働きたいといった抱負を述べて結びとする。全文を書き終えてからの修正は困難なので，一文一文を丁寧に書き進めよう。このテーマでは，序論3割，本論5割，結論2割程度を目安としたい。

▼2回目・論文（90分・800字以上1200字程度）

今後の社会情勢をふまえ質の高い行政サービスを提供するために，消防官としてあなたが取り組むことを述べよ。

《執筆の方針》

住民の安心・安全な生活を守るため，消防職員として取り組むべきことについて論述する。社会情勢を勘案した分析と，これまでの経験を踏まえた職業観が問われていることを意識して述べるようにすること。

《課題の分析》

地球規模の気候変動に加えて，少子高齢化社会と労働力不足，デジタル技術を用いた防災システムの必要性，一向に収まらないコロナ感染症と圧迫される医療現場といった諸々の情勢を踏まえておく必要がある。これらは，全て消防の現場に影響を与える要因となる。

消防職員に求められる要素としては，困難に負けない粘り強さ，忍耐力，ストレス耐性，人命を救うための勇気と使命感，自身も含めた命の大切さへの想い，人命救助に対する誇り等が考えられる。実際に消火活動，救助活動を円滑に行うには，日常的な訓練により，体力・技術を磨いておくことが重要である。従って，「自分に対する厳しさ」も心がけとして期待されていることを意識しておくこと。

《作成のポイント》

全体を三部構成とする。序論では，社会情勢の現状分析と今後の予想について述べ，消防職として質の高い行政サービスとは何かについて認識を示したい。その際消防職員として働く意味は，住民の生命財産・安全を守り社会に貢献し，使命を全うすることであることを念頭にして論述をすること。

本論では，消防官として質の高い行政サービスとは何かを考え，そのための取組，具体的方策について論述する。同じ作業でも迅速・正確に行えるか否かが成否を左右することもある。通報を受ければ，休憩中でも訓練中でも現場に急行し，即時，消火活動や人命救助活動に当たらなければならない。危険と隣り合わせの状況にあっても実力が発揮できるか否かは，日頃の訓練にかかっている。重い装備を背負って42キロの道を一晩中歩く場合もある。教官からは「君たちが背負っているものは20キロの荷物ではなく，人の命である」という言葉がかけられることもあろう。災害現場での高度な作業能率を発揮するためには，厳しい訓練に加えてチーム力が大切であり，体力，技能，精神力が必要である。字数制限として1200字程度が許される場合，本論の柱は3本程度が妥当であろう。

結論では，都民のために人命救助の最前線で誇りをもって働きたいという抱負を述べる。このテーマでは，序論3割，本論6割，結論1割程度を目安としたい。800字以上とあるが，極力，制限字数一杯まで主張したい。

令和３年度

▼論文（90分・800字以上1200字程度）

デジタルトランスフォーメーション（DX）の実現が人間社会にどのような影響を与えるのか，あなたの考えを具体的に述べなさい。

《執筆の方針・課題の分析》

DX（デジタル・トランスフォーメーション）とは，総務省の公開する各種資料において，「ICT（情報通信機器）の浸透が人々の生活をあらゆる面でより良い方向に変化させること」とされている。コロナ禍において，オンラインや在宅で，対面・集合をしなくても学びや仕事ができる，クラウド上に保存されたデータを必要なときに離れた場所でも抽出・共有できるなど，学習や業務の効率化が可能になったことを，実感したと思う。こうした実感をもとに，消防業務におけるDX実現のメリットを考えながら，令和3年度の「総務省消防白書」を見ていきたい。ここでは，「消防防災分野におけるDXの推進」（特集5）が組まれており，以下の内容が書かれている。火災予防分野において電子申請等の導入を促進，集合型・対面型により実施されていた危険物取扱者保安講習をオンライン化，先進技術を石油コンビナートの災害対応に活用するために必要な法令改正等につなげ，さらなる防災管理体制の高効率化の促進，様々な通報手段を一元的に受信可能とすることによる住民の利便性向上等。今回は，時事的な要素の大きい問題で，社会・経済の動向を見ながら消防白書を参照することが有効であると言える。

《作成のポイント》

字数は800字以上1200字程度とあるので，最低でも1000字を超え，かつ，1200字前後に届く構成にするのが好ましい。また，答案用紙の形式は不明であるが，必ず段落分けをし，適宜，小見出しを付けたり，項目建てをする。

答案の方向性は，人間社会にどのような影響を与えるかという指示があるので，DX活用の消防業務や地域住民のメリット（余裕があればデメリットに触れてもよい）を考えるとよい。たとえば，受験者の多くが思いつきやすいと考えられる，様々な通報手段を一元的に受信可能とすることによる住民の利便性向上について書くとしよう。緊急通報があった場合，住民が居住する自治体のアプリの登録情報を共有できるため，住民の居住地の災害リスク，個人の日常的な健康状態などの情報をもとに，効率的な出動ができ，救助や救命率を高める可能性がある。一方で，個人情報の漏洩リスクも高まることから，消防職員の情報スキルの向上が必要になる。以上の方向でまとめるとよい。

令和２年度

▼1回目・論文

下の資料から傾向を読み取り，行政機関が発信する情報を都民に広く周知するための効果的な方法を考え，具体的に述べなさい。

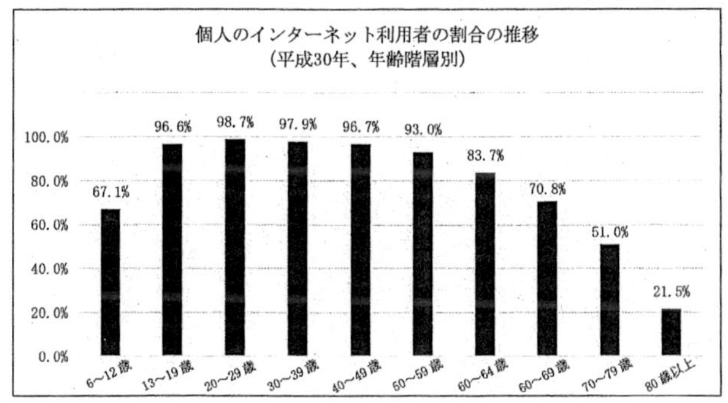

インターネットの利用目的・用途（上位5項目）（平成30年、年齢階層別）

	1位	2位	3位	4位	5位
6〜12歳	動画投稿・共有サイトの利用	オンラインゲームの利用	ホームページやブログの閲覧、書き込み又は開設・更新	無料通話アプリやボイスチャットの利用（Skype、LINEなど）	ソーシャルネットワーキングサービスの利用
13〜19歳	動画投稿・共有サイトの利用	無料通話アプリやボイスチャットの利用（Skype、LINEなど）	ソーシャルネットワーキングサービスの利用	電子メールの送受信	オンラインゲームの利用
20〜29歳	電子メールの送受信	無料通話アプリやボイスチャットの利用（Skype、LINEなど）	動画投稿・共有サイトの利用	ソーシャルネットワーキングサービスの利用	地図・交通情報の提供サービス（無料のもの）
30〜39歳	電子メールの送受信	天気予報の利用（無料のもの）	地図・交通情報の提供サービス（無料のもの）	無料通話アプリやボイスチャットの利用（Skype、LINEなど）	ソーシャルネットワーキングサービスの利用
40〜49歳	電子メールの送受信	天気予報の利用（無料のもの）	地図・交通情報の提供サービス（無料のもの）	ニュースサイトの利用	ソーシャルネットワーキングサービスの利用
50〜59歳	電子メールの送受信	天気予報の利用（無料のもの）	地図・交通情報の提供サービス（無料のもの）	ニュースサイトの利用	ホームページやブログの閲覧、書き込み又は開設・更新
60〜69歳	電子メールの送受信	天気予報の利用（無料のもの）	地図・交通情報の提供サービス（無料のもの）	ニュースサイトの利用	ホームページやブログの閲覧、書き込み又は開設・更新
70〜79歳	電子メールの送受信	地図・交通情報の提供サービス（無料のもの）	天気予報の利用（無料のもの）	ニュースサイトの利用	ホームページやブログの閲覧、書き込み又は開設・更新
80歳以上	電子メールの送受信	地図・交通情報の提供サービス（無料のもの）	天気予報の利用（無料のもの）	ニュースサイトの利用	ホームページやブログの閲覧、書き込み又は開設・更新

出典：総務省　平成30年通信利用動向調査報告書（世帯編）

《執筆の方針》

資料から読み取れる傾向にもとづき，行政機関が発信する情報を都民に広く周知するための効果的な方法について，具体的に論述する。

《課題の分析》

上段の資料から読み取れることは，個人のインターネット利用者の割合では，13歳〜49歳までは95％を超えているのに対し，50歳代から利用者の割合が低下し始め，70歳代では約5割，80歳以上では2割という結果が出ていることである。ここから，行政機関が発信する情報の周知の仕方として，若者や働き盛りの世代に対してはインターネットが効果的であり，年金生活者世代に対してはインターネット以外の手段も同時に必要であることがいえる。

同様に下段の「インターネットの利用目的・用途」に関する資料からは，上位5項目について，20歳代以上はいずれも1位が電子メールの送受信，また30歳代以上が「天気予報」「地図・交通情報」「ニュースサイト」の利用が上位を占めていることがわかる。これに対して10歳代と20歳代では，動画サイト，無料通話やSNSなどの利用がいずれも上位を占めていることが見てとれる。ここから，同じく行政機関による情報発信の仕方として，20歳代以下に対しては同じインターネット経由でも，ホームページなどの実用目的サイトではなく，SNSや動画サイト，スマートフォンの無料アプリといったツールを通じて発信するのが効果的であると考えられる。

こうした資料から読み取れる傾向にもとづき，それぞれの世代では，どのような内容の行政情報を，どのような種類のツールを用いて発信することが効果的であるのかを整理して具体例を挙げて論述するとよい。

《作成のポイント》

文章を前・後半の2部構成とし，前半で資料から読み取れることの内容について分析結果を述べ，後半でそれにもとづき，設問で指定されている「行政機関が発信する情報を都民に広く周知するための効果的な方法」について具体論を展開する。

消防官採用試験であることから，本問ではたとえば地域の「防災情報」を都民に対して発信する状況を想定して記述するとよい。高齢者世代に対しては携帯電話の緊急連絡システムや都の防災情報ウェブサイト，広報誌や回覧板などを中心に発信する。一方で20歳代以下の都民に対しては，SNSや動画サイト，無料通話アプリなどを利用して発信することを想定した記述を展開する。ただしその際に，広報誌やウェブサイトならどういうレイアウトにするか，どのような写真や図画を掲載するか，どういう内容の情報を優先的に取り上げるか，あるいは若い世代に向けての動画コンテンツの制作であれば，どういう映像を取り入れ，どういう構成のコンテンツにするか，といった具体例を示すことが，説得力アップのためのポイントである。

▼2回目・論文

社会人として必要なものを3つ挙げ，それを身に付けるためにあなたが今後どう取り組んでいくのか具体的に述べよ。

《執筆の方針》

社会人として必要と考える内容を3つ列挙し，消防官としてそれを身に付けるために自身が今後取り組むべき点について具体的に論述する。

《課題の分析》

消防官採用試験であることを意識すれば，本問についても「消防官」となるために必要な社会人としての資質や能力を問うていると考えて差し支えない。またそれを消防官の業務において身につけるために，今後いつどこで，どのような形で取り組むのかを具体的に明確にしたうえで論述する必要がある。

消防官としての任務は，「消火活動」「救助活動」「救急活動」に大別されるが，それ以外にも「防災啓発活動」や「予防業務」「火災調査」なども存在する。このうち「予防業務」とは「建物の安全性のチェックや，スプリンクラーや消火器など消防設備の審査・検査・指導」を行う仕事である。前者の「消火・救助・救急」活動については，命がけの仕事でもあるため，任務を全うする強い責任感と正義感，チームワーク，状況を把握する冷静な判断力とスピーディーな対応能力，強い精神力や忍耐力，高い身体能力といった資質が求められる。とりわけ「交通事故」等における救急隊の救助活動は，人々を過酷な状況から救出する最善の方法を的確に見い出す「状況判断力」や「観察力」が求められる。同時にこれらは同時に社会人として必要と考えられる資質や能力とも共通するうえ，勤務部署に配属された消防官は，厳しく過酷なトレーニングや現場経験を経て，こうした資質や能力を培っていくため，こうした消防官の基本活動への取組を念頭に置いて論述していくとよい。

《作成のポイント》

消防官としての基本活動以外の任務も取組の対象とすることができる。たとえば社会人としての必要な資質や能力として「人の信用を得ること」「さまざまな職業層の人々とのコミュニケーション能力」「自身の行動に注意を怠らない姿勢」といった内容を挙げるのであれば，先述の「防災啓発活動」や「予防業務」「火災調査」などと関連づけて論述を展開することも可能である。

いずれの場合でも，文章においては5W1Hを明確にし，自身が消防官という仕事の現場で，どのような社会人としての資質や能力を，どのようなプロセスで身につけようと考えているのかを，具体的に順を追って論述展開していくことが必要である。

令和元年度

▼1回目・論文

資料「救急車を呼んだ理由」から読み取れる課題と対応策について，あなたの考えを具体的に述べなさい。

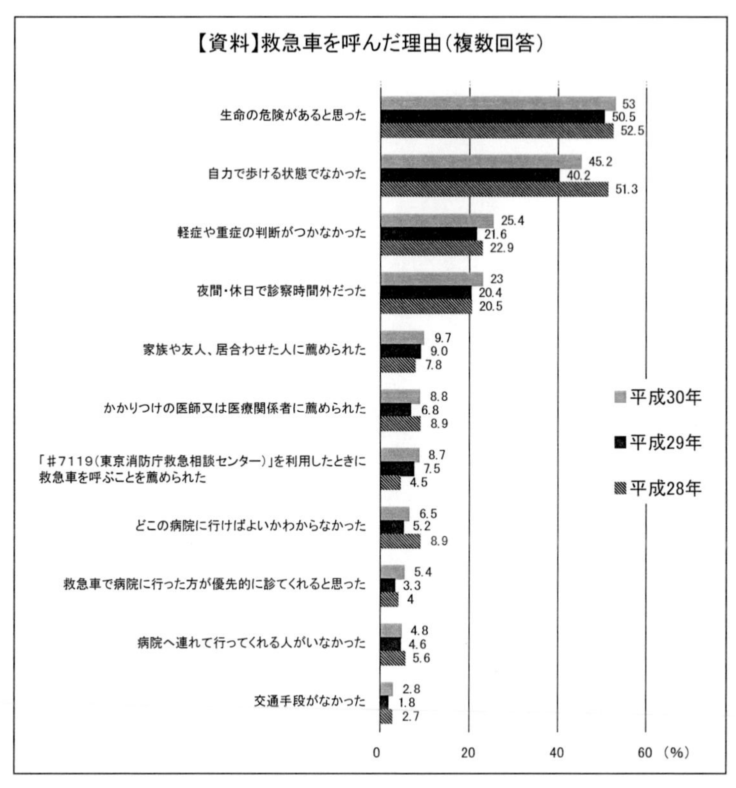

出典：東京消防庁　平成30年「消防に関する世論調査」より抜粋

《執筆の方針》

資料から読み取れることを説明し，それを踏まえて，見えてくる課題と対応策について，具体的に説明する。

《課題の分析》

救急車を呼ぶ理由は，急病，負傷，転院，事故などである。急病や負傷では生命の危険があると感じたという理由が多い半面，移動手段がなかったという理由もあった。また，救急車を呼び運ばれた人の約6割が65歳以上の高齢者であったこと，搬送された後，病院で軽症と診断される人が約5割という現状もある。ここから見えてくるのは，救急車を呼ぶかどうかを冷静かつ適切に見極める機会がないままに，出動を要請する人が少なくないこと，東京消防庁救急相談センターでの見極めについて十分な情報が都民に行き渡っていないことなどがある。背景には，高齢者の人口増大，自宅内での高齢者の発症が増えているという状況がある。こうした状況について，受験者がどれだけ把握しているのかを試す意図があったと思われる。
《作成のポイント》

論文形式であるので，序論・本論・結論の構成を意識し，小見出しを付けるとか，項目建てをしていくという工夫もよいだろう。序論では，資料から読み取れる救急車の出動要請理由，利用の多い人々の特徴などを説明する。本論では，例えば，高齢化の進行と関連付けて述べる。高齢者の場合，自宅で発症するケースが多く，傍に客観的に状況を把握できる他者がいないために救急車の要請につながりやすいこと，救急相談センターの情報を知らないことなどを説明する。結論では，緊急性の有無を見極める機会を持つこと，そうした機会があるのを情報として確実に都民に周知することの重要性を述べるとよい。

▼2回目・論文

資料「主な出火原因別火災件数」から読み取れる課題と対応策について，あなたの考えを具体的に述べなさい。

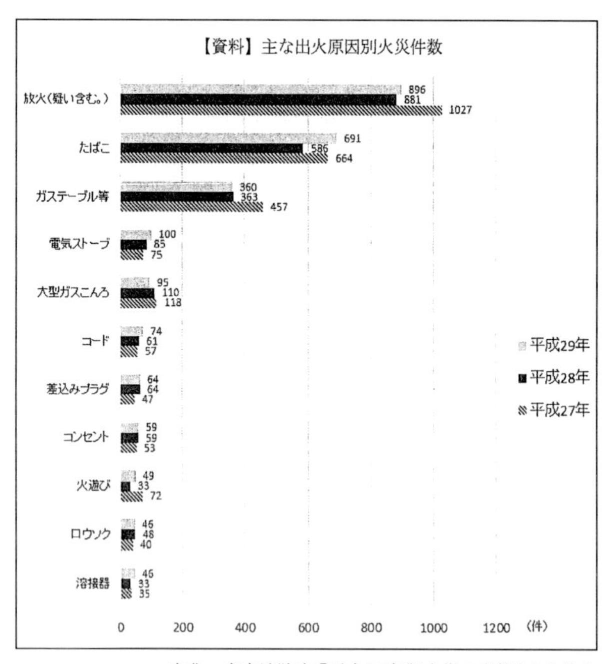

出典：東京消防庁「平成30年版火災の実態」より抜粋

《執筆の方針》

資料から読み取れることを説明し，それを踏まえて，見えてくる課題と対応策について，具体的に説明する。

《課題の分析》

総務省消防庁発行の「消防白書」を踏まえた内容である。出火の三大原因となっているのが，放火，たばこの不始末，コンロなどの消し忘れとなっている。近年，都内では，独居高齢者や高齢者のみで構成される世帯が増えている。高齢者ほど認知能力や体力の低下になりやすい。このため，放火に遭わないように防犯カメラを付けたり燃えやすいものを人目につきやすい場所から退けたりする対応が遅れがち，長年の喫煙習慣からタバコの火に関する管理意識の低下，ヒーターのスイッチを消さずに灯油を補充してしまうなどの取り扱い上の誤解などが生じている。放火対策は，警察や自治体，住民組織との連携が求められるし，たばこやコンロなどからの失火は，高齢者のみでなく全世代に対しての普及啓発も求められている。こうした現状をどれだけ理解しているのかを試す意図が感じられる設問である。

《作成のポイント》

論文形式であるので，序論・本論・結論の構成を意識し，小見出しを付けるとか，項目建てをしていくという工夫もよいだろう。序論では，資料から読み取れる出火の主な原因を説明する。本論では，複数の原因に通底することとして，高齢者の火災への対応力の弱さについて説明する。高齢者にありがちな行動特性や考え方などに関わらせて，なぜ放火や失火に繋がりやすいのか，火災を減らすための意識変革をどのように進めていくのかなどを説明していこう。結論では，消防がリーダーシップを取りながら，地域単位でのきめ細かな普及啓発，家族内の相互連携の呼びかけなどを進めていくことの重要性などを述べていこう。

平成30年度

▼1回目・論文

資料「新規学卒者就職率と3年以内離職率【大学】，【高校】」から読み取れる課題を2つあげ，それぞれの対応策についてあなたの考えを具体的に述べなさい。

資料「新規学卒者就職率と3年以内離職率【大学】,【高校】」

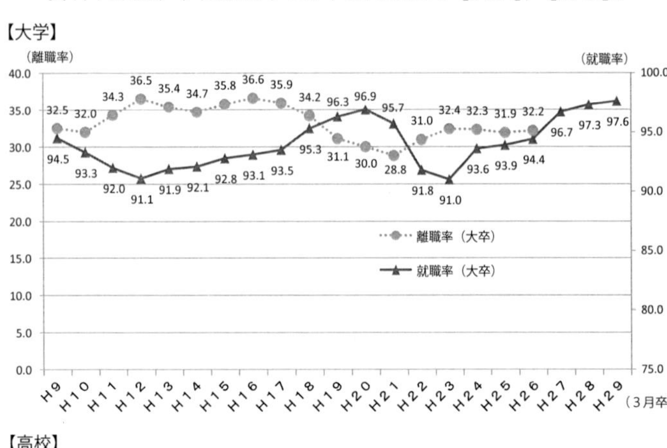

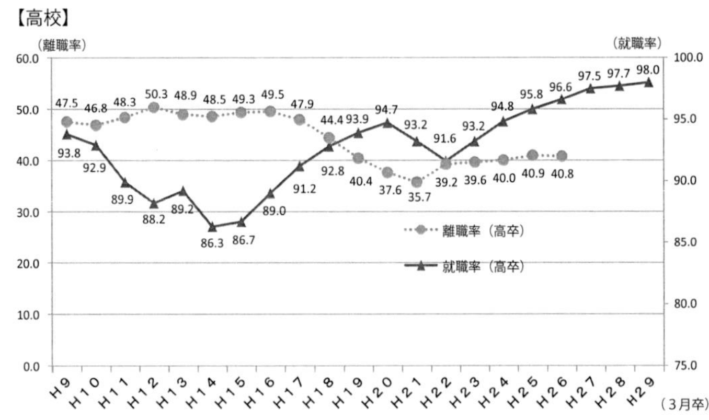

出典：厚生労働省「新規学卒就職者の離職状況調査（平成26年3月卒業者の状況）」より抜粋

《執筆の方針》

資料にある，大学と高校それぞれにおける新規学卒者の就職率と卒業後3年以内の離職率の年次推移グラフから読み取れる課題を2つ指摘し，それぞれの対応策について自身の見解を論じる。

《課題の分析》

資料の読み方であるが，折れ線グラフの場合は，年次推移における増減の変化の特徴と，突出して数値が高い／低いポイント，さらに複数のグラフ相互の数値や増減変化の相違や関係性を比較してその特徴を読み取り，記述することが必要である。

資料の【大学】のグラフでは，どの年次も就職率と離職率とが逆相関関係を示している。すなわち就職率が低い年では離職率が高く，就職率が低くなればなるほど離職率が高くなり，その正反対もあてはまる傾向を示している。

一方で資料の【高校】のグラフでは，H9年からH18年までは就職率がかなり低く落ち込んだ年でも離職率は一貫して50％と高止まりでそれほど変化はみられないが，H18年からH23年までは両者の関係は逆転し，大卒者の場合と同様，逆相関関係を示すように変化している。さらにH23年以降は，就職率が一貫して上昇しているのに対し，離職率は横ばい傾向を示している。

以上のグラフの傾向から読み取れるのは，大卒者の場合，就職率が高いと就職志望先の選択肢が広がり，それだけ自身が希望する会社に就職しやすいため，離職率が低い結果に至るという論理（その正反対も同様）である。したがって設問の課題のひとつは，景気の変動など就職率の高さが離職率の高さに影響を与えている傾向にあるという点になる。

他方で高卒者の場合は，大卒者の場合と同様，就職率の上昇に伴い希望先の選択肢が広がる結果，離職率が下がる傾向は同じであるが，離職率はある程度の割合で一定し，それ以上は就職率の変化の影響を受けなくなるという傾向がみられる。ただし，高卒者の離職率は最近の数年間ずっと40％台にとどまっており，大卒者の離職率も30％ラインでとどまっている。いわば2～3人に1人が3年以内に離職している計算になる。

以上から総じて，新規高卒就職者の約4割，新規大卒就職者の約3割が，就職後3年以内に離職しており，とりわけ高卒者は大卒者よりも就職先への定着度が相当度少ないことが，グラフから読み取れるもうひとつの課題として指摘できる。

《作成のポイント》

全体を2部に分け，前半では資料のグラフから読み取れる特徴と課題を分析し論述する。後半では，それぞれの課題に対する自身の考える対応策を論じる。

設問の資料から読み取れる課題とは「大卒，高卒とも3年以内の離職者の割合が多く，最近の数年間は変化がみられないこと」であり，後半ではそれに対する対応策を述べる必要がある。最近の厚生労働省の調査によれば，業種別ではサービス業に属する企業の離職率が高くなっており，特に「宿泊業・飲食業」「生活関連サービス・娯楽業」「教育・学習支援業」に関しては40％以上と非常に高い離職率となっている結果が示されている。これらの業種では，いずれも①福利厚生が充実しておらず，仕事の分量や長い残業時間に対する労働対価が少なく，②ストレスがたまりやすい職場であること，さらに③業績達成目標が高く厳しいノルマが求められるといった共通点が示されている。

こうした早期離職の主な理由は，入社前に抱いていた職業ないし会社に対するイメージと，入社後の現実とのギャップが大きい可能性が高い。とりわけ高卒者の早期離職が高止まりする背景にあるのは，高校生の就職活動では，大学生の就職活動のルールとは異なり，学校から「一人一社」で斡旋を受けて就職を行う「学校斡旋」が主流であるため，大学生のように応募する企業をいくつも選ぶことができないため，求職者と求人者とのミスマッチがより起きやすいことである。

そこで早期離職を防止するためには，たとえば選考段階で「応募者の希望条件や価値観」を再確認し「配属先の業務や社員との相性」のマッチングを確かめることが重要であるといえる。とりわけ高卒者に対しては，企業がフォローアップ研修制度などを導入し，新入社員を育成する独自のプログラムを実施するといった試みで一程度成果を上げている企業も存在している。こうした事例も含めて，自身の考える対応策を具体的に展開することが望ましい。

▼2回目・論文

資料「最近1年間で防火防災訓練に参加したことがない最も大きな理由」から読み取れる課題を2つあげ，その対応策についてあなたの考えを具体的に述べなさい。

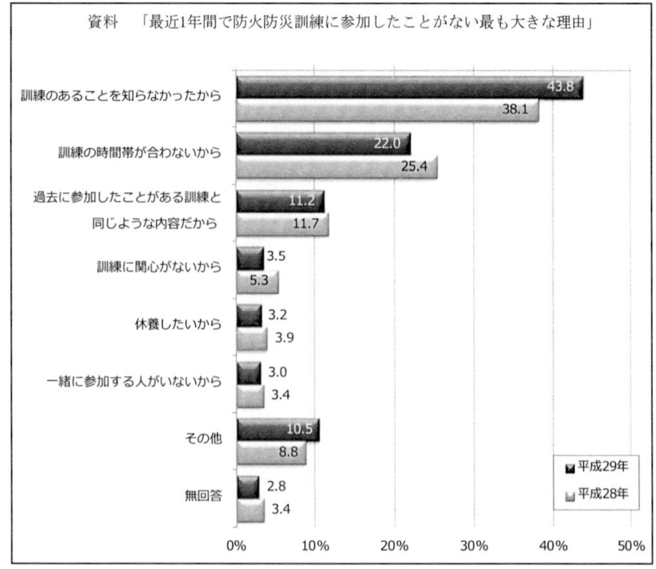

出典：東京消防庁「消防に関する世論調査（平成29年）」より抜粋

《執筆の方針》

資料を踏まえ，最近1年間で防火防災訓練に参加したことがない最も大きな理由から読み取れる課題を2点挙げるとともに，それぞれの対応策として自身の考えを論述する。

《課題の分析》

資料からは，「最近1年間で防火防災訓練に参加したことがない最も大きな理由」として，「訓練のあることを知らなかった」「訓練の時間帯が合わない」の2つの回答が圧倒的に多いことがわかる。そこで地域行政による防火防災訓練の住民への周知不足と，住民が参加できる時間帯についての把握不足，情報収集不足といった課題が読み取れる。

さらに資料では「過去に参加したことがある訓練と同じような内容だから」という回答も10％を超えていることから，訓練の内容が実戦を想定せず形式的なものになっている，緊張感を欠きマンネリ化しているといった課題が推測可能である。

たとえば東京都の場合，防火防災訓練の日程・場所等については，消防署のホームページや東京消防庁公式アプリで確認できる。しかし，常にネット接続環境にはない住民も大勢存在することから，地域の広報や回覧板，学校PTAや自治会などでも情報周知させるように対応する，時間帯についても同一内容の訓練を週末や平日の昼間など複数設定し，都合のよい時間帯を選択してもらえるようにする，といった対応策が示せるだろう。

さらに，防火防災訓練の内容を刷新する，実戦形式で斬新なものにする具体的なアイデアがあれば，それを披歴・引用することも対応策として論述可能である。

《作成のポイント》

設問のとおり，まず資料から読み取れる課題を2点示し，それぞれの対応策として自身の考えを展開していく。防火防災訓練の内容に関する具体的なアイデアとしては，消防庁のホームページなどで現在実施されている訓練内容を知り，分析しておく必要がある。

たとえば東京消防庁では，VR防災体験車，まちかど防災訓練車，起震車などを訓練会場に出動させ，より臨場感のある訓練体験をしてもらうように工夫している。ただ防火防災はそれだけではなく，たとえば日常生活において火災を起こさないような点検の仕方，警報器や消火器など家庭での防災設備の使い方，救急手当の仕方，予防通報の仕方といった基本的な実地講習に当たるものを，地域単位で定期的に実施したり，学校行事やイベント会場で開催するなどといった取組を挙げることも可能だろう。

平成29年度

▼1回目・論文

資料「家具類の転倒・落下・移動防止対策を実施していない（一部にのみ実施している人は，実施していない部分について）理由」から読み取れる問題点を2つあげ，それぞれの対応策についてあなたの考えを具体的に述べなさい。

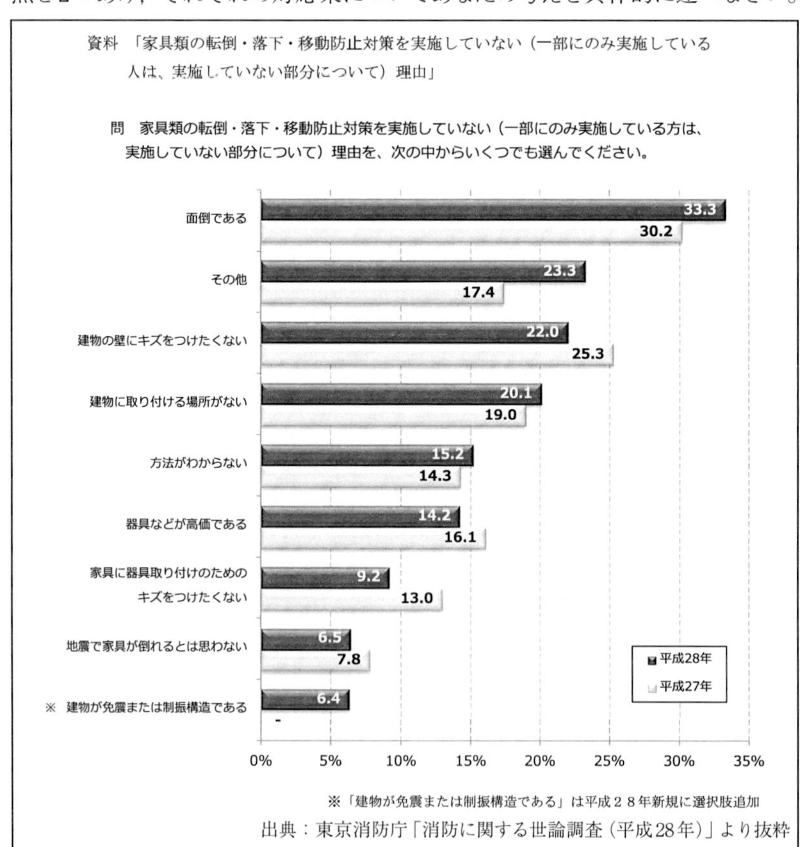

出典：東京消防庁「消防に関する世論調査（平成28年）」より抜粋

《執筆の方針》

資料を参考に，地震などの防災対策として「家具類の転倒・落下・移動防止対策」を行わないことの問題点を2点挙げるとともに，それぞれの対応策について自身の見解を論述する。

《課題の分析》

資料からは，家具類の転倒・落下・移動防止対策を実施していない理由として，「面倒である」「建物の壁に傷を付けたくない」「建物に取り付ける場所がない」という回答が多く，いずれも20%を超えていることがわかる。こうした理由については，取り付け方や取り付ける器具の種類によってカバーできる問題であることから，地震などの災害による被害を想定できておらず，楽観視しているという問題点が指摘できる。

また「対策の方法がわからない」「器具が高価である」といった回答も15%程度を占めているが，これは地域自治体がうまく周知できていないことにも原因の一端があると推測できる。すなわち自治体行政や消防庁が地域の防災対策により力を入れ，個人や家庭でできる防災対策として，家具類の転倒・落下・移動防止対策が面倒ではなく，多くの出費なくできることを，さまざまな手段で広報しきれていないことも指摘してもよいだろう。

そこで対応策としては，自治体または消防庁が主導して，所轄地域の防災対策の一環として，家具類の転倒・落下・移動防止対策を講じることがいかに人々の命を救うことにつながるかを，実際に遭った具体的ケースを用いて周知すること，さらにそれは面倒でも高価でもなく，意外と簡単に可能であることを，具体的な器具の取り付け方も含めて防災指導を実施したり，広報媒体により周知させるといった取り組みが検討できる。

《作成のポイント》

前半を資料から読み取れる問題点を2点挙げ，後半でそれぞれについて自身が有効と考える対処策を挙げるとよい。対処策のひとつとして，震災時の家具類の転倒・落下・移動の危険性の大きさ，対策の必要性を周知させることが重要である。

たとえば東京消防庁が実施した近年の地震被害調査では，負傷者の3～5割の方々が，屋内における家具類の転倒・落下・移動によって負傷していたというデータが報告されている。さらにストーブや水槽ヒーターなど，熱を発する器具に家具類が落下・転倒等をした場合に火災発生の原因になること，出入口付近に設置されている家具は，地震により落下や店頭した場合に扉を塞ぎ，逃げ口を塞いでしまう可能性のあること，といった事項を周知させることが有意義であろう。

また家具類の転倒・落下・移動防止のための具体的な方法としては，屋内の家具をできるだけ減らし，納戸やクローゼット，据え付け収納家具などに集中収納することで居住スペースと収納スペースを分けることや，「寝る場所」や「座る場所」にはなるべく家具を置かないようにする，ホームセンターやデパートの防災用具コーナーなどで販売しているベルトやL型金具，ポールやストッパー，ストラップで家具や電化器具を固定する，ガラスには飛散防止フィルムを貼り付けるといった方法が有効である。こうした方法は個人でも家庭で手軽にできること，固定器具も安いもので数百円から，高いもので数千円程度で購入できるといったことを，行政の防災担当者が市民にハンドブックを配布したり，広報紙，SNS，ネット動画やビデオ媒体などを通じて広く周知させることが必要である。

▼2回目・論文

資料「高齢者人口及び割合の推移（昭和25年～平成28年）」から読み取れる問題点をあげ，その対応策についてあなたの考えを述べなさい。

なお，本資料における高齢者とは，65歳以上をいう。

資料「高齢者人口及び割合の推移（昭和25年～平成28年）」

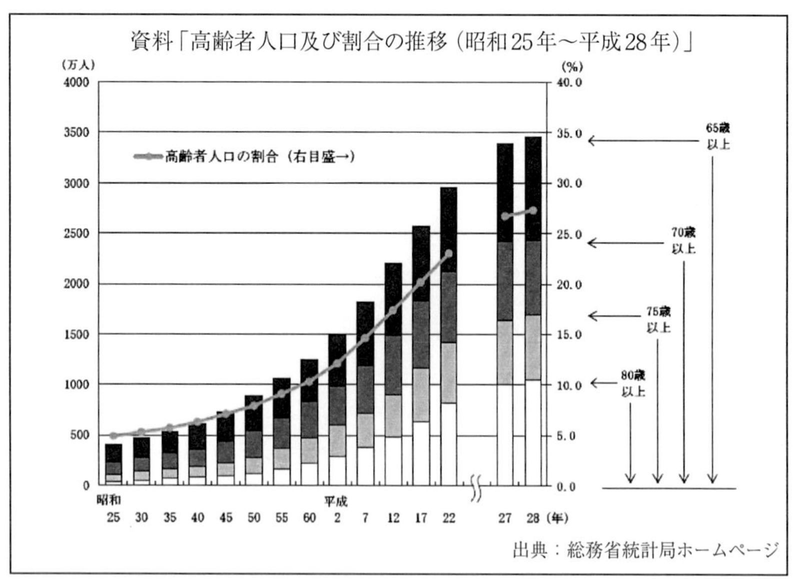

出典：総務省統計局ホームページ

《執筆の方針》

資料を通して，日本の高齢者人口および割合の年次推移から読み取れる問題点を指摘するとともに，自身が考える対応策について述べる。

《課題の分析》

資料には，昭和25年～平成28年までの約70年間にわたり，5年ごとの高齢者人口と割合が示されているが，全体的には以下の特徴を読み取ることができる。(1) 高齢者の人口も全人口に占める割合も年々増加傾向にあり，その数も割合も累進的に増加している。(2) とりわけ平成に入ってからの増加傾向が顕著であり，65歳以上の人口は，平成2年と平成28年を比較すると，2倍以上に増加している。(3) 年齢の高齢化にともない，平成以降は昭和時代には僅か数％しかなかった80歳以上の人口が急増し，平成28年には全体の1割に達している。

これらの特徴から読み取れる問題点とは，高齢者が人口全体の3割を超えるまで増えつづけており，とりわけ80歳以上の人口が急増していることである。ここから対応策として考えねばならないのは，①年金などの社会保障の財源不足への対応策，②労働者人口の割合が減ることに対する構造的な労働力不足への対応策，③高齢者が増えることに伴う年々増大する医療費への対応策，といったものである。

《作成のポイント》

全体を前・後半の2部に分け，前半では資料グラフより読み取れる特徴と問題点を分析し記述する。後半ではそれに対する，自身の考える対応策を論述する。本問への対応策についていえば，一般的な「高齢化社会」に伴う諸問題，すなわち社会保障費や労働力不足，医療費抑制といった問題の中から，ひとつ自分の書きやすいテーマを絞り込み，それについて詳しく具体例を挙げながら論述するとよい。たとえば年金の財源不足の対応策については，資産課税の導入や租税収入バランスの改変，あるいはベーシック・インカムなどの新しい制度の導入といった財政政策，また労働力不足への対応策としては定年延長による高齢者の雇用促進策やワークシェアリング，医療費対策としては訪問診療や予防医療の普及策といった施策を具体的に展開することができるだろう。

平成28年度

▼1回目・論文

先般発生した，平成28年熊本地震における災害について，あなたが問題と感じることを2つあげ，その解決方法について述べなさい。

《執筆の方針》

熊本地震の災害で問題と感じる点を2つ挙げ，その解決方法を述べる。

《課題の分析》

熊本地震では，旧耐震基準の家屋の倒壊が多く，新基準の家屋も，前震には耐えられたが本震で倒壊したものが多かったため，今後の耐震基準の見直しが求められる。また，液状化した土地が多く，道路が損壊したり電柱が倒れたりして，緊急車の通行が妨げられたり，緊急輸送に支障をきたした。今後，道路や構造物の応急復旧の確立，無電柱化の必要性が問われる。一方，高速道路の跨道橋の落下が発生したが，道路の高架橋の橋脚は耐震補強工事の成果もあった。今後，関係者が被害情報を共有する仕組みの構築や防災教育の重要性が求められる。緊急車の通行や情報の確認の共有が重要となるだろう。

《作成のポイント》

序論では，熊本地震の災害の概要を述べ，その中から問題点を2つ挙げ主題とする。消防独自の解決方法としては，救急，救助，予防，防災の観点から述べる。分析欄の問題点の対処は，他の機関との連携の必要性がある。本課題では，緊急車の輸送路確保，被害情報の共有，道路通行可否の情報の収集，防災教育等から主題を設定することが適当である。道路等の災害を減らすための維持管理等は国や自治体が中心として行うものとなる。解決方法を述べるにも，常に他の機関との連携や協力が必要となる。防災の観点からは，家屋内で家具等の転倒防止の指導・助言，構造物内での避難経路の確保の点検・指導等がある。

▼2回目・論文

《執筆の方針》

組織において，個々の有する能力を発揮するために大切なことを2つあげ，あなたがどのように実践していくのか具体的に述べなさい。

《課題の分析》

個々の有する能力を，人よりすぐれた能力とするのか人並みに有しているものでも良しとするのかで考え方は多少異なる。個々の有する能力（資格含む）を発揮するには，「与えられた場で頑張る」しかない。組織の中で自らの判断で，創意の下，個の能力を活かす場の設定は不可能に近い。まずは眼前の職務の遂行を全力で取り組むことである。そして「買って出る」という意欲的な姿勢を見せ，個の能力を発揮できる場を自ら作るしかない。個々の有する能力を発揮するにも，責任者や管理職が望ましい場の設定や方法を思案し，尚且つそれを認める人間性や環境があるか否かに関わる面がある。

《作成のポイント》

組織内で個々の有する能力を発揮するにも，自ら場の設定を行っていくのか，与えられた業務に邁進していくのかの方法となる。序論で「大切なことを2つ」明示する。自らの能力を発揮するにも，それを能力として認め受け入れられるか否かは，上司等の恣意的な面がある，悪しき風潮が日本にはあり，若者がそれに嫌悪を抱き，意欲的な行動に出たがらなくなる。それらの考えを打破する意味でも，積極的な方策を述べる。組織の規律，上司の命令に忠実に従いながらも，意欲的に物事に取り組む姿勢は肝要である。「大切なこと」を精神的な面と行動的な面で考えるのが適当である。どのように活かしたいか，という課題ではない。

平成27年度

▼1回目・論文

住民の防災への意識を高めるための現状の課題をあげ，消防職員としてどのような取組みが必要か，あなたの考えを述べなさい。

《執筆の方針》

住民の防災意識向上のための課題を挙げ，その取組み方を述べる。

《課題の分析》

近年の大災害から，防災の意識が高まったが，十分とは言えない現状がある。日が経つにつれて防災意識が薄れていく。また，「まさかこの場所では」という楽観的な気持ちになりがちである。このような精神的な面は課題の1つである。また防災意識を持っても，住居等の耐震化や安全対策には，多額の費用がかかり個人では対策を講じにくい。住宅密集地の火災時の対応には，地域住民の共助が不可欠であるが，人間関係が希薄な時代において，共助・協力をどのようにしていくかも大きな問題である。本課題は「意識の向上」が論点である。また自治体が取り組むべき防災については課題でないため述べずともよい。

《作成のポイント》

課題把握を的確にする必要がある。「消防職員として」と「住民の防災意識向上」が論点である。各自治体が取り組むべき事とは多少異なる。まずは序論で，意識が薄れている状況や要因を挙げ，それを高めることの重要性を再認識させる手立てを主題として2つほど明示する。啓発・啓蒙的なことは消極的取組みである。本論では，住民に直に接し，実践例を提示し訓練等を積む取組みが有益である。例えば家屋等の防災には，低費用で講じ得る方法の案内，実践を具体的に行う。取組みの基本は，住民に直に接し防災の必要性，重要性を十分に認識してもらう方法を考えることである。地域の実態（土地の高低差，住居環境）を考慮した取組みもよい。

▼2回目・論文

組織内でのコミュニケーション不足が組織全体に与える影響をあげ，コミュニケーションを活性化させる方策について，あなたの考えを述べなさい。

《執筆の方針》

コミュニケーション不足が組織に与える影響を挙げ，その活性化の方策を述べる。

《課題の分析》

コミュニケーション不足は，共通理解，共通行動の阻害要因である。例えば災害時，認識・理解不足により統一行動が取れなければ，災害が拡大する恐れがある。組織の運営そのものに障害を及ぼすこととなる。コミュニケーション不足とは，単なる会話不足ではなく，意思疎通の手段の構築や訓練が欠けている状況といえる。伝達者が簡潔明瞭に伝え，受け手側はそれを的確に理解する能力を持つことが求められる。「分かっているだろう」，「多分こうであろう」という安易な認識が蔓延している環境は厳格に改める。活性化には，上司等が積極的に好ましい人間関係の構築に努めることが求められる。

《作成のポイント》

序論で，コミュニケーション不足が組織に与える影響を挙げ，それを克服し活性化するための方向性を簡潔明瞭に述べる。「影響」と「活性化の方策」は常に関連性を持たせる。本論で「思いついたように」序論に無いことを述べることは一貫性に欠け不適当である。年少者の立場からは，年代差，階級差があれば積極的なコミュニケーションは取りにくい。また積極的に望ましい環境の構築も図りにくい。それを超える意志を示す。些細な例では，簡易な日記での交流，小グループでの活動の場の設定や教育システム，短時間の研修，新たな伝達方法の構築等がある。話すこと，読むこと，書くこと，聞くこと等の能力差も大きな影響を及ぼす。

平成26年度

▼1回目・論文

都市における国際化の進展が社会に及ぼす影響をあげ，それに対する消防行政の取組みについて，あなたの考えを述べなさい。

《執筆の方針》

都市の国際化が社会に及ぼす影響に対する消防の取組みを述べる。

《課題の分析》

インバウンドは年々増加の一途をたどっている。消防の職務を考えると，特に救急，救助，予防を重視する必要がある。それらに対する，実態や認識の差異は国ごとに大きいものがある。特に非常時対応の場合外国人は困惑する。来日者には基本的システムや内容の理解をし，法的順守の責務はある。防災に関しては，肝要な事項の外国語表示を増やす，宿泊場所にはそれを徹底することは必要である。救急時の外国語対応も求められる。その際のIT技術の対応も導入する。インバウンドを迎え入れる側への指導や支援も急務である。日本で安心して過ごしてもらう，日本のシステム等を理解してもらうことを念頭に置く。

《作成のポイント》

序論で，国際化の状況及びその影響を簡潔に挙げ，それに対する消防の取組みの方向性を述べる。何が問題化しているのか，問題視すべきかを明確にすることが肝要である。序論を長く書きがちな課題であるため，文章構成に留意する（序論は全体の2～3割，本論は6～7割，結論は1～2割程度とする）。本論では，序論の方向性に沿って実践を述べる。来日回数が少ないインバウンド対策・対応と考えてもよい。救急時の的確かつ迅速な対応方法，防災時の約束事等の徹底を考える。本論では，取組み内容を具体的に述べるが，末梢的にならないようにする。序論で述べた「方向性」に関連した内容とし，一貫性を持たせる。

▼2回目・論文

少子高齢化が社会に及ぼす影響をあげ，それに対する消防行政の取組みについて，あなたの考えを述べなさい。

《執筆の方針》

少子高齢化が社会に及ぼす影響をあげ，それに対する消防行政の取組みを述べる。

《課題の分析》

少子高齢化社会は，生産年齢人口の減少による企業の人手不足，それによる産業の減退・衰退，やがては経済成長率が低下し国力が衰え，再生が困難になる。少子高齢化社会において消防行政が特に考えるべき事項は高齢者対策・対応が主となる。独居高齢者や寝たきり高齢者の増加により，災害時における避難方法の確立，移動手段等「避難弱者」に対する対応が求められる。自助，共助が困難な状況下では，公助を中心とした方策が求められる。安全な避難経路や方法，一時避難場所の確保，傷病者等の対応，病弱者の受け入れ先の確保等が大きな課題である。それらに対して，消防が中心となり各自治体との連携を模索する。

《作成のポイント》

少子高齢化が社会に及ぼす影響をあげ，以後の消防の取組みへと論じる際に，関連性を持たせるように留意する。序論では，問題点となる「影響」を簡潔に挙げ，取組みの方向性を述べ主題とする。災害の事前・事中・事後対応と分けて考えるのが適当である。自助が可能な者，共助，公助が必要な者との対応も異なる。事前対応では，避難経路・方法・場所の周知徹底を図る。事中では，支援等により安全に避難できる体制をつくる。事後においては，避難時の病弱者等への対応や身の回りの世話，医療機関との連絡方法等の対応が求められる。IT技術を活かした，高齢者の居所の確認方法の取組みは有益である。

第7部

面接試験対策

● 面接対策

人物試験　面接対策

POINT

Ⅰ. 面接の意義

筆記試験や論作文（論文）試験が，受験者の一般的な教養の知識や理解の程度および表現力やものの考え方・感じ方などを評価するものであるのに対し，面接試験は人物を総合的に評価しようというものだ。

すなわち，面接担当者が直接本人に接触し，さまざまな質問とそれに対する応答の繰り返しのなかから，公務員としての適応能力，あるいは職務遂行能力に関する情報を，できるだけ正確に得ようとするのが面接試験である。豊かな人間性がより求められている現在，特に面接が重視されており，一般企業においても，面接試験は非常に重視されているが，公務員という職業も給与は税金から支払われており，その職務を完全にまっとうできる人間が望まれる。その意味で，より面接試験に重きがおかれるのは当然と言えよう。

Ⅱ. 面接試験の目的

では，各都道府県市がこぞって面接試験を行う目的は，いったいどこにあるのだろうか。ごく一般的に言えば，面接試験の目的とは，おおよそ次のようなことである。

① 人物の総合的な評価

試験官が実際に受験者と対面することによって，その人物の容姿や表情，態度をまとめて観察し，総合的な評価をくだすことができる。ただし，ある程度，直観的・第一印象ではある。

② 性格や性向の判別

受験者の表情や動作を観察することにより性格や性向を判断するが，実際には短時間の面接であるので，面接官が社会的・人生的に豊かな経験の持ち主であることが必要とされよう。

③　動機・意欲等の確認

公務員を志望した動機や公務員としての意欲を知ることは，論作文試験等によっても可能だが，さらに面接試験により，採用側の事情や期待内容を逆に説明し，それへの反応の観察，また質疑応答によって，試験官はより明確に動機や熱意を知ろうとする。

以上3点が，面接試験の最も基本的な目的であり，試験官はこれにそってさまざまな問題を用意することになる。さらに次の諸点にも，試験官の観察の目が光っていることを忘れてはならない。

④　質疑応答によって知識・教養の程度を知る

筆記試験によって，すでに一応の知識・教養は確認しているが，面接試験においてはさらに付加質問を次々と行うことができ，その応答過程と内容から，受験者の知識教養の程度をより正確に判断しようとする。

⑤　言語能力や頭脳の回転の速さの観察

言語による応答のなかで，相手方の意志の理解，自分の意志の伝達のスピードと要領の良さなど，受験者の頭脳の回転の速さや言語表現の諸能力を観察する。

⑥　思想・人生観などを知る

これも論作文試験等によって知ることは可能だが，面接試験によりさらに詳しく聞いていくことができる。

⑦　協調性・指導性などの社会的性格を知る

前述した面接試験の種類のうち，グループ・ディスカッションなどはこれを知るために考え出された。公務員という職業の場合，これらの資質を知ることは面接試験の大きな目的の一つとなる。

Ⅲ．面接試験の問題点

これまで述べてきたように，公務員試験における面接試験の役割は大きいが，問題点もないわけではない。

というのも，面接試験の場合，学校の試験のように“正答”というものがないからである。例えば，ある試験官は受験者の「自己PR＝売り込み」を意欲があると高く評価したとしても，別の試験官はこれを自信過剰と受け取り，公務員に適さないと判断するかもしれない。あるいは模範的な回答をしても，「マニュアル的だ」と受け取られることもある。

もっとも，このような主観の相違によって評価が左右されないように，試験官を複数にしたり評価の基準が定められたりしているわけだが，それでもやはり，面接試験自体には次に述べるような一般的な問題点もあるのである。

① 短時間の面接で受験者の全体像を評価するのは容易でない

面接試験は受験者にとってみれば，その人の生涯を決定するほど重要な場であるのだが，その緊張した短時間の間に日頃の人格と実力のすべてが発揮できるとは限らない。そのため第一印象だけで，その全体像も評価されてしまう危険性がある。

② 評価判断が試験官の主観で左右されやすい

面接試験に現れるものは，そのほとんどが性格・性向などの人格的なもので，これは数値で示されるようなものではない。したがってその評価に客観性を明確に付与することは困難で，試験官の主観によって評価に大変な差が生じることがある。

③ 試験官の質問の巧拙などの技術が判定に影響する

試験官の質問が拙劣なため，受験者の正しく明確な反応を得ることができず，そのため評価を誤ることがある。

④ 試験官の好悪の感情が判定を左右する場合がある

これも面接が「人間 対 人間」によって行われる以上，多かれ少なかれ避けられないことである。この弊害を避けるため，前述したように試験官を複数にしたり複数回の面接を行ったりなどの工夫がされている。

⑤ 試験官の先入観や信念などで判定がゆがむことがある

人は他人に接するとき無意識的な人物評価を行っており，この経験の積み重ねで，人物評価に対してある程度の紋切り型の判断基準を持つようになっている。例えば，「額の広い人は頭がよい」とか「耳たぶが大きい人は人格円満」などというようなことで，試験官が高年齢者であるほどこの種の信念が強固であり，それが無意識的に評価をゆがめる場合も時としてある。

面接試験には，このように多くの問題点と危険性が存在する。それらのほとんどが「対人間」の面接である以上，必然的に起こる本質的なものであれば，万全に解決されることを期待するのは難しい。しかし，だからといって面接試験の役割や重要性が，それで減少することは少しもないのであり，各市の面接担当者はこうした面接試験の役割と問題点の間で，どうしたらより客観的で公平な判定を下すことができるかを考え，さまざまな工夫をしているのである。最近の面接試験の形態が多様化しているのも，こうした採用側の努力の表れといえよう。

Ⅳ．面接の質問内容

ひとくちに面接試験といっても，果たしてどんなことを聞かれるのか，不安な人もいるはずだ。ここでは志望動機から日常生活にかかわることまで，それぞれ気に留めておきたい重要ポイントを交えて，予想される質問内容を一挙に列記しておく。当日になって慌てないように，「こんなことを聞かれたら（大体）こう答えよう」という自分なりの回答を頭の中で整理しておこう。

■志望動機編■

(1)　受験先の概要を把握して自分との接点を明確に

消防官を受験した動機，理由については，就職試験の成否をも決めかねない重要な応答になる。また，どんな面接試験でも，避けて通ることのできない質問事項である。なぜなら志望動機は，就職先にとって最大の関心事のひとつであるからだ。受験者が，どれだけ消防官についての知識や情報をもったうえで受験をしているのかを調べようとする。

(2) 質問に対しては臨機応変の対応を

受験者の立場でいえば，複数の受験をすることは常識である。もちろん「当職員以外に受験した県や一般企業がありますか」と聞く面接官も，それは承知している。したがって，同じ職種，同じ業種で何箇所かかけもちしている場合，正直に答えてもかまわない。しかし，「第一志望は何ですか」というような質問に対して，正直に答えるべきかどうかというと，やはりこれは疑問がある。一般的にはどんな企業や役所でも，ほかを第一志望にあげられれば，やはり愉快には思わない。

(3) 志望の理由は情熱をもって述べる

志望動機を述べるときは，自分がどうして消防官を選んだのか，どこに大きな魅力を感じたのかを，できるだけ具体的に，しかも情熱をもって語ることが重要である。

たとえば，「人の役に立つ仕事がしたい」と言っても，特に消防官でなければならない理由が浮かんでこない。

① 例題Q＆A

Q. あなたが消防官を志望した理由，または動機を述べてください。
A. 数年前の新潟県中越沖地震で，崖下の１人の命を救うために大勢の消防隊の方たちが，救助に当たっておられ，その姿に感動したことを思い起こします。また，東日本大震災では多くの消防官や自衛官，警察官の方が自らの命を省みず懸命に職務を果たしておられる姿に心を打たれました。私もただ１人に対しても全力を捧げる，そのような消防官になりたいと考え，志望しました

Q. もし消防官として採用されなかったら，どのようにするつもりですか。
A. もし不合格になった場合でも，私は何年かかってでも消防官になりたいという意志をもっています。しかし，一緒に暮らしている家族の意向などもありますので，相談いたしまして一般企業に就職するかもしれません。

②予想される質問内容

○ 消防官について知っていること，または印象などを述べてください。
○ 職業として消防官を選ぶときの基準として，あなたは何を重要視しましたか。
○ いつごろから消防官を受けようと思いましたか。
○ ほかには，どのような業種や会社を受験しているのですか。
○ 教職の資格を取得しているようですが，そちらに進むつもりはないのですか。
○ 志望先を決めるにあたり，どなたかに相談しましたか。
○ もし消防官と他の一般企業に，同時に合格したらどうするつもりですか。

■仕事に対する意識・動機編■

1　採用後の希望はその役所の方針を考慮して

採用後の希望や抱負などは，志望動機さえ明確になっていれば，この種の質問に答えるのは，それほど難しいことではない。ただし，希望職種や希望部署など，採用後の待遇にも直接関係する質問である場合は，注意が必要だろう。また，勤続予定年数などについては，特に男性の場合，定年まで働くというのが一般的である。

2　勤務条件についての質問には柔軟な姿勢を見せる

勤務の条件や内容などは，職種研究の対象であるから，当然，前もって下調べが必要なことはいうまでもない。

「残業で遅くなっても大丈夫ですか」という質問は，女性の受験者によく出される。職業への熱意や意欲を問われているのだから，「残業は一切できません！」という柔軟性のない姿勢は論外だ。通勤方法や時間など，具体的な材料をあげて説明すれば，相手も納得するだろう。

そのほか初任給など，採用後の待遇についての質問には，基本的に規定に従うと答えるべき。新卒の場合，たとえ「給料の希望額は？」と聞かれても，「規定通りいただければ結構です」と答えるのが無難だ。間違っても，他業種との比較を口にするようなことをしてはいけない。

3　自分自身の言葉で職業観を表現する

就職や職業というものを，自分自身の生き方の中にどう位置づけるか，また，自分の生活の中で仕事とはどういう役割を果たすのかを考えてみることが重要だ。つまり，自分の能力を生かしたい，社会に貢献したい，自分の存在価値を社会的に実現してみたい，ある分野で何か自分の力を試してみたい……などを考えれば，おのずと就職するに当たっての心構えや意義は見えてくるはずである。

あとは，それを自分自身の人生観，志望職種や業種などとの関係を考えて組み立ててみれば，明確な答えが浮かび上がってくるだろう。

①例題Q＆A

Q.　消防官の採用が決まった場合の抱負を述べてください。

A.　まず配属された部署の仕事に精通するよう努め，自分を一人前の消防官として，そして社会人として鍛えていきたいと思います。また，消防官の全体像を把握し，仕事の流れを一日も早くつかみたいと考えています。

Q.　消防官に採用されたら，定年まで勤めたいと思いますか。

A.　もちろんそのつもりです。消防官という職業は，私自身が一生の仕事として選んだものです。特別の事情が起こらない限り，中途退職したり，転職することは考えられません。

②予想される質問内容

○ 消防官になったら，どのような仕事をしたいと思いますか。
○ 残業や休日出勤を命じられたようなとき，どのように対応しますか。
○ 消防官の仕事というのは苛酷なところもありますが，耐えていけますか。
○ 転勤については大丈夫ですか。
○ 消防官の初任給は○○円ですが，これで生活していけますか。
○ 学生生活と職場の生活との違いについては，どのように考えていますか。
○ 職場で仕事をしていく場合，どのような心構えが必要だと思いますか。
○ 消防官という言葉から，あなたはどういうものを連想しますか。
○ あなたにとって，就職とはどのような意味をもつものですか。

■自己紹介・自己PR編■

1　長所や短所をバランスよくとりあげて自己分析を

人間には，それぞれ長所や短所が表裏一体としてあるものだから，性格についての質問には，率直に答えればよい。短所については素直に認め，長所については謙虚さを失わずに語るというのが基本だが，職種によっては決定的にマイナスととられる性格というのがあるから，その点だけは十分に配慮して応答しなければならない。

「物事に熱しやすく冷めやすい」といえば短所だが，「好奇心旺盛」といえば長所だ。こうした質問に対する有効な応答は，恩師や級友などによる評価，交友関係から見た自己分析など具体的な例を交えて話すようにすれば，より説得力が増すであろう。

2　履歴書の内容を覚えておき，よどみなく答える

履歴書などにどんなことを書いて提出したかを，きちんと覚えておく。重要な応募書類は，コピーを取って，手元に控えを保管しておくと安心だ。

3　志望職決定の際，両親の意向を問われることも

面接の席で両親の同意をとりつけているかどうか問われることもある。家族関係がうまくいっているかどうかの判断材料にもなるので，親の考えも伝えながら，明確に答える必要がある。この際，あまり家族への依存心が強いと思われるような発言は控えよう。

①例題Q＆A

Q.	あなたのセールスポイントをあげて，自己PRをしてください。
A.	性格は陽気で，バイタリティーと体力には自信があります。高校時代は山岳部に属し，休日ごとに山歩きをしていました。3年間鍛えた体力と精神力をフルに生かして，ばりばり仕事をしたいと思います。

Q.	あなたは人と話すのが好きですか，それとも苦手なほうですか。
A.	はい，大好きです。高校ではサッカー部のマネージャーをやっておりましたし，大学に入ってからも，同好会でしたがサッカー部の渉外担当をつとめました。試合のスケジュールなど，外部の人と接する機会も多かったため，初対面の人とでもあまり緊張しないで話せるようになりました。

②予想される質問内容

○ あなたは自分をどういう性格だと思っていますか。

○ あなたの性格で，長所と短所を挙げてみてください。

○ あなたは，友人の間でリーダーシップをとるほうですか。

○ あなたは他の人と協調して行動することができますか。

○ たとえば，仕事上のことで上司と意見が対立したようなとき，どう対処しますか。

○ あなたは何か資格をもっていますか。また，それを取得したのは

どうしてですか。
○ これまでに何か大きな病気をしたり，入院した経験がありますか。
○ あなたが消防官を志望したことについて，ご両親はどうおっしゃっていますか。

■日常生活・人生観編■

1　趣味はその楽しさや面白さを分かりやすく語ろう

余暇をどのように楽しんでいるかは，その人の人柄を知るための大きな手がかりになる。趣味は“人間の魅力”を形作るのに重要な要素となっているという側面があり，面接官は，受験者の趣味や娯楽などを通して，その人物の人柄を知ろうとする。

2　健全な生活習慣を実践している様子を伝える

休日や余暇の使い方は，本来は勤労者の自由な裁量に任されているもの。とはいっても，健全な生活習慣なしに，創造的で建設的な職場の生活は営めないと，採用側は考えている。日常の生活をどのように律しているか，この点から，受験者の社会人・公務員としての自覚と適性を見極めようというものである。

3　生活信条やモットーなどは自分自身の言葉で

生活信条とかモットーといったものは，個人的なテーマであるため，答えは千差万別である。受験者それぞれによって応答が異なるから，面接官も興味を抱いて，話が次々に発展するケースも多い。それだけに，嘘や見栄は禁物で，話を続けるうちに，矛盾や身についていない考えはすぐ見破られてしまう。自分の信念をしっかり持って，臨機応変に進めていく修練が必要となる。

①例題Q＆A

Q.　スポーツは好きですか。また，どんな種目が好きですか。

A.　はい。手軽に誰にでもできるというのが魅力ではじめたランニングですが，毎朝家の近くを走っています。体力増強という面もありますが，ランニングを終わってシャワーを浴びると，今日も一日が始まるという感じがして，生活のけじめをつけるのにも大変よいものです。目標は秋に行われる●●マラソンに出ることです。

Q.　日常の健康管理に，どのようなことを心がけていますか。

A.　私の場合，とにかく規則的な生活をするよう心がけています。それとあまり車を使わず，できるだけ歩くようにしていることなどです。

②予想される質問内容

○ あなたはどのような趣味をもっているか，話してみてください。
○ あなたはギャンブルについて，どのように考えていますか。
○ お酒は飲みますか。飲むとしたらどの程度飲めますか。
○ ふだんの生活は朝型ですか，それとも夜型ですか。
○ あなたの生き方に影響を及ぼした人，尊敬する人などがいたら話してください。
○ あなたにとっての生きがいは何か，述べてみてください。
○ 現代の若者について，同世代としてあなたはどう思いますか。

■一般常識・時事問題編■

1　新聞には必ず目を通し，重要な記事は他紙と併読

一般常識・時事問題については筆記試験の分野に属するが，面接でこうしたテーマがもち出されることも珍しくない。受験者がどれだけ社会問題に関

心をもっているか，一般常識をもっているか，また物事の見方・考え方に偏りがないかなどを判定しようというものである。知識や教養だけではなく，一問一答の応答を通じて，その人の性格や適応能力まで判断されることになると考えておくほうがよいだろう。

2　社会に目を向け，健全な批判精神を示す

思想の傾向や政治・経済などについて細かい質問をされることが稀にあるが，それは誰でも少しは緊張するのはやむをえない。

考えてみれば思想の自由は憲法にも保証された権利であるし，支持政党や選挙の際の投票基準についても，本来，他人からどうこう言われる筋合いのものではない。そんなことは採用する側も認識していることであり，政治思想そのものを採用・不採用の主材料にすることはない。むしろ関心をもっているのは，受験者が，社会的現実にどの程度目を向け，どのように判断しているかということなのだ。

①例題Q＆A

Q.　今日の朝刊で，特に印象に残っている記事について述べてください。
A.　△△市の市長のリコールが成立した記事が印象に残っています。違法な専決処分を繰り返した事に対しての批判などが原因でリコールされたわけですが，市民運動の大きな力を感じさせられました。

Q.　これからの高齢化社会に向けて，あなたの意見を述べてください。
A.　やはり行政の立場から高齢者サービスのネットワークを推進し，老人が安心して暮らせるような社会を作っていくのが基本だと思います。それと，誰もがやがて迎える老年期に向けて，心の準備をしていくような生活態度が必要だと思います。

②予想される質問内容

○ あなたがいつも読んでいる新聞や雑誌を言ってください。
○ あなたは，政治や経済についてどのくらい関心をもっていますか。
○ 最近テレビで話題の××事件の犯人逮捕についてどう思いますか。
○ △△事件の被告人が勝訴の判決を得ましたがこれについてどう思いますか。

③面接の方法

(1)　一問一答法

面接官の質問が具体的で，受験者が応答しやすい最も一般的な方法である。例えば，「学生時代にクラブ活動をやりましたか」「何をやっていましたか」「クラブ活動は何を指導できますか」というように，それぞれの質問に対し受験者が端的に応答できる形式である。この方法では，質問の応答も具体的なため評価がしやすく，短時間に多くの情報を得ることができる。

(2)　供述法

受験者の考え方，理解力，表現力などを見る方法で，面接官の質問は総括的である。例えば，「愛読書のどういう点が好きなのですか」「○○事件の問題点はどこにあると思いますか」といったように，一問一答ではなく，受験者が自分の考えを論じなければならない。面接官は，質問に対し，受験者がどのような角度から応答し，どの点を重視するか，いかに要領よく自分の考えを披露できるかなどを観察・評価している。

(3)　非指示的方法

受験者に自由に発言させ，面接官は話題を引き出した論旨の不明瞭な点を明らかにするなどの場合に限って，最小限度の質問をするだけという方法で。

(4)　圧迫面接法

意識的に受験者の神経を圧迫して精神状態を緊張させ，それに対する受験者の応答や全体的な反応を観察する方法である。例えば「そんな安易な考えで，職務が務まると思っているんですか？」などと，受験者の応答をあまり考慮せずに，語調を強めて論議を仕掛けたり，枝葉末節を捉えて揚げ足取りをする，受験者の弱点を大げさに捉えた言葉を頻発する，質問責めにするといった具合で，受験者にとっては好ましくない面接法といえる。そのような不快な緊張状況が続く環境の中での受験者の自制心や忍耐力，判断力の変化などを観察するのが，この面接法の目的だ。

Ⅴ．面接Q＆A

★社会人になるにあたって大切なことは？★

〈良い例①〉

責任を持って物事にあたることだと考えます。学生時代は多少の失敗をしても，許してくれました。しかし，社会人となったら，この学生気分の甘えを完全にぬぐい去らなければいけないと思います。

〈良い例②〉

気分次第な行動を慎み，常に，安定した精神状態を維持することだと考えています。気持ちのムラは仕事のミスにつながってしまいます。そのために社会人になったら，精神と肉体の健康の安定を維持して，仕事をしたいのです。

〈悪い例①〉

社会人としての自覚を持ち，社会人として恥ずかしくない人間になることだと思います。

〈悪い例②〉

よりよい社会を作るために，政治，経済の動向に気を配り，国家的見地に立って物事を見るようにすることが大切だと思います。

●コメント

この質問に対しては，社会人としての自覚を持つんだという点を強調すべきである。〈良い例〉では，学生時代を反省し，社会へ出ていくのだという意欲が感じられる。

一方〈悪い例①〉では，あまりにも漠然としていて，具体性に欠けている。また〈悪い例②〉のような，背のびした回答は避ける方が無難だ。

★簡単な自己PRをして下さい。★

〈良い例①〉

体力には自信があります。学生時代，山岳部に所属していました。登頂した山が増えるにつれて，私の体力も向上してきました。それに度胸というようなものがついてきたようです。

〈良い例②〉

私のセールスポイントは，頑張り屋ということです。高校時代では部活動のキャプテンをやっていましたので，まとめ役としてチームを引っ張り，県大会出場を果たしました。

〈悪い例①〉

セールスポイントは，3点あります。性格が明るいこと，体が丈夫なこと，スポーツが好きなことです。

〈悪い例②〉

自己PRですか……エピソードは……ちょっと突然すぎて，それに一言では……。

〈悪い例③〉

私は自分に絶対の自信があり，なんでもやりこなせると信じています。これまでも，たいていのことは人に負けませんでした。公務員になりましたら，どんな仕事でもこなせる自信があります。

●コメント

自己PRのコツは，具体的なエピソード，体験をおりまぜて，誇張しすぎず説得力を持たせることである。

〈悪い例①〉は具体性がなく迫力に欠ける。②はなんとも歯ぎれが悪く，とっさの場合の判断力のなさを印象づける。③は抽象的すぎるし，自信過剰で嫌味さえ感じられる。

★健康状態はいかがですか？★

〈良い例①〉

健康なほうです。以前は冬になるとよくカゼをひきましたが，4年くらい前にジョギングを始めてから，風邪をひかなくなりました。

〈良い例②〉

いたって健康です。中学生のときからテニスで体をきたえているせいか，寝こむような病気にかかったことはありません。

〈悪い例①〉

寝こむほどの病気はしません。ただ，少々貧血気味で，たまに気分が悪くなることがありますが，あまり心配はしていません。勤務には十分耐えられる健康状態だと思います。

〈悪い例②〉

まあ，健康なほうです。ときどき頭痛がすることがありますが，睡眠不足や疲れのせいでしょう。社会人として規則正しい生活をするようになれば，たぶん治ると思います。

●コメント

多少，健康に不安があっても，とりたててそのことを言わないほうがいい。〈悪い例②〉のように健康維持の心がけを欠いているような発言は避けるべきだ。まず健康状態は良好であると述べ，日頃の健康管理について付け加える。スポーツばかりではなく，早寝早起き，十分な睡眠，精神衛生などに触れるのも悪くない。

★どんなスポーツをしていますか？★

〈良い例①〉

毎日しているスポーツはありませんが，週末によく卓球をします。他のスポーツに比べると，どうも地味なスポーツに見られがちなのですが，皆さんが思うよりかなり激しいスポーツで，全身の運動になります。

〈良い例②〉

私はあまり運動が得意なほうではありませんので，小さいころから自主的にスポーツをしたことがありませんでした。でも，去年テレビでジャズダンスを見ているうちにあれならば私にもできそうだという気がして，ここ半年余り週1回のペースで習っています。

〈悪い例①〉

スポーツはどちらかといえば見る方が好きです。よくテレビでプロ野球中継を見ます。

●コメント

スポーツをしている人は，健康・行動力・協調性・明朗さなどに富んでいるというのが一般の（試験官の）イメージだ。〈悪い例①〉のように見る方が好きだというのは個人の趣向なので構わないが，それで終わってしまうのは好ましくない。

★クラブ・サークル活動の経験はありますか？★

〈良い例①〉

剣道をやっていました。剣道を通じて，自分との戦いに勝つことを学び，また心身ともに鍛えられました。それから横のつながりだけでなく先輩，後輩との縦のつながりができたことも収穫の一つでした。

〈良い例②〉

バスケット部に入っておりました。私は，中学生のときからバスケットをやっていましたから，もう6年やったことになります。高校までは正選手で，大きな試合にも出ていました。授業終了後，2時間の練習があります。また，休暇時期には，合宿練習がありまして，これには，OBも参加し，かなりハードです。

〈悪い例①〉

私は社会心理研究会という同好会に所属していました。マスコミからの情報が，大衆心理にどのような影響をおよぼしているのかを研究していました。大学に入ったら，サークル活動をしようと思っていました。それが，いろいろな部にあたったのですが，迷ってなかなか決まらなかったのです。そんなとき，友人がこの同好会に入ったので，それでは私も，ということで入りました。

〈悪い例②〉

何もしていませんでした。どうしてもやりたいものもなかったし，通学に2時間半ほどかかり，クラブ活動をしていると帰宅が遅くなってしまいますので，結局クラブには入りませんでした。

●コメント

クラブ・サークル活動の所属の有無は，協調性とか本人の特技を知るためのものであり，どこの採用試験でも必ず質問される。クラブ活動の内容，本人の役割分担，そこから何を学んだかがポイントとなる。具体的な経験を加えて話すのがよい。ただ，「サークル活動で●●を学んだ」という話は試験官にはやや食傷気味でもあるので，内容の練り方は十分に行いたい。

〈悪い例①〉は入部した動機がはっきりしていない。〈悪い例②〉では，クラブ活動をやっていなかった場合，必ず別のセールスポイントを用意しておきたい。例えば，ボランティア活動をしていたとか，体力なら自信がある，などだ。それに「何も夢中になることがなかった」では人間としての積極性に欠けてしまう。

★新聞は読んでいますか？★

〈良い例①〉

毎日，読んでおります。朝日新聞をとっていますが，朝刊では“天声人語”や“ひと”そして政治・経済・国際欄を念入りに読みます。夕刊では，“窓”を必ず読むようにしています。

〈良い例②〉

読売新聞を読んでいます。高校のころから，政治，経済面を必ず読むよう，自分に義務づけています。最初は味気なく，つまらないと思ったのですが，このごろは興味深く読んでいます。

〈悪い例①〉

定期購読している新聞はありません。ニュースはほとんどテレビやインターネットで見られますので。たまに駅の売店などでスポーツ新聞や夕刊紙などを買って読んでいます。主にどこを読むかというと，これらの新聞の芸能・レジャー情報などです。

〈悪い例②〉

毎日新聞を読んでいますが，特にどこを読むということはなく，全体に目を通します。毎日新聞は，私が決めたわけではなく，実家の両親が購読していたので，私も習慣としてそれを読んでいます。

●コメント

この質問は，あなたの社会的関心度をみるためのものである。毎日，目を通すかどうかで日々の生活規律やパターンを知ろうとするねらいもある。具体的には，夕刊紙ではなく朝日，読売，毎日などの全国紙を挙げるのが無難であり，読むページも，政治・経済面を中心とするのが望ましい。

〈良い例①〉は，購読している新聞，記事の題名などが具体的であり，真剣に読んでいるという真実味がある。直近の記憶に残った記事について感想を述べるとなお印象は良くなるだろう。〈悪い例①〉は，「たまに読んでいる」ということで×。それに読む記事の内容からも社会的関心の低さが感じられる。〈悪い例②〉は〈良い例①〉にくらべ，具体的な記事が挙げられておらず，かなりラフな読み方をしていると思われても仕方がない。

●書籍内容の訂正等について

弊社では教員採用試験対策シリーズ（参考書，過去問，全国まるごと過去問題集），公務員採用試験対策シリーズ，公立幼稚園・保育士試験対策シリーズ，会社別就職試験対策シリーズについて，正誤表をホームページ（https://www.kyodo-s.jp）に掲載いたします。内容に訂正等，疑問点がございましたら，まずホームページをご確認ください。もし，正誤表に掲載されていない訂正等，疑問点がございましたら，下記項目をご記入の上，以下の送付先までお送りいただくようお願いいたします。

① **書籍名，都道府県・市町村名，区分，年度**
（例：公務員採用試験対策シリーズ　北海道のＡ区分　2025年度版）
② **ページ数**（書籍に記載されているページ数をご記入ください。）
③ **訂正等，疑問点**（内容は具体的にご記入ください。）
（例：問題文では“ア～オの中から選べ”とあるが，選択肢はエまでしかない）

〔ご注意〕
○ 電話での質問や相談等につきましては，受付けておりません。ご注意ください。
○ 正誤表の更新は適宜行います。
○ いただいた疑問点につきましては，当社編集制作部で検討の上，正誤表への反映を決定させていただきます（個別回答は，原則行いませんのであしからずご了承ください）。

●情報提供のお願い

公務員試験研究会では，これから公務員試験を受験される方々に，より正確な問題を，より多くご提供できるよう情報の収集を行っております。つきましては，公務員試験に関する次の項目の情報を，以下の送付先までお送りいただけますと幸いでございます。お送りいただきました方には謝礼を差し上げます。
（情報量があまりに少ない場合は，謝礼をご用意できかねる場合があります。）
◆あなたの受験された教養試験，面接試験，論作文試験の実施方法や試験内容
◆公務員試験の受験体験記

送付先
○電子メール：edit@kyodo-s.jp
○FAX：03-3233-1233（協同出版株式会社　編集制作部 行）
○郵送：〒101-0054　東京都千代田区神田錦町2-5
協同出版株式会社　編集制作部 行
○HP：https://kyodo-s.jp/provision（右記のQRコードからもアクセスできます）

※謝礼をお送りする関係から，いずれの方法でお送りいただく際にも，「お名前」「ご住所」は，必ず明記いただきますよう，よろしくお願い申し上げます。

東京都の消防職Ｉ類（過去問題集）

編　者　公務員試験研究会
発　行　令和６年４月10日
発行者　小貫輝雄
発行所　協同出版株式会社
〒101－0054
東京都千代田区神田錦町2－5
電話　03－3295－1341
振替　東京00190－4－94061

落丁・乱丁はお取り替えいたします
Printed in Japan